PORTUGUÊS
INSTRUMENTAL

O GEN | Grupo Editorial Nacional – maior plataforma editorial brasileira no segmento científico, técnico e profissional – publica conteúdos nas áreas de ciências sociais aplicadas, exatas, humanas, jurídicas e da saúde, além de prover serviços direcionados à educação continuada e à preparação para concursos.

As editoras que integram o GEN, das mais respeitadas no mercado editorial, construíram catálogos inigualáveis, com obras decisivas para a formação acadêmica e o aperfeiçoamento de várias gerações de profissionais e estudantes, tendo se tornado sinônimo de qualidade e seriedade.

A missão do GEN e dos núcleos de conteúdo que o compõem é prover a melhor informação científica e distribuí-la de maneira flexível e conveniente, a preços justos, gerando benefícios e servindo a autores, docentes, livreiros, funcionários, colaboradores e acionistas.

Nosso comportamento ético incondicional e nossa responsabilidade social e ambiental são reforçados pela natureza educacional de nossa atividade e dão sustentabilidade ao crescimento contínuo e à rentabilidade do grupo.

Dileta Silveira Martins • Lúbia Scliar Zilberknop

PORTUGUÊS
INSTRUMENTAL

Contém Informações sobre Normas da ABNT para Trabalhos Acadêmicos

30ª Edição

gen | atlas

- As autoras deste livro e a editora empenharam seus melhores esforços para assegurar que as informações e os procedimentos apresentados no texto estejam em acordo com os padrões aceitos à época da publicação, *e todos os dados foram atualizados pelas autoras até a data de fechamento do livro.* Entretanto, tendo em conta a evolução das ciências, as atualizações legislativas, as mudanças regulamentares governamentais e o constante fluxo de novas informações sobre os temas que constam do livro, recomendamos enfaticamente que os leitores consultem sempre outras fontes fidedignas, de modo a se certificarem de que as informações contidas no texto estão corretas e de que não houve alterações nas recomendações ou na legislação regulamentadora.

- As autoras e a editora se empenharam para citar adequadamente e dar o devido crédito a todos os detentores de direitos autorais de qualquer material utilizado neste livro, dispondo-se a possíveis acertos posteriores caso, inadvertida e involuntariamente, a identificação de algum deles tenha sido omitida.

- **Atendimento ao cliente: (11) 5080-0751 | faleconosco@grupogen.com.br**

- Direitos exclusivos para a língua portuguesa
  Copyright © 2019, 2023 (4ª impressão) by
  Editora Atlas Ltda.
  Uma editora integrante do GEN | Grupo Editorial Nacional
  Travessa do Ouvidor, 11
  Rio de Janeiro – RJ – 20040-040
  www.grupogen.com.br

- Reservados todos os direitos. É proibida a duplicação ou reprodução deste volume, no todo ou em parte, em quaisquer formas ou por quaisquer meios (eletrônico, mecânico, gravação, fotocópia, distribuição pela Internet ou outros), sem permissão, por escrito, da Editora Atlas Ltda.

- Capa: Marcelo S. Brandão

- Editoração eletrônica: Formato Editora e Serviços

- Ficha catalográfica

CIP-BRASIL. CATALOGAÇÃO NA PUBLICAÇÃO
SINDICATO NACIONAL DOS EDITORES DE LIVROS, RJ

M342p
30. ed.

Martins, Dileta Silveira
Português instrumental / Dileta Silveira Martins; Lúbia Scliar Zilberknop. – 30. ed. – [4. Reimpr.]. – São Paulo: Atlas, 2023.
448 p.; 24 cm.

Inclui bibliografia
ISBN 978-85-97-01945-2

1. Língua portuguesa. 2. Língua portuguesa - Gramática. 3. Comunicação oral. 4. Comunicação escrita. 5. Redação técnica. I. Título..

18-53976   CDD: 469.8
                CDU: 811.134.3

Vanessa Mafra Xavier Salgado - Bibliotecária - CRB-7/6644

*Aos alunos,
razão mesma deste trabalho.*

*Irmão Elvo:
Pelo estímulo e oportunidades
oferecidas, este livro,
muito mais do que a nós,
lhe pertence.*

Prefácio à 30ª edição

Este livro chega agora à 30 edição! Num país com 13 milhões de analfabetos e com 25% da população sabendo apenas escrever o próprio nome (os denominados analfabetos funcionais), atingir esse número de edições é, realmente, uma marca considerável. Todavia, gostaríamos de que todos os brasileiros pudessem dominar múltiplas variedades linguísticas que lhes proporcionassem acesso ao mercado de trabalho e aos mais diversos bens culturais. Essa a razão desta obra, que focaliza, particularmente, a variedade linguística padrão.

Para esta nova e atualizada edição, tivemos a excelente colaboração do Prof. João Bosco Medeiros. Também ele muito bem-sucedido na área de redação de gêneros administrativos e técnicos.

Quando deixamos a editora anterior e passamos a publicar *Português instrumental* na Editora Atlas (hoje pertencente ao Grupo GEN), foi o Prof. João Bosco, com sua treinada equipe, que, esmeradamente, editou o texto.

Compõem as atualizações empreendidas nesta edição:

- Refinamento de alguns pontos teóricos (nada na ciência é definitivo; tudo é passível de alteração).
- Substituição de alguns textos exemplificativos por outros mais atuais, sobretudo de propaganda e jornalísticos.
- Pequenos ajustes no texto, para deixá-lo mais enxuto.
- Reformulação da divisão das seções que permita rápida leitura.
- Permanência dos mesmos textos literários, que continuarão proporcionando ao leitor momentos aprazíveis e enriquecimento cultural.
- Permanência da quase totalidade dos exercícios (com o acréscimo de outros) que permitam ao aluno fixar a teoria aprendida.

No mais, *Português instrumental* se mantém fiel à sua proposta de valorização da norma-padrão, ainda que, infelizmente, saibamos dos inúmeros obstáculos enfrentados pela maioria dos estudantes brasileiros.

Dileta Silveira Martins
Lúbia Scliar Zilberknop

Apresentação à 29ª edição

O livro ***Português instrumental*** não pretende ser definitivo e inusitado. É a experiência oriunda de um trabalho que se acredita válido pela praticidade oferecida àqueles que desta obra se utilizarem.

Na inserção dos assuntos que compõem este manual, não houve preocupação em repetir toda a gama dos títulos que, costumeiramente, aparecem nas gramáticas tradicionais. Procedeu-se, isto sim, a uma seleção de itens instrumentais, visando à boa comunicação.

Em princípio, o planejamento que norteou ***Português instrumental*** teve como suporte uma divisão equilibrada dos assuntos em três partes:

A Parte I abrange os aspectos referentes a *comunicação, estilo, parágrafo, frase* e *discurso*, fornecendo ao aluno um embasamento teórico-prático para a comunicação oral e escrita. Dentro ainda dessa primeira parte, temos, como assunto seguinte, a redação, vista aqui sob seus diversos ângulos: narração, descrição, dissertação e redação com características heterogêneas.

A Parte II compreende o *Português técnico e profissionalizante*: ata, carta comercial, monografia, relatório etc.

Por último, na Parte III, diversos tópicos gramaticais são abordados, já que a gramática, não sendo considerada um fim em si mesma, é um meio para se atingir o que se convencionou chamar de expressão correta de acordo com a língua-padrão.

Assim sendo, ao ensejo desta edição (ampliada e totalmente reformulada), acreditamos estar prestando um auxílio a todos aqueles que necessitarem de esclarecimentos a respeito dos tópicos arrolados neste livro.

Dileta Silveira Martins e
Lúbia Scliar Zilberknop

Material Suplementar

Este livro conta com os seguintes materiais suplementares:

- Manual do Mestre (exclusivo para professores).

  - O acesso ao material suplementar é gratuito. Basta que o leitor se cadastre e faça seu *login* em nosso *site* (www.grupogen.com.br), clicando em Ambiente de Aprendizagem, no *menu* superior do lado direito.

  - *O acesso ao material suplementar online fica disponível até seis meses após a edição do livro ser retirada do mercado.*

  - Caso haja alguma mudança no sistema ou dificuldade de acesso, entre em contato conosco (gendigital@grupogen.com.br).

Sumário

Parte I
COMUNICAÇÃO E REDAÇÃO

1 Ciência da Comunicação, 3
- 1 Justificativa, 3
- 2 Que é comunicação?, 3
- 3 Processo da comunicação, 3
- 4 Elementos do processo da comunicação, 4
- 5 Ruído, entropia, redundância, 5
- 6 Importância da comunicação, 6
- 7 A comunicação na publicidade, 6
- 8 Quem se comunica?, 7
- 9 Linguagem, 7
- 10 Língua, 7
- 11 Fala, 8
- 12 Repertório, 8
- 13 Funções da linguagem, 8
- 14 Registros ou níveis de língua(gem), 9
    - 14.1 Língua falada, 10
    - 14.2 Língua escrita, 11
    - 14.3 Textos que exemplificam os níveis de língua, 13
- 15 Processo simbólico e arbitrariedade do signo, 15
- 16 Denotação e conotação, 16
- 17 Homonímia e polissemia, 19
    - 17.1 Homonímia, 19
    - 17.2 Polissemia, 22
    - 17.3 Parônimos, 22

Exercícios, 26

2 Estilo, 28

1 Conceito, 28
2 Comparativo de textos, 30
    2.1 Bula farmacêutica, 30
    2.2 Receita culinária, 30
    2.3 Receita culinária poética, 31
    2.4 Poesia, 33
    2.5 Textos humorísticos, 33
    2.6 Crônica literária, 36
    2.7 Notícia esportiva, 37
    2.8 Notícia policial, 37
    2.9 Notícia política, 37
    2.10 Anúncio econômico, 38
    2.11 Propaganda, 38
    2.12 Crônica literária (anúncio), 38
    2.13 Carta comercial, 39
    2.14 Carta literária (modelo comercial), 39
    2.15 Carta literária, 40
3 Estilo com relação ao contexto, 41
    3.1 Estilo literário, 41
    3.2 Estilo não literário, 41
4 Qualidades do estilo, 41
    4.1 Harmonia, 41
    4.2 Clareza, 43
    4.3 Concisão, 44
5 Criatividade e não criatividade, 45
Exercícios, 46

3 Frase e sua Estrutura, 47

1 Estrutura frasal, 47
2 Conceito de frase, 47
3 Oração, 47
4 Tipos de frase, 47
Exercícios, 50

4 Discurso Direto, Indireto e Indireto Livre, 52

1 Discurso direto, 52
2 Discurso indireto, 52
3 Discurso indireto livre ou semi-indireto, 53
Exercícios, 54

5 Parágrafo, 56
  1 Apresentação, 56
  2 Elementos que compõem o parágrafo, 56
  Exercícios, 57

6 Tipos Textuais, 61
  1 Competências exigidas pelo exame do Enem, 61
  2 Tipologia textual, 62
   2.1 Descrição, 63
   2.2 Narração, 69
   2.3 Argumentação, 81
   2.4 Sequência textual expositiva/explicativa, 85
   2.5 Textos injuntivos, 87
   2.6 Texto dialogal, 89
   2.7 Textos com características heterogêneas, 89
  Exercícios, 91

7 Gêneros Discursivos, 92
  1 O que se entende por gêneros discursivos, 92
  2 Elementos constitutivos, 93
  Exercícios, 93

Parte II
GÊNEROS ADMINISTRATIVOS

8 Gêneros Administrativos, 97
  Exercícios, 98

9 Abaixo-Assinado, 99
  1 Conceito, 99
  2 Modelo, 99
  Exercício, 99

10 Apostila, 100
  1 Conceito, 100
  2 Modelos, 100
  Exercício, 101

11 Ata, 102
  1 Conceito, 102
  2 Convenções, 102
  3 Livro de atas, 103
  4 Modelos de ata, 104
  Exercício, 105

12 Atestado, 106

1 Conceito, 106
2 Modelos, 106
Exercício, 107

13 Atos Administrativos, 108

1 Conceito, 108
2 Portaria, 108
   Modelo simplificado (miniato), 109
4 Modelos oficiais (portaria oficial), 110
Exercício, 111

14 Aviso, 112

1 Conceito, 112
2 Modelos, 113
Exercício, 114

15 *E-mail* e Carta Comercial, 115

1 Computador, 115
   1.1 Microcomputadores, computadores portáteis e programas de edição de textos, 115
   1.2 Periféricos, 116
2 Internet, 116
3 *E-mails* e cartas administrativas, 117
4 Modalidades de distribuição do texto, 118
   4.1 Sistema em bloco, 118
   4.2 Sistema de encaixe, 118
5 Carta-circular, 120
   5.1 Carta em tópicos, 120
   5.2 Sugestões para início e fecho de textos administrativos, 121
Exercício, 122

16 Carta Oficial, 123

1 Conceito, 123
2 Modelo, 125
Exercício, 125

17 Circular, 126

1 Conceito, 126
2 Modelos, 127
   2.1 Modelos de circular, 127
   2.2 Modelo de memorando-circular, 129

2.3   Modelo de ofício-circular, 131
Exercícios, 131

18 Comunicação (Comunicado), 132
1   Conceito, 132
2   Modelos, 132
   2.1   Modelo de comunicação externa, 132
   2.2   Modelo de comunicação interna, 134
Exercício, 134

19 Contrato, 135
1   Conceito, 135
2   Modelos, 135
   2.1   Modelo de contrato simples, 135
   2.2   Modelo de contrato social, 136
   2.3   Modelo de termo de rescisão de contrato de direitos autorais, 138
Exercício, 138

20 *Curriculum Vitae*, 139
1   Conceito, 139
2   Modelo, 140
Exercício, 141

21 Declaração, 142
1   Conceito, 142
2   Modelos, 142
Exercício, 142

22 Edital, 143
1   Conceito, 143
2   Modelos, 143
Exercício, 144

23 Exposição de Motivos, 145
1   Conceito, 145
2   Características, 145
3   Modelo, 146
Exercício, 147

24 Ficha de Registro de Reunião, 148
1   Conceito, 148
2   Modelo, 149
Exercício, 149

25 Informação, 150

1 Conceito, 150
2 Modelos, 151

Exercício, 152

26 Memorando, 153

1 Conceito, 153
2 Tipos, 153
    2.1 Memorando interno, 153
    2.2 Memorando externo, 154

Exercício, 155

27 Memorial, 156

1 Conceito, 156
2 Modelo, 157

Exercício, 157

28 Ofício, 158

1 Conceito, 158
2 Modelos, 160

Exercício, 161

29 Ordem de Serviço, 162

1 Conceito, 162
2 Modelos, 163

Exercício, 164

30 Parecer, 165

1 Conceito, 165
2 Modelo, 166

Exercícios, 166

31 Procuração, 167

1 Conceito, 167
2 Modelos, 168

Exercício, 168

32 Relatório, 169

1 Conceito, 169
2 Normas para a elaboração de relatório, 169
    2.1 Extensão, 169
    2.2 Linguagem, 169
    2.3 Redação, 170

  2.4 Objetividade, 170
  2.5 Exatidão, 170
  2.6 Conclusão, 170
  2.7 Apresentação, 170
 3 Tipos de relatório, 170
 4 Encaminhamento do relatório, 170
 5 Elaboração do relatório, 171
  5.1 Divisões: organização das seções, 171
  5.2 Formato, digitação, impressão, 172
 6 Composição do relatório, 172
  6.1 Capa, 172
  6.2 Folha de rosto, 172
  6.3 Sumário, 172
  6.4 Resumo (*abstract* em inglês, ou *résumé* em francês), 173
  6.5 Introdução, 173
  6.6 Contexto, 173
  6.7 Conclusões, 173
  6.8 Anexos, 173
 7 Modelos, 174
  7.1 Relatórios simples, 174
  7.2 Relatório médio, 174
  7.3 Roteiro de relatório médio, 179
Exercício, 182

33 Requerimento, 183
 1 Conceito, 183
 2 Modelos, 184
Exercício, 184

Parte III
GÊNEROS ACADÊMICOS

34 Monografia, 187
 1 Conceito, 187
 2 Passos para a elaboração de um trabalho monográfico, 188
  2.1 Fases do trabalho, 188
   2.1.1 Escolha do assunto, 188
   2.1.2 Tópicos abordados, 189
   2.1.3 Projeto de trabalho, 189
   2.1.4 Eleição de uma bibliografia possível (leitura extensiva), 189
   2.1.5 Coleta de dados e fichamento das leituras, 190
   2.1.6 Revisão do sumário, 190

2.1.7 Revisão da bibliografia, 190
2.1.8 Redação provisória, 190
2.1.9 Redação final, 190
3 Estrutura do trabalho monográfico, 190
   3.1 Capa, 191
   3.2 Folha de rosto, 191
   3.3 Agradecimentos, 191
   3.4 Lista de abreviaturas, ilustrações, quadros, tabelas, 191
   3.5 Sumário, 191
   3.6 Introdução, 191
   3.7 Desenvolvimento, 192
   3.8 Conclusão, 192
   3.9 Referências bibliográficas, 192
   3.10 Anexos, 192
4 Apresentação formal do trabalho monográfico, 192
Exercícios, 194

35 Resumo, 195
1 Conceito, 195
2 Tipos, 195
3 Extensão, 196
4 Estilo e estrutura, 196
5 Resumo, resenha, recensão, *abstract*, sumário, 196
6 Índice, 196
Exercícios, 197

36 Normalização Textual, 198
1 Formato e impressão, 198
2 Margens, 198
3 Fonte, 198
4 Espaçamento, 198
5 Indicativo de seção, 199
6 Paginação, 199
7 Citações, 199
Exercícios, 200

37 Normalização de Referências Bibliográficas, 201
1 Conceito, 201
2 Elementos essenciais e complementares, 201
   2.1 Autor, 201
   2.2 Título da obra, 202
   2.3 Edição, 203

2.4 Local da publicação, 203
2.5 Editor, 203
2.6 Data, 204
2.7 Número de páginas e/ou volumes, 205
2.8 Documento de origem eletrônica, 205
3 Citação no corpo do trabalho, 206
4 Nota de rodapé, 206
Exercícios, 207

Parte IV
GRAMÁTICA

38 Noções de Fonologia, 211
1 Conceito, 211
2 Diferença entre letra e fonema, 211
3 Divisão dos fonemas, 211
    3.1 Vogais, 211
    3.2 Consoantes, 211
    3.3 Semivogais (semiconsoantes), 212
4 Recurso didático para compreender vogais e semivogais, 212
5 Encontro de grupos de fonemas, 213
    5.1 Encontros vocálicos, 213
        5.1.1 Ditongo, 213
        5.1.2 Tritongo, 214
        5.1.3 Hiato, 215
    5.2 Encontros consonantais, 216
    5.3 Dígrafos, 217
    5.4 Dífono, 217
    5.5 Separação de sílabas, 218
Exercícios, 219

39 Notações Léxicas, 222
Exercício, 222

40 Acentuação Gráfica, 223
1 Introdução, 223
2 Proparoxítonas, 223
3 Oxítonas, 224
4 Paroxítonas, 224
5 Regra do "i" e do "u", 225
6 Ditongos abertos, 225
7 Til, 226

    8   Acento diferencial, 226
        8.1   Diferencial de timbre, 226
        8.2   Diferencial de intensidade, 226
        8..3 Diferencial morfológico, 226
    Exercícios, 227

41 Ortografia, 231

    1   Introdução, 231
    2   s (e não c e ç), 231
    3   s (e não z), 232
    4   ss (e não c e ç), 233
    5   c ou ç (e não s e ss), 233
    6   z (e não s), 234
    7   g (e não j), 235
    8   j (e não g), 235
    9   x (e não ch), 235
    10 ch (e não x), 236
    11 Palavras em que geralmente há dúvida quanto à grafia, 236
    Exercícios, 240

42 Hífen, 243

    1   Conceito, 243
    2   Normas para o emprego do hífen, 243
    3   Uso do hífen, 244
    4   Hífen e prefixos, 245
        4.1   Prefixos que sempre exigem hífen, 246
        4.2   Prefixos e elementos que nunca aceitam hífen, 246
        4.3   Prefixos e elementos que não admitiam hífen até o Acordo Ortográfico de 1990 e que passaram a admiti-lo antes de **vogal igual** e de **h, 247**
        4.4   Prefixos que aceitam ou não hífen, 249
    Exercícios, 250

43 Prefixos de Origem Latina ou Grega, 253

    Exercício, 255

44 Emprego de Maiúsculas e Minúsculas, 257

    1   Maiúsculas, 257
    2   Minúsculas, 258
    Exercícios, 259

45 Grafia de Nomes Próprios, 260

    1   Introdução, 260

    2   Lista de nomes próprios, 261
    Exercícios, 262

46 Abreviações, 263
    1   Abreviação, 263
    2   Abreviatura, 263
    3   Sigla, 263
    4   Símbolo, 263
    Exercícios, 264

47 Grafia de Estrangeirismos, 265
    1   Introdução, 265
    2   Latinismos, 265
    3   Anglicismos, 266
    4   Galicismos, 267
    5   Formas já aportuguesadas, 267
    6   Palavras derivadas de nomes próprios estrangeiros, 269
    Exercícios, 269

48 Concordância Nominal, 272
    1   Conceito, 272
    2   Classificação dos substantivos quanto ao gênero, 273
        2.1   Substantivos sobrecomuns, 274
        2.2   Substantivos comuns de dois, 274
        2.3   Substantivos epicenos, 274
        2.4   Substantivos heterônimos, 274
        2.5   Substantivos com significado e gênero diferentes, 274
    3   Casos especiais de concordância, 275
        3.1   Adjetivo posposto a dois ou mais substantivos, 275
        3.2   Adjetivo anteposto a dois ou mais substantivos, 275
        3.3   Elementos que concordam com o sujeito, 276
        3.4   Nomes de cor, 277
        3.5   Nomes compostos, 277
        3.6   Mesmo – outro – próprio, 281
        3.7   Meio – só, 281
        3.8   Tal qual, 282
        3.9   EU substituído por NÓS, 282
        3.10   Pronome pessoal oblíquo, 282
        3.11   Anexo – incluso – apenso, 282
        3.12   Bastante, 283
        3.13   Quite, 283
        3.14   Menos, 284

3.15 Expressões invariáveis, 284
3.16 Melhor – pior, 285
3.17 O mais possível – o menos possível, 285
3.18 Substantivo e numerais, 286
Exercícios, 286

49 Concordância Verbal, 291

1 Conceito, 291
2 Casos especiais de concordância, 291
  2.1 Sujeito posposto ao verbo, 291
  2.2 Verbos HAVER e FAZER, 292
  2.3 Sujeito composto por pronomes pessoais de pessoas diferentes, 293
  2.4 Sujeito composto ligado por OU ou por NEM, 294
  2.5 A expressão MAIS DE UM, 294
  2.6 Voz passiva pronominal (ou indeterminação do sujeito?), 294
  2.7 Sujeito oracional, 296
  2.8 Sujeito como expressão partitiva, 297
  2.9 Sujeito como expressão fracionária, 297
  2.10 Verbos DAR, BATER, SOAR, 297
  2.11 Locução de realce É QUE, 297
  2.12 Sujeito representado por QUE, 298
  2.13 Sujeito representado por QUEM, 298
  2.14 Sujeito com plural aparente, 298
  2.15 Sujeito resumido por um pronome indefinido (aposto resumitivo), 299
  2.16 Verbo SER, 299
Exercícios, 301

50 Regência Verbal, 307

1 Conceito, 307
2 Verbos que exigem complementação e verbos que não exigem complementação, 308
3 Verbos com mais de um sentido e mais de uma regência, 309
4 Verbos cuja regência requer atenção, 313
5 Verbos com mais de uma regência, 315
6 Verbos que exigem objeto direto e indireto, sem vinculação obrigatória com pessoa ou coisa, 317
7 Verbos que pedem objeto direto para coisa e objeto indireto para pessoa, 319
8 Verbos que pedem objeto direto para pessoa e objeto indireto para coisa, 321
Exercícios, 322

51 Regência Nominal, 326

1 Conceito, 326

2   Palavras que pedem complemento nominal, 327
Exercícios, 327

52 Crase, 329

1   Conceito, 329
2   Aplicação e não aplicação do sinal de crase segundo a norma-padrão, 329
    2.1   Inexistência de crase = uso proibido do acento grave, 330
    2.2   Crase facultativa = uso facultativo do acento grave, 331
    2.3   Oscilação no uso do sinal de crase, 332
    2.4   Casos especiais, 333
    2.5   Existência de crase = uso obrigatório do acento grave, 335
Exercícios, 337

53 Verbos, 343

1   Conceito, 343
2   Conjugação verbal, 344
3   Pessoas, 344
4   Tempos, 344
5   Modos, 345
6   Vozes, 346
7   Aspecto, 348
8   Função, 349
9   Tempos simples e compostos, 349
    9.1   Tempos simples, 349
    9.2   Tempos compostos, 350
10   Formação dos tempos, 351
11   Número, 354
    11.1 Unipessoais, 354
    11.2 Impessoais, 354
    11.3 Pessoais, 355
12   Formas rizotônicas e arrizotônicas, 356
13   Flexão, 356
    13.1 Regulares, 356
    13.2 Irregulares, 357
    13.3 Anômalos, 359
    13.4 Defectivos, 359
    13.5 Abundantes, 359
Exercícios, 361

54 Colocação de Pronomes Pessoais Oblíquos Átonos, 365

1   Conceito, 365
2   Próclise, 366

3　Mesóclise, 367
　　4　Ênclise, 368
　　5　Pronome oblíquo nas locuções verbais, 370
　　Exercícios, 371

55 Emprego de Pronomes Demonstrativos, 374
　　Exercícios, 375

56 Pronomes de Tratamento, 376
　　1　Conceito, 376
　　2　Uso de pronomes de tratamento, 376
　　3　Plural de expressões de tratamento, 378
　　4　Concordância dos pronomes *tu* e *você*, 379
　　5　Expressões de tratamento, 379
　　6　Preenchimento de envelope grande, 380
　　Exercícios, 381

57 Pontuação Gráfica, 382
　　1　Introdução, 382
　　2　Vírgula, 383
　　3　Ponto e vírgula, 387
　　4　Ponto, 388
　　5　Ponto de interrogação, 388
　　6　Ponto de exclamação, 389
　　7　Dois-pontos, 389
　　8　Reticências, 391
　　9　Aspas, 391
　　10　Travessão, 392
　　11　Parênteses, 393
　　12　Colchetes, 393
　　Exercícios, 394

58 Uso da Palavra *Porquê*, 398
　　1　Casos, 398
　　2　Por quê, 398
　　3　Porquê, 398
　　4　Porque, 399
　　5　Por que, 399
　　Exercícios, 399

59 Uso de Onde, Aonde e Donde, 401
　　1　Introdução, 401

2   Onde, 401
3   Aonde, 401
4   Donde, 402
Exercícios, 402

60 Emprego do Infinitivo, 403
1   Conceito, 403
2   Infinitivo impessoal, 403
3   Infinitivo pessoal, 404
4   Infinitivo impessoal ou pessoal, 405
Exercícios, 406

61 Dificuldades Frequentes na Língua Portuguesa, 408
1   Introdução, 408
2   A fim ou afim?, 408
3   A par ou ao par?, 408
4   A cerca de, acerca de ou há cerca de?, 408
5   Ao encontro de ou de encontro a?, 409
6   Há ou a?, 409
7   Para eu ou para mim?, 409
8   Entre eu e tu ou entre mim e ti?, 410
9   Por isso, de repente e a partir de, 411
10 Enfim ou em fim?, 411
11 Haver ou ter?, 411
12 Está no horário de o trem chegar ou está no horário do trem chegar?, 411
13 Trabalharam e trabalharão, 411
14 Recordaste e recordas-te, 412
15 Recordarmos e recordar-nos, 412
16 Deixasse e deixa-se, 413
17 Se não ou senão?, 413
18 Velinha ou velhinha?, 413
19 Pampeano ou pampiano?, 413
20 Eu ti amo ou eu te amo?, 414
21 Mais pequeno ou menor? Mais grande ou maior? Mais bom ou melhor? Mais mau ou pior?, 414
22 Mais bem ou melhor? Mais mal ou pior?, 414
23 Enterte(m) ou entretém(êm)?, 415
24 Haja vista ou haja visto?, 415
25 Em vez de ou ao invés de?, 415
26 Todo o ou todo?, 415
27 Namorar ou namorar com?, 416

28 Com nós ou conosco? Com vós ou convosco?, 416
29 A princípio ou em princípio?, 416
30 Vi e gostei da peça ou vi a peça e gostei dela?, 417
31 Eu me proponho fazer isto ou eu me proponho a fazer isto?, 417
32 Ela se deu ao luxo de comprar uma joia ou ela se deu o luxo de comprar uma joia?, 417

Exercícios, 417

Referências, 419

PARTE I

Comunicação e Redação

1 CIÊNCIA DA COMUNICAÇÃO
2 ESTILO
3 FRASE E SUA ESTRUTURA
4 DISCURSO DIRETO, INDIRETO E INDIRETO LIVRE
5 PARÁGRAFO
6 TIPOS TEXTUAIS
7 GÊNEROS DISCURSIVOS

1

Ciência da comunicação

1   JUSTIFICATIVA

No mundo moderno, a palavra *comunicação* tornou-se lugar-comum e transformou-se em força de extraordinária vitalidade na observação das relações humanas e no comportamento individual.

Nas últimas décadas, os cientistas aumentaram seu interesse pelo estudo do processo de comunicação. Esse estudo, que, inicialmente, era assistemático, transformou-se em subsídio valioso para outras ciências.

A comunicação é um processo social; sem ela, a sociedade não existiria. Psicólogos, sociólogos, antropólogos empenham-se em investigar e compreender sua atuação sobre os grupos humanos.

2   QUE É COMUNICAÇÃO?

Comunicar é um processo de interação, de entendimento, de compreensão. É contato, ligação, transmissão de sentimentos e de ideias.

3   PROCESSO DA COMUNICAÇÃO

O ser humano tem necessidade imperiosa de externar seus sentimentos ou ideias. Assim, em sua forma mais simples, o processo de comunicação consiste em um comunicador (emissor, transmissor ou codificador), uma mensagem e um recebedor (receptor ou de(s)codificador).

A mensagem é o significado que o comunicador transmite ao recebedor, o qual, orientando-se por determinados sinais do texto (oral ou escrito), consegue interpretá-la. Esses sinais têm um significado convencionado por nós ou pela nossa experiência. Nessa operação de construção do sentido, locutor e interlocutor, emissor e destinatário participam ativamente. O recebedor de uma mensagem não tem papel meramente passivo de decodificador. Em relação à convenção, vamos explicitar esse conceito com os sinais de trânsito: eles têm o mesmo significado para todos os motoristas.

Essa é uma norma fundamental da comunicação: os sinais têm o significado que a experiência das pessoas permite atribuir a esses signos.

Enquanto no Ocidente a cor preta representa tristeza, luto, na Índia, ao contrário, o signo representativo desse sentimento é a cor branca.

4 ELEMENTOS DO PROCESSO DA COMUNICAÇÃO

Comunicar é um processo dinâmico, que envolve muitos elementos.
São os seguintes os elementos do processo de comunicação:

- **Fonte:** é a origem da mensagem. **Exemplo:** o redator de um *e-mail* é a fonte, a origem dele.
- **Emissor:** é quem envia a mensagem através da palavra oral ou escrita, gestos, expressões, desenhos etc. Pode ser também uma organização informativa, como rádio, TV, estúdio cinematográfico. Exemplo: ao enviar pela internet um pedido de compra, o emissor é o consumidor.

> Geralmente, a fonte coincide com o emissor. Exemplo: num diálogo, o falante é *fonte* e *emissor*, ao mesmo tempo.

- **Mensagem:** é o texto que a fonte transmite. Pode ser visual, auditivo ou audiovisual. É preciso que a mensagem tenha conteúdo, objetivo e use canal apropriado. Exemplo: em um *e-mail*, a *mensagem* é o texto.
- **Recebedor:** é a pessoa que lê, ou ouve, um pequeno grupo, um auditório ou uma multidão. Ao recebedor cabe colaborar na constituição do sentido; dele depende também o êxito da comunicação. Temos que considerar, nesse caso, os agentes externos que independem do recebedor (ruídos, entropia). Exemplo: o empregado de uma empresa que recebe um pedido de compra pela internet é o recebedor da mensagem.
- **Destinatário:** é a pessoa a quem se dirige a mensagem. Exemplo: ao enviar um *e-mail*, o *destino* será o destinatário.

> Geralmente, o destinatário coincide com o recebedor. Exemplo: num diálogo, o ouvinte é o destinatário e o recebedor ao mesmo tempo.

- **Canal:** é o suporte utilizado pela fonte para enviar a mensagem. Ele deve ser escolhido cuidadosamente, para assegurar a eficiência e o bom êxito da comunicação. O canal pode ser:

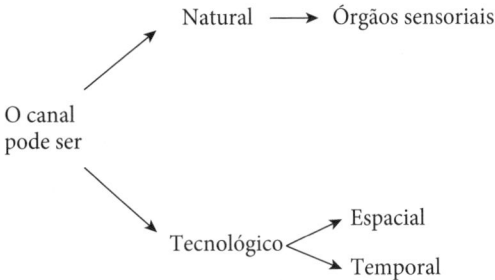

- *Canal tecnológico espacial*: leva a mensagem de um lugar para o outro, como o rádio, telefone, televisão, internet.
- *Canal tecnológico temporal*: transporta a mensagem de uma época para outra, como os textos, livros, discos, fotografias, *slides*, fitas gravadas, videoteipe.
- **Código:** é um conjunto de sinais estruturados. O código pode ser

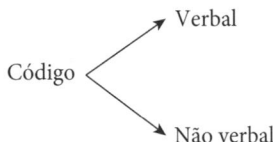

- O código verbal é o que utiliza a palavra falada ou escrita. Exemplos: português, francês, inglês etc.
- O código não verbal é o que não utiliza a palavra. Exemplos: gestos, sinais de trânsito, expressão facial etc.
- O código não verbal não é só visual ou sonoro, mas plurissignificante. Apresenta-se fragmentado, imprevisto, não linear, ao contrário do código verbal, que é discursivo e nele, geralmente, predomina a lógica. Alguns códigos não verbais, pela sua própria natureza, dificultam a decodificação.

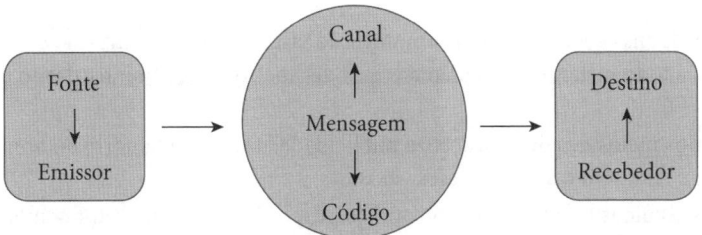

5 RUÍDO, ENTROPIA, REDUNDÂNCIA

Ruídos, redundância e excesso de informação nova ou desorganização da mensagem (entropia) podem interferir na efetividade da comunicação. Por isso, a necessidade de atenção com relação aos seguintes conceitos:

- **Ruído:** é toda interferência indesejável na transmissão de uma mensagem. Exemplo: um borrão na mensagem escrita, uma sirene durante um diálogo etc.
- **Entropia:** é a desorganização da mensagem. Define-se como forma de medir a incerteza: quanto maior a imprevisibilidade de ocorrência de um fato, maior a informação. Todavia, na comunicação, controlamos a entropia, para que o interlocutor ou destinatário da mensagem possa entendê-la. Equilibramos informações dadas, já conhecidas, com informações novas, desconhecidas. Exemplo: "Deputados e senadores votaram favoravelmente a algumas alterações introduzidas na CLT pela Lei n. 13.467/17, que entrou em vigor em novembro de 2017." Nesse caso, temos dados que já são do conhecimento do leitor: deputados e senadores têm competência para legislar e a Consolidação da Legislação do Trabalho existe. Constitui informação nova: a Lei n. 13.467/17, que alterou a CLT, e sua entrada em vigor em novembro de 2017.
- **Redundância:** é a repetição, que nem sempre é negativa, uma vez que pode objetivar a clareza do sentido. Confere à comunicação certo coeficiente de segurança. Exemplo: "*Aqui, neste lugar*, onde *tu te* encontras com a *tua* família, aconteceram fatos que mudaram o mundo."

6 IMPORTÂNCIA DA COMUNICAÇÃO

A força da comunicação, no mundo atual, pode ser verificada pela multiplicidade de meios de que nos valemos para transmitir mensagens. Realmente, a todo instante, o homem sofre o impacto desse processo. A vida e o comportamento humano são regidos pela informação, pela persuasão, pela palavra, som, cores, formas, gestos, expressão facial, símbolos. O entendimento não mais se faz apenas pela língua falada ou escrita, mas também através do rádio, da televisão, do jornal, da música, do cinema, da publicidade, da internet. Diríamos mais: hoje, podemos constatar que o código verbal é apenas um dos meios de que o homem se serve para transmitir suas ideias, sentimentos, desejos. Predominam a imagem e a comunicação gestual.

Assim, podemos concluir que, cada vez mais, o desenvolvimento de habilidades de comunicação é imprescindível à vida moderna.

7 A COMUNICAÇÃO NA PUBLICIDADE

Segundo alguns especialistas em comunicação visual, a nossa civilização é a civilização da imagem, pois, a todo instante, o cidadão das grandes metrópoles é bombardeado por informações visuais.

Através dos meios de comunicação, a publicidade atingiu de tal forma o homem, que nenhuma opção é feita sem o auxílio desses veículos.

Recursos técnicos e científicos motivam os grupos humanos no setor comercial, político ou religioso. O profissional, na publicidade, objetiva motivar o consumidor, criando símbolos, siglas, marcas. No comércio, a marca de um produto ou de uma organização identifica a empresa, para que adquira características próprias e seja reconhecida e memorizada.

A programação visual contribui para o progresso e difusão de produtos e a segurança dos usuários. Vale-se, muitas vezes, menos das palavras que de símbolos e logos. Essa economia linguística tem o propósito de fazer chegar mais rápido a mensagem e proporcionar imediata comunicação.

8 QUEM SE COMUNICA?

Só o ser humano se comunica?

Embora haja investigações sobre se animais ou plantas se comunicam, mesmo que isso venha a ser comprovado, possivelmente, não modificará o critério adotado pelos teóricos da comunicação: *só o ser humano se comunica através da língua como código.*

9 LINGUAGEM

Linguagem é o exercício oriundo da faculdade, inerente ao homem, que lhe possibilita a comunicação, a interação. Ainda que nem todos os teóricos assumam esse posicionamento, podemos dizer que todo ser humano possui, ao nascer, uma predisposição que faculta a aquisição da linguagem (característica inata). Com ela, estabelecemos "relações que desejamos estabelecer, efeitos que pretendemos causar, comportamentos que queremos ver desencadeados" (KOCH, 2016, p. 13).

Para Saussure (1973, p. 16), "a linguagem tem um lado individual e um lado social, sendo impossível conceber um sem o outro". E, ainda: "A cada instante, a linguagem implica, ao mesmo tempo, um sistema estabelecido e uma evolução".

Por outro lado, sem o convívio social, essa predisposição se atrofia. Assim, tudo indica que a aprendizagem, na criança, se dá por imitação (característica adquirida).

10 LÍNGUA

Três conceitos de língua sobressaem hoje:

- Língua como representação do pensamento. Nesse caso, o sujeito constrói uma representação mental e deseja que ela seja compreendida pelo interlocutor tal como foi mentalizada. A língua, assim considerada, é mero código; de posse do código, alcança-se o sentido. Língua, portanto, vista como instrumento à disposição dos falantes, que dele se valem como se não tivessem história. Nesse caso, o sujeito tem função passiva de decodificador do texto.
- Língua como estrutura. Essa concepção leva a postular que o sujeito seja submetido ao sistema. Seu comportamento baseia-se na consideração do sistema, linguístico ou social.
- Língua como lugar de interação: é uma concepção dialógica da língua. Os sujeitos agora são entendidos como atores, como construtores do sentido. A compreensão passa a ser vista como atividade interativa complexa de produção de sentidos: apoia-se nos elementos linguísticos da superfície textual, mas requer também a mobilização de saberes enciclopédicos (cf. KOCH, 2015, p. 14-18).

Se a língua não se esgota no código, nem é concebida como mero sistema de comunicação, em que se privilegia a informação, podemos entender o mundo, a realidade, não como reproduzidos pela linguagem, mas construídos por ela.

11 FALA

A fala, ao contrário da língua, é um ato intencional, em nível individual, de vontade e de inteligência.

12 REPERTÓRIO

Para que haja comunicação, é necessário que o emissor utilize o mesmo código do recebedor. Mas só isso não basta. É preciso também ajustar-se ao *repertório* dele. Definimos repertório como o conjunto vocabular de que se serve cada falante para expressar-se. Dessa forma, como é fácil deduzir, o repertório vai variar muito de indivíduo para indivíduo, de grupo para grupo, de região para região.

Assim, nem sempre emissor e recebedor se comunicam, pois, se o repertório do destinatário não for respeitado, mesmo que utilizem a mesma língua, a comunicação não se efetivará.

Alguns excertos de diálogos reais nos quais há desigualdade nos níveis de língua (ver p. **36-40**):

– Comi uma salada maravilhosa na festa de casamento.
– Que salada era?
– Salada *mística* (= mista).

– Aquele apartamento é muito bom: tem *independência* de empregada (= dependência).

– Não fizeste a tua *molecagem* hoje? (= maquilagem).

A patroa, dirigindo-se à empregada:
– Também, você não *descortina* nada...
No outro dia, vendo as janelas sem cortinas, a patroa lhe perguntou:
– O que foi que você fez, menina?
– Ué, a senhora mandou *descortinar*... (= ver além, ter alcance = retirar as cortinas).

Alguém, vindo da Europa, disse:
– A cidade de que mais gostei foi *Antenas* (= Atenas).

– Que maravilha! Colocaram uma antena *paranoica*! (= parabólica).

13 FUNÇÕES DA LINGUAGEM

A linguagem, como instrumento de comunicação, não é exercitada gratuitamente. Segundo Karl Bühler, um enunciado estabelece uma relação tríplice com:

- o emissor (primeira pessoa);
- o receptor (segunda pessoa);
- as coisas sobre as quais se fala (terceira pessoa).

Fundamentando-se nesse esquema, Bühler encontrou três funções na linguagem: expressiva, apelativa e representativa.

Roman Jakobson, outro estudioso da linguagem, apoia-se nessas funções, desdobrando-as com nova terminologia: emotiva, conativa e referencial. Acrescenta, ainda, outras três:

- o canal (função fática);
- o código (função metalinguística);
- a mensagem (função poética).

Vejamos então as seis funções da linguagem de Jakobson:

- Função referencial (ou denotativa ou cognitiva): aponta para o sentido real das coisas e dos seres:
  À noite, vemos a *Lua* no céu.
- Função emotiva (ou expressiva): centra-se no sujeito emissor e tenta suscitar a impressão de um sentimento verdadeiro ou simulado:
  Que *lua* maravilhosa!...
- Função conativa (ou apelativa ou imperativa): centra-se no sujeito receptor e é eminentemente persuasória:
  Inspira-me, *ó lua*!
- Função fática (ou de contato): visa a estabelecer, prolongar ou interromper a comunicação e serve para testar a eficiência do canal:
  Alô, alô, astronautas na Lua, vocês conseguem me ouvir?
- Função metalinguística: consiste numa recodificação e passa a existir quando a linguagem fala dela mesma. Serve para verificar se emissor e receptor estão usando o mesmo repertório:
  Lua é o *satélite natural da Terra*.
- Função poética: centra-se na mensagem, que aqui é mais fim do que meio. Opõe-se à função referencial porque nela predominam a conotação e a subjetividade:
  "... a *lua era um desparrame de prata*." (Jorge Amado)

14 REGISTROS OU NÍVEIS DE LÍNGUA(GEM)

A comunicação não é regida por normas fixas e imutáveis. Ela pode transformar-se, através do tempo, e, se compararmos textos antigos com atuais, perceberemos grandes mudanças no estilo e nas expressões.

Por que as pessoas se comunicam de formas diferentes? Temos que considerar múltiplos fatores: época, região geográfica, ambiente e *status* dos falantes.

Há uma língua-padrão? O modelo de língua-padrão é uma decorrência dos parâmetros utilizados pelo grupo social mais culto. Às vezes, a mesma pessoa, dependendo do meio em que se encontra, da situação sociocultural dos indivíduos com quem se comunica, usará níveis diferentes de língua. Dentro desse critério, podemos reconhecer, num primeiro momento, dois tipos de língua: a falada e a escrita.

14.1 Língua falada

Na língua falada, temos as seguintes variedades:

1. Língua culta

Língua culta é a língua falada pelas pessoas de instrução, niveladas pela escola. Trata-se de uma variedade de língua que difere da variedade linguística padrão, a da gramática normativa, embora dela busque aproximar-se. É mais restrita, pois constitui privilégio e conquista cultural de um número reduzido de falantes. Exemplo:

> Alguns casos de delinquência juvenil no mundo hodierno decorrem da violência que se projeta, através dos meios de comunicação, em programas que enfatizam a guerra, o roubo e a venalidade.

2. Língua coloquial

Língua coloquial é a língua espontânea, usada para satisfazer as necessidades vitais do falante sem muita preocupação com as formas linguísticas. É a língua de uso cotidiano. Exemplo:

> – Cadê o livro que te emprestei? Me devolve em seguida, sim?

3. Língua vulgar

Língua vulgar é própria das pessoas sem instrução. É natural, colorida, expressiva, livre de convenções sociais. É mais palpável, porque envolve o mundo das coisas. Distancia-se das convenções gramaticais. Exemplo:

> Nóis ouvimo falá do pograma da televisão.

4. Língua regional

Língua regional, como o nome já indica, está circunscrita a regiões geográficas, caracterizando-se pelo acento linguístico, que é a soma das qualidades físicas do som (altura, timbre, intensidade). Tem um patrimônio vocabular próprio, típico de cada região. Exemplo:

> A la pucha, tchê! O índio está mais por fora do que cusco em procissão – o negócio hoje é a tal de comunicação, seu guasca!

5. Língua grupal (gíria e técnica)

Língua grupal (gíria e técnica) é uma língua hermética, porque pertence a grupos fechados. Ela pode ser vista do ponto de vista de grupos que se valem de expressões técnicas ou de grupos que utilizam expressões da gíria.

- **Língua grupal (técnica):** a língua grupal técnica desloca-se para a escrita. Existem tantas quantas forem as ciências e as profissões: a língua da Medicina (como é difícil entender um diagnóstico...), a do Direito (restrita aos meios jurídicos) etc. Só é compreendida, quando sua aprendizagem se faz junto com a profissão. Exemplo:

> O materialismo dialético rejeita o empirismo idealista e considera que as premissas do empirismo materialista são justas no essencial.

- **Língua grupal (gíria):** existem tantas quantos forem os grupos fechados. Há a gíria dos policiais, dos jovens, dos estudantes, dos militares, dos jornalistas etc. Exemplo:

> O negócio agora é comunicação, e comunicação o cara aprende com material vivo, descolando um papo legal. Sacou?

> Quando a gíria é grosseira, recebe o nome de *calão*.

14.2 Língua escrita

Na língua escrita, podemos observar as seguintes variedades:

- **Variedade não literária:** a variedade linguística não literária escrita apresenta as mesmas características das variantes da língua falada, tais como língua culta, coloquial, vulgar, regional, grupal, gíria, técnica.

- **Variedade padrão ou norma culta:** para Faraco e Zilles (2017, p. 19), norma culta "designa tecnicamente o conjunto das características linguísticas do grupo de falantes que se consideram *cultos* (ou seja, a 'norma normal'[1] desse grupo social específico). Na sociedade brasileira, esse grupo é tipicamente urbano, tem elevado nível de escolaridade e faz amplo uso dos bens da cultura escrita". A língua culta escrita busca aproximar-se da norma gramatical, denominada norma-padrão. Exemplo:

  O problema que constitui objeto da presente obra põe-se, com evidente principalidade, diante de quem quer que enfrente o estudo filosófico ou o estudo só científico do conhecimento. Porém não é mais do que um breve capítulo de gnoseologia (Pontes de Miranda).

- **Variedade coloquial:** registro na escrita das nossas manifestações linguísticas espontâneas. É variedade que não se preocupa com os rigores da gramática normativa. Suponhamos um bilhete:

  – Me faz um favor: vai ao banco pra mim.

- **Variedade vulgar:** para os que criticam o uso da língua vulgar, nunca é demais lembrar que a língua portuguesa originou-se não do latim clássico, mas do latim vulgar, o latim falado, em geral, por pessoas de pouca instrução. Imaginemos uma situação de alguém que escrevesse algo como uma lista de compras:

  – assucar (= açúcar)
  –basora (= vassoura)
  –qejo (= queijo)

- **Variedade regional:** a língua regional escrita pode aparecer nos mais diversos tipos de textos, inclusive, na literatura de determinados autores regionalistas. Exemplo:

  Deu-lhe com a boleadeira nos cascos, e o piá correu mais que parelheiro em cancha reta.

- **Variedade grupal:** os exemplos apresentados para a língua falada ilustram também a escrita de pessoas que se servem da gíria ou de expressões técnicas.

> Quando redigimos um texto acadêmico (dissertação de mestrado, tese de doutorado), ou administrativo (*e-mail* comercial, memorando, relatório de vendas), normalmente, mantemos a uniformidade de uso da variedade linguística padrão (a gramatical), excetuando casos em que a situação permite a variação. Assim, um texto expositivo ou argumentativo para uma autoridade, geralmente, é escrito observando o rigor gramatical. Não podemos passar dessa variedade linguística para outra, como a gíria, por exemplo.

---

[1] Os autores citados distinguem a norma normal (modo *como se diz* habitualmente na comunidade de fala) de norma normativa (modo *como se deve dizer* em determinados contextos).

- **Variedade literária:** a língua literária escrita é regida pela busca de efeitos de sentido estético. Dependendo do autor e da época, o texto pode apresentar as mais diversas variedades linguísticas. Esse o caso, por exemplo, de autores brasileiros do nosso Modernismo: Exemplo:

"Macunaíma ficou muito contrariado. Maginou, maginou e disse prá velha..." (Mário de Andrade)

14.3 Textos que exemplificam os níveis de língua

1. Variedade regional

OUTRA DO ANALISTA DE BAGÉ

Lindaura, a recepcionista do analista de Bagé – segundo ele, 'mais prestimosa que mãe de noiva' – tem sempre uma chaleira com água quente pronta para o mate. O analista gosta de oferecer chimarrão a seus pacientes e, como ele diz, "charlar assando a cuia que loucura não tem micróbio". Um dia entrou um paciente novo no consultório.
– Buenos, tchê – saudou o analista. – Se abanque no más.
O moço deitou no divã coberto com um pelego e o analista foi logo lhe alcançando a cuia com erva nova. O moço observou:
– Cuia mais linda.
– Côsa mui especial. Me deu meu primeiro paciente. O coronel Macedônio, lá pras banda de Lavras.
– A troco de quê? – quis saber o moço, chupando a bomba.
– Pues tava variando, pensando que era metade homem e metade cavalo. Curei o animal.
– Oigalê.
– Ele até que não se importava, pues poupava montaria. A família é que encrencou com a bosta dentro de casa.
– A la putcha.
O moço deu outra chupada, depois examinou a cuia com mais cuidado.
– Curtida barbaridade.
– Também. Mais usada que pronome oblíquo em conversa de professor.
– Oigatê.
E a todas estas o moço não devolvia a cuia. O analista perguntou:
– Mas o que é que lhe traz aqui, índio velho?
– É esta mania que eu tenho, doutor.
– Pos desembuche.
– Gosto de roubar as coisas.
– Sim.
Era cleptomania. O paciente continuou a falar mas o analista não ouvia mais. Estava de olho na sua cuia.
– Passa – disse o analista.
– Não passa, doutor. Tenho esta mania desde piá.

– Passa a cuia.
– O senhor pode me curar, doutor?
– Primeiro devolve a cuia.

O moço devolveu. Daí para diante, só o analista tomou chimarrão. E cada vez que o paciente estendia o braço para receber a cuia de volta, ganhava um tapa na mão.
(VERÍSSIMO, Luís Fernando. *Outras do analista de Bagé*, p. 73-74)

2. Variedade vulgar

A língua vulgar, quando transposta para a literatura, nem sempre reproduz com fidelidade essa variedade. O exemplo que apresentamos apenas se aproxima dessa variedade:

Mas a última flor do Lácio, inculta e bela, poucas vezes tem sido tão venerada como naquele relato que a cozinheira de minha irmã lhe fez, do mal de que foi acometida na sua ausência:
– Comecei a sentir uma zombaria na minha cabeça e de repente, pá! dei um taque. Chamaram a insistência e me levaram pro Pronto Socorro. Chegando lá o médico doutor disse que eu tinha de operar os alpendres.
Então eu caí numa prostituição...
(SABINO, Fernando. *Zero Hora*, Caderno D, 29 maio 1988, p. 2)

3. Gíria

É próprio da gíria a efemeridade: é usada por um tempo e substituída depois. Em geral, funciona como língua de um grupo. Se ultrapassa as fronteiras do grupo, tende a ser trocada por outra ainda não conhecida. Tem função identificadora do grupo. Além da gíria dos grupos fechados já referida, vejamos a dos jovens, que dela se valem muitas vezes para criar uma imagem de descontração, de rebeldia, de não conformidade à formalidade. Eis alguns exemplos:

Atucanado = atrapalhado, cheio de problemas, estressado
Bagulhete ou troço = alguma coisa, um objeto
Bater um lero = ter uma conversa séria
Cuiudo/rabudo = cara de sorte
Da hora = muito bonito, da moda
Dar um perdido = despistar-se de alguém
Dar um balão = pegar alguma coisa emprestada e não devolver; não cumprir uma promessa
Dar um rolê = passear, sair
Ficou na pista = deu mole em alguma coisa, passou vergonha
Ficou pequeno = ficou mal falado
Filé = mulher bonita
Grogue ou mamado = bêbado
K.Ô = mentira
Mané = pessoa desligada
Massa = legal
Na moita = escondido
Não botar fé = não acreditar

Noia = usuário de droga, que trafica, drogado
Pagar mico = passar vergonha
Paga pau = aquele que admira as coisas dos outros
Pagar sapo = discutir com alguém
Papo de elefante = conversa chata
Pega ninguém = pessoa que não consegue ficar com ninguém
Pode crê = sim
Queimou meu filme = fizeram fofoca a respeito de você
Rasga = sai correndo, sai daqui
Saca = entende?
Salsicha = pessoa metida a besta
Sarado (a) = menino(a) muito bonito(a)
Se amarrar em alguém = gostar de alguém
Tá ligado = entendeu
Tirar onda = chamar a atenção
Tô a pampa = tô legal
Tomar bomba = injetar anabolizante
Trampo, trampar = trabalho, trabalhar
Treta = briga
Truta = guarda-costa, segurança de alguém
Uma pá de vezes = muitas vezes
Vacilou = marcou bobeira

Abaixo, um exemplo de gíria mais recente que nos permite ver que, como todas as variedades linguísticas, também esse nível de língua possui mobilidade:

Pôxa, tô numa pior! Queria descolar uma grana pra comprar um refri pr'aquela gata que pintou no pedaço e que eu tô tri a fim, mas não deu. Minha velha tá dura, cara, e o velho foi pra Sampa.

15 PROCESSO SIMBÓLICO E ARBITRARIEDADE DO SIGNO

O homem arbitrariamente pode fazer qualquer coisa representar outra, e a isso chamamos processo simbólico.

Charles Morris (1946, p. 26), estudioso da linguagem, afirma que "signo é toda coisa que substitui outra, de modo a desencadear – em relação a um terceiro – um complexo análogo de reações".

A linguagem, nesse processo, é a mais complexa forma de representação. Podemos usar vários símbolos para apontar um conceito. O signo é, pois, totalmente arbitrário e convencional.

Para representar o animal *cão*, usamos *dog, cane, chien, perro*. Não existe, portanto, nada no animal que se relacione com o signo verbal, empregado para designá-lo. É pelo uso que essa representação vai se consagrar.

O símbolo e a coisa são independentes entre si

Cão
Dog
Cane
Chien
Perro

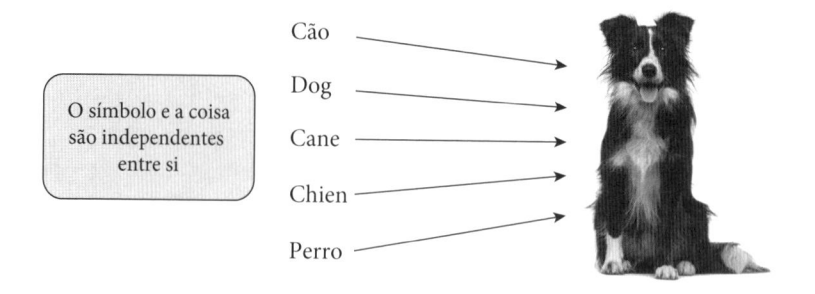

Essa não relação do signo com a coisa significada não se aplica à linguagem onomatopaica, uma vez que ela tenta reproduzir os sons emitidos pelo referente:

cricri, tique-taque, quero-quero

Exemplo de texto com expressões onomatopaicas:

Em certos lugares, pelo interior,
a vida como que passou cansada.
Pegou no sono.
É tudo quieto.
É tudo igual.
É tudo sempre a mesma coisa.
Só, de vez em quando, ao longo dos caminhos abandonados, passam burros chocalhando campainhas no pescoço:
blem-blem-blem...
Passam depressa.
Depois fica o silêncio ecoando:
blem... blem... blem...
Que diferença da cidade!
Aqui, por exemplo, a gente não sabe nunca
quando é que os burros vêm.
Se ninguém tem campainha...
Se ninguém faz blem-blem-blem..."
(MOREYRA, Álvaro. *O circo*, p. 58)

16 DENOTAÇÃO E CONOTAÇÃO

Nenhum texto é transparente. As palavras possuem significados diversos para diferentes pessoas. Há o sentido denotativo, que é, mais ou menos, igual para todas as pessoas que falam a mesma língua, que é o sentido objetivo, aquele que aparece nos dicionários. E há, também, o sentido conotativo, que é subjetivo, ou seja, emocional ou avaliativo, de acordo com as experiências de cada um. Exemplos:

Estrela
A *estrela* brilha no céu. (= denotação)
A ministra foi a *estrela* da equipe governamental. (= conotação)
Vi *estrelas* quando bati com o pé na porta. (= conotação)

Cabeça
No acidente, ele fraturou a *cabeça*. (= denotação)
Ele foi o *cabeça* da greve. (= conotação)
O movimento *hippie* fez a *cabeça* dos jovens dos anos sessenta. (= conotação)
Caldo de galinha e *cabeça* fria fazem bem. (= conotação)

Uma palavra não possui um só significado: ela tem uma gama rica de significações, que apenas o contexto pode determinar. Assim, sem verificar o contexto em que aparece, não podemos traduzir, com segurança, seu significado. Exemplificando: o verbo *contrair* muda de significado, conforme o contexto:

Contrair o músculo (= endurecer o músculo).
Contrair uma dívida (= dever).
Contrair uma doença (= adoecer).
Contrair matrimônio (= casar).

O poema que vemos a seguir explora a plurissignificação. A polissemia serve ao poeta para desvencilhar-se da realidade, criar mundos, universalizar reflexões. A começar pelo título, ele nos remete ao tema da morte: criamos uma expectativa sombria, mas o poeta, ao final do texto, alivia nossa dor, ampliando o sentido de cova/buraco em que nos metemos todo dia. Além da oposição de presente e passado (*faz, fez*), *fugir dos outros bichos/fugir de si*, da *terra/céu, homem/bicho*, a repetição do verbo *fugir*, quando referida ao próprio *eu* (*fugir de si*), conota maior profundidade à dor humana. A metáfora socorre-o então: *fez um buraco no céu*, que conota uma válvula de escape, um alívio para sua dor.

AS COVAS

O bicho,
quando quer fugir dos outros,
faz um buraco na terra.
O homem,
para fugir de si,
fez um buraco no céu.
(QUINTANA, Mário. *A vaca e o hipogrifo*. Porto Alegre: Garatuja, 1977, p. 10)

Agora, vejamos a palavra num texto em prosa:

PONTOS

No início era um ponto. Ponto de partida. O ponto onde a tangente toca a circunferência, e faz-se a vida. Ponto pacífico.

O círculo é a timidez do ponto. A linha é o ponto desvairado. O travessão é o ponto-ante-ponto, a primeira exploração embevecida, a infância. Ligando as palavras. Nasceu num ponto qualquer do mapa. Sua mãe levou pontos depois do parto. A linha reta é o caminho mais chato entre o parto e o ponto final, preferiu o zigue-zague. Teve uma vida pontilhada, os pontos que caíam nos exames, os pontos que subiam na Bolsa, os pontos de macumba, os pontapés. Mas sempre foi pontual.

O ponto é uma vírgula sem rabo.

A vírgula não é como o ponto e vírgula ponto e vírgula a vírgula qualquer um usa mas o ponto e vírgula requer prática e discernimento vírgula modéstia à parte ponto.

Nova linha. Fez ponto em frente à casa da namorada, uma circunferência com vários pontos positivos, como a sua mãe apontada acima. Não dormiu no ponto, acabou convidado para entrar quando estava a ponto de desistir, pontificou sobre vários pontos, não demora já era apontado como íntimo da casa, jogava cartas (pontinho) com a família, parecia um pontífice, não desapontou. Casaram. Tinham muitos pontos em comum.

O sexo! Ponto de exclamação. Querida, estou a ponto de... não! Cuidado. Ponto fraco. A tangente toca a circunferência. Outro ponto no mapa. Parto. Pontos.

Tiveram muitos pontos em comum. Os outros caçoavam: que pontaria! Discordavam num ponto: a pílula.

Zig-zag-zig-zag. Os ponteiros andando. Um dia, no futebol – jogava na ponta – sentiu umas pontadas. Coração. O ponto-chave.

O médico insistiu num ponto: para.

Mas como? Chegara a um ponto em que não podia parar, era um ponto projetado no espaço, a vida é um ponto com raiva, parar como? A que ponto? Saiu encurvado. Como um ponto de interrogação.

Só uma solução, dois pontos: os 13 pontos na loteria. Senão era um ponto morto. A linha reta no eletro, outro ponto pacífico, o ponto no infinito onde as paralelas, a distância mais curta entre, cheguei a um ponto em que, meu Deus... três pontinhos.

Jogou o que tinha num ponto de bicho e o que não tinha num ponto lotérico. Não deu ponto. Em casa a circunferência e os sete pontinhos. Resolveu pingar os pontos nos is. Melhor deixar uma viúva no ponto.

De um ponto de ônibus mergulhou, de ponta-cabeça, na ponta de um táxi, ou de um ponto de táxi na ponta de um ônibus, é um ponto discutível. Entregou os pontos.

(VERÍSSIMO, Luís Fernando. *O popular*. Rio de Janeiro: José Olympio, 1973, p. 97-98)

Lendo o texto *Pontos*, verificamos que a conotação não é exclusiva da poesia; ela comparece também nos textos em prosa. Toda palavra é polissêmica, conotativa. É possível, porém, que, em alguns textos poéticos, haja maior tensão, maior ênfase, sobretudo pela economia verbal do texto poético, que tende a dizer muito com poucas palavras.

17 HOMONÍMIA E POLISSEMIA

17.1 Homonímia

Homonímia é, segundo Mattoso Câmara Jr. (2004, p. 139), a "propriedade de duas ou mais formas, inteiramente distintas pela significação ou função, terem a mesma estrutura fonológica: os mesmo fonemas, dispostos na mesma ordem e subordinados ao mesmo tipo de acentuação". Com relação à homonímia, os dicionários, em geral, apresentam mais de uma entrada (verbete). Exemplo:

SÃO ⎡ sadio (latim = *sanus*)
⎢ santo (latim = *sanctus*)
⎣ verbo ser (latim = *sunt*)

As palavras homônimas podem ser:

a) homônimas perfeitas (som igual e grafia igual);
b) homófonas (som igual e grafia diferente);
c) homógrafas (grafia igual e som diferente).

Exemplos de homônimos perfeitos:

venda	(ação ou efeito de vender, armazém de secos e molhados, faixa com que se cobrem os olhos)	*venda*	(verbo vender)
sentença	(condenação)	*sentença*	(frase)
cabo	(posto militar)	*cabo*	(acidente geográfico)
fiar	(vender a crédito)	*fiar*	(reduzir a fio)
real	(que pertence ao rei)	*real*	(verdadeiro, tipo de moeda)
cravo	(tipo de prego)	*cravo*	(instrumento musical)

Exemplos de homófonos:

⎡ *acender*   atear fogo
⎣ *ascender*   elevar-se

⎡ *acento*   sinal gráfico
⎣ *assento*   banco

⎡ *acerto*   precisão
⎣ *asserto*   afirmação

⎡ *apreçar*   marcar o preço de
⎣ *apressar*   acelerar

área	superfície
ária	cantiga
arrear	pôr arreios
arriar	baixar
arrochar	apertar
arroxar	tornar roxo
ás	carta de jogo; pessoa notável
az	esquadrão
caçar	apanhar, perseguir animais
cassar	invalidar
carear	confrontar, acarear
cariar	criar cárie
cegar	privar da visão
segar	ceifar
cela	cubículo
sela	arreio
censo	recenseamento
senso	juízo
cerrar	fechar
serrar	cortar
cessão	ato de ceder
seção (secção)	parte, setor
sessão	reunião
cheque	ordem de pagamento
xeque	lance de xadrez; chefe de tribo oriental
cesta	balaio
sexta	numeral
concertar	harmonizar
consertar	remendar
espectador	assistente
expectador	quem está na expectativa
esperto	vivo, atilado
experto	perito
espiar	olhar
expiar	pagar com sofrimento

esterno	nome de um osso
externo	que está ou vem do lado de fora
estrato	tipo de nuvem
extrato	perfume; resumo (conta bancária)
era	época
hera	planta
incerto	duvidoso
inserto	introduzido
incipiente	principiante
insipiente	ignorante
laço	nó
lasso	frouxo, cansado
maça	clava
massa	mistura com farinha
nós	pronome pessoal; plural de *nó*
noz	fruto da nogueira
paço	palácio
passo	ato de avançar o pé
peão	serviçal de estância
pião	brinquedo
tacha	prego
taxa	espécie de tributo
vês	verbo ver
vez	ocasião
vós	pronome pessoal
voz	som da laringe

Exemplos de homógrafos:

acordo	(substantivo)	*acordo*	(verbo acordar)
erro	(substantivo)	*erro*	(verbo errar)
jogo	(substantivo)	*jogo*	(verbo jogar)
ele	(pronome pessoal)	*ele*	(letra)
governo	(substantivo)	*governo*	(verbo governar)
este	(pronome demonstrativo)	*este*	(ponto cardeal)
forma	(substantivo)	*forma*	(substantivo e verbo formar)

17.2 Polissemia

Polissemia é a situação em que uma palavra assume significados variáveis de acordo com o contexto, mas cuja origem é única. Com relação à polissemia, os dicionários, em geral, apresentam uma entrada (verbete). Exemplo:

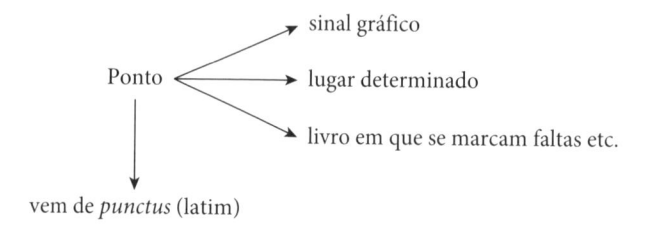

Ponto → sinal gráfico
Ponto → lugar determinado
Ponto → livro em que se marcam faltas etc.
Ponto ↓
vem de *punctus* (latim)

> Há palavras que são *homônimas* em relação a outras e *polissêmicas* se as compararmos com terceiras:
>
> *Cravo*, do francês *clavecin* (= instrumento musical), e *cravo*, do latim *clavu* (= prego, afecção da pele, flor ou condimento), são *homônimos*. *Cravo* (prego), cravo (afecção da pele), *cravo* (flor) e *cravo* (condimento) são *polissêmicos* (há analogia quanto à forma, e a origem vocabular é a mesma (*clavu*).

17.3 Parônimos

Parônimos são palavras de significados diferentes, mas que são parecidas na pronúncia e na escrita. Exemplos:

acidente	desastre
incidente	acontecimento inesperado
adereço	enfeite
endereço	residência
apóstrofe	figura de estilo
apóstrofo	notação léxica (')
atuar	agir
autuar	processar
auréola	círculo luminoso
ourela	beira, margem, borda
casual	ocasional, relativo a acaso, eventual
causal	relativo a causa

cavaleiro	homem que anda a cavalo
cavalheiro	homem cortês
conjetura	hipótese
conjuntura	situação, oportunidade
decente	correto
docente	referente a professor
discente	referente a aluno
deferir	conceder algo
diferir	ser diferente; adiar
degradar	rebaixar
degredar	exilar
delatar	trair
dilatar	aumentar
descrição	ato de descrever
discrição	qualidade de ser discreto
descriminar	inocentar
discriminar	diferenciar
(des)mitificar	desfazer o mito
(des)mistificar	desfazer o engano
despensa	depósito de mantimentos
dispensa	licença
destinto	descolorido
distinto	diferente
destratar	ofender
distratar	rescindir um contrato
emergir	vir à tona
imergir	mergulhar
emigrar	sair da pátria ou de uma região
imigrar	mudar-se para outra região ou país estrangeiro
eminente	notável, célebre
iminente	imediato, prestes a
emitir	enviar
imitir	investir (investidura) Exemplo: imissão de posse
enfestar	dobrar ao meio pela largura
infestar	devastar, invadir, ocupar, tomar, abarrotar

entender	compreender	
intender	supervisionar	
esbaforido	ofegante	
espavorido	apavorado	
estalado	partido	
estrelado	em forma de estrela (ovos estrelados)	
estada	ato de estar, permanência	
estadia	demora de um navio no porto (ou de veículos, em geral)	
estofar	guarnecer com estofo	
estufar	aquecer com estufa	
estripar	tirar as tripas	
extirpar	extrair	
flagrante	evidente	
fragrante	perfumado	
florescente	florido	
fluorescente	propriedade da fluorescência	
fluir	correr	
fruir	gozar	
fusível	dispositivo de proteção contra sobrecorrente elétrica	
fuzil	arma	
gral	taça, pilão	
grau	degrau	
incontinente	imoderado, sensual	
incontinenti	sem demora	
indefeso	sem defesa	
indefesso	incansável	
infligir	aplicar (pena)	
infringir	violar	
insolúvel	sem solução	
insolvível	que não pode ser pago	
intemerato	puro, íntegro	
intimorato	destemido	
intimar	notificar	
intimidar	amedrontar	
laçadeira	feminino de laçador	
lançadeira	peça de máquina de costura	

lance	risco, perigo	
lanço	oferta de preço em leilão; espaço da escada entre os degraus	
lustre	brilho: candelabro	
lustro	quinquênio	
mandado	ordem de autoridade judicial	
mandato	procuração (mandato de deputado)	
mantilha	xale	
matilha	grupo de cães	
perfilar	alinhar	
perfilhar	adotar como filho	
pleito	eleição	
preito	homenagem, respeito	
preceder	anteceder	
proceder	comportar-se	
preferir	querer mais	
proferir	pronunciar	
preterir	deixar de lado	
prescrever	ordenar; ficar sem efeito	
proscrever	desterrar, abolir, banir, proibir	
prever	antever	
prover	abastecer	
ratificar	confirmar	
retificar	corrigir	
sobrescritar	endereçar (envelope)	
subscritar	assinar	
sortir	prover	
surtir	produzir efeito	
subtender	estender por baixo	
subentender	suprir mentalmente, encobrir, deixar latente, oculto	
sustar	deter	
suster	sustentar	
tráfego	trânsito	
tráfico	comércio ilícito	
vestiário	recinto para troca de roupa	
vestuário	traje	
vultoso	grande	
vultuoso	inchado	

EXERCÍCIOS

Complete as lacunas com a palavra adequada:

1. Guardando sigilo, você agirá com .... (descrição – discrição).
2. Iremos amanhã à primeira .... do filme premiado (seção – sessão – cessão).
3. Com a greve dos caminhoneiros, que bloquearam as estradas, o .... (tráfego – tráfico) paralisado provocou o desabastecimento do comércio.
4. O .... da orquestra sinfônica foi de música moderna (conserto – concerto).
5. Os bancos transacionam somas .... (vultuosas – vultosas).
6. Aquele sujeito era tão mal-educado, que .... sua mãe em presença de todos (destratava – distratava).
7. Na .... da fazenda estava escrita sua procedência (auréola – ourela).
8. Muitos inconfidentes foram .... para a África (degradados – degredados).
9. .... o .... do deputado (caçaram – cassaram; mandado – mandato).
10. As pessoas surdas não conseguem .... os sons (descriminar – discriminar).
11. O criminoso foi apanhado em .... (flagrante – fragrante).
12. A massa está .... (cosida – cozida).
13. A maioria dos .... diferenciais caiu (assentos – acentos).
14. O tenor cantou uma .... antiga (área – ária).
15. O preso foi encaminhado à sua .... (cela – sela).
16. De acordo com o último ...., somos 180 milhões de brasileiros (censo – senso).
17. Os culpados devem .... suas falhas (espiar – expiar).
18. O imperador encaminhou-se até o .... (paço – passo).
19. O político foi .... de subversivo (tachado – taxado).
20. O secretário .... o pedido do funcionário (deferiu – diferiu).
21. O calor .... os corpos (delata – dilata).
22. Os alimentos estão guardados na .... (despensa – dispensa).
23. Aquele é um .... conferencista (eminente – iminente).
24. Aquele armário estava .... de insetos (enfestado – infestado).
25. A minha .... na serra foi rápida (estada – estadia).
26. A lâmpada .... ilumina bem (florescente – fluorescente).
27. Troque o .... porque estamos sem luz (fusível – fuzil).
28. Irei para lá .... (incontinente – incontinenti).
29. O delegado ....-lhe um duro castigo (infligiu – infringiu).
30. Compramos para a sala um .... de cristal (lustre – lustro).
31. O médico ....-lhe repouso (prescreveu – proscreveu).

32. A escolha do candidato .... os prognósticos do partido (retificou – ratificou).
33. A mensagem do autor ficou .... no texto (subtendida – subentendida).
34. O .... de entorpecentes é proibido por lei (tráfego – tráfico).
35. Um enxadrista .... deve observar, com atenção, partidas de jogadores experientes (incipiente – insipiente).
36. A campanha do trânsito deveria ter .... efeitos imediatos (sortido – surtido).
37. Queres .... o envelope? (sobrescritar – subscritar).
38. Aceite meus .... pela sua formatura (comprimentos – cumprimentos).
39. Por uma ...., encontramo-nos na rua (casualidade – causalidade).
40. A bandeira será .... às 18 horas (arreada – arriada).

2

Estilo

1 CONCEITO

Tudo o que o ser humano faz traz a marca de sua individualidade. Pois bem, essa maneira *pessoal* de o homem expressar-se, dentro de determinada *época*, na pintura, na música ou na literatura, é o que chamamos de *estilo*.

Particularmente, interessa-nos aqui o estilo relativo à *palavra*. Mas, mesmo em se tratando da palavra, perguntamos: Existe um estilo não literário?

Considerando o estilo em sentido abrangente, podemos dizer que ele existe, já que cada um tem sua maneira peculiar de comunicação: preferência vocabular, poder de síntese, prolixidade etc.

Ratificando essa posição, mencionamos o estilo epistolar. A carta (que hoje foi substituída por *e-mails*), mesmo informal, geralmente, traz a marca de seu redator. Algumas, inclusive, são belas peças literárias. Exemplos:

CARTA DE JORGE AMADO AO EDITOR MARTINS, APRESENTANDO-LHE *TEREZA BATISTA*

Querido Martins, a portadora é Tereza Batista, receba-a com amizade. Acusam-na de arruaceira, atrevida e obstinada, de não respeitar autoridade e de se meter onde não é chamada. Mas tendo com ela convivido longo tempo, praticamente juntos dia e noite de março a novembro neste ano de 72, sei de suas boas qualidades. Nasceu para a alegria e lutou contra a tristeza, não esconde o pensamento, gosta de aprender e um pouco aprendeu nas cartilhas, muito na vida. De tão doce e terna, o doutor, homem fino, só a tratava de Tereza Favo-de-Mel.

Comeu do lado podre da vida com fartura e não se desesperou. Cansada de tanto guerrear, um dia pensou-se terminada, resolvendo ensarilhar as armas e nas prendas domésticas se enterrar. Bastou porém soprar a viração do golfo, ouvir o som do búzio no apelo do marujo, para erguer-se inteira e partir a velejar.

Moça de cobre, usa dente de ouro e um colar de contas roxas, xale florado sobre os cabelos negros. Dizê-la formosa é dizer pouco, louvar-lhe a competência no ofício não basta para explicar-lhe a sedução. Conto algumas de suas peripécias, desenho-lhe o perfil e me pergunto se não restaram traços obscuros. Saí perguntando a meio mundo e à própria Tereza interroguei. Viver paga a pena e o amor compensa, disse-me ela, nos olhos um fulgor de diamante.

Certa vez lhe mandei, caro Martins, a moça Gabriela, feita de cravo e de canela, tirada de uma moda do cacau, por onde anda? O personagem só pertence ao romancista enquanto permanecem os dois na labuta da criação, barro amassado com suor e sangue, com ódio e com amor, embebido em sofrimento, salpicado de alegria. Depois é dos outros, de quem dele se apossa nas páginas do livro e lhe dê um pouco de si, enriquecendo-o. A moça Gabriela, de Ilhéus, anda mundo afora, sei lá em quantas línguas. Tantas, já perdi a conta.

De outra feita, em prova de amizade lhe enviei dona Flor, solteira, casada, viúva, depois feliz com seus dois maridos, propondo uma adivinha mágica da Bahia, prisioneira que rompeu as grilhetas da moral corrente e libertou o amor dos preconceitos. Mansa criatura, quem a diria capaz de agir como ela agiu? De repente surpreendeu-me. Pensava conhecê-la e não a conhecia. É outra cujo destino escapou de minha mão, ainda agora neste novembro, anda de roupa nova nas ruas de Paris, vestida de francesa por Stock. Com esses gringos fanáticos por mulher bonita, seus dois maridos, Vadinho e doutor Teodoro Madureira, correm perigo. Não há dois sem três, dizem por aqui. Assim sendo, receba agora Tereza Batista para formar o trio. Mulherzinha persistente: me perseguiu durante anos, quis escapar-lhe, meter-me em empresa menos braba, não consegui, ela me teve e durante este ano todo fui seu escravo. Agora você é seu senhor.

Despeço-me dela com saudade, me ensinou a acreditar ainda mais na vida e na invencibilidade do povo mesmo quando levado às últimas resistências, quando restam apenas solidão e morte. No final da história me dei conta que nem tudo no mundo é ruim como a princípio imaginei ao me afundar nos atropelos de Tereza. A maldade quase sempre é miséria ou ignorância. Frase digna do conselheiro Acácio, não a coloco na boca de Tereza. O que houver de bom no livro a ela se deve. O resto é meu, desacertos e limitações, trovador de rima pobre.

Há mais de trinta anos trabalhamos juntos, você e eu, escrevendo e fabricando livros. Eu, parindo gente, você, criando com carinho esse meu povo rude e irredutível. Pois cuide de Tereza Batista e a apresente a Edith. Vai com recomendação de Zélia e o abraço afetuoso de seu velho amigo

Jorge

(Essa carta consta na *orelha* da capa do romance de Jorge Amado, *Tereza Batista* cansada de guerra. São Paulo: Martins, 1972.)

FRAGMENTO DE UMA DAS FAMOSAS CINCO CARTAS DE AMOR ESCRITAS POR SÓROR MARIANA DE ALCOFORADO AO OFICIAL FRANCÊS CHAMILLY (SÉCULO XVII)

... Adeus. Como eu quisera nunca te haver visto. Sinto profundamente a falsidade dessa ideia e conheço, no mesmo instante em que a escrevo, que bem mais prezo, do que nunca te haver visto, ser desgraçada, amando-te. Concito, pois, sem queixa nesta minha má sorte, já que não foi do teu agrado tê-la feito melhor. Adeus! Promete-me, se eu morrer de amor, ter saudades de mim, e logre ao menos a desgraça violenta da paixão apartar-te de tudo com desgosto.

Essa consolação me bastará; e, se é fatal que eu te abandone para sempre, era meu único desejo não te deixar a outra. Pois não é certo, meu Amor, que não serias tão cruel que te servisses desse desespero, para tornar-te mais amado, gabando-te de haver causado a maior paixão que houve no mundo?

Adeus, mais uma vez!... Escrevo-te cartas tão compridas! Não tenho consideração por ti! Peço-te perdão e ouso esperar que tenhas indulgência por esta pobre louca que não o era, bem sabes, antes de te amar. Adeus, parece-me que falo em demasia do lastimoso estado em que me encontro. Mas, no fundo do coração, te agradeço o desespero que me causas e detesto a tranquilidade que vivia antes de conhecer-te. Adeus! A minha paixão aumenta a cada hora.

Ai! Quantas coisas tinha ainda para te dizer!...

(*Nossos clássicos*. Rio de Janeiro: Agir.)

Como se vê, essas duas cartas trazem consigo uma marca, ou seja, um estilo que difere bastante, já pela individualidade dos autores, já pela distância que separa as épocas em que ambas foram escritas.

Como distinguir um texto onde há criatividade e imaginação de outro não criativo?

Para explicitar esse conceito, apresentamos comparativamente, na Seção 2 (e suas subdivisões), diversos textos.

2 COMPARATIVO DE TEXTOS

2.1 Bula farmacêutica

Mioflex é um novo tratamento não hormonal das doenças reumáticas agudas e crônicas, articulares e extra-articulares, inflamatórias a degenerativas.

Mioflex é um produto analgésico, miorrelaxante, antiexsudativo e antipirético.

Mioflex é uma associação de carisprodol, anzinopirina, fenilbutazona e N-acetil-p-aminofenol, em proporções equilibradas.

2.2 Receita culinária

FEIJOADA COMPLETA

1/2 quilo de carne de porco salgada – 1/2 quilo de carne seca – 1 pé, orelha e 1 focinho de porco salgado – 1 quilo de feijão preto – 1/2 quilo de carne de vaca (ponta de agulha ou braço) – 1/2 quilo de linguiça portuguesa – 1 osso de presunto – 1 paio – 100 gramas de toucinho – 1 colher (sopa) de gordura vegetal – cebola batidinha – alho socado – cheiros verdes.

Ponha de molho de véspera as carnes salgadas. No dia seguinte, ponha desde cedo o feijão no fogo. Afervente as carnes salgadas e, quando fizer uma hora que o feijão estiver no fogo, misture-as no mesmo caldeirão, juntando também os outros ingredientes e deixando tudo em fogo brando para não pegar no fundo. Prove o sal. É possível que não precise pôr sal, devido ao que já contêm as carnes. Quando tudo estiver mais ou menos cozido, faça um refogado à parte com a gordura vegetal, a cebola batidinha, o alho socado e os cheiros verdes. Na hora de servir, retire todos os ingredientes para uma travessa, arrumando-os com jeito. O feijão será levado à mesa numa terrina ou tigelão de barro. Sirva com laranjas doces picadas em pedacinhos e polvilhadas com sal. Acompanha a feijoada o molho para feijoada. (SANGIRARDI, Helena. *A alegria de cozinhar*. 33. ed. Rio de Janeiro: Científica, 1960. p. 328)

2.3 Receita culinária poética

Carta-receita culinária, enviada por Vinícius de Moraes a Helena Sangirardi, em forma de poema:

FEIJOADA A MINHA MODA

Amiga Helena Sangirardi
Conforme um dia eu prometi
Onde, confesso que esqueci
E embora – perdoe – tão tarde
    (Melhor do que nunca!) este poeta
    Segundo manda a boa ética
    Envia-lhe a receita (poética)
    De sua feijoada completa.
Em atenção ao adiantado
Da hora em que abrimos o olho
O feijão deve, já catado
Nos esperar, feliz, de molho.
    E a cozinheira por respeito
    À nossa mestria na arte
    Já deve ter tacado peito
    E preparado e posto à parte
Os elementos componentes
De um saboroso refogado
Tais: cebolas, tomates, dentes
De alho – e o que mais for azado
    Tudo picado desde cedo
    De feição a sempre evitar
    Qualquer contato mais... vulgar
    Às nossas nobres mãos de aedo
Enquanto nós, a dar uns toques
No que nos seja a contento
Vigiaremos o cozimento
Tomando o nosso uísque *on the rocks*.
    Uma vez cozido o feijão
    (Umas quatro horas, o fogo médio)
    Nós, bocejando o nosso tédio
    Nos chegaremos ao fogão

E em elegante curvatura:
Um pé adiante e o braço às costas
Provaremos a rica negrura
Por onde devem boiar postas
    De carne-seca suculenta
    Gordos paios, nédio toucinho
    (Nunca orelhas de bacorinho
    Que a tornam em excesso opulenta!)
E – atenção! – segredo modesto
Mas meu, no tocante à feijoada:
Uma língua fresca pelada
Posta a cozer com todo o resto.
    Feito o quê, retire-se o caroço
    Bastante, que bem amassado
    Junta-se ao belo refogado
    De modo a ter-se um molho grosso
Que vai de volta ao caldeirão
No qual o poeta, em bom agouro,
Deve esparzir folhas de louro
Com um gesto clássico e pagão.
    Inútil dizer que, entrementes,
    Em chama à parte desta liça
    Devem fritar, todas contentes
    Lindas rodelas de linguiça
Enquanto ao lado, em fogo brando
Desmilinguindo-se em gozo
Deve também se estar fritando
O torresminho delicioso
    Em cuja gordura, de resto
    (Melhor gordura nunca houve!)
    Deve depois frigir a couve
    Picada, em fogo alegre e presto.
Uma farofa? – tem seus dias...
Porém, que seja na manteiga!
A laranja, gelada, em fatias
(Seleta ou da Bahia) – e chega.
    Só na última cozedura
    Para levar à mesa, deixa-se
    Cair um pouco de gordura
    Da linguiça na iguaria – e mexa-se.

Que prazer mais um corpo pede
Após comido um tal feijão?
– Evidentemente uma rede
E um gato para passar a mão...
Dever cumprido. Nunca é vã
A palavra de um poeta... – jamais!
Abraça-a, em Brillat-Savarin,
O seu Vinícius de Moraes.

(MORAES, Vinícius de. *Poesia completa e prosa*. Rio de Janeiro: Nova Aguilar, 1986. p. 353-355.)

2.4 Poesia

SONETO DE SEPARAÇÃO

De repente do riso fez-se o pranto
Silencioso e branco como a bruma
E das bocas unidas fez-se a espuma
E das mãos espalmadas fez-se o espanto.

De repente da calma fez-se o vento
Que dos olhos desfez a última chama
E da paixão fez-se o pressentimento
E do momento imóvel fez-se o drama.

De repente, não mais que de repente
Fez-se de triste o que se fez amante
E de sozinho o que se fez contente.

Fez-se do amigo próximo o distante
Fez-se da vida uma aventura errante
De repente, não mais que de repente.

(MORAES, Vinícius. *Poesia completa e prosa*. Rio de Janeiro: Aguilar, 1986. p. 226-227.)

2.5 Textos humorísticos

A COISA

Eu via a coisa, quando o dia nascia, nascia o ano. A festa mal começara, era pura meia-noite, de modo que nem acusar de bêbedo vocês podem. Ela surgiu, aos poucos, entre um copo e outro, foi crescendo, tomando vulto, adquirindo forma. A princípio, achei-a engraçada, mas pouco a pouco, percebi seu ar teratológico, sua efígie de monstro. Não fez nada, sumiu algumas horas depois. Mas era horrenda, como vocês verão por esta descrição:

Tinha cabelo de relógio,
 testa de ferro,
  cabeça de ponte,
   orelhas de livro,
    ouvidos de mercador.
   Um olho-d'água,
    outro da rua,
     pupilas do Sr. Reitor,
    nariz de cera,
     dente de coelho,
      língua de trapo,
       barba de milho
        e costeletas de porco.
      Tinha um seio da pátria,
       outro da sociedade,
        braço do mar,
         cotovelos de estrada,
          uma mão de direção,
           outra mão boba,
            palmas de coqueiros,
             dois dedos de prosa
              e unha de fome.
           Tinha tronco de árvore,
            corpo de delito,
             juntas comerciais,
              barriga de revisão,
               bacia do Amazonas,
                costa da África,
                 pernas de mesa,
                  canela em pó,
                   um pé cúbico,
                    outro pé de vento
                     e plantas de arquitetura.

(Millôr Fernandes. Vão Gogo *apud* SCARTON, Gilberto. *Português na comunicação*. Porto Alegre: PUC, [198-], p. 40.)

SER GAÚCHO

Certa vez, eu criei um tipo, um gauchão grosso que estivera exilado na França, voltara para o Brasil e, com sua mulher francesa, a Françoise, abrira um restaurante fino, o "Tchê Françoise". Só que o gaúcho desaconselhava os fregueses a pedirem aqueles pratos com nomes complicados e tentava empurrar, em vez deles, o carreteiro de charque, a linguiça, etc.

O bom do personagem era a oportunidade de inventar ditos e máximas de gaúcho. "Mais nervoso que gato em dia de faxina", por exemplo, ou "mais triste que tia em baile". Mais tarde, transformei esse personagem em psicanalista, mas ele não deixou de ser gaúcho e grosso, com o hábito de dizer as coisas na cara e o gosto pelas frases feitas, sintéticas e definidoras. Quase todas as frases do analista fui eu que inventei. Mas, se quisesse, teria um verdadeiro tesouro de frases, máximas, aforismos, comparações e ditados ao qual recorrer no folclore gaúcho. Alguns poucos exemplos:

"Todo cavalo tem seu lado de montar" – quer dizer que é preciso saber como abordar as pessoas.

"A sombra da vaca engorda o terneiro" – filho criado junto da mãe se cria melhor.

"Vela acesa não acorda defunto" – depois da morte, não há mais o que fazer.

"Sortido como baú de velha."

"Sofredor como vaca sem rabo" – que não tem como espantar as moscas.

"Mais feio que briga de foice."

"Mais grosso que dedão destroncado."

"Mais pelado que sovaco de sapo."

"Quieto como guri borrado."

"Quem vê cara não vê as unhas."

"Quem puxa a teta bebe o apojo" – apojo é o último leite da vaca, mais gordo e mais saboroso.

"Quem monta na razão não precisa esporas."

"Pra quem sempre vive na cozinha é verão o ano todo."

"Praga de urubu não mata cavalo gordo" – quem está preparado não deve temer nada.

"Pobre só vai pra diante quando a polícia vem atrás."

"Perder a ceroula dentro das bombachas" – o máximo da distração.

"Mais espremido que alpargata de gordo."

"Rápido como enterro de pesteado."

"Gordo que nem noivo de cozinheira."

"Folgado como cama de viúva."

"Esquecido como encomenda de pobre."

"Enrolado como linguiça em frigideira."

"Diz mais bobagem que caturrita de hospício."

"Como punhalada em melancia" – coisa fácil, sem resistência.

"Assustado como cachorro em canoa."

Frases como estas – a maioria tirada, quando falhava a memória, de um livro precioso chamado *Bruaca, Adagiário Gauchesco*, de Sílvio da Cunha Echenique – mostram não só uma sabedoria antiga, passada de geração campeira a geração campeira, como também uma maneira bem humorada, muitas vezes irônica e sutil, de observar o mundo e as pessoas.

Todo o folclore do Rio Grande do Sul é cheio de humor e sutileza, o que desmente a "grossura" da caricatura consagrada do gaúcho.

Existe, isto sim, uma maneira franca e aberta de dizer as coisas, que às vezes pode passar por rudeza.

Mas o gaúcho sempre teve muito humor e sensibilidade. O que não quer dizer que o gaúcho da caricatura, com todos os seus exageros, não tenha o seu valor.

Quando me perguntam se com O Analista de Bagé eu estava satirizando o gaúcho ou o gauchismo, respondo que sim, mas com afeto. Prefiro ver no jeito do gauchão não tanto a grossura quanto a antifrescura, uma certa impaciência com as coisas rebuscadas ou as pessoas muito sinuosas.

Quer dizer: grosso, mas no bom sentido.

(VERÍSSIMO, Luís Fernando. *Pai não entende nada*. São Paulo: L&PM, 1996. p. 85-87.)

2.6 Crônica literária

PARA TEUS OLHOS, MILENE

Sabes o que mais me tocou em tua carta, Milene?

Aquela parte em que, quase distraidamente, falas da parede de tijolos expostos do prédio vizinho, que é a única paisagem que contemplas do teu quarto de moça. Foi esse sombrio, limitado horizonte que me comoveu, tão diverso do riacho, das montanhas, do arvoredo que podias divisar cada manhã do perdido sítio onde nasceste.

Pois que o resto tem remédio, Milene, o resto se resolve.

Sei bem que isso de trabalhar de dia e estudar de noite é exigente e cansativo, especialmente quando pensas, em meio a alguma aula mais chata, que o mundo lá fora deve estar cheio de pessoas agradavelmente reunidas pelos bares da vida. Mas as faculdades felizmente não são eternas. Logo dirás adeus à tua e fruirás a liberdade de tuas noites e te chamarão doutora e, ao ouvires como música esse título, o próprio vinho te parecerá mais inebriante.

Também não é nenhuma tragédia vestir eternamente gastos *jeans*, não porque são moda ou porque todo mundo usa, mas porque não tens dinheiro para comprar as calças *fuseau* que há séculos namoras numa vitrina, não tens como pagar as prestações da blusa em matelassê que viste anunciada numa revista. Uma pessoa não é o que ela veste, Milene. Uma pessoa é a sua roupagem interior, que não se mede por *griffes* ou modelos.

E isso de frequentares a biblioteca aos sábados e domingos, em busca dos livros que prezas mas que não podes te presentear, te digo, Milene, é um programa infinitamente mais belo e inteligente do que o cinzento fim de semana sem ideias em que milhares de pessoas bem postas na vida homiziam o seu tédio.

Não deixes também que fira tua tenra sensibilidade a inconstância desse João – vamos chamá-lo assim – que te lançava antes uns olhares compridos, sonhadores, que te despertaram amor, e que agora, toda noite, vai buscar de moto não a ti, mas aquela tua colega que não usa óculos e que já foi tua melhor amiga. Se João não foi feito para ti, tanto pior para João. Não sofras por ele, Milene. Algum dia, te surgirá talvez um Carlos e não dará a menor para a espessura de tuas lentes e te raptará numa flamante *Harley-Davidson* para que juntos percorram rotas de paixão.

Tudo se resolve, Milene, tudo tem remédio.

Algum dia, já doutora, comprarás teu aparelho de som e ouvirás todas as fitas e discos que hoje escutas, clandestina, nas cabines das lojas, para dizer ao final à vendedora impaciente que não gostaste de nenhum, que não era bem aquilo que estavas procurando.

Algum dia, já doutora, entrarás para a tua aula de *jazz*, ornarás teus braços de pulseiras, farás quem sabe aquela viagem ao *Tahiti* em busca da esquecida tela de Gauguin que imaginas estar escondida de museus, *marchands*, colecionadores, numa cabana à beira de uma fonte. Basta esperar que tudo se resolve, Milene. Em tudo dá-se um jeito. Terás, doutora, todos os livros de teu afeto, todas as blusas em matelassê, todas as calças *fuseau*. E liberta, disponível, ainda terás por acréscimo o amor de algum Carlos, por infinitas noites sem outras aulas que as dos mistérios da entrega e posse.

Tudo se resolve, tudo tem remédio. Ou quase tudo. Pois comoveu-me aquilo da parede de tijolos em que falaste quase distraidamente e que é hoje toda a paisagem de teu quarto de moça. Porque se pudesse te devolveria agora mesmo o riacho, as montanhas, o arvoredo do perdido sítio em que nasceste, todas aquelas coisas que foram feitas para teus olhos, Milene, e que a cidade grande te roubou (CUNHA, Liberato Vieira da. *A mulher de violeta*. Porto Alegre: Tchê, 1990. p. 57-59).

2.7 Notícia esportiva

Após mais uma rodada de negociações ontem na Espanha, Grêmio e Barcelona acertaram os últimos detalhes para concretizar a venda de Arthur. Representando o clube, o CEO Carlos Amodeo e o advogado Gabriel Vieira revisaram todas as cláusulas do contrato em um encontro no Estádio Camp Nou (*Zero Hora*, Porto Alegre, 9 mar. 2018 p. 31).

2.8 Notícia policial

MULHER É ESFAQUEADA POR ASSALTANTE NO CENTRO DE PORTO ALEGRE

Uma mulher foi esfaqueada durante um assalto, na noite desta quarta-feira (27), no centro de Porto Alegre. Segundo a Brigada Militar, o criminoso anunciou o roubo enquanto ela caminhava na Rua Duque de Caxias. Em seguida, ele a atingiu no abdômen com a faca. Em depoimento para a polícia, a vítima contou que tentou fugir quando foi esfaqueada (*Zero Hora*. Disponível em: https://gauchazh.clicrbs.com.br/seguranca/noticia/2017/09/mulher-e-esfaqueada-por-assaltante-no-centro-de-porto-alegre-cj83y7ddk00ak01rl9r7oo5rj.html. Acesso em: 10 nov. 2017).

2.9 Notícia política

CÂMARA APROVA URGÊNCIA PARA PROJETO QUE PERMITE PRISÃO APÓS 'FLAGRANTE PROVADO'

A Câmara dos Deputados aprovou nesta quinta-feira (9) dar urgência a um projeto que cria mais uma hipótese para a prisão em flagrante, o chamado "flagrante provado".

Na prática, com a aprovação do requerimento de urgência, a proposta já pode ser incluída na pauta de votações do plenário. A análise do projeto, contudo, ainda não tem data definida.

Pela proposta em análise no Congresso, o criminoso poderá ser preso "tempo depois", mediante reconhecimento pela vítima, testemunha ou por meio de filmagem ou foto da ação criminosa.

Também se encaixará nesse tipo de flagrante o criminoso que tiver sido encontrado depois e confessado o crime.

Hoje, a lei só considera flagrante delito o caso em que o criminoso comete a infração penal, acaba de cometê-la, é perseguido ou é encontrado logo depois.

O que diz o autor do projeto

Autor do projeto, o deputado Éder Mauro (PSD-PA) diz que, em muitos casos, o criminoso é pego depois do crime e, apesar de reconhecido pela vítima, pode sair livremente.

"Sabemos que, atualmente, o delinquente não fica preso e a autoridade policial depende subjetivamente e burocraticamente de um posterior mandado de prisão, que nem sempre acontece", escreveu na justificativa do projeto. [...] (CALGARO, Fernanda. *O Globo*. Disponível em: https://g1.globo.com/politica/noticia/camara-aprova-urgencia-para-projeto--que-permite-prisao-apos-flagrante-provado.ghtml. Acesso em: 10 nov. 2017).

2.10 Anúncio econômico

Vende-se excelente ponto comercial, área: 440 metros – localização: a mais central possível. Quase esquina Andradas. Preço de oportunidade e negócio imediato. Tratar: Vigário José Inácio, ...

2.11 Propaganda

Quando o trabalho é consistente, o reconhecimento sempre vem: YPÊ, 11 vezes Top of Mind em meio ambiente. Desde a sua fundação, a Ypê atua na construção de um mundo melhor. É por isso que há 10 anos a Ypê é parceira da Fundação SOS Mata Atlântica, apoiando projetos como Floresta do Futuro, que devolve à floresta sua capacidade de atrair a forma de produzir água em APPs (Áreas de Preservação Permanente). Outro projeto que também conta com o nosso apoio é o Observando Rios, que engaja cidadãos e comunidades locais a cuidar da qualidade da água em bacias hidrográficas nos 17 estados da Mata Atlântica, beneficiando, diretamente, 70% da população brasileira. O resultado disso tudo é o mesmo há 11 anos: o primeiro lugar no Prêmio Top of Mind em Meio Ambiente. É bom. É do bem. É Ypê (*Top of Mind 2017*. Folha de S. Paulo, São Paulo, 31 out. 2017, p. 60).

2.12 Crônica literária (anúncio)

PEQUENOS ANÚNCIOS[1]

Paulo Mendes Campos

Ajudante de cozinha precisa de ajudante de ajudante de cozinha.

Precisa-se de empregada; tem janela no quarto.

Precisa-se de empregada competente e amante da limpeza para cozinhar, lavar, copeirar, passar, engomar, cuidar das crianças, servir de enfermeira a senhor idoso paralítico, regar o jardim, fazer a faxina diária e demais serviços leves.

---

[1] *Apud* NUNES, Amaro Ventura; LEITE, Roberto A. Soares. *Comunicação expressão em língua nacional*. São Paulo: Nacional, 1973. p. 197.

Apartamento muito pequeno precisa de cozinheira nas mesmas condições.
Cavalheiro fino, mas teso, casa-se com moça grossa, mas rica.
Churrascaria precisa garçom prática pista de atletismo.
Casal educado na Europa quer empregada que saiba apreciar uma boa conversação em inglês ou francês.
Desiludido urbano troca carrinho de mão por carroça de burro.
Compro sepultura urgente motivo saúde.
Viúvo vende barato televisão motivos óbvios.
Cartomante lê passado, presente e futuro de funcionário público.
Precisa-se urgente de colocador de pronomes.
Precisa-se capitão rico para infantil de futebol pobre.
Arrenda-se tenda espírita com clientela do outro mundo.

2.13 Carta comercial

Porto Alegre, 20 de maio de 1998

Senhores
J. MORAIS & IRMÃO
Av. Farrapos, ...
N/CAPITAL

Senhores:

Conforme entendimento anteriormente mantido com V. S^{as}, formalizo, pela presente, o pedido do meu afastamento de sua empresa, visto ter decorrido o prazo legal de 30 dias. Confirmo a V. S^{as} que a minha atitude se prende a motivo de ordem estritamente particular, nada havendo contra a firma ou seus diretores, de quem sempre obtive a máxima consideração.

Mais uma vez, reitero meus agradecimentos pela confiança merecida.

Atenciosamente

Pedro Silva

2.14 Carta literária (modelo comercial)

Prezada Senhorita:

Tenho a honra de comunicar a V. S^a que resolvi, de acordo com o que foi conversado com seu ilustre progenitor, o tabelião juramentado Francisco Guedes, estabelecido na Rua da Praia n. 632, dar por encerrados nossos entendimentos de noivado. Como passei a ser o contabilista-chefe dos Armazéns Penalva, conceituada firma desta praça, não me restará, em face dos novos e pesados encargos, tempo útil para os deveres conjugais.

Outrossim, participo que vou continuar trabalhando no varejo da mancebia, como vinha fazendo desde que me formei em contabilidade, em 17 de maio de 1932, em solenidade presidida pelo Exm^o Sr. Presidente do Estado e outras autoridades civis e militares, bem assim como representantes da Associação de Varejistas e da Sociedade Cultural e Recreativa José de Alencar.

Sem mais, creia-me de V. Sª, patrício e admirador.

(CARVALHO, José Cândido de. *Porque Lulu Bergantim não atravessou o Rubicon*. Rio de Janeiro: José Olympio, 1971. p. 14-15).

2.15 Carta literária

Veja a carta de Jorge Amado no início deste capítulo.

Nos textos jornalísticos não literários, o objetivo é informar o leitor a respeito do fato ocorrido em determinada esfera. Com raras exceções, eles não têm preocupação com forma literária e com estética.

O jornalista busca produzir o efeito de realidade, ou seja, a ilusão discursiva de que os fatos contados ocorreram.

Na notícia política transcrita, por exemplo, o articulista cede a voz ao deputado Éder Mauro, que fala então em discurso direto, criando uma cena de ilusão de situação real de conversa do jornalista com o deputado. Além desse recurso sintático, contribuem para a criação do efeito de realidade os recursos semânticos (ancoragem): temos então localizadores espaciais e temporais, pessoas.

Para criar o efeito de impessoalização, de neutralidade discursiva, o jornalismo vale-se da apresentação do texto em terceira pessoa, ou seja, o jornalista evita introduzir-se no texto, manifestando a própria opinião. Cria então o efeito de distanciamento. Quando deseja criar o efeito contrário, de aproximação daquilo que relata, introduz-se no texto.

Já a crônica esportiva pode ou não ter essa preocupação, trazendo, às vezes, certo estilo pessoal. Na crônica literária, não obstante o autor geralmente ser pressionado pelo cotidiano (e, muitas vezes, escrever em órgãos de imprensa), há a preocupação com a forma, com o estilo, que é simples mas peculiar. Predominam a conotação e o subjetivismo.

O que se disse com relação aos textos jornalísticos não literários ajusta-se à reportagem esportiva, à bula, à receita de Helena Sangirardi, ao anúncio econômico e à carta comercial. Nesses textos, o objetivo primordial é a comunicação direta, sem rodeios.

Para o laboratório farmacêutico, o que interessa é que o consumidor entenda o texto da bula, e possa administrar o medicamento.

Em relação à receita culinária, o leitor (cozinheiro), para pôr em prática a receita, precisa que os ingredientes sejam todos listados, e descritos os passos necessários.

Referentemente ao anúncio econômico, o que o proponente do negócio quer é vender o ponto comercial. Portanto: linguagem simples, direta e objetiva.

Já na carta comercial, a linguagem é, de certa forma, burocrática, estereotipada. O uso de termos alheios ao repertório comercial "atrapalharia" a constituição do sentido. Em geral, os redatores valem-se de "fórmulas" comuns nesse tipo de interação.

A propaganda utiliza recursos argumentativos, objetivando persuadir o consumidor.

Em relação às receitas de Vinícius e de Helena Sangirardi, o que faz com que somente a primeira seja poética? Como se pode ver, o que as diferencia não é propriamente o que se diz, mas como se diz.

Em alguns dos textos examinados, notamos maior criatividade e originalidade em relação à linguagem; em outros, prevalece a função utilitária e, por isso, se valem de estratégias linguísticas que não impeçam a rápida interação. Como os textos literários não têm esse compromisso, eles podem provocar, de propósito, certa dificuldade, exigindo do leitor maior esforço para compreendê-los.

Observemos a diferença:

Assim a lenda se escorre
A entrar na realidade,... (Fernando Pessoa)

O não poeta diria, por exemplo, algo como:

Assim termina a lenda, já que enfrentamos a realidade.

3 ESTILO COM RELAÇÃO AO CONTEXTO

Quanto ao *contexto*, o estilo pode ser:

- literário;
- não literário.

3.1 Estilo literário

No estilo literário, predominam a conotação e a subjetividade.

3.2 Estilo não literário

No estilo não literário, não há, em geral, preocupação com a criatividade.

Nos textos técnicos, predominam a denotação, a objetividade, a simplicidade, a formalidade, a impessoalidade, a precisão, a clareza, a concisão, a cortesia, a coerência e a harmonia (ver qualidades do estilo na Seção 2.4).

A propósito, Othon M. Garcia (1980, p. 387) afirma:

"A descrição técnica deve esclarecer, convencendo; a literária deve impressionar, agradando. Uma traduz-se em objetividade; a outra sobrecarrega-se de tons afetivos. Uma é predominantemente denotativa; a outra, predominantemente conotativa."

Assim, a descrição que um perito em Medicina Legal faz do exame de um cadáver é eminentemente objetiva e denotativa. A descrição, porém, que um escritor faz de um pôr de sol é geralmente poética, subjetiva, conotativa.

4 QUALIDADES DO ESTILO

Hoje, mais do que nunca, dá-se à comunicação o lugar merecido: principal veículo de entendimento entre as pessoas.

Urge, portanto, comunicar-se bem. E, para atingir esse objetivo, é necessário que o estilo do comunicador possua alguns requisitos, como os que são vistos a seguir.

4.1 Harmonia

Entende-se por mensagem harmoniosa aquela que é elegante, que soa bem aos nossos ouvidos.

Muitos fatores prejudicam a harmonia, tais como:

- **Aliteração**

A aliteração consiste na repetição do mesmo fonema. É um recurso literário comum sobretudo em poemas simbolistas. Nos textos administrativos e técnicos, normalmente, se evita seu uso. Exemplo:

Na *c*erteza de que *s*eria bem *s*ucedido, o *s*ucessor fez a *s*eguinte *a*sserção: ... (aliteração do fonema /s/).

A propaganda, no entanto, supera essa barreira dos gêneros discursivos e o utiliza, como podemos ver no anúncio da Caixa Econômica Federal:

Pensar
Poupança,
Primeiro
Pensar Caixa.
Na hora de realizar,
fale a língua do P,
de poupança [...]
Pensou
Passagem
Pra praia,
Pensou
Poupança.
Pensou Poupança
Pensou CAIXA (*Folha Top of Mind 2017*, Folha de S. Paulo, São Paulo, 31 out. 2017, p. 4-5).

- **Emenda de vogais**

Nesse caso, evita-se que a junção das vogais finais das palavras produza som de hiato. Exemplo:

Obedeça à autoridade.

- **Cacofonia**

Na cacofonia, temos a produção de sons desagradáveis ou indesejáveis. Exemplo:

Na vez passada, agimos diferente. (= vespa assada)

- **Rima**

A rima, embora seja um bom recurso literário, é inaceitável na redação de gêneros administrativos e técnicos. Exemplo:

O diret*or* chamou, com muita d*or*, o assess*or*, dizendo-lhe que, embora o reconhecesse trabalhad*or*, não lhe poderia fazer o fav*or* que pedia.

- **Repetição de palavras**

A exemplo de alguns itens citados, a redundância, quando enfática, é um excelente recurso estilístico, como podemos verificar na seguinte propaganda:

A música tem gênero.
Mas não se importa
Com o gênero de ninguém.
A música não escolhe
Quem escuta pela cor da pele.
Nem pelo corte de cabelo.
A música fala todas as línguas.
A música não julga.
Não condena. A música acolhe.
A música aceita.
Se você parar para ver,
A música é tudo o que
O mundo deveria ser.
O QUE O MUNDO SEPARA
A MÚSICA APROXIMA.
Viver a música #ISSOMUDAOMUNDO
Itaú (*Serafina*. Folha de S. Paulo, São Paulo, out./nov. 2017, p. 7).

Entretanto, a repetição inadvertida de termos é geralmente deselegante. Exemplo:

O *presidente* da Companhia de Seguros é primo do *presidente* daquela empresa sendo um *presidente* muito ativo.

- **Excesso de "que"**

O excesso de "que" confere ao período um estilo arrastado. Além de deselegante, pode demonstrar inabilidade no manejo de determinadas estruturas sintáticas, como a substituição de orações desenvolvidas por expressões equivalentes. Exemplo:

Solicitei-lhe *de que* me remetesse (aqui, o emprego do DE, além de soar mal, infringe a regência verbal da língua-padrão) a mercadoria *que* me prometera a fim de *que* eu pudesse saldar os compromissos *que* tinha assumido.

Às vezes, esses *quês* são acompanhados de *de* e temos, então, dequeísmo:

Solicitei-lhe de que me remetesse.

4.2 Clareza

É difícil falar em clareza na linguagem. Um texto pode ser claro para uma pessoa e obscuro para outra. Um leitor não acostumado com notícias de Economia, por exemplo, pode ter mais dificuldade com a leitura dos textos de um especialista nessa área que um estudante já iniciado no assunto.

Não obstante isso, de modo geral, contribui para que a comunicação escrita seja linguisticamente monitorada (o que implica cuidado com a precisão vocabular, a pontuação apropriada, a ordem direta das palavras na frase [sujeito + predicado + complemento]), o uso adequado dos pronomes, a referência precisa das anáforas (repetição de duas ou mais palavras no início das frases). Contribuem para que um texto seja obscuro: a omissão de alguns termos (principalmente pronomes), a imprecisão vocabular, o excesso de intercalações, a ambiguidade causada pelo uso descuidado de pronomes possessivos, relativos etc. Exemplos de falta de clareza:

Eu, parece-me que o rapaz que eu fui ao escritório dele na semana passada, é fã ardoroso do Flamengo (pensamento confuso, ideias desordenadas).

Perdoas? Não discordo.

Perdoas? Não! Discordo (muda-se o sentido, conforme a pontuação).

Vendem-se cobertores para casal de lã (má disposição das palavras na frase).

O velhinho tomou aquele remédio dentro do vidrinho (má disposição das palavras na frase).

Precisa-se de babá para cuidar de criança de 17 a 25 anos (má disposição das palavras na frase).

Estamos liquidando pijamas para homens brancos (má disposição das palavras na frase).

Escutei algo a respeito do envenenamento da mulher sentada no banco da praça (má disposição das palavras na frase).

A ordem do ministro que veio de Brasília... (ambiguidade do pronome relativo *que*).

Subindo a serra, avistei vários animais (ambiguidade provocada pelo gerúndio: quem subia?)

Eu noivaria com você, Verinha, se tivesse um pouco de dinheiro (ambiguidade ocasionada por omissão de termos; eu ou você?).

Ele pensava no antigo amor e julgava que a sua agressividade teria contribuído para o término do romance (ambiguidade ocasionada pelo emprego de um pronome que é válido tanto para "ele" como para "ela"; agressividade de quem?).

Aquele sujeito foi prescrito de sua Pátria (imprecisão vocabular pela confusão dos termos *prescrito* e *proscrito*).

O leite, que é um alimento precioso para a saúde, e esta, uma dádiva divina, deve ser ingerido após sofrer o processo de pasteurização, que o imuniza contra diversas infecções (excesso de intercalações. Ver explicações sobre *concisão*, a seguir).

4.3 Concisão

Numa época como a nossa, em que a rapidez e a praticidade imperam, a comunicação tende a ser econômica.

Entende-se por mensagem concisa a que é produzida com poucas palavras, que se ocupa apenas do essencial e despreza as explicações óbvias e/ou não pertinentes.

Dessa forma, por primar pela economia de palavras, a seguinte informação é concisa:

O número cada vez maior de separações tem alarmado as autoridades governamentais.

Se a essa frase, porém, acrescentássemos uma carga informativa desnecessária, uma série de termos dispensáveis, teríamos um estilo prolixo. Exemplo:

> A partir deste século, o número cada vez maior e, por isso mesmo, mais alarmante de separações, flagelo irrecuperável da família moderna, tem alarmado as autoridades governamentais, guardiãs perenes do bem-estar social, principalmente, pelas sequelas traumatizantes produzidas nos filhos e pela decadência moral da sociedade, tendo em vista ser a família o esteio e a célula-mater dessa mesma sociedade.

Analisamos, a seguir, por que o texto contém muitos detalhes dispensáveis:

a) *a partir deste século* – expressão desnecessária, porque não estamos historiando o fato. O nosso objetivo é dizer que isso preocupa alguém;
b) *... e, por isso mesmo, mais alarmante ...* – expressão desnecessária, porque, logo a seguir, se fala sobre isso;
c) *... flagelo irrecuperável da família moderna ...* – expressão de mau gosto, desnecessária, porque vazia de conteúdo e com dois termos supérfluos: irrecuperável (sendo um flagelo, já não se pode esperar qualquer recuperação...) e moderna (se já foi dito que é a partir deste século, o termo "moderno" torna-se desnecessário);
d) *... guardiãs perenes do bem-estar social ...* – outra expressão chavão e deselegante, além de servir de explicação desnecessária;
e) *principalmente pelas sequelas* etc. Aqui temos uma série de termos e explicações que só servem para encher papel; não devem, portanto, ser escritas ou ditas.

As três qualidades enunciadas, embora sejam relevantes, não são as únicas. Temos, também, como recursos estilísticos: o uso da variedade linguística apropriada à situação (no caso de textos técnicos e administrativos, a variedade adequada é a que se aproxima da gramática normativa), a coesão e a coerência.

5 CRIATIVIDADE E NÃO CRIATIVIDADE

A criatividade contribui para que um texto alcance receptividade.

Comecemos por um exemplo da pintura. Em todas as épocas, tivemos bons e maus pintores. No entanto, valor real tiveram aqueles que trouxeram algo de novo para a história da pintura.

Por sua coragem em apresentar a realidade de modo diferente (além de dominar a técnica da pintura), Picasso foi grande. O mesmo não se pode dizer de um pintor que hoje copie impecavelmente a obra de Michelangelo ou de Leonardo da Vinci. Por mais segurança que ele tenha em suas pinceladas, não está criando nem acrescentando nada de novo para a história da humanidade. O que ele faz já foi feito; portanto, tem reduzido valor.

Esse exemplo serve para todas as artes. Em literatura, é a mesma coisa. Machado de Assis ou Eça de Queirós escreveram de maneira incomum. Mas alguém que os imitasse hoje demonstraria não estar inserido em sua época.

O indivíduo, ao escrever, deve fugir aos lugares-comuns, às frases-feitas.

As figuras de estilo originais são recursos riquíssimos quando se elabora um texto, mas as expressões muito usadas tornam-se velhas e cansadas, estereotipando-se sob a forma de clichês. Exemplo:

Os olhos são o *espelho da alma*; estávamos no *coração da mata*; *o luar prateado* banhava a *estrada solitária*; havia um *silêncio sepulcral* naquele lugar; o *mar beijava a areia*; *está em festa o lar* do Sr. Fulano de Tal pelo nascimento de...; *irreparável perda, inserido no contexto, a quem interessar possa, mãe extremosa* etc.

O uso dessas expressões reduz a força expressiva de um texto. Para Rodrigues Lapa (1970, p. 72), o clichê é a "muleta ridícula de preguiçosos".

A seguir, exemplos de figuras de rara beleza, usadas por alguns de nossos literatos, que partiram de sua própria experiência, não se apoiando em coisas feitas:

"Fecha-se a pálpebra do dia." (Raimundo Correia)

"Colombo! fecha a porta dos teus mares." (Castro Alves)

"Quando um bombeiro de cima do telhado conseguiu sufocar uma ninhada de labaredas defronte dele..." (Aluísio Azevedo)

"...tomar pileques de glória..." (Carlos Drummond de Andrade)

"...os sons se abraçam..." (Carlos Drummond de Andrade)

EXERCÍCIOS

Reformule os seguintes trechos, tendo em vista a clareza, a harmonia e a concisão.

1. A sugestão da mesa foi enviada àquela reunião, por se constituir numa solicitação de longa data daquela população.
2. Na vez passada, ela também se atrasou.
3. É uma realidade tradicional e costumeira que a diversão popular – e ela abrange várias modalidades circunscritas a épocas ou regiões diversas – geralmente é oferecida ao povo (podemos remontar à Roma Antiga), visando não ao objetivo precípuo da diversão (dar lazer a quem dele necessite), mas sim visando a uma alienação dos seres pensantes à situação política vigente, para que eles não pensem na fome, na miséria e na injustiça, suas companheiras de infortúnio e dor.
4. Logo que ela pensou que tinha sido aprovada, ficamos satisfeitos, porque, ainda que passasse com algumas deficiências, seria um gasto a menos que teríamos no ano seguinte.
5. Gostei das atitudes dos alunos que o diretor elogiou.
6. Pago R$ 200,00 por cada.
7. Solicitou a Nestor que lhe enviasse os seus relatórios.
8. Vendia meias para a freguesia de baixa qualidade.
9. Pensando que ela chegaria cedo saiu à procura de flores.
10. A ser realidade que a tua amiga à facilidade de permanecer estudando no Brasil prefere a chance de, apesar de isso te causar sofrimento, tentar uma bolsa que sabemos incerta para a França, deves acatar a sua decisão.
11. A História registra fatos injustos, como os operários que, no início do século passado, trabalhavam diuturnamente por algumas migalhas de pão, o que os prostituía como seres humanos.
12. Regando as flores, vi dois estranhos no jardim.

3

Frase e sua estrutura

1 ESTRUTURA FRASAL

Num texto descritivo, narrativo, argumentativo, expositivo ou injuntivo, a estrutura frasal é um ponto-chave. Redatores experientes ocupam-se de monitorar suas frases, particularmente, verificando a completude delas, a clareza, a concisão e a harmonia (ver Seções 2.3 e 2.4 do Capítulo 2).

2 CONCEITO DE FRASE

Frase é "todo enunciado suficiente por si mesmo para estabelecer comunicação", afirma Garcia (1980, p. 6). Há frases que são constituídas apenas por uma palavra, como: *Socorro! Depressa!, Entrada, Saída, Silêncio!* Outras possuem mais de uma palavra: *Quem o feio ama, bonito lhe parece. Ela foi ao cinema com a mãe.*

3 ORAÇÃO

A oração encerra uma frase (ou segmento de frase), várias frases ou um período, completando um pensamento e concluindo o enunciado através de ponto final, interrogação, exclamação e, em alguns casos, através de reticências.

4 TIPOS DE FRASE

Tradicionalmente, as frases são classificadas da seguinte forma:

- Frase interrogativa: é aquela através da qual se pergunta algo, direta ou indiretamente.
  Frase interrogativa direta (uso de ponto de interrogação):

  Que horas são?
  Por que chegaste tão tarde?
  Como vais?

- Frase interrogativa indireta (não usa ponto de interrogação):

    Gostaria de saber que horas são.
    Perguntou-me quando vinha.

- Frase declarativa: é aquela através da qual se enuncia algo, de forma afirmativa ou negativa.
    - Frase declarativa afirmativa:

        Deus é bom.
        Paulo parece inteligente.

    - Frase declarativa negativa:

        Não gosto de pessoas mal-educadas.
        Nunca te esquecerei.

- Frase imperativa: é aquela através da qual expressamos uma ordem, pedido ou súplica, de forma afirmativa ou negativa:

    Tende piedade de nós! (afirmativa)
    Levanta-te! (afirmativa)
    Não corra, não mate, não morra. (negativa)
    Não cometa imprudências. (negativa)

- Frase optativa: é aquela através da qual se exprime um desejo:

    Desejo que sejas muito feliz.
    Bons ventos te levem!

- Frase exclamativa: é aquela através da qual externamos uma admiração:

    Que calor!
    Bem feito!

Para fins de reconhecimento, sobretudo nos exercícios ao final deste capítulo, é didaticamente aconselhável seguir a ordem em que as frases foram apresentadas:

1. Interrogativa
2. Declarativa
3. Imperativa
4. Optativa
5. Exclamativa

Em *Comunicação em prosa moderna*, de Othon Garcia, as frases são classificadas estilisticamente: frase de situação, frase nominal, frase de arrastão, frase entrecortada, frase de ladainha, frase labiríntica, frase fragmentária, frase caótica e frase parentética.

São padrões válidos na linguagem moderna, embora nem sempre passíveis de classificação sintática.

Sua função restringe-se à feição estilística, e, se mal empregadas, podem até vulgarizar o estilo.

1. Frase de situação

Nem sempre, no contexto da língua escrita ou na língua falada, os termos essenciais da oração estão presentes. Quando isso acontece, diz-se que estamos frente a uma frase de situação. Exemplos:

> Que calor!
> Contramão.
> Que susto!
> Ótimo!

Expressões como essas apoiam-se no ambiente ou situação em que são emitidas. Por exemplo: Contramão = nesta rua, não se transita no sentido contrário.

2. Frase nominal

É constituída apenas por nomes sem a presença do verbo que indique a ação do sujeito. Exemplo:

> Muito riso, pouco siso.

3. Frase de arrastão

As orações sucedem-se sem correlação expressa entre elas. A frase de arrastão é utilizada na linguagem infantil e comum em pessoas pouco escolarizadas ou imaturas. Exemplo:

> Então me levantei e me vesti e aí tomei café e então fui trabalhar. Mas acontece que era feriado. E daí voltei para casa e então fui descansar.

4. Frase entrecortada ou picadinha

Frase breve, incisiva, geralmente constituída por orações coordenadas. Esse tipo de frase é muito comum no discurso indireto livre. Exemplo:

> "O crânio seco comprimiu-se. Do olho amarelado, escorreu um líquido tênue. A boca tremeu, mas nada disse. Sentia-se cansado." (Victor Giudice)
> Parece orgulhoso e mesquinho. Não só parece. É.

5. Frase de ladainha

Usada mais na linguagem coloquial; introduz orações coordenadas ligadas por "*e*" ou subordinadas, que não sejam adjetivas, introduzidas por "*que*". Exemplo:

> "...e era uma tarde meio cálida e meio cinza e meio dourada e estávamos alegres e o vento desenrolava nossos cabelos e o ciciante mar estava da cor de um sabre..." (José Carlos Oliveira *Apud* Othon M. Garcia, 1980, p. 91)

"Mais tarde, não sei se sonhei ou se pensei realmente que os aviões não caíam no meio das ruas, e que as ruas não eram desertos, e que os portões brancos de quartéis não eram oásis." (Caio Fernando Abreu)

6. Frase labiríntica ou centopeica

Frase rebuscada, recheada de orações subordinadas, que impedem o reconhecimento da relação entre os termos. Nesse caso, a falta de domínio de tais estruturas sintáticas é prejudicial à comunicação. Quando, porém, há domínio de tais estruturas, como nos textos do Pe. Antônio Vieira, não há nenhum problema. Exemplo:

"Mas também a vossa sabedoria e a experiência de todos os séculos nos têm ensinado que depois de Adão não criastes homens de novo, que vos servis dos que tendes neste Mundo e que nunca admitis os menos bons, senão em falta dos melhores." (Vieira)

7. Frase fragmentária

Várias orações que se interligam sem sentido completo, formando um contexto. Isso acontece quando as orações subordinadas se desligam da principal, ou os adjuntos, apostos e complementos se separam da expressão a que pertencem. Exemplo:

Há muito que ele se sentia doente. *Doença cruel.*
Ela o agredia sempre. *Embora não houvesse motivos para isso.*

8. Frase caótica

Trata-se de uma frase livre, fluente, sem racionalização, como se o narrador, através do fluxo de consciência, pusesse, às claras, seus mais íntimos sentimentos. Muito usada pelos modernos escritores, que utilizam a frase caótica para seus monólogos interiores (reprodução da fala e do pensamento da personagem). Exemplo:

Marcos olhou para cima. As galerias reservadas às mulheres estavam escuras. Vazias. Mas – e a sombra que ali se movia? E os suspiros que dali se ouviam? E os soluços? É o vento que sopra pelas frinchas do velho telhado? É mesmo o vento? Não são suspiros? E é a água que gorgoleja nas calhas? É mesmo água? Não é o choro de alguém? (Moacyr Scliar)

9. Frase parentética

É formada por orações justapostas que não pertencem integralmente ao sentido do período. São usadas para explicar, esclarecer, citar, advertir, opinar, exortar, ressalvar e permitir. Exemplo:

Foi em outubro, *se não me falha a memória*, que nos conhecemos.
É uma tristeza – *livrai-nos, Deus!* – o que eles fizeram!

EXERCÍCIOS

1. Classifique gramaticalmente as seguintes frases:
   1. Que sala suja!
   2. Meia volta!

3. *Iracema* é um romance que faz parte da trilogia indianista de Alencar.
4. Almejo *que tenhas sucesso*.
5. Gostaria de saber *se ela voltará*.
6. Que a deixe, por quê?
7. Nada me convence.
8. Não espere muito de mim.
9. Lindo!
10. Boa viagem!

2. Identifique estilisticamente, segundo Othon Garcia, as frases que seguem:
1. Em 1974 – *isso ocorreu num dia chuvoso* – perdi uma das minhas maiores amigas.
2. Perigo.
3. Dia de muito, véspera de nada.
4. E tudo era musicalidade, e tudo de certo modo era triste como ficam tristes as coisas no momento mais agudo de felicidade e nós vimos sobre uma duna as freiras e eram cinco freiras que usam chapeuzinho com uma borla ou bordado branco e vestido marrom e eram cinco freiras alegres... (José Carlos Oliveira)
5. Ele quase morreu. De tédio.
6. Acordei feliz. O dia estava bonito. Tudo sorria para mim.
7. É coisa tão natural o responder, que até os penhascos duros respondem e para as vozes têm eco. Pelo contrário, é tão grande violência não responder, que aos que nasceram mudos fez a natureza também surdos, porque, se ouvissem e não pudessem responder, rebentariam de dor. (Vieira)
8. O povo gaúcho pode orgulhar-se de seu passado. Passado de lutas, passado de glórias. Decorrência do arrojo e da coragem de seus filhos.
9. Sim, era possível que aquele homem me tivesse encontrado por casualidade. Por acaso, não havia ele se encontrado a si mesmo, por casualidade?
10. Comíamos, *é verdade*, mas era um comer virgulado de palavrinhas doces. (Machado de Assis)
11. E aí ela veio me avisar que iríamos sair e então me arrumei, mas aí choveu muito e eu fiquei em casa.
12. A natureza desabrochava. Flores coloridas entreabriam-se. Pássaros trinavam. Era primavera.

4
Discurso direto, indireto e indireto livre

1 DISCURSO DIRETO

São características do discurso direto:

- Reprodução exata da fala dos interlocutores ou das personagens de um texto de ficção.
- Geralmente, há um verbo *dicendi* (falar, dizer, responder, afirmar, indagar, perguntar etc.).
- Na falta do verbo *dicendi*, um recurso de pontuação: há dois pontos, travessão, aspas ou mudança de linha.

Exemplo:

Encontrei-me com ele um dia. O olhar estava distante, distante. Aí, ele falou: – *Puxa, velho, bem que hoje o dia está especial para matar o serviço...*

Como se vê, todas as características estão presentes nesse exemplo, a saber:

- Fala da própria personagem: – Puxa, velho, bem que hoje o dia está especial para matar o serviço...
- Verbo *dicendi*: falou
- Recursos de pontuação: dois-pontos e travessão.

2 DISCURSO INDIRETO

São características do discurso indireto:

- Fala de um indivíduo ou de uma personagem apresentada pela voz do narrador (numa oração subordinada substantiva). Não temos acesso direto à fala das pessoas envolvidas; o narrador vale-se das suas próprias palavras para reproduzir as de outrem.
- Presença de verbo *dicendi*.
- Geralmente, uso da terceira pessoa na oração subordinada substantiva.

> No que respeita a este último item, usa-se a primeira ou a segunda pessoa quando o narrador relata um fato referente ou a si próprio ou ao seu interlocutor, como em:
> Aí, ele pediu que *eu* fosse lá.
> Aí, ele pediu que *tu* fosses lá.

Exemplo:

Encontrei-me com ele um dia. O olhar estava distante, distante. Aí, *ele falou que aquele dia estava especial para matar o serviço*.

Aqui, também, todas as características estão presentes, a saber:

- Por meio do narrador dos fatos, temos acesso apenas ao conteúdo da fala do indivíduo, mas não à fala como ele a proferiu.
- Presença de verbo *dicendi*: falou.
- Ver mudanças: hoje o dia → aquele dia; está (presente indicativo) → estava (imperfeito indicativo).
- Uso de oração subordinada substantiva: "que aquele dia estava especial...", introduzida por um elemento de ligação (no caso, a conjunção que).

3 DISCURSO INDIRETO LIVRE OU SEMI-INDIRETO

São características do discurso indireto livre:

- Ausência do verbo *dicendi*, dois pontos, travessão ou aspas.
- A voz citada das pessoas parece mesclar-se com a do narrador, mas, no fundo, é a personagem que surge sub-repticiamente. Há uma fusão do discurso direto e do discurso indireto.
- Períodos livres (sem elo subordinativo).
- Uso de sinal de exclamação, interrogação, reticências ou de um modalizador (*talvez*).

Exemplo:

Encontrei-me com ele um dia. O olhar estava distante, distante. *Dia especial para matar o serviço!*

Nesse exemplo, não há verbo *dicendi* nem elementos de ligação (conetivos). A fala da personagem se confunde com a do narrador.

NA TRANSPOSIÇÃO DO DISCURSO DIRETO PARA O INDIRETO, OBSERVE:

Discurso direto	Discurso indireto
Pron. { Eu, me, mim, comigo / Nós, nos, conosco	Ele (ela), se, o, a, lhe, si, consigo / Eles (elas), os, as, lhes
Pres. ind.	Imperf. ind.
Perf. ind.	Mais-que-perf. ind.
Fut. do pres. ind.	Fut. do pret. ind.
Pres. subj. / Fut. subj. / Imperat.	Imperf. subj.
Este, esta, isto	Aquele, aquela, aquilo
Aqui, cá	Ali, lá
Agora, hoje	Naquela ocasião, naquele dia etc.

Exemplos de transposição do discurso *direto* para o discurso *indireto*

DISCURSO DIRETO	DISCURSO INDIRETO
A professora disse-lhe: – *Eu o conheço*.	A professora disse-lhe *que o conhecia*.
Apontou para a casa e falou: – *Isso aqui* é uma construção forte.	Apontou para a casa e falou *que aquilo ali era* uma construção forte.
Lauro lançou-lhe um olhar severo, pedindo: – *Pare* com *estas* brincadeiras.	Lauro lançou-lhe um olhar severo, pedindo-lhe *que parasse* com *aquelas* brincadeiras.

EXERCÍCIOS

Transforme o discurso direto em discurso indireto:

1. *A esta hora, a senhora já saiu*, disse o rapaz, olhando-a ternamente.
2. O marido perguntou:
   – *Você promete que algum dia me fará feliz?*
3. O diretor falou:
   – Neste dia, *preciso de muito dinheiro*.
4. *Aqui, sou Rafael, o milionário*, disse alegremente.
5. *Não achas melhor tirar esse poncho?* – perguntou-lhe Rodrigo.
6. Ela esclareceu:
   – *Não estou pronta ainda, nem banho tomei...*
7. Mariazinha exclamou:
   – *Juntei as pontas das tranças, uni-as por um laço de fita, pintei os olhos e, agora, como já estou pronta, podemos ir para a festa.*

8. Sacudiu a cabeça, lamentando:
    – *Como a Corina é infeliz, trabalhando para essa gente!*
9. E ainda acrescentou:
    – *Se eu for convidada para esta excursão, ficarei muito contente.*
10. Como Paulinho estava impossível, a mãe lhe pediu:
    – *Sossega, meu filho, porque eu já estou com dor de cabeça!*

5
Parágrafo

1   APRESENTAÇÃO

O parágrafo é uma unidade de discurso de um texto. Em geral, expressa uma ideia, um argumento sobre o tema tratado. Serve para dividir o texto (que é um todo) em partes menores, tendo em vista os diversos enfoques.

Mudança de parágrafo não significa mudança de tema, do assunto tratado. Vamos abrindo novos parágrafos, conforme acrescentamos novas ideias ao tema que estamos desenvolvendo. O assunto, a rigor, deve ser o mesmo, do princípio ao fim do texto. A abordagem, porém, pode mudar. E é aqui que o parágrafo entra em ação. A cada novo enfoque, a cada nova abordagem, haverá novo parágrafo.

Formalmente, o parágrafo é indicado através da mudança de linha e de um afastamento da margem esquerda.

Funcionalmente, a compreensão da estrutura do parágrafo é o melhor caminho para a segura compreensão do texto.

2   ELEMENTOS QUE COMPÕEM O PARÁGRAFO

O parágrafo apresenta algumas partes bem distintas. Dentre elas, a mais importante é o *tópico frasal*.

Que é *tópico frasal*?

Tópico frasal é a ideia-núcleo extraída, de maneira clara e concisa, do interior do parágrafo.

Aprender a detectar a ideia principal de cada parágrafo é um caminho seguro para a compreensão do texto; ajuda também na elaboração de sua síntese (redução verbal).

Além do tópico frasal, o parágrafo contém:

- *Desenvolvimento*: apresentado o tópico frasal, passa-se à exposição de outras informações secundárias.
- *Conclusão*: embora nem sempre presente, serve para resumir o conteúdo do parágrafo, sublinhando o ponto de maior interesse.

- *Elemento relacionador*, não obrigatório, mas geralmente presente a partir do segundo parágrafo; estabelece encadeamento coesivo entre os sentidos produzidos, servindo de "ponte" entre o que foi desenvolvido neste parágrafo e nos parágrafos precedentes.

Exemplo de um parágrafo e suas divisões:

Com efeito, considera-se o emissor como uma consciência que transmite uma mensagem para outra consciência que é o receptor. Portanto, a mensagem será elaborada por uma consciência e será igualmente assimilada por outra consciência. Deve ser, antes de mais nada, pensada e depois transmitida. Para ser transmitida, porém, deve ser antes mediatizada, já que a comunicação entre as consciências não pode ser feita diretamente; ela pressupõe sempre a mediatização de sinais simbólicos. Tal é, com efeito, a função da linguagem (SEVERINO, 2016, p. 55).

- Elemento relacionador = *Com efeito.*
- Tópico frasal = *O emissor é uma consciência que transmite uma mensagem para outra consciência, que é o receptor.*
- Desenvolvimento = *Toda explicação constante no resto do parágrafo com exceção da conclusão.*
- Conclusão = Tal é, com efeito, a função da linguagem (= ser meio para que as consciências se comuniquem).

> O parágrafo que encerrar o sentido básico de um texto chama-se *parágrafo--padrão*.

EXERCÍCIOS

1. Transcrevemos o seguinte texto sem dividi-lo em parágrafos. Faça um colchete, sinalizando cada novo parágrafo:

A mais antiga das interpretações da mitologia é o evhemerismo (Evhemero, filósofo grego do IV século a.C). Os mitos seriam a transposição de acontecimentos históricos e de suas personagens para a categoria divina. Ainda no século XIX, houve mitólogos que continuaram sustentando que a mitologia grega era a história de épocas remotas, elaborada pelos sacerdotes, com a intenção deliberada de transformar heróis humanos em deuses. Outra maneira de interpretar os mitos foi entendê-los como alegorias de fenômenos da natureza que o homem se esforçava para compreender. É a teoria naturalista. Originária também da antiguidade grega, essa teoria foi defendida até começos do século XX e talvez conte ainda hoje partidários. A abordagem do mito pelos especialistas modernos é muito diversa. Estes não os consideram narrações históricas reelaboradas fantasiosamente, nem tampouco tentativas para explicar fenômenos da natureza. Os mitólogos modernos veem no mito a expressão de formas de vida, de estruturas de existência, ou seja, de modelos que permitam ao homem inserir-se na realidade. São modelos exemplares de todas as atividades humanas significativas. Os mitos nas sociedades primitivas, escreve Malinowski, "são a expressão de uma realidade original mais poderosa e mais importante através da qual a vida presente, o destino e os trabalhos da humanidade são governados". A interpretação que Jung faz dos mitos acrescenta aos conceitos dos especialistas modernos dimensões mais profundas. Segundo Jung, "os mitos são principalmente fenômenos psíquicos que revelam a própria natureza da psique". Resultam da tendência incoercível do inconsciente para projetar as ocorrências internas, que se desdobram invisivelmente no seu íntimo, sobre os fenômenos do mundo exterior, traduzindo-as em imagens. Assim, "não basta ao primitivo ver o nascer e o pôr do sol; essa observação externa será ao mesmo tempo um acontecimento psíquico: o sol, no seu curso, representará o destino de um deus ou herói que, em última análise, habita na alma do homem". Os mitos condensam experiências vividas repetidamente durante milênios, experiências típicas pelas quais passaram (e ainda passam) os humanos. Por isso, temas idênticos são encontrados nos lugares mais distantes e mais diversos. A partir desses materiais básicos é que os sacerdotes e poetas elaboram os mitos, dando-lhes roupagens diferentes, segundo as épocas e as culturas (Adaptado de SILVEIRA, Nise da. *Jung*: vida e obra. Rio de Janeiro: José Álvaro, 1968, p. 127-128).

2. Os parágrafos do texto abaixo estão desordenados. Confira-lhes uma sequência lógica, numerando-os convenientemente:

{ Concluo esta reflexão com as palavras poéticas de Paulo Correa Lopes: "Há momentos em que parece que compreendemos a voz das cousas; há momentos em que adivinhamos a angústia das árvores, o gemido da terra. É que o barro de que fomos feitos nos fala dos mistérios da vida universal. É pelo barro que estamos ligados à terra, assim como pelo espírito somos de Deus."

{ Nestes 50 anos, a geografia em sua dimensão física, humana, social, política, realizou progressos enormes proporcionando vantagens imensas no relacionamento de pessoas, de povos e de continentes. Os estudos superiores multiplicaram suas escolas, a geografia estava ali, nos cursos de licenciatura e no bacharelado de geógrafo. Faltou em tudo isso uma consciência mais forte, mais arguta em defesa do seu campo de trabalho, outros invadiram-lhe o território, outros assenhorearam-se de sua vocação. Os cursos de licenciatura quase agonizam à míngua de candidatos. Faltam professores de Geografia, mas poucos se animam a abraçar as tarefas do ensino... A profissão de geógrafo não é reconhecida por lei e nem pela sociedade terceiro-mundista...

{ A fim de sacudir o marasmo, o departamento de Geociências da PUCRS realizou o 1º Seminário Estadual, sob o título "Geografia, por que não?". Professores de todo o Estado acorreram para dar nova vida à consciência geográfica, salientando-se, na organização do evento, Cleusa M. A. Scrofernerker, da PUCRS, e Marisa Sarmento da Silva, da Ulbra. Uniram suas forças entidades dadas à ecologia a fim de conseguir a vinda do professor Aziz Ab'Saber do IEA/USP. Nos três dias do seminário, a pergunta do título foi cantada e discutida em todos os tons a modalidades sonoras e dissonantes, mas sempre uníssonas e irmanadas em defesa do mister do professor de Geografia das séries iniciais ou no 1º, 2º ou 3º graus de ensino, e da profissão do geógrafo no panorama da mão de obra nacional.

{ O ser humano, como a etimologia revela, provém da terra (homem-homu). O próprio Gênesis, em sua narração do momento criador, assim se exprime: "Então Javé Deus modelou o homem com a argila do solo..." (Gn 2,7). O homem feito da terra e animado pelo sopro de Deus. Ele será sempre terra e céu. Terá os pés no chão e a cabeça no ar... O homem é o ser genesicamente geográfico.

> Desde épocas imemoráveis, o estudo da terra – a ciência da geografia – foi praticada e desenvolvida pelos sábios. As interrogações dos cientistas se multiplicavam para desvendar os mistérios do solo que os sustentava, dos astros que percorriam o firmamento, os cursos das águas, as vastidões dos mares, alturas dos cumes a perderem-se entre as nuvens... Quantas perguntas, poucas respostas (CLEMENTE, Ir. Elvo. Geografia, por que não? *Zero Hora*, 1 jun. 1991, p. 4).

3. Numere os elementos dos parágrafos abaixo, obedecendo ao seguinte esquema:
   1. **Tópico frasal**
   2. **Elemento relacionador**
   3. **Desenvolvimento**
   4. **Conclusão**

   A | Os textos (e os seus contextos) são objetos de estudo e de ensino em mais de uma disciplina. Além das disciplinas linguísticas e literárias, os textos também se estudam em psicologia, antropologia, teologia e nas ciências jurídicas e históricas. É evidente que, para cada uma destas disciplinas, são outros aspectos dos textos que constituem objeto de estudo; afora isso, o interesse poderá incidir sobre certos tipos de textos ou sobre certas propriedades específicas do contexto psíquico ou social (Adaptado de VARGA, A. Kibédi. *Teoria da literatura*, p. 65).

   B | O escritor moderno, segundo afirma Rosenthal, "encara com seriedade as situações de experiência humana, os problemas formais e o entrelaçamento de perspectivas. Não pode, por essa razão, imitar os modelos de outrora e traduzir diretamente o cotidiano para seu romance; pelo contrário, precisa de recriá-lo, transformando-o poeticamente e atribuindo um traço original a todos os aspectos da existência que se propõe descrever, para em seguida reimplantar sua criação linguística e mental no contexto do cotidiano, o que equivale dizer que seu mundo poético é transposto para o âmbito do cotidiano" (MARTINS, Maria Teresinha. *O ser do narrador nos romances de Clarice Lispector*, p. 19).

   C | Na verdade, o Projeto Zico é tão óbvio como a defesa da luz elétrica e da água encanada, o que não significa que vá ser aprovado, ao contrário. Por ironia, as bancadas da oposição têm manifestado maior apoio que o dos partidos que apoiam o governo. Há até mesmo clubes e atletas que temem o projeto, como houve escravos contra a lei Áurea, com medo de perder a garantia de casa e comida. Apesar da assinatura do presidente da República, o líder do partido, por exemplo, que vem a ser o presidente da Portuguesa de Desportos, articula um poderoso lobby ao lado das federações e da CBF, mesmo que isso lhe custe a suspeita de ter trocado o apoio a Zico pela convocação do menino Dener para a seleção brasileira – com a consequente valorização internacional do craque que põe a bola onde quer e a cabeça onde não deve. Zico não é mais secretário. Em seu lugar está Bernard, que tem a nobre jornada de convencer as estrelas do Congresso e aproveitar este lançamento digno do Rei Pelé (Adaptado de KFOURI, Juca. *Veja*, 29 maio 1991, p. 110).

4. Resuma o parágrafo abaixo:

   Seria possível Nelson Rodrigues existir como autor no Brasil de hoje? Não dá para saber com certeza científica, mas é extraordinariamente difícil imaginar que pudesse escrever e dizer tudo o que escreveu e disse. Quem deixaria? Nelson Rodrigues é o maior autor de teatro que o Brasil já teve – seu nome estaria no topo da literatura mundial se não tivesse nascido, vivido e escrito na língua portuguesa. Mas hoje seria considerado uma ameaça nacional. A mídia veria nele um agente da "onda conservadora" ou uma voz da "extrema direita"; estaria banido pela boa sociedade cultural brasileira como intolerante, preconceituoso e fascista. Os educadores fariam objeções à leitura de seus textos nas salas de aula. Sua entrada poderia ser proibida no departamento de novelas da Rede Globo. Procuradores e juízes estariam em cima dele o tempo todo, tentando condená-lo por machismo, racismo ou homofobia. Pense um pouco no que Nelson estaria escrevendo, por exemplo, sobre transgênero, "feminicídio" ou a indignação contra o papel higiênico preto – isso para não falar no homem pelado como obra de arte, ou nas multas aplicadas aos clubes de futebol quando a torcida grita "bicha" para o goleiro do outro time. Não dá. Nelson Rodrigues não cabe no Brasil de 2017 (GUZZO, J. R. Um país de chatos. *Veja*, São Paulo, edição 2556, ano 50, n. 46, 15 nov. 2017, p. 50).

5. Construa um parágrafo sobre os seguintes tópicos, observando uso da variedade linguística padrão, elegância, concisão e organização do sentido:
   a) Um jardim amigo.
   b) Ruas pequenas, antigas como histórias.
   c) Casas gradeadas: verdadeiras fortalezas.
   d) A liberação do jogo no Brasil.
   e) Imprensa: caixa de ressonância do que se passa no mundo.

6. Partindo da assertiva abaixo, organize um parágrafo, ampliando as ideias que ela contém:
Democracia significa pluralidade de ideias.

6

Tipos textuais

1 COMPETÊNCIAS EXIGIDAS PELO EXAME DO ENEM

O primeiro texto que apresentamos a seguir relaciona os critérios de avaliação das redações do exame do Enem.

- Competência 1: demonstrar domínio da modalidade escrita formal da língua portuguesa.[1]
- Competência 2: compreender a proposta de redação e aplicar conceitos de várias áreas de conhecimento para desenvolver o tema, dentro dos limites estruturais do texto dissertativo-argumentativo em prosa.
- Competência 3: selecionar, relacionar, organizar e interpretar informações, fatos, opiniões e argumentos em defesa de um ponto de vista.
- Competência 4: demonstrar conhecimento dos mecanismos linguísticos necessários para a construção da argumentação.
- Competência 5: elaborar proposta de intervenção para o problema abordado, respeitando os direitos humanos (REDAÇÃO NO ENEM 2017).

No segundo texto, destacamos a linguagem verbal como criadora de mundos. Antes se entendia que a linguagem servia para reproduzir o mundo. Hoje, entende-se que a linguagem cria mundos por meio da palavra. Vejamos o texto:

Mundo e linguagem não são coisas separadas. Nós os vivemos sempre em conjunto: não deixamos de viver para falar nem vice-versa. Pelo contrário, falar é uma maneira de estar vivo. Com a linguagem, muito mais do que reproduzir um mundo, podemos criá-lo. A linguagem, capacidade que permite aos homens comunicar seus pensamentos, sentimentos e desejos, consiste na possibilidade de selecionar elementos e combiná-los segundo regras. Qualquer produção verbal, oral ou escrita, dotada de coesão interna e condizente com

---

[1] Por "modalidade escrita formal" entenda-se *uso da variedade linguística padrão*, a prescrita pela gramática normativa.

uma situação, é um texto. Dessa forma, um exercício de redação é um exercício de coesão interna do texto que se cria (Adaptado de SÁ, 1983, p. 185).

No terceiro texto, o autor, renomado linguista, afirma que escrever é uma atividade social indispensável. Além disso, chama-nos a atenção para a necessidade de organização do sentido e de um objetivo preestabelecido:

> Há [...] uma arte de escrever – que é a redação. Não é uma prerrogativa dos literatos, senão uma atividade social indispensável, para a qual falta, não obstante, muitas vezes, uma preparação preliminar.
> A arte de falar, necessária à exposição oral, é mais fácil na medida em que se beneficia da prática da fala cotidiana, de cujos elementos parte em princípio.
> O que há de comum, antes de tudo, entre a exposição oral e escrita, é a necessidade da boa composição, isto é, uma distribuição metódica e compreensível de ideias.
> Impõe-se igualmente a visualização de um objetivo definido. Ninguém é capaz de escrever bem, se não sabe bem o que vai escrever (CÂMARA JR., 1978, p. 58).

Finalmente, Rubem Braga, um dos nossos maiores cronistas, salienta o "respeito aos limites mesmos da língua":

> Não pedimos fluência, elegância, nem limpeza, mas um respeito aos limites mesmos da língua, além dos quais ela perde não apenas sua beleza e seu sentimento, mas sua própria natureza. É um mínimo de decência e de dignidade, na escrita, sem o qual o pensamento mais profundo e a ideia mais brilhante se tornam torpes e ridículos.

2 TIPOLOGIA TEXTUAL

Oral ou escrito, todo texto é constituído pela interação de pessoas. Isso significa que não estamos sozinhos quando escrevemos ou falamos; contamos sempre com a participação do interlocutor ou leitor. Hoje, fala-se, propriamente, em enunciador e enunciatário. Ambos são coenunciadores.

Além disso, um texto não é a manifestação de uma única voz. Todo texto é composto de múltiplas vozes, que podem estar explicitamente marcadas (aspas, itálico, recuo etc.) ou não. Todo texto é, segundo Bakhtin, heterogêneo, polifônico.

Para Koch (2002, p. 16), o conceito de texto está diretamente relacionado com o conceito de sujeito. Se entendemos a língua como representação do pensamento, temos um sujeito absoluto de tudo o que diz ou escreve. Nesse caso, o texto é um objeto lógico e ao leitor cabe um papel passivo de captar a representação mental, bem como as intenções do autor. Quando entendemos a língua como instrumento de comunicação, língua como código, temos um sujeito determinado pelo sistema. O texto seria um produto pronto, acabado e ao leitor se reservaria novamente um papel passivo. Contrapondo-se a essas duas concepções, temos a da interação dialógica da língua, em que os sujeitos são atores, construtores do sentido. O sentido é construído na interação; não depende apenas de um formulador. Os participantes do evento comunicativo são ativos, portanto.

A produção do sentido, então, não se resolve apenas com o conhecimento linguístico. É resultado de uma grande quantidade de saberes, como: conhecimento das variedades linguísticas apropriadas, conhecimento enciclopédico, conhecimento do contexto, conhecimento do que pode ser dito e do que deve ser silenciado. Não há, pois, um sentido preexistente à interação dos sujeitos.

Em geral, entende-se que a competência discursiva envolve competência linguística, textual e comunicativa.

A linguística diz respeito ao conhecimento das variadas normas linguísticas: em situações que exigem uso da norma-padrão, fazer uso de outras normas seria inadequado; igualmente, em situações que pedem o uso de variedade menos prestigiada, fazer uso da norma-padrão soa estranho.

A textual diz respeito à capacidade de escolher o gênero pertinente à situação: a uma secretaria de uma faculdade fazemos um requerimento; a um colega basta um pedido informal; a uma universidade, para obter o grau de doutor, o candidato apresenta uma tese de doutorado; para concluir um curso de graduação, apresenta um TCC (Trabalho de Conclusão de Curso), ou seja, essa capacidade deve estar presente na produção de diferentes tipos de textos.

A competência comunicativa é a capacidade de valer-se da língua em conformidade com a situação e o lugar, o que implica saber o que falar e o que não falar, o que deve ser explicitado e o que pode ficar implícito. Capacidade de saber a quem falar, quando falar e de que forma falar.

A seguir, veremos variados tipos de sequência textual: textos descritivos, narrativos, argumentativos, expositivos/explicativos, injuntivos, dialogais.

Em um mesmo texto, podemos ter sequências narrativas, descritivas, argumentativas, expositivas. Em geral, os textos são mistos em relação à tipologia, havendo apenas predominância de um deles.

2.1 Descrição

A descrição, caracteristicamente, não supõe ação. É uma estrutura pictórica, em que os aspectos sensoriais predominam. É a menos autônoma das sequências textuais, ou seja, vem acompanhada de outros tipos de sequências, como a narrativa e a argumentativa. A propósito, a argumentação é própria da linguagem. Sempre que nos manifestamos, fazemo-lo para persuadir o outro. A argumentação é indissociável da linguagem. Não há, propriamente, manifestação neutra.

A descrição implica contemplação e apreensão de algo objetivo ou subjetivo, exigindo do enunciador senso de observação e certo grau de sensibilidade. Assim como o pintor capta o mundo exterior ou interior em suas telas, o autor de uma descrição focaliza cenas ou imagens, conforme o permita sua sensibilidade.

A descrição, conforme o objetivo que se propõe, pode ser *literária* ou *não literária*.

Na **descrição literária**, não há preocupação quanto à exatidão da imagem descrita, porque a finalidade é transmitir uma impressão sensorial. Predomina o aspecto *subjetivo*, a conotação. Constitui um sentido da coisa vista, segundo as vivências psicossensoriais do autor. Não há propriamente preocupação de produzir uma fotografia, mas de mostrar como o autor vê e sente um objeto ou um ser.

A descrição de *tipos* (personagens) faz-se, considerando aspectos *físicos* ou *psicológicos*. Na descrição física, predomina a objetividade; na psicológica, a subjetividade.

Às vezes, por meio da caricatura intencional de traços físicos de uma personagem, deixa-se entrever seu retrato psicológico, caracterizando suas idiossincrasias. A personagem Quincas Borba, em *Memórias póstumas de Brás Cubas*, é um exemplo:

"Imaginem um homem de trinta e oito a quarenta anos, alto, magro e pálido. As roupas, salvo o feitio, pareciam ter escapado ao cativeiro de Babilônia; o chapéu era contemporâneo do de Gessler. Imaginem agora uma sobrecasaca, mais larga do que pediam as carnes, – ou, literalmente, os ossos da pessoa; a cor preta ia cedendo o passo a um amarelo sem brilho; o pelo desaparecia aos poucos; dos oito primitivos botões restavam três. As calças, de brim pardo, tinham duas fortes joelheiras, enquanto as bainhas eram roídas pelo tacão de um botim sem misericórdia nem graxa. Ao pescoço flutuavam as pontas de uma gravata de duas cores, ambas desmaiadas, apertando um colarinho de oito dias. Creio que trazia também colete, um colete de seda escura, roto a espaços, e desabotoado" (ASSIS, 1979, p. 573).

Na **descrição não literária**, há grande preocupação com a precisão dos detalhes. É uma descrição *objetiva*, denotativa. Não podemos nos esquecer, porém, que sempre temos a participação da subjetividade. O que há em uma descrição, mesmo que seja não literária, é uma visão de um indivíduo. É, por isso, que uma mesma cena, descrita por variadas pessoas, tende a ser "reproduzida" diferentemente. Suponhamos um acidente de motocicleta: duas ou três testemunhas não apresentarão a mesma imagem da cena. Os textos são realidades criadas pela linguagem. Não são a realidade.

Os manuais de instrução de aparelhos eletrônicos ou elétricos são constituídos de descrição técnica. Outros exemplos: descrição de um mineral, descrição anatômica de um corpo etc.

Com relação ao **aspecto formal**, prevalecem na descrição os enunciados com os verbos *ser* e *estar* (verbos que indicam estado ou fenômeno), bem como frases nominais (frases sem verbo). Predomina também o emprego de comparações, adjetivos e advérbios, que conferem colorido ao texto.

A sequência descritiva compreende:

- Operação de tematização: implica definição do objeto da descrição, a ancoragem através da qual o objeto descrito é designado.
- Operação de aspectualização: envolve apresentação dos aspectos físicos do objeto, propriedades, partes.
- Operação de relação por contiguidade ou por analogia: indica, no primeiro caso, a relação do objeto com outros objetos situados no espaço e no tempo. Pela relação de analogia, estabelece-se comparação com outros objetos, ou utilizam-se metáforas para construir a descrição.

Exemplos de texto literário com descrição real subjetiva:

A CASA MATERNA

Há, desde a entrada, um sentimento de tempo na casa materna. As grades do portão têm uma velha ferrugem e o trinco se oculta num lugar que só a mão filial conhece. O jardim pequeno parece mais verde e úmido que os demais, com suas palmas, tinhorões e samambaias que a mão filial, fiel a um gesto de infância, desfolha ao longo da haste.

É sempre quieta a casa materna, mesmo aos domingos, quando as mãos filiais se pousam sobre a mesa farta do almoço, repetindo uma antiga imagem. Há um tradicional silêncio em suas salas e um dorido repouso em suas poltronas. O assoalho encerado, sobre o qual ainda escorrega o fantasma da cachorrinha preta, guarda as mesmas manchas e o mesmo taco solto de outras primaveras. As coisas vivem como em prece, nos mesmos lugares onde as situaram as mãos maternas quando eram moças e lisas. Rostos irmãos se olham dos porta-retratos, a se amarem e compreenderem mudamente. O piano fechado, com uma longa tira de flanela sobre as teclas, repete ainda passadas valsas, de quando as mãos maternas careciam sonhar.

A casa materna é o espelho de outras, em pequenas coisas que o olhar filial admirava ao tempo em que tudo era belo: o licoreiro magro, a bandeja triste, o absurdo bibelô. E tem um corredor à escuta, de cujo teto à noite pende uma luz morta, com negras aberturas para quartos cheios de sombras. Na estante, junto à escada, há um *Tesouro da Juventude* com o dorso puído de tato e de tempo. Foi ali que o olhar filial primeiro viu a forma gráfica de algo que passaria a ser para ele a forma suprema de beleza: o verso.

Na escada há o degrau que estala e anuncia aos ouvidos maternos a presença dos passos filiais. Pois a casa materna se divide em dois mundos: o térreo, onde se processa a vida presente, e o de cima, onde vive a memória. Embaixo há sempre coisas fabulosas na geladeira e no armário da copa: *roquefort* amassado, ovos frescos, mangas-espadas, untuosas compotas, bolos de chocolate, biscoitos de araruta – pois não há lugar mais propício do que a casa materna para uma boa ceia noturna. E porque é uma casa velha há sempre uma barata que aparece e é morta com uma repugnância que vem de longe. Em cima ficaram os guardados antigos, os livros que lembram a infância, o pequeno oratório em frente ao qual ninguém, a não ser a figura materna, sabe por que, queima às vezes uma vela votiva. E a cama onde a figura paterna repousava de sua agitação diurna. Hoje, vazia.

A imagem paterna persiste no interior da casa materna. Seu violão dorme encostado junto à vitrola. Seu corpo como que se marca ainda na velha poltrona da sala e como que se pode ouvir ainda o brando ronco de sua sesta dominical. Ausente para sempre da casa materna, a figura paterna parece mergulhá-la docemente na eternidade, enquanto as mãos maternas se fazem mais lentas e mãos filiais mais unidas em torno à grande mesa, onde já vibram também vozes infantis (MORAES, 1986, p. 534-535).

Exemplo de texto não literário com descrição real subjetiva:

Meu primo tinha olhos grandes e profundos e neles espelhavam-se as suas mágoas e a sua desconfiança.

Exemplo de texto não literário com descrição real objetiva

Com a finalidade de compensar as possíveis irregularidades do piso, o seu *freezer* possui, na parte inferior dianteira, dois pés niveladores para um perfeito apoio no chão. (Manual de Instruções)

Exemplo de texto literário com descrição imaginária subjetiva

Não sei nada dela, apenas penso saber. Na realidade, dela só sei o que parece ser. Ela é para mim uma sombra que viajou por dentro de mim, passou, foi embora, mas, paradoxalmente, ficou e continua.
Sim, ela é uma sombra. Uma sombra carregada de carinho, de amor, de compreensão, de amizade. Uma sombra que não possui: somente é. (Trecho de redação de aluno)

A descrição não literária real e objetiva predomina em textos técnicos. Há um compromisso com a precisão e a economia linguística. Na descrição literária, seja real ou imaginária, os pormenores, as figuras de linguagem vão torná-la mais pitoresca estilisticamente, fazendo com que ela seja mais ou menos objetiva ou subjetiva.

Não se pode esquecer que os recursos literários utilizados num texto descritivo variam de acordo com as épocas em que foram redigidos.

Desse modo, numa descrição romântica, há uma recorrência ao cromatismo, aos aspectos sonoros e visuais, à idealização. Na descrição realista (como a de Quincas Borba já vista), percebe-se certo equilíbrio na observação e na análise. Na descrição contemporânea, observamos na criatividade linguística, formas inovadoras.

Vejamos uma descrição romântica:

Sobre a alvura diáfana do algodão, a sua pele, cor de cobre, brilhava com reflexos dourados; os cabelos pretos cortados rentes, a tez lisa, os olhos grandes com os cantos exteriores erguidos para a fronte; a pupila negra, móbil, cintilante; a boca forte mas bem modelada e guarnecida de dentes alvos, davam ao rosto pouco oval a beleza inculta da graça, da força e da inteligência.

Tinha a cabeça cingida por uma fita de couro, a qual se prendiam ao lado esquerdo duas plumas matizadas que, descrevendo uma longa espiral, vinham roçar com as pontas negras o pescoço flexível. [...]

Ali, por entre a folhagem, distinguiam-se as ondulações felinas de um dorso negro, brilhante, marchetado de pardo; às vezes viam-se brilhar na sombra dois raios vítreos e pálidos, que semelhavam os reflexos de alguma cristalização de rocha, ferida pela luz do sol (ALENCAR, José de. *O guarani*).

Agora, uma descrição contemporânea:

A manhã me viu de pé, no banheiro, contemplando no vaso a curiosa entidade que eu tinha produzido: um objeto cilíndrico, bem formado, de cor saudável, textura fina, superfície lisa, quase acetinada. E tinha, à guisa de olhos, dois grãos de milho.

Flutuava displicentemente, a graciosa criatura. A descarga vazava; a corrente que fluía marulhando orientava-a ora para o norte, ora para o nordeste, ora para o sul. De repente virou-se e ficou boiando de costas. Estava tão bem ali, que vacilei em dar a descarga. Mas não podia deixar sujeira no vaso: apertei o botão (SCLIAR, Moacyr. *O ciclo das águas*).

Exemplos de descrição

■ **De ambiente:**

Ali naquela casa de muitas janelas e bandeiras coloridas vivia Rosalina. Casa de gente de casta, segundo eles antigamente. Ainda conserva a imponência e o porte senhorial, o ar solarengo que o tempo de todo não comeu. As cores das janelas e da porta estão lavadas de velhas, o reboco caído em alguns trechos como grandes placas de ferida, mostra mesmo as pedras e os tijolos e as taipas de sua carne e ossos, feitos para durar toda a vida; vidros quebrados nas vidraças, resultado do ataque da meninada nos dias de reinação, quando vinham provocar Rosalina (não de propósito e ruindade, mais sem-que-fazer de menino), escondida detrás das cortinas e reposteiros; nos peitoris das sacadas de ferro rendilhado, formando flores estilizadas, setas, volutas, esses e gregas, faltam muitas das pinhas de cristal facetado cor de vinho que arrematavam nas cantoneiras a leveza daqueles balcões (DOURADO, Autran. *Ópera dos mortos*. Rio de Janeiro: Civilização Brasileira, 1975, p. 1-2).

- **De tipo:**

Quando o coronel João Capistrano Honório Cota mandou erguer o sobrado, tinha pouco mais de trinta anos. Mas já era homem sério de velho, reservado, cumpridor. Cuidava muito dos trajes, da sua aparência medida. O jaquetão de casemira inglesa, o colete de linho atravessado pela grossa corrente de ouro do relógio; a calça é que era como a de todos na cidade – brim, a não ser em certas ocasiões (batizado, morte, casamento – então era parelho mesmo, por igual), mas sempre muito bem passada, o vinco perfeito. Dava gosto ver.

O passo vagaroso de quem não tem pressa – o mundo podia esperar por ele, o peito magro estufado, os gestos lentos, a voz pausada e grave, descia a rua da Igreja cumprimentando cerimoniosamente, nobremente, os que por ele passavam ou os que chegavam na janela muitas vezes só para vê-lo passar.

Desde longe a gente adivinhava ele vindo: alto, magro, descarnado, como uma ave pernalta de grande porte. Sendo assim tão descomunal, podia ser desajeitado: não era, dava sempre a impressão de uma grande e ponderada figura. Não jogava as pernas para os lados nem as trazia abertas, esticava-as feito medisse os passos, quebrando os joelhos em reto.

Quando montado, indo para a sua Fazenda da Pedra Menina, no cavalo branco ajaezado de couro trabalhado e prata aí então sim era a grande, imponente figura, que enchia as vistas. Parecia um daqueles cavaleiros antigos, fugidos do Amadis de Gaula ou do Palmeirim, quando iam para a guerra armados cavaleiros (DOURADO Autran. *Ópera dos mortos*. Rio de Janeiro: Civilização Brasileira, 1975, p. 9-10).

Exemplos de redações descritivas feitas por alunos:

PARA SER REZADO NUMA EXPOSIÇÃO DE ANIMAIS

Essas pessoas humildes, com a máscara da dor, a roupa do cansaço, o adorno da doença: a cor miscigenada, a falta de raça, a vida sem graça.

Suas casas caiadas, caídas, descoradas; seus lares cheios de gente, de filhos, de brigas.

Esses pobres meninos, punguistas da vida, pingentes de ida; esses bichos dormidos nos chãos doloridos, pisoteados.

Esses hospitais de muitos doentes, de poucos leitos, de muitos desvios, dos dias mais frios.

Essas vilas distantes, de casas bastantes, do lodo de hoje, do açude de antes, dos lixos restantes.

Esses homens das máquinas, operários dos outros, de salários poucos; esses mesmos dos ônibus cheios de odor, cheirando a vapor.

Esses muitos, coitados, plantados no asfalto, com o sol no telhado, a chuva nos sapatos.

Esses todos, à procura da sorte, favorecidos pelo azar, à espera da morte, caídos na miséria por ajudar os fortes; esses dos crimes, das pilhagens, dos subúrbios, do centro.

... E estes animais, borregos de raça, vivendo de graça; estes bois de sorte que não vão ao corte; sem doença, sem crença; valendo milhões.

Oh, Deus deles, Deus deles! Por que os abandonastes? (Aldo Luiz Jung | FAMECOS | Nível II, 2º semestre, 1975).

NUMA LINGUAGEM DE CÓDIGO DESCONHECIDO

Às quatro horas da tarde, quando todos os hóspedes se estiravam junto à murada do prédio, aproveitando o sol, a casa era mais compreensível. E, então, se via bem a umidade escorrendo pelas rachaduras das paredes, o reboco se decompondo junto às janelas e portais. Os restos de comida e excrementos, espalhados pelos cantos e entre as camas, se salientavam, e o mau cheiro dominava o ambiente. O canto que guardava o balde usado como latrina causava náuseas pela cor marrom que se incrustara nas paredes. Todos os vidros estavam quebrados e sujos, o que criava uma atmosfera irreal pelos desenhos que a luz fazia sobre as camas. As camas.

As camas eram mais de trinta, bem juntinhas, lado a lado, em duas fileiras de quinze. Entre uma e outra, havia um pequeno espaço que mal permitiria a uma pessoa passar, se não estivesse ocupado por papéis velhos, pedaços de roupas e até livros.

Pela porta estreita, os moradores começam a entrar: primeiro, Jesuíno, 30 anos, desde os 22 residente no local. Jesuíno vem com os pés descalços na laje fria, mexendo nos furos de seu uniforme azul, rindo em direção a sua cama. Depois entra Pedro, 28 anos, é o mais novo habitante, chegou aqui há oito meses. Pedro veste um paletó surrado sobre o uniforme velho e expõe uma barriga falsa, feita de papéis usados, que encontra no chão e guarda sob a camisa. Entram Jesus, Cipriano e Boaventura, gesticulando muito e rindo a cada palavra que dizem.

Em pouco tempo, a sala está cheia, uns tirando a palha dos colchões esburacados, outros tentando se cobrir com a manta curta e velha.

Cipriano caminha irrequieto, dizendo coisas incompreensíveis, levantando os braços em direção ao balde-latrina, onde um negro triste faz suas necessidades.

A entrada dos moradores transforma o ambiente, e agora é difícil ver as coisas que a sala vazia mostrava. A atmosfera está cheia de gestos, gritos, risos e palavras indecifráveis. O ambiente passa a ser representado numa linguagem de código desconhecido. Os loucos redefinem seu mundo em função de si mesmos, desrespeitando as leis e os costumes daqueles que, conscientemente, os confinaram no "cativate". O enorme cadeado da porta delimita mais um cotidiano, no hospital psiquiátrico, enquanto os médicos tomam cafezinho na sala da direção (Eduardo San Martin | FAMECOS | Nível I, 2º semestre, 1975).

UM ESTÁDIO DE FUTEBOL EM SEU GRANDE DIA

Numa bela tarde de outono, o azul do céu contrastava com o verde dos morros. Nas margens cálidas do rio, o estádio recebia uma grande plateia.

Era a festa do povo, um mundo de lágrimas e sorrisos onde as mais variadas emoções se perdiam por entre o tremular do azul e do vermelho, bordando o cenário como se fora uma obra da natureza.

Minutos após, tudo terminara. A uns restava a alegria da vitória; a outros, o consolo da derrota; todavia todos indistintamente guardavam a imagem do estádio de futebol em seu grande dia: o dia do Gre-Nal, a festa do povo (Solismar Gomes Gonçalves | FAMECOS | Nível I, 1º semestre, 1975).

ESTÁDIO DE FUTEBOL EM GRANDE DIA

Nas bilheterias, formam-se filas enormes. Pais com filhos pela mão, cambistas vendendo entradas a altos brados, vendedores de picolé, cachorro-quente, pipoca, bebidas, assentos e, por incrível que pareça, uísque. A agitação é intensa. Nota-se a fisionomia contraída, carregada de expectativa, dos torcedores. Lá dentro, a multidão se comprime, brigando pelos melhores lugares. Quando se olha ao redor, a paisagem que se apresenta é digna de nota: as roupas azuis, amarelas, verdes, vermelhas dão a ideia de um canteiro de flores diversas, coloridas e expostas ao escaldante sol da tarde.

Os homens gritam, xingam, torcem. Dão vazão às suas pressões contidas, aos seus recalques guardados. Ali, no anonimato da multidão, eles podem extravasar os seus sentimentos, desabafar as suas mágoas.

Nas laterais do campo, nos muros que o circundam, as propagandas anunciam novos xaropes, remédios milagrosos, planos de financiamentos e tudo o mais que possa ser do interesse do público. O gramado bem cuidado, regado todos os dias, aguarda, quieto, o momento de ser pisoteado, dilacerado.

Enfim os times entram em campo. Geralmente, com atraso de cinco ou dez minutos, fazendo mesuras para a torcida como a pedirem desculpas.

Aí sim começa o sofrimento do torcedor: os nervos à flor da pele, as veias do pescoço parecendo que vão rebentar, ele pula, grita, chuta, xinga e briga.

Quando o jogo termina, ele está exausto. A multidão vai saindo, as bandeiras descem dos seus mastros, os rádios portáteis calam-se, e o estádio vai ficando só. Da festa, da alegria, da vida intensa e agitada que antes havia, agora só restam os detritos. Em lugar das pessoas, estão as cadeiras vazias, as garrafinhas de plástico, os restos de maçãs, como destroços de guerra. Só o silêncio domina o estádio. O gigante de cimento está novamente só, entregue à sua sorte, aguardando o próximo fim-de-semana para viver novamente (Alberto Alminhana | FAMECOS | Nível I, 1º semestre, 1975).

2.2 Narração

A sequência narrativa envolve uma sucessão de eventos. Um evento é visto como consequência de outro evento. Um dos seus elementos principais é sua delimitação no tempo. Aqui, podemos fazer um comparativo com os textos argumentativos e explicativos: sequências narrativas valem-se de tempo no pretérito (perfeito como tempo principal e imperfeito como pano de fundo); os textos argumentativos e explicativos utilizam-se do presente do indicativo. Quando nos valemos do presente para narrar fatos acontecidos no passado, produzimos um efeito de sentido de presentificação das ações. Os estudiosos das narrativas chamam esse procedimento de metáfora temporal.

São tempos do mundo narrado: o pretérito perfeito simples ("aconteceu"), pretérito imperfeito ("acontecia"), pretérito mais-que-perfeito ("acontecera"), futuro do pretérito ("aconteceria") e locuções verbais formadas com esses tempos ("estava acontecendo", "ia acontecer").

Em geral, a narrativa se desenvolve na prosa. Busca-se com ela comunicar um acontecimento ou situação em que o homem tenha sido protagonista de forma direta ou indireta. Nas fábulas e apólogos, animais e seres inanimados são apresentados com características humanas.

Com o desenrolar dos fatos, com a transformação dos predicados, temos transformação das personagens: elas poderão ser boas no início e más no final; estar separadas no início e juntas no final, sadias no começo e doentes no final da narrativa etc.

As narrativas são caracteristicamente subjetivas ou objetivas. Podem ser constituídas em 1ª pessoa ou em 3ª pessoa. No primeiro caso, há a participação do narrador; no segundo, o narrador permanece distante dos acontecimentos.

Um dos elementos fundamentais da estrutura narrativa é a *ação*. Por isso, há realce nos verbos de *ação*, muitos deles no pretérito perfeito do indicativo.

A estrutura narrativa é composta de: situação inicial; complicação (conflito); reação ou avaliação; desenlace ou resolução; situação final; moral da história ou coda (este último elemento não é obrigatório). Vejamos um exemplo:

A NOITE EM QUE OS HOTÉIS ESTAVAM CHEIOS

O casal chegou à cidade tarde da noite. Estavam cansados da viagem; ela, grávida, não se sentia bem. Foram procurar um lugar onde passar a noite. Hotel, hospedaria, qualquer coisa serviria, desde que não fosse muito caro.

Não seria fácil, como eles logo descobriram. No primeiro hotel, o gerente, homem de maus modos, foi logo dizendo que não havia lugar. No segundo, o encarregado da portaria olhou com desconfiança o casal e resolveu pedir documentos. O homem disse que não tinha; na pressa da viagem esquecera os documentos.

– E como pretende o senhor conseguir um lugar num hotel, se não tem documentos? – disse o encarregado. – Eu nem sei se o senhor vai pagar a conta ou não!

O viajante não disse nada. Tomou a esposa pelo braço e seguiu adiante. No terceiro hotel também não havia vaga. No quarto – que era mais uma modesta hospedaria – havia, mas o dono desconfiou do casal e resolveu dizer que o estabelecimento estava lotado. Contudo, para não ficar mal, resolveu dar uma desculpa:

– O senhor vê, se o governo nos desse incentivos, como dão para os grandes hotéis, eu já teria feito uma reforma aqui. Poderia até receber delegações estrangeiras. Mas até hoje não consegui nada. Se eu conhecesse alguém influente... O senhor não conhece ninguém nas altas esferas?

O viajante hesitou, depois disse que sim, que talvez conhecesse alguém nas altas esferas.

– Pois então – disse o dono da hospedaria – fale para esse seu conhecido da minha hospedaria. Assim, da próxima vez que o senhor vier, talvez já possa lhe dar um quarto de primeira classe, com banho e tudo.

O viajante agradeceu, lamentando apenas que seu problema fosse mais urgente: precisava de um quarto para aquela noite. Foi adiante.

No hotel seguinte, quase tiveram êxito. O gerente estava esperando um casal de conhecidos artistas, que viajavam incógnitos. Quando os viajantes apareceram, pensou que fossem os hóspedes que aguardava e disse que sim, que o quarto já estava pronto. Ainda fez um elogio:

– O disfarce está muito bom. Que disfarce? perguntou o viajante. Essas roupas velhas que vocês estão usando, disse o gerente. Isso não é disfarce, disse o homem, são as roupas que nós temos. O gerente aí percebeu o engano:

– Sinto muito – desculpou-se. – Eu pensei que tinha um quarto vago, mas parece que já foi ocupado.

O casal foi adiante. No hotel seguinte, também não havia vaga, e o gerente era metido a engraçado. Ali perto havia uma manjedoura, disse, por que não se hospedavam lá? Não seria muito confortável, mas em compensação não pagariam diária. Para surpresa dele, o viajante achou a ideia boa, e até agradeceu. Saíram.

Não demorou muito, apareceram os três Reis Magos, perguntando sobre um casal de forasteiros. E foi aí que o gerente começou a achar que talvez tivesse perdido os hóspedes mais importantes já chegados a Belém de Nazaré (SCLIAR, Moacyr. *A massagista japonesa*. Porto Alegre: L&PM, 1984, p. 49-50).

No primeiro parágrafo, temos a situação inicial: o casal procura um lugar para dormir. A partir do segundo parágrafo, sucede-se a complicação (conflito): os hoteleiros recusam aceitar o casal como hóspedes. Na fase de reação, temos: "Ali perto havia uma manjedoura, disse, por que não se hospedavam lá? Não seria muito confortável, mas em compensação não pagariam diária. Para surpresa dele, o viajante achou a ideia boa, e até agradeceu. Saíram." Desenlace: "Não demorou muito, apareceram os três Reis Magos, perguntando sobre um casal de forasteiros." Moral da história: "E foi aí que o gerente começou a achar que talvez tivesse perdido os hóspedes mais importantes já chegados a Belém de Nazaré."

Como já dissemos, uma narrativa é uma *sequência de fatos* relacionados entre si, em que há uma *ordem temporal* e uma *ordem causal*. A ordem temporal implica referência à cronologia, e a ordem causal estabelece uma relação causa/efeito.

Quanto à apresentação dos acontecimentos, não há uma ordem fixa: acontecimentos do final da narrativa podem aparecer no início, por exemplo. No primeiro capítulo de *Dom Casmurro*, Bentinho já é um senhor que viveu os acontecimentos que vai narrar. Depois narra episódios da infância e juventude. Com Paulo Honório de *São Bernardo*, de Graciliano Ramos, também temos a apresentação de uma personagem que já viveu os acontecimentos. Está viúvo e vai nos contar episódios da infância, juventude e seu casamento com Madalena. A ordenação dos acontecimentos varia, portanto. No *flashback*, por exemplo, o narrador interrompe uma sequência narrativa para retroceder a um acontecimento do passado. O filme *Cinema Paradiso* (dirigido por Giuseppe Tornatore) nos apresenta um grande *flashback*: o cineasta Totó (Salvatore Cascio) recebe a informação de que o amigo Alfredo (Philippe Noiret), que lhe ensinara o gosto pelo cinema, está morto. Durante a viagem para as últimas homenagens ao amigo, vai recordando a infância e o incêndio no Cinema Paradiso.[2]

O **enredo** é o conjunto de ações que aparecem no desenrolar de um acontecimento, objeto de uma narrativa. Inicia-se com um equilíbrio; rompe-se o equilíbrio para, em seguida, restaurá-lo.

São elementos da narrativa:

Personagens	– Quem?	*Protagonista/Antagonista*
Acontecimento	– O quê?	*Fato*
Tempo	– Quando?	*Época em que ocorreu o fato*
Espaço	– Onde?	*Lugar onde ocorreu o fato*
Modo	– Como?	*De que forma ocorreu o fato*
Causa	– Por quê?	*Motivo pelo qual ocorreu o fato*

---

[2] Sugerimos ver ou rever esse filme e a discussão dos temas: infância, aprendizagem, amizade, costumes, censura moral etc.

No contexto narrativo, temos:

- Personagens, que se movimentam, se relacionam e dão lugar à trama que se estabelece na ação.
- Espaço em que se entrechocam as personagens; ele se apresenta limitado ou ilimitado, real ou suprarreal.
- Tempo, que poderá ser psicológico ou cronológico.

Apresentação de personagens:

Aboletado na varanda, lendo Graciliano Ramos, O Dr. Amâncio não viu a mulher chegar.
– Não quer que se carpa o quintal, moço?
Estava um caco: mal vestida, cheirando a fumaça, a face escalavrada. Mas os olhos... (sempre guardam alguma coisa do passado, os olhos) (KIEFER, Charles. *A dentadura postiça*. Porto Alegre: Mercado Aberto, p. 50).

Apresentação do espaço:

Considerei longamente meu pequeno deserto, a redondez escura e uniforme dos seixos. Seria o leito seco de algum rio. Não havia, em todo o caso, como negar-lhe a insipidez (INDA, Ieda. *As amazonas segundo tio Hermann*. Porto Alegre: Movimento, 1981, p. 51).

Apresentação do tempo:

Sete da manhã. Honorato Madeira acorda e lembra-se: a mulher lhe pediu que a chamasse cedo (VERÍSSIMO, Érico. *Caminhos cruzados*. p. 4).

No primeiro exemplo, há personagens que se relacionam e dão lugar à trama que se vai estabelecendo na ação; no segundo, o espaço no qual se entrecruzam esses sujeitos – reais ou ficcionais – e, por último, o tempo que se vai desdobrar ora linearmente, ora na movimentação do próprio agente da ação.

Tipologia de narrativas ficcionais:

Romance
Conto
Crônica
Fábula
Lenda
Parábola
Anedota
Poema épico

Tipologia de narrativas não ficcionais:

Memorialismo
Notícias

Relatos
História da civilização

As narrativas podem ser apresentadas de forma:

- Visual:
  - Texto escrito.
  - Legendas + desenhos (= história em quadrinhos).
  - Desenhos.
- Auditiva:
  - Narrativas radiofonizadas.
  - Fitas gravadas.
  - Discos.
- Audiovisual:
  - Cinema.
  - Teatro.
  - Narrativas televisionadas.
  - Mídia eletrônica.

Exemplos de textos narrativos:

1. Conto

Veja o texto "A noite em que os hotéis estavam cheios", de Moacyr Scliar, retroapresentado.

2. Crônica

ESCUTA

Já que se está falando tanto em aparelhos de escuta, imagine se existisse um aparelho capaz de captar do ar tudo que já foi dito pela raça humana desde os primeiros grunhidos. Nossas palavras provocam ondas sonoras que se alastram e quem nos assegura que elas não continuam no ar, dando voltas ao mundo, junto com as palavras dos outros, para sempre? Como não parece existir fronteiras para a técnica moderna, o aparelho certamente se sofisticaria em pouco tempo e logo poderíamos captar a época que quiséssemos e isolar palavras, frases, discursos inteiros, inclusive identificando o seu lugar de origem. Sintonizar o Globe Theater de Londres e ouvir as palavras de Shakespeare ditas por atores da época elisabetana, com intervenções do ponto e comentários da plateia, por exemplo. Ouvir, talvez, o próprio Shakespeare falando. Ou tossindo, já que todos os sons que emitimos – espirros, gemidos, puns – também continuariam no ar para serem ouvidos. O grito do Ipiranga. Discursos do Rui Barbosa. O silêncio do Maracanã quando o Uruguai marcou o segundo gol. As grandes frases da humanidade, na voz do próprio autor! Descobriríamos que Alexandre, o Grande, tinha voz fina, que Napoleão era linguinha, que a primeira coisa que Cabral disse ao chegar ao Brasil foi "Diabos, encharquei as botas" ... As pessoas se reuniriam para sintonizar o passado, à procura de vozes conhecidas e frases famosas.

"Se for para o bem de todos e a felicidade geral da nação, diga ao povo que..."
– Isso não interessa. Muda.
"Gugu."
– Espera! Essa voz não me é estranha...
"Dadá."
– Sou eu, quando era bebê! Aumenta, aumenta!

É verdade que não haveria como identificar vozes famosas dizendo coisas banais. Aquela frase, captada numa rua de Atenas – "Aparece lá em casa, e leva a patroa" – pode muito bem ter sido dita por Péricles. Aquela outra "Um pouquinho mais para cima... Ai, ai! Agora coça!", pode ter sido dita por Madame Curie para o marido. Ou por Marx para Engels. E não se deve esquecer que algumas das coisas mais bonitas ditas pelo homem através da História foram ditas baixinho, no ouvido de alguém, e não causaram ondas. Da próxima vez que disser alguma coisa que valha a pena no ouvido de alguém, portanto, grite. Você pode estar rompendo um caso de amor, e talvez um tímpano, mas estará falando para a posteridade (VERÍSSIMO, Luís Fernando. *Jornal do Brasil*, 27 set. 1998, p. 11).

3. Fábula

O LOBO E O CORDEIRO

No tempo em que o lobo e o cordeiro estavam em tréguas, desejava aquele que se oferecesse ocasião para as romper. Um dia que ambos se acharam na margem de um regato, indo beber, disse o lobo mui encolerizado contra o cordeiro:
"Por que me turbais a água que vou beber?"
Respondeu ele mansamente:
"Senhor fulano lobo, como posso eu turbar a vossa mercê a fonte, se ela corre de cima, e eu estou cá mais abaixo?"
Reconheceu o adversário a clareza do argumento, porém, variando de meio, instou dizendo:
"Pois se não turbastes agora, a turbastes o ano passado."
Satisfez o cordeiro, dizendo:
"Como podia eu cometer um crime haverá um ano, se eu não tenho ainda de idade mais que seis meses?"
Então o lobo, enfadado tanto mais quanto mais convencido disse:
"Pois, se não fostes vós, foi fulano carneiro vosso pai." E, investindo ao pobrezinho, o levou nos dentes.
Assim fazem os ímpios e maliciosos, a quem não há inocência que satisfaça nem desculpa que contente.

4. Lenda

A Uiara – ou Mãe-d'água – é um demônio macho-fêmea dos rios. É um tapuio ou tapuia de rara beleza, morador no fundo dos rios ou lagos, e que fascina aquele que cai em seu poder, induzindo a pessoa fascinada a lançar-se n'água. O indivíduo fascinado pelas Uiaras, se não chega afogar-se, ao ser retirado da água, declara ter visto palácios encantados, no fundo do rio, tendo sido acompanhado nesse passeio por uma bela mulher (se é homem, e, por dois belos tapuios, se é mulher).

Ao voltar a terra, as Uiaras o soltam e de novo vão para o rio, mas deixando em seu lugar pequenos tapuios para guardar o enfermo. Estes pequenos tapuios devem impedir que outros espíritos d'água, seus inimigos, se apoderem da vítima (SIMÕES LOPES Neto, João. *Contos gauchescos e lendas do Sul*. 5. ed. Porto Alegre: Globo, 1957. p. 355).

5. Parábola

O FILHO PRÓDIGO

Certo homem rico tinha dois filhos, dos quais o mais moço pediu ao pai que lhe desse, em vida, a parte da herança que lhe havia de caber por sua morte, porque desejava lograr o seu. Concedeu-lhe o pai o que pedia, e, daí a poucos dias, ausentando-se para um país distante, desbaratou e consumiu toda a herança em larguezas e prodigalidades, chegando a tal excesso de miséria que foi obrigado a servir um amo e guardar um rebanho de gado imundo. No meio do montado desejava matar a fome que padecia, com o mesmo comer de que o gado se sustentava, mas nem esse lhe davam, e perecia. Lembrava-se da abundância com que até os criados de soldada viviam em casa de seu pai, e ele estava ali morrendo à fome. Com esta consideração, desenganado tornou em si e, arrependido da vida passada, resolveu-se a ir buscar outra vez seu pai e confessar a sua culpa.

Pôs-se a caminho e, estando ainda longe da casa do pai, vendo-o este e conhecendo-o, penetrado de piedade e compaixão, apressou os passos e o foi abraçar e o chegou a seu rosto com muitas carícias e amplexos. Então o filho, lançando-se a seus pés, lhe disse:

"Meu pai, contra Deus e contra vós pequei, e não mereço que me chameis mais vosso filho; peço-vos que me admitais por um dos vossos jornaleiros."

Porém o pai, mandando-o vestir do mais precioso vestido e metendo-lhe no dedo um estimável anel, provendo-o também de calçado, lhe fez preparar um banquete do melhor vitelo que tinha e com grandes festas celebrou a vinda do filho, que julgava morto. Estando à mesa, chegou do campo o filho mais velho e, ouvindo tanta festa, informando-se do que passava não quis entrar em casa, antes se mostrou tão sentido e queixoso, que, saindo o pai para fora para o buscar, lhe disse o filho:

"Há tanto tempo que vos sirvo com obediência, como vós sabeis, e nunca me destes um cabrito para comer com os meus amigos: e agora que chegou esse vosso filho, que desperdiçou todo o seu patrimônio em sensualidades, logo lhe destes a comer o vitelo mais gordo e melhor que havia."

"Filho, respondeu o pai, vós sempre estais comigo, e tudo quanto tenho é vosso; porém como vosso irmão estava já perdido, foi justo que me alegrasse com a sua vinda" (CASTRO, J. B.).

Exemplos de redações narrativas feitas por alunos:

O REENCONTRO

Júlia chegou ofegante, atrasada, mas em tempo de ver quem ela queria. No final de um longo corredor, encontrou a sala onde todos estavam reunidos. Ficou por alguns instantes plantada na porta. Mostrava-se vacilante, afinal não fora convidada. Após um breve período de hesitação, entrou no recinto, mesmo porque já era tarde para voltar atrás.

Estava discretamente linda, a brancura de sua pele contrastava com seus longos cabelos-negros e com seu vestido preto. Os grossos lábios eram delineados por um batom quase sem cor, como aquela manhã de outono. A cada rosto conhecido, a cada voz familiar, Júlia sentia o passado presente, igual à música que ouvira dias antes e que lhe trouxera infinitas recordações. Uma imagem, uma canção de amor, símbolos aparentemente tão inocentes, são retratos da vida, tais como aquelas pessoas que fizeram parte da sua. No entanto, agora todos pareciam ilustres estranhos, saudosos desconhecidos.

A jovem limitava-se a cumprimentos rápidos. Seu coração parecia uma bomba prestes a explodir. Decididamente, ela continuava a adentrar naquele ambiente. A missão estava clara na sua cabeça, precisava ser suficientemente corajosa. Finalmente, avistou Rodrigo, o seu Rodrigo de antigamente. O semblante sereno do rapaz lhe dizia tantas coisas, trazia tantas lembranças da adolescência... Era estranho vê-lo outra vez.

Já havia passado quatro anos desde o último encontro, desde o adeus sem beijo de despedida. As dores que já pareciam superadas voltavam com mais intensidade naqueles instantes. Como aquilo poderia estar acontecendo? O tempo, de repente, não existia, o hoje era o sempre, a paixão renascia ironicamente. Ele permanecia com a mesma calma, não apresentava sinais de emoção.

Júlia sabia que a moça ao lado de Rodrigo era a mãe do filho que ela poderia ter tido, ainda assim ela continuava, desafiadoramente, se aproximando, cada vez mais devagar. Carecia de lentidão para reestruturar-se. Na sucessão de seus passos, sentia que uma série de imagens e sensações tornava à sua cabeça; um filme passava numa questão de milésimos.

Rodrigo fora seu primeiro amor, sua primeira lágrima de amor, sua primeira vez. No princípio, era meio desajeitado, suas cartas de concordância duvidosa revelavam-se inocentemente apaixonantes, algumas ela ainda tinha guardadas. Uma rosa seca também fazia parte do memorial da época de namoro. Depois da festa de aniversário na qual foram apresentados, uma atração irresistível traçou-lhes um destino em comum. Começaram a se encontrar, a fazer planos, a dividir problemas, enfim, a viver um romance... E foi um belo romance! A felicidade que sentiam prometia ser eterna. Todavia, promessas se quebram com o peso da rotina. Iniciaram-se as cobranças e as dúvidas a que a imaturidade da juventude não soube responder.

A separação se fez dolorosa para ambos. Também pudera, foi uma não tão longa, mas intensa convivência. Entretanto as mágoas do jovem casal foram guardadas no continente-deserto da alma e, assim, puderam seguir seus caminhos. Às vezes, pensavam em ligar ou escrever um para o outro, porém os laços físicos continuaram cortados e o orgulho permaneceu predominante. O globo insistiu em girar, e cada vida tomou seu rumo. Ele, cansado da solidão, conheceu outro alguém e se casou; ela foi morar no exterior.

Mas voltara; agora estavam ali, frente a frente, depois de um longo período. A tranquilidade na face de Rodrigo prosseguia imutável, enquanto Júlia sentia as lágrimas rolarem, contrariando sua vontade.

A esposa do moço repentinamente levantou-se, não podia impedir aquele encontro. Soluçando, Júlia chegou ao ouvido dele e sussurrou algumas palavras, em seguida beijou-lhe a testa. O momento deu a certeza de que o sentimento de outrora vinha como uma Fênix, revivendo das cinzas. Ela sentia que, por alguns segundos, os dois eram novamente um do outro. Seria um sonho?

Já não era tempo de sonhar; a realidade despertou cruel e sombria quando, depois da "Ave Maria", o padre mandou que fechassem a porta da última morada do amor de Júlia. Seguiu o cortejo. Não havia esperança (Leandro Gomes | Letras | PUCRS | Nível II, 2º semestre, 1998).

MISSA DO GALO

Eu acabava de completar 17 anos. Findara os estudos secundários em minha cidade natal de São Sepé, e meu pai solicitou a Meneses, viúvo de minha prima Clarissa, que morava na Capital, que me hospedasse no segundo semestre daquele ano de 1978, tempo necessário para o preparatório do vestibular de verão.

Lembro-me bem daquele dia 15 de julho, em que embarquei sozinho para Porto Alegre, do adeus choroso de minha mãe, dos abanos de minhas irmãs e do brilho úmido do olhar de meu pai. Estávamos todos excitados pela separação. Nenhum de nós imaginava que aquele seria o primeiro dia da mudança de nossas vidas.

Enquanto o ônibus avançava devagar pela estrada de chão batido que ligava a cidade à BR, em meio à chuva miúda, frio e vento, eu ia enrolado em um cobertor sem conseguir me aquecer.

Tremia, suava frio, e, do meu estômago apertado, subia uma saliva amarga.

Rumava ao desconhecido. As poucas vezes em que estive em Porto Alegre, foram sempre em rápidas passagens e em companhia de minha família para fazer compras, enquanto meu pai acertava pequenos negócios. Dela eu só conhecia, de ouvir falar, as histórias sobre os perigos da cidade grande, da violência, das badernas dos estudantes e dos seus confrontos com a polícia. Aliás, "cuidado com as companhias", era o principal conselho de minha mãe.

À medida que avançava pela estrada, o frio e a chuva iam ficando para trás, e um sol tímido começava a se pronunciar por entre a nebulosidade. Um calor ameno me fez abandonar o cobertor e guardá-lo no bagageiro acima de minha poltrona. O primeiro impacto da separação tinha passado e agora me sentia mais relaxado. Passei, então, a observar a paisagem através da janela e me abandonei às expectativas que me invadiam a alma, a ponto de nem mais sentir os solavancos causados pela estrada esburacada, em péssima conservação. Enquanto divagava, cofiava a rala pelagem que começava a encobrir o meu rosto de menino, e que eu teimava em não cortar, contrariando os pedidos de meus pais e os risos debochados de minhas irmãs.

Quando cheguei a Porto Alegre, a noite já vinha caindo, e Meneses me esperava no terminal de desembarque. Cumprimentou-me com um sorriso cordial e perguntou se tinha feito boa viagem. Respondi que sim, e, não sei bem por que, concluí que, em São Sepé, estava fazendo muito frio.

Após a morte de minha prima Clarissa, Meneses se casou novamente. Eu não conhecia a sua atual mulher, mas sei que se chamava Conceição, e, entre outros comentários, dizia-se que ela tinha idade para ser sua filha, mas fizera um ótimo negócio ao casar-se com ele.

Em casa, nos aguardavam Conceição e sua mãe Inácia. Elas me receberam muito bem, mas foi dona Inácia, com sua conversa sobre trivialidades, quem me fez sentir à vontade, enquanto Meneses e Conceição se conservaram quase em silêncio durante o jantar. Terminada a ceia, fomos para a sala de estar, onde Meneses, num discurso burocrático, me colocou a par de alguns costumes da casa e me deu informações precisas sobre a localização do Curso Pré-Vestibular, cujas aulas teriam início em dois dias.

Um quarto antes das nove horas da noite, toda a família se recolheu, inclusive eu, o que para mim foi um alívio, pois a figura de Conceição me perturbava estranhamente. Além disso, o tratamento impessoal e a exagerada cordialidade entre Meneses e as duas mulheres, incomum num convívio familiar, já me punha desconfortável.

Era uma casa antiga de dois andares no bairro Cidade Baixa, na Rua Lopo Gonçalves, bem próximo ao centro de Porto Alegre. Casa sólida, com um imenso pé direito, com grandes aberturas e com uma área interna que ligava a sala de estar com a sala de jantar e com a cozinha. No andar térreo, ainda havia dois quartos; o primeiro era o de dona Inácia e o segundo, no fundo do corredor, em frente ao banheiro, era o meu. No andar de cima, ficava o quarto do casal, um banheiro privativo e o escritório de Meneses.

A casa era guarnecida por móveis antigos e escuros, mas, como eram poucos, apenas os necessários à funcionalidade, não lhe emprestavam um ar sombrio e pesado, ao contrário, as salas de estar e jantar eram amplas e agradáveis, sendo que os tapetes orientais, os quadros em aquarela e óleo, com predominância de tons pastel, distribuídos pelas imensas paredes, e as cortinas, estas sim, claras e suaves, a encobrir as imponentes aberturas, transmitiam aconchego.

Com o tempo, fui descobrindo que dona Inácia era uma mulher amarga, embora se esforçasse em dissimular, e Conceição era silenciosa, o que lhe dava um ar misterioso, mas, com o convívio, foi se tornando afetuosa comigo, principalmente, quando estávamos a sós. Fato que eu, sempre que possível, e quando dona Inácia permitia, provocava de forma sutil. Meneses, este, só o via nos fins de semana, pois a maior parte da semana passava em São Paulo e no Rio de Janeiro, onde a empresa para a qual trabalhava possuía filiais.

Naquela noite, véspera de Natal, eu resolvi passar em Porto Alegre, pois tinha combinado com amigos e seus familiares assistir à Missa do Galo na Catedral Metropolitana, ficando de retornar a São Sepé, no próprio dia 25, no primeiro ônibus da manhã.

Às sete horas da noite, estávamos todos reunidos na sala de estar. Meneses parecia alegre e conversava animadamente, enquanto preparava os drinques. Dona Inácia bebia cerveja com a naturalidade e desenvoltura de quem o fazia por hábito. Conceição, entre uma palavra e outra, sorvia delicadamente o colorido bordô escuro do vinho chileno de sua taça de cristal, e eu, não resistindo à tonalidade maravilhosa do vinho e à elegância com que ela o bebia, optei por acompanhá-la, enquanto Meneses ficou com o seu indefectível Jack Daniel's.

Todo aquele clima familiar foi se dissipando no decorrer do jantar, no qual foi oferecida uma mesa farta em iguarias e frutas da época. Bem mais do que seríamos capazes de consumir.

Não bem o relógio anotou a nona hora da noite, e Meneses, alegando compromisso com uns estrangeiros que se encontravam na cidade a negócios, se despediu e tomou o caminho da rua. Dona Inácia limitou-se a torcer a boca, enquanto Conceição, ainda sentada à mesa de jantar, limitou-se a dizer-lhe um "tchau" de despedida.

Logo em seguida, a sala de jantar estava em perfeita ordem, sem qualquer vestígio de que se acabara de fazer a ceia de Natal, e as duas mulheres se recolheram a seus quartos, enquanto eu permaneci na sala de estar, aguardando os amigos com quem ia à missa, e, como tinha bebido além da conta, precisava me manter acordado. Lembrei-me, então, da machadiana Capitu, figura de mulher que tanta curiosidade e desejo de decifrá-la me despertava, mas, quando me preparava para levantar da poltrona para apanhar o livro em meu quarto, ouvi os passos suaves de Conceição no andar de cima. Ela não mais calçava sapatos, mas seus chinelos de dormir. Passadas para mim tão familiares e que tantos sonhos me inspiraram naqueles últimos meses.

A casa era toda silêncio, e ali estava eu sozinho, acordado e embalado pelo sabor e vapores do vinho, enquanto ela, lá em cima, se movia pelo quarto, provavelmente despindo-se e se preparando para dormir. Podia ouvir o meu coração bater e sentir o pulsar da veia em meu pescoço, mas tinha que controlar o ímpeto de subir as escadas e invadir o quarto. Tinha que controlar os movimentos do meu corpo voluntarioso que tomava forma própria sem que eu nada pudesse fazer para evitá-lo. Mas, ao mesmo tempo, me perguntava: por que controlar o que se afirmava incontrolável?

Conceição beirava os trinta anos, e, desde que a vi, naquela tarde-noite de julho, descobri a mulher que não era a mãe, irmã, tia, colega ou amiga. Era a mulher concreta, real, que possuía forma, calor, umidade, pelos, cheiro, movimento que me faziam perder o controle e bulir por dentro como uma máquina a vapor. Nesse dia, compreendi por que, já há algum tempo, me fazia arredio aos carinhos e afagos de minha mãe, os quais de repente passaram a ser inoportunos.

Conceição tinha grandes olhos negros, cabelos mais negros ainda, e compridos até o meio das costas. Boca e nariz desenhados com violência em traços grossos e definidos sobre a tez morena castiça. Quando sorria, os lábios grossos se despregavam, e sua alma escapulia iluminando-a, e a todo o resto a seu redor. Quando falava, era mansa e morna, mas todo pouco que dizia eu escutava, palavra por palavra, e guardava na memória, para depois, quando longe dela, ouvi-la repetir até a exaustão. Não, meiga ela não era. Era cuidadosa, ardilosa, de raciocínio ágil e rápido, como uma típica felina. Era uma mulher cerebrina, talentosa, de bom gosto, e seus traços carregados, sem qualquer economia, definiam-na uma fêmea ciosa.

Novamente ouvi os seus passos atravessando o quarto. Um leve rangido na porta. Agora os passos descem pelas escadas. Quando me dei conta, ela estava parada na porta da sala a me olhar. Maravilhosa, dentro de uma camisola de seda pérola de generoso decote a revelar um exuberante colo encimado por um pescoço longo e delgado. Seus seios se desenhavam sob a camisola ornados por dois insinuantes botões em alto relevo. Seus quadris se pronunciavam levemente através do fino e leve tecido. E ali, parada, parecia uma ânfora com mirra a oferecer-se ao exausto viajante que adernara depois de longa caminhada por terras desérticas e sob um sol escaldante. Era o efeito do vinho espargindo seus vapores a me embriagar. Minha cabeça girava. Firmei o olhar em Conceição. Graças ao vinho, talvez, eu não me pus a tremer e a gaguejar, mas foi ela quem primeiro falou.

– Sozinho? Perguntou ela.

– Sim. Espero o pessoal que ficou de me apanhar pouco antes da meia-noite para irmos à missa.

– Suas noites de Natal devem ser bem diferentes da de hoje, não é mesmo?

– Minha família é muito grande. Somos quatro irmãos, duas ainda crianças. Mas hoje não senti falta. Estava tudo perfeito, inclusive o vinho.

– Fale baixo, disse-me em meia voz. Mamãe já deve estar dormindo, mas ela tem um sono muito leve e acorda por qualquer barulho. E, sentando no sofá, fez sinal para que me fizesse a seu lado, de forma que passamos a conversar quase em cochichos.

Em dado momento, ao aproximar o seu dorso para a frente, o decote da camisola cedeu e pude ver a tatuagem que trazia entre os seios. Era uma gaivota de asas abertas a alçar voo.

Fiquei a imaginar-me gaivota a voar rasante pelo seu corpo, a pousar sobre a sua pele, a banhar-me e a beber de seu suor, a sentir seu coração bater e a reconhecer quando o fazia por tristeza ou por felicidade.

Não sei quanto tempo fiquei olhando aquele pássaro afortunado que a tinha sempre tão próxima dele, mas, quando dei por mim, ela apontava com o dedo indicador o pássaro.

– Este pássaro simboliza a liberdade. Eu o tatuei aqui para poder vê-lo todos os dias e nunca esquecer seu significado. (Meneses, quando o viu, ficou furioso. Mas não existe maneira de apagá-lo.)

Neste momento, eu já não ouvia mais nada do que ela dizia. Lembro que a tinha na minha frente, tão próxima que podia sentir o seu calor. O vinho, o seu perfume, e o movimento de seus lábios, cada vez mais uma coisa só, me inebriavam a tal ponto, que estava a ponto de desabar sobre ela, sobre a gaivota. Entrar por entre seus lábios e me banhar com toda a sua mirra.

Ao longe, ouvi o relógio anotar onze horas e quarenta e cinco.

Lá se vão vinte e três anos. Hoje é Noite de Natal. Lembro-me de Conceição. Sou capaz de sentir o seu perfume e de ouvir a sua voz. Da missa tenho apenas um branco na memória. No outro dia, bem cedinho, parti e nunca mais a vi.

Também não mais fiquei em São Sepé. Sei que ela casou novamente depois que Meneses morreu (José Ivalino Gonçalves Brum | LETRAS | PUC | Nível III, 2º semestre, 1998 | Texto produzido a partir do conto famoso de Machado de Assis, que foi recriado por vários autores em *Missa do galo: variações sobre o mesmo tema*. Organização de Julieta de Godoy Ladeira).

Dificilmente, há textos puramente descritivos ou puramente narrativos. O que se observa é uma mescla, com a predominância de um tipo ou de outro. Às vezes, porém, ambos têm quase o mesmo peso, como podemos ver no criativo poema (praticamente um texto em prosa) abaixo:

O ASSASSINO ERA O ESCRIBA

Meu professor de análise sintática era o tipo do sujeito inexistente.
Um pleonasmo, o principal predicado da sua vida,
regular como um paradigma da 1ª conjugação.
Entre uma oração subordinada e um adjunto adverbial,
ele não tinha dúvidas: sempre achava um jeito
assindético de nos torturar com um aposto. Casou com uma regência.
Foi infeliz.
Era possessivo como um pronome.
E ela era bitransitiva.
Tentou ir para os EUA.
Não deu.
Acharam um artigo indefinido em sua bagagem.
A interjeição do bigode declinava partículas expletivas,
conectivos e agentes da passiva, o tempo todo.
Um dia, matei-o com um objeto direto na cabeça (LEMINSKI, Paulo. *Toda poesia*).

Descrição: Meu... aposto. Era possessivo... bitransitiva. A interjeição o tempo todo.
Narração: Casou... infeliz. Tentou... bagagem. Um dia... cabeça.

2.3 Argumentação

Os estudiosos da área utilizam também a denominação sequência textual opinativa. As sequências textuais argumentativas são, em geral, temáticas, isto é, são predominantemente temáticas e, ainda que possam se valer de sequências descritivas e narrativas, são dominantemente analíticas, ou seja, ocupam-se de análises, interpretações, avaliações. Não há propriamente uma organização cronológica, mas relações lógicas de pertinência, causalidade, implicação, correspondência.

Os tempos do mundo comentado são: o presente do indicativo (*observo*), o pretérito perfeito composto (*tenho observado*), o futuro do presente (*observarei*), o futuro do presente composto (*terei observado*) e expressões verbais constituídas com esses tempos (*estou observando, vou observar*).

Quando introduzimos um tempo verbal do mundo narrado em um texto do mundo comentado, produzimos um estranhamento, um efeito de sentido particular. Assim, o futuro do pretérito, que é um tempo do mundo narrado, provoca o feito de atenuação ou polidez em um texto do mundo comentado:

A greve, acontecida há pouco, *teria* o apoio maciço de alguns partidos políticos.

Nesse caso, o uso do futuro do pretérito produz o efeito de afirmação não peremptória; o autor não está totalmente certo do que diz; sua afirmação soa como possibilidade.

Koch (2017, p. 35) adverte: "É graças aos tempos verbais que emprega que o falante apresenta o mundo – 'mundo' entendido como possível conteúdo de uma comunicação linguística – e o ouvinte o entende, ou como mundo comentado ou como mundo narrado."

Requisitos para uma argumentação:

- sistematizar os dados reunidos.;
- ordenar as informações e argumentos.;
- interpretar fatos e acontecimentos coerentemente.

Na argumentação, há seleção de prós e/ou contras; o autor focaliza o assunto proposto, questionando-o e procurando solucioná-lo através de uma análise valorativa.

A estrutura básica da dissertação em geral é composta de:

- introdução;
- desenvolvimento;
- conclusão.

A introdução propõe o tema, o objeto da dissertação; deve ser clara, precisa e preparatória. Localiza e caracteriza o fato.

O desenvolvimento consiste em ordenar progressivamente dados, opiniões, aspectos que o tema envolve e fundamentá-los através de razões, exemplos e provas.

A conclusão é a parte final da dissertação e deve encerrar, coerentemente, uma síntese clara da posição assumida. Deve-se adequar à introdução e ser um fecho para o desenvolvimento.

A estrutura básica da argumentação polêmica se resume no seguinte:

INTRODUÇÃO	a) Apresentação do assunto proposto b) Frase-ponte (de ligação)
DESENVOLVIMENTO	a) Elemento relacionador + pró (ou contra) + justificativa b) Elemento relacionador + pró (ou contra) + justificativa c) Elemento relacionador + pró (ou contra) + justificativa d) Frase-ponte (de separação) e) Elemento relacionador + contra (ou pró) + justificativa f) Elemento relacionador + contra (ou pró) + justificativa g) Elemento relacionador + contra (ou pró) + justificativa
CONCLUSÃO	a) Frase-ponte (de ligação) b) Conclusão propriamente dita

1. Para maior funcionalidade, não se misturam, indiscriminadamente, os prós e os contras. Primeiro, expõem-se todos os prós e, depois, todos os contras (ou vice-versa).
2. A técnica dissertativa é empregada nos trabalhos científicos, ensaios, reportagens, editoriais, artigos.

Exemplos de sequência argumentativa:

MEGALÓPOLE: UM BEM OU UM MAL?

APRESENTAÇÃO DO ASSUNTO PROPOSTO	Quando uma cidade cresce vertiginosa e desenfreadamente, assume as características de uma megalópole. Assim, Nova York, Tóquio, São Paulo e outros centros urbanos espalhados pelo mundo têm conseguido diariamente aumentar a sua densidade demográfica, apresentando pontos positivos e negativos para os seus habitantes.	INTRODUÇÃO
FRASE-PONTE (LIGAÇÃO)	Vejamos primeiramente os aspectos positivos numa grande cidade.	DESENVOLVIMENTO
ELEMENTO RELACIONADOR + PRÓ + JUSTIFICATIVA	*Com relação ao* setor econômico, há maiores possibilidades de emprego, melhores salários, mais chance de ascensão profissional, conferindo tudo isso ao trabalhador de uma megalópole a oportunidade, por tantos desejada, de atingir um *status* social elevado.	

ELEMENTO RELACIONADOR + PRÓ + JUSTIFICATIVA	*Se focarmos o assunto pelo prisma* cultural, observaremos que as megalópoles, com seus teatros, museus, universidades e casas de cultura, oferecem grandes oportunidades para a aquisição de conhecimentos na área artístico-cultural.	
ELEMENTO RELACIONADOR + PRÓ + JUSTIFICATIVA	*Quanto ao* lazer, podemos afirmar que as megalópoles proporcionam uma vida social intensa: possuem boas casas de diversão, muitos clubes, restaurantes com comidas das mais variadas origens, lugares aprazíveis para passear e toda a sorte de atrativos.	
ELEMENTO RELACIONADOR + PRÓ + JUSTIFICATIVA	Finalmente, *se levarmos em consideração* as facilidades que as megalópoles oferecem aos seus moradores, podemos aventar toda a gama de conforto conquistada pela moderna tecnologia científica, como o metrô, o aperfeiçoamento da aparelhagem doméstica nos prédios residenciais, hipermercados, alimentos prontos etc.	DESENVOLVIMENTO
FRASE-PONTE (SEPARAÇÃO)	*Se focarmos, porém,* o lado negativo das megalópoles, veremos que elas apresentam diversos pontos cruciais.	
ELEMENTO RELACIONADOR + CONTRA + JUSTIFICATIVA	*Em primeiro lugar,* poderemos citar a falta de solidariedade humana e o egoísmo que habitam o coração dos indivíduos das grandes metrópoles. Como são pessoas sem tempo para dialogar, os moradores das megalópoles tornam-se praticamente insensíveis à dor e aos problemas dos que os cercam.	
ELEMENTO RELACIONADOR + CONTRA + JUSTIFICATIVA	*Como decorrência desse fato*, os habitantes das megalópoles, embora cercados por alguns milhões de indivíduos, sentem-se, paradoxalmente, muito sozinhos; o ambiente lhes é estranho, o meio lhes é hostil.	
ELEMENTO RELACIONADOR + CONTRA + JUSTIFICATIVA	*Acrescente-se a isso* o problema da poluição ambiental. Nas grandes cidades, onde a indústria prolifera, lançando no ar, rios e mares, toda sorte de detritos químicos, um indivíduo que nelas habita terá maior chance de adoecer física e psiquicamente.	
FRASE-PONTE (LIGAÇÃO) CONCLUSÃO PROPRIAMENTE DITA	*De tudo o que se expôs acima,* infere-se que as megalópoles apresentam muitos pontos positivos, se a pessoa que nelas habita for ambiciosa (econômica e culturalmente) e apreciar o movimento, a rapidez e o conforto. Se, por outro lado, tratar-se de indivíduo preso à natureza e à vida pacata, o aspecto negativo das megalópoles pesará muito mais na sua balança valorativa, porquanto não atenderá às suas necessidades vitais.	CONCLUSÃO

Editoriais e artigos de opinião são textos que se valem de sequências argumentativas.

O artigo jornalístico é um texto opinativo cuja responsabilidade é imputada ao seu autor, denominado *articulista*, que o assina, independentemente, da linha ideológica da empresa jornalística à qual pertence.

BANDEIRA REPUBLICANA: AMOR ÀS PAMPAS

É difícil pensar no condicional, mas quem seríamos nós, os brasileiros, se a palavra amor tivesse sido de fato incluída na faixa branca de nossa bandeira costurada às pressas? Sim, pois faltou coragem àqueles senhores republicanos para bancarem na íntegra o lema positivista: "O amor por princípio, a ordem por base e o progresso por fim". Desde então, levamos pouco a sério a conclamação à ordem. Temos dificuldade de lidar com o progresso e, principalmente, de colocá-lo a serviço de todos, como seria de se esperar em qualquer República. Mas o amor negado ao círculo azul, entre estrelas, talvez tivesse sido decisivo.

Quem ama cuida. Quem ama educa. Quem ama não joga lixo no chão em que os outros vão pisar.

Apenas quatro anos depois daquela data lembrada sempre como um feriado banal, sem comemorações, o solo gaúcho tingiu-se do sangue de cabeças decepadas, como num final de batalha de *Game of Thrones*. Ainda hoje, vivemos como chimangos e maragatos até mesmo nas redes sociais. Com as palavras transformadas em lâminas – ou seriam facões bem afiados? –, sequer preservamos o pescoço de familiares do morto em comentários de necrológio interativo. E o que dizer do temor constante, a cada dia maior, como orgulho de gaúcho, diante de pessoas armadas sem qualquer amor ao próximo, nem ao que é do próximo, no nosso cotidiano?

Quem ama cuida. Quem ama educa. Quem ama não joga lixo no chão em que os outros vão pisar. Quem ama não maltrata o ambiente do qual todos fazemos parte. Quem ama não abandona ser vivo pelo caminho. Quem ama acolhe, se coloca no lugar do outro, não importa o jeito, nem o físico, nem a cor, nem a origem social, nem quanto tem no bolso ou no banco, nem como pensa, nem como sente, nem para onde balançam suas crenças, sua sexualidade ou sua visão de mundo. Quem ama a si e ao outro não mata. Se alguém, no nascimento da República, tivesse desfraldado a bandeira do amor "por princípio", talvez até disséssemos hoje não bom-dia, ou boa-tarde, ou boa-noite, mas eu te amo. Já pensou como seria?

Seria um mundo melhor, mas não foi. Nos coube viver este tempo, agora. Não faz muito, houve até quem tentasse colocar a palavrinha de quatro letras ao lado das outras duas em maiúsculas verdes na bandeira, mas foi ridicularizado. Se já não levamos a sério nem a ordem, nem o progresso, pouco importa. Não é naquele símbolo de figuras geométricas que o sentimento expresso nesse termo deve estar. Sigamos, pois, perseguindo-o, repetindo como mantra os versos de Carlos Drummond de Andrade, para quem "o amor vai-nos ensinando/ que é sempre tempo de amar" (MALTA, Clóvis. Bandeira republicana: amor às pampas. Disponível em: https://gauchazh.clicrbs.com.br/opiniao/noticia/2017/11/clovis-malta-amor-as-pampas-cja039azv05ia01qg6vbmm23g.html. Acesso em: 16 nov. 2017).

O editorial também é um texto opinativo e argumentativo, que aborda um assunto do momento. O que o difere do artigo de opinião é que nele a matéria não é assinada, e o ponto de vista abordado não representa obrigatoriamente a linha de pensamento de quem o redige (*editorialista*), mas a ideologia da empresa jornalística, a qual, em caso de responsabilidade legal, responderá pelo teor dos sentidos construídos.

É marca linguística do texto a *impessoalidade*: utiliza a 3ª pessoa do singular (*Este jornal entende...*).

A propósito da imparcialidade, cabe recordar o que diz Benveniste (2005, p. 284 s) sobre **discurso** e **história**. Dois são os planos da enunciação: o do discurso manifesta a enunciação (*eu, aqui, agora* = sujeito, espaço, tempo); o da história se apresenta isento desses elementos da enunciação e, assim, nele não há espaço para "subjetividade". As aspas indicam haver apenas estratégia de distanciamento dos fatos e argumentos apresentados, visto que os enunciados são sempre produzidos por um sujeito. Mesmo quando afirmamos que alguém[3] escreveu que "quem vive da escrita sabe que cada palavra, cada texto é sempre um risco: como será que você, que nos lê, vai interpretar? Como vai nos julgar, principalmente, quando a gente diz *eu*?" – está implícita a nossa concordância com a opinião acima.

Na enunciação histórica, os fatos são apresentados sem a intervenção do enunciador na narrativa, ou na argumentação. Daí que o historiador (e todos os que se valem desse tipo de enunciação) não utiliza *eu, tu, aqui, agora*.

A vivência jornalística comprova que um jornal será tão mais importante quanto mais forte e coerente for a sua postura editorialística. Exemplo:

SEM HABILITAÇÃO

Num país que há mais de três anos saudou a entrada em vigor de um dos mais modernos e rigorosos códigos de trânsito do mundo, é preocupante a revelação de que, a cada mês, a fiscalização flagra, apenas no Rio Grande do Sul, 1,3 mil motoristas rodando sem carteira, o que significa nada menos que 45 a cada dia. Somente no período de janeiro de 2000 a maio de 2001, mais de 25 mil gaúchos tiveram seus carros apreendidos por dirigirem sem carteira. O mais atemorizante é que parcela importante de responsáveis por uma infração de risco é constituída por motoristas jovens.

Trata-se de uma situação inadmissível e que merece a atenção das autoridades e da sociedade. Se o fato de milhares de motoristas aventurarem-se ao volante sem a devida habilitação envolve um risco social, a circunstância de serem eles predominantemente jovens revela que, com muita probabilidade, haja conivência dos pais nessa ilegalidade. Há evidentemente um componente econômico que explica em parte esse quadro de irregularidades: a obtenção da primeira carteira tem um custo elevado, equivalente a cerca de três salários mínimos, fato que pode ser determinante para que, em muitos casos, o motorista opte pelo risco da ilegalidade. Pode estar aí a explicação para a existência de grande quantidade de motoristas irregulares no meio rural, conforme constatação dos funcionários do Detran-RS.

De qualquer maneira, e qualquer que seja a causa, o que está em jogo é a própria segurança do trânsito. O poder público tem o dever de manter uma fiscalização ativa e severa, mas tem também a obrigação de reestudar os demais aspectos do problema, inclusive, a questão dos custos da primeira carteira. O trânsito, que precisa ser educado e avançar para padrões mais civilizados, não pode conviver com índices tão elevados de irregularidade entre motoristas (*Zero Hora*, 24 jul. 2001, p. 14).

2.4 Sequência textual expositiva/explicativa

A sequência expositiva/explicativa relaciona-se com a análise e busca responder às questões: *como? Por quê?* Materializam-se os textos com o auxílio de conectores lógicos (cf. KOCH, 2016, p. 151), como os de:

---

[3] Jornalista Patrícia Rocha, editora da revista *Donna* (*ZH*, 10 e 11 mar. 2018).

- Causalidade: *porque, como, porquanto, já que, uma vez que, visto que.*
- Condicionalidade: *se, caso, desde que, contanto que, a menos que.*
- Conformidade: *como, conforme, consoante, segundo.*
- Finalidade: *para que, a fim de que.*
- Temporalidade: *quando, assim que, logo que, antes que, depois que, enquanto, à medida que, à proporção que.*
- Modo: *sem que.*
- Disjunção: *ou.*

Além desses articuladores lógicos, vale-se também o enunciador de articuladores discursivo-argumentativos, como:

- Conjunção: *e, também, não só..., mas também, tanto... como, além de, ainda, nem.*
- Contrajunção: *mas, porém, contudo, todavia, entretanto, no entanto, embora, apesar de.*
- Explicação/justificativa: *pois, que, porque.*
- Comprovação: *tanto que.*
- Conclusão: *logo, portanto, por isso, então, por conseguinte.*
- Comparação: *tão... que, mais... que, menos.... que.*
- Generalização/extensão: *aliás.*
- Exemplificação: *como, por exemplo.*
- Redefinição: *ou seja, isto é, ou melhor.*

A sequência textual expositiva/explicativa é comum em textos científicos, em manuais de ciências, em livros didáticos etc. A preocupação é reunir material de fontes diversas e desenvolver uma exposição compreensiva do assunto, com base no que foi coletado. Esse tipo de texto exige do expositor informação atualizada.

Em geral, os textos expositivos visam à compreensão de algo e, por isso, caminham juntos com a sequência explicativa, que se caracteriza por apresentar causas de um fenômeno e pela justificação de um fato. Não há, porém, a intenção de persuadir. Se houvesse essa intenção, teríamos sequência textual argumentativa. O enunciador supõe que os conhecimentos do enunciatário são insuficientes e, por isso, põe-se a expor uma teoria, um conhecimento, para elucidá-lo, esclarecer-lhe. O enunciatário, por sua vez, supõe que o enunciador dispõe dos conhecimentos necessários para a exposição/explicação. Vejamos um exemplo:

CONHECIMENTO CIENTÍFICO E TECNOLOGIA

Em sentido amplo, conhecimento é o atributo que tem o homem de reagir frente ao que o cerca. Dessa forma, podemos distinguir três tipos de conhecimento: o empírico, o científico e o filosófico.

Com relação ao primeiro, constatamos que, através dele, se apreende a aparência das coisas. Assim, observamos que o conhecimento empírico está situado na esfera do particular.

Quanto ao conhecimento filosófico, percebemos que o mesmo vai buscar a essência do ser, já que o cientista, permanecendo na faixa do físico, não consegue atingi-la.

Em se tratando, porém, do conhecimento científico, observamos que o mesmo é orientado, sistemático e formal. A pesquisa científica exige método e ordenação. Conhecer alguma coisa é analisá-la profundamente, obedecendo a uma série de etapas e fatores. Essa persistência na busca é que vai permitir ao espírito científico equacionar o problema.

Por outro lado, a natureza, porque cognoscível, penetrável e investigável, é o objeto do conhecimento científico. Assim, ela não pode (como compreendia o homem primitivo) ser encarada como um complexo de forças misteriosas e inexoráveis.

Acrescente-se a isso que a ciência não poderá se dissociar da tecnologia, pois as duas estão intimamente ligadas. Enquanto aquela é busca ordenada, pesquisa pura, esta é aplicação do científico ao técnico. A ciência fundamenta a tecnologia, é o seu apoio. A primeira sem a segunda constituir-se-ia num saber desligado da prática. A segunda sem a primeira seria algo empírico, unilateral, sem base.

Ciência e tecnologia precisam caminhar juntas, pois são dois seres que se completam, formando um todo homogêneo que, em última análise, deveria visar ao progresso do homem e ao bem comum.

Mas, se a ciência tem uma função explicativa, desde que sua finalidade é examinar o fenômeno natural, ela distancia o ser humano de seu meio. A interrogação e a dúvida geram, de certo modo, um conflito entre o homem e o mundo. E, nesse esforço de buscar a solução para a natureza que o rodeia e de investigar o porquê das coisas, o homem espera perplexo uma resposta. Aqui, a ciência esgotou o seu potencial e cedeu lugar a outro tipo de conhecimento referenciado anteriormente, o filosófico, para que o homem tente e consiga desvelar a realidade.

Assim, concluímos que, se o conhecimento empírico é insuficiente para chegarmos aos universais, o conhecimento científico, embora suporte da tecnologia, apresenta as suas limitações. E, para se autojustificar, necessita do amparo de um conhecimento mais alto: o filosófico.

2.5 Textos injuntivos

Tipo textual comum em receitas culinárias, manuais de eletrodomésticos, bula de remédio, artigos sobre dietas, higiene, estética corporal, convenção de condomínio etc.

Caracterizam-se como textos instrucionais, constituídos de prescrições. Daí o uso abundante de imperativos e formas equivalentes a imperativo. Também podem ser comuns as formas interrogativas.

Os textos injuntivos transmitem um saber sobre como realizar algo. Por isso, visando atingir um fim, alcançar um objetivo, há uma sequência de injunções. Vejamos um exemplo:

COSTELA GAÚCHA ESPECIAL

Para iniciar o preparo, você irá precisar de
1 quilo e meio de costela gaúcha
Uma cebola picadinha
2 dentes de alho
Duas colheres (sopa) de óleo
Pimenta do reino
Tempero baiano
Sal

Meio quilo de batatas miúdas

Inicie o preparo com até 24 horas antes de assar. Comece lavando bem a costela, amasse bem os dois dentes de alho e junte com o óleo, a cebola e os outros temperos ao seu gosto. Misture tudo muito bem e espalhe o tempero sobre a carne. Coloque-a em uma vasilha coberta e leve à geladeira.

Depois de passadas as 24 horas, coloque a costela na panela de pressão e cozinhe por uns 40 minutos. Quando ela estiver praticamente se desmanchando, disponha a costela em uma forma, juntamente com o caldo da panela e leve para assar por meia hora.

Enquanto a carne estiver assando, cozinhe as batatas, mas não deixe que se desmanchem. Quando estiverem faltando 10 minutos para a carne assar por completo, adicione as batatas na forma para grelhar. Para servir, pode ser acompanhada com arroz branco, salada e purê de batatas (Heloísa Prado. Disponível em: http://culinaria.culturamix.com/comida/tipica/costela-gaucha-assada. Acesso em: 16 nov. 2017).

Em relação ao uso do imperativo, em algumas regiões do Brasil, é mais comum o uso da 3ª pessoa do singular ou do plural (*ame-o ou deixe-o; faça isso, ouça aquilo; amem, deixem, façam, ouçam*); em outras, prevalece o uso da 2ª pessoa (*ama tu o Brasil ou deixa tuas terras e vai morar onde bem quiseres; faze primeiro a lição; ouve tu com atenção antes de responder*).

Como sabemos, a 2ª pessoa, seja do singular, seja do plural, do imperativo afirmativo na variedade linguística padrão deriva da mesma pessoa do presente do indicativo, retirando-se o – s final. O imperativo negativo, assim como a 3ª pessoa do singular, a 1ª pessoa do plural e a 3ª pessoa do plural do imperativo afirmativo são retirados, sem nenhuma alteração, do presente do subjuntivo (*não ame o preconceito, não façam isso, nade a favor da correnteza, vejamos o que saiu no jornal, obedeçam às leis de trânsito*). Nos Estados em que prevalece o uso de *você* (e não de *tu*), temos o uso da terceira pessoa do singular ou do plural retiradas do presente do subjuntivo (*nade a favor da correnteza, reveja o que disse anteriormente, parta antes do meio-dia*).

Bagno (2010, p. 208), porém, salienta que,

> em muitas das áreas onde se emprega o *tu*, encontramos o imperativo usado com as formas do subjuntivo: *Venha, faça, diga, traga, deixe* etc. Assim, é perfeitamente possível encontrar enunciados como: "*Se tu ainda não* fizeste *o que eu pedi,* faça *agora!*".

De um paulista ou mineiro (em que é comum o uso de *você*), pode-se ouvir: "Eu já falei, agora *fala você*", e não "*fale você*", como exigem as regras da gramática normativa. Essa mistura de usos é comum na fala. Acrescente-se ainda que, na fala corrente, a forma verbal que acompanha o uso de *tu*, em algumas regiões do Brasil, não é a prescrita na conjugação da gramática da variedade linguística padrão: *tu amas, tu fazes, tu ouves*. O que se ouve, em geral, é *tu* seguido de formas da terceira pessoa do singular: *tu ama, tu faz, tu ouve*, sem o – s final.

No Rio Grande do Sul, onde a 2ª pessoa do singular é de uso corrente, as formas do imperativo afirmativo de alguns verbos irregulares como *fazer, dizer, trazer* etc., aparecem assim no dia a dia: *Maria, me faz este favor. Diz (tu) para ela que eu agora estou ocupada. Traz (tu) a almofada para cá.*

Vejamos um texto de propaganda em que aparece o uso do imperativo:

2.6 Texto dialogal

O tipo dialogal caracteriza-se pela alternância de turnos. Tendo completado seu enunciado, o enunciador cede a vez para seu interlocutor. Exemplo:

> Todo o mundo procurava persuadi-lo. Mas ele não se movia. D. Amélia arranjara-lhe uma pequena mala.
> – Não está bem? – dizia ela, revirando-a para os outros verem.
> – Muito bem! Aliás, D. Amélia tinha muito gosto nas pontas daqueles dedos esguios. – Mas ele se mantinha inamovível.
> Nanci e a irmã – a irmã de olhos acesos – também ajudaram. Nanci logo se fazia muito íntima:
> – Meu benzinho vai embarcar, sim – animava ela, quase acariciando-o (MACHADO, D., 1979, p.162).

2.7 Textos com características heterogêneas

Nem sempre é fácil caracterizar um texto. Às vezes, ele se nos apresenta com características heterogêneas. Aliás, é difícil localizar, como já vimos anteriormente, um texto que se valha apenas de narração, ou apenas de descrição puras. O que mais se observa são composições mescladas, abrangendo os mais diversos tipos textuais.

Normalmente, na progressão textual, temos progressão com tema constante, progressão com subdivisão dos comentários sobre um tema, progressão linear (estilo palavra puxa palavra: "Ela é muito estudiosa. Seus estudos objetivam a realização do vestibular para medicina. Sua paixão pela medicina vem de seus pais e avós. Os pais eram obstetras; os avós pediatras"), progressão com salto temático. Às vezes, podemos ainda nos valer da associação livre de ideias, que possibilita juntar, em um texto, os mais variados assuntos, como se fosse um fluxo de consciência. Não há aqui muita preocupação com a estrutura formal. Procura-se dar asas à imaginação para divagar livremente.

Exemplo de redação de aluno:

QUAL É O PERFUME DOS MEUS SONHOS?

Alguns instantes, depois de dormir, encontrava-me em uma casa, uma casinha antiga, pequena; a casa com que sempre sonhei, poucas peças, porém todas amplas e iluminadas, o mobiliário aconchegante, uma organizadíssima biblioteca, onde, é claro, passaria a maior parte de minha vida. Para isso ela deveria ter, imprescindivelmente, um espaço especial para o meu computador e um lugar onde pudesse apoiar o café, sempre a meu alcance. E uma poltrona, próxima à janela, de onde fosse possível avistar tanto o pátio quanto o jardim, para, dessa forma, nunca perder o meu cachorro de vista. Badness, minha gata, estaria, como sempre, enroscada nos meus pés.

Porém, quando tudo parecia calmo, vem ao meu encontro aquele perfume perturbador. Sabia que ele vinha de ti, vem sempre do teu corpo quando está me chamando, me desejando e fazendo com que eu te deseje. Não vacilei ao chamado. Deixei o livro sobre a mesinha e ainda pude sentir o calor que vinha da caneca do café (gosto de tomar meu café em enormes canecas com desenhos coloridos, acho que isso tem a minha cara). Em poucos segundos, estava entrando em um bosque (poderia sonhar com florestas, porém não gosto de lugares grandes, acho que meu inconsciente sabe disso). Que estranho, nunca vi um bosque com tantas flores, e todas elas eram muito claras a ponto de brilharem com a luz do sol! Meu coração já alcançava a garganta. "Mas não tem problema, isso tudo não passa de um sonho", disse a mim mesma para me tranquilizar. Pena que os meus cavalos não estivessem lá para que pudesse explorar esse campo a galope... "Mas, espere aí. Não podemos manipular os sonhos?! Posso muito bem trazê-los à hora que desejar. Esse sonho é meu, afinal de contas!", pensei. Resignei-me e resolvi continuar caminhando, embora tivesse a nítida impressão de que o que fazia era flutuar.

Não tenho certeza se, longe ou perto dali, avistei um muro, ou qualquer coisa semelhante, todo coberto de folhas, as mais verdes e escuras que já havia visto. Sim, já sei de onde tirei isso: o labirinto do Minotauro, é com isso que esse "muro" se parecia.

E o perfume vinha de lá, de lá de trás. Sem hesitar, ultrapassei-o e, como recompensa, avistei um pequeno lago alimentado por uma cascata. A essa altura, já havia percebido que meus movimentos eram todos involuntários, nada naquele sonho dependia de mim. Então, aproximei-me da água límpida e cristalina e deixei-me sentar, molhando nela os meus pés fatigados (mas por que, se, como eu já disse, eu não caminhava e sim flutuava? "Sua boba, os sonhos não são coerentes!"). O perfume continuava no ar.

Um barulho de cascos me fez olhar para o lado e, com tranquilidade, avistei saindo de trás das folhagens o chifre do teu unicórnio, logo após apareceram o focinho, os olhos e as crinas, longas e onduladas como os teus cabelos; montado naquele suntuoso animal branco, como sempre, estavas tu, majestoso. O verde de teus olhos esmaeciam o azul da água e do céu. Um largo sorriso iluminou-te o rosto. O que senti naquele instante?... Um arrepio percorreu-me as entranhas. Droga, eu estava apaixonada...

O que aconteceu depois não tem mais graça nem poesia. Afinal, nunca tem graça voltar à vida real, e a poesia deixamos para os livros. Chorei baixinho para não acordar os fantasmas que moram em minha companhia (LOSE, Alícia Duhá. Aluna do Curso de Letras, VII Semestre, Faculdade de Letras, PUCRS, 1998. Texto base: "Alizarin Crimson", do livro *Contos de oficina 18*, organizado por Luiz Antonio de Assis Brasil, p. 97).

EXERCÍCIOS

1. Recolha, de um jornal de sua preferência, três editoriais e assinale o uso de formas impessoais.

2. Selecione três artigos de opinião de um jornal qualquer e diga se concorda ou discorda dos argumentos apresentados.

3. Selecione, em livros ou na Internet, uma fábula ou apólogo e marque os elementos constituintes da narrativa (situação inicial; complicação [conflito]; reação ou avaliação; desenlace ou resolução; situação final; moral da história ou coda [este último elemento não é obrigatório].

4. Localize letras de música em que apareçam formas de imperativo.

5. Escreva a receita culinária de algum prato especial de sua família.

7

Gêneros discursivos

1 O QUE SE ENTENDE POR GÊNEROS DISCURSIVOS

Inicialmente, a noção de gêneros esteve relacionada aos gêneros literários. Aristóteles classificava-os em epopeia, tragédia e comédia. Entendia, ainda, que, na oratória, os discursos retóricos eram: deliberativo, judiciário, demonstrativo (epidítico). O discurso deliberativo servia para aconselhar ou desaconselhar; o judiciário, para acusar ou defender; o demonstrativo, para elogiar ou censurar. O deliberativo voltava-se para o futuro; o judiciário, para o passado; o demonstrativo, para o presente.

Modernamente, a noção de gêneros textuais ampliou-se, abrangendo os mais diversos tipos de textos. Marcuschi (2011, p. 155) assim o define:

> Os gêneros textuais são os textos que encontramos em nossa vida diária e que apresentam padrões sociocomunicativos característicos definidos por composições funcionais, objetivos enunciativos e estilos concretamente realizados na integração de forças históricas, sociais, institucionais e técnicas. Em contraposição aos tipos [narrativo, descritivo, argumentativo, expositivo, injuntivo, dialogal], os gêneros são entidades empíricas em situações comunicativas e se expressam em designações diversas, constituindo em princípio listagens abertas.

Alguns exemplos de gêneros textuais: *bilhete, aviso, e-mail, blog, torpedo, carta, romance, novela, conto, fábula, apólogo, parábola, piada, causo, relatório, ata, memorando, circular, procuração, requerimento* etc.

Para Bakhtin (2006, p. 261-262), o uso da língua se dá em forma de enunciados (orais ou escritos), e os mais diversos campos da atividade humana produzem enunciados em conformidade com as condições específicas e sua finalidade. Variam então em termos de conteúdo temático, construção composicional e estilo: "esses três elementos [...] estão indissoluvelmente ligados no todo do enunciado e são igualmente determinados pela especificidade de um determinado campo da comunicação". Embora os enunciados sejam individuais, é o campo de utilização da língua que estabelece "tipos relativamente estáveis de enunciados, os quais denominamos *gêneros de discurso*".

Falamos ou escrevemos sempre segundo determinados gêneros de discurso, ou seja, nossos enunciados são constituídos de formas relativamente estáveis e típicas. Quando nos relacionamos comunicativamente, dispomos de um grande repertório de discursos. Por exemplo: em casa, conversamos com pessoas próximas, escrevemos e lemos bilhetes, cartas, horóscopo, notícias esportivas, comentários políticos, conta de luz ou de telefone; na escola, outros gêneros são comuns: aula expositiva, seminário, discussão em grupo, contamos um fato que vimos na rua ou uma piada; na igreja, temos casamento, batizado, oração, sermão etc. Comunicamo-nos por meio de determinados gêneros do discurso. Por isso, Bakhtin afirma que todos os nossos enunciados têm formas *relativamente* estáveis e típicas.

Bakhtin entende ainda que, embora os gêneros tenham formas em constante reelaboração, eles não deixam de ter um valor normativo: não os criamos; seguimos convenções. Assim, se tivéssemos de criá-los toda vez que nos pronunciamos, a comunicação discursiva seria quase impossível.

A definição de gêneros de origem bakhtiniana envolve tema, forma composicional e estilo. O tema caracteriza a área do conhecimento. Quando lemos um texto de determinada área, criamos uma expectativa de nele encontrar certos conteúdos. A forma composicional diz respeito à estrutura (partes que o compõem) e à ordem de exposição dos elementos que fazem parte dessa estrutura. Não se trata, porém, de uma convenção rígida; em alguns textos, ela é contrariada, subvertida; através da história, uma forma pode ser alterada. O domínio de um gênero discursivo, pois, não se reduz ao domínio de uma forma linguística. O estilo está diretamente relacionado aos recursos linguísticos comuns a determinados tipos de texto. Quem lê horóscopo reconhece, nos enunciados, um estilo próprio de horóscopos; quem lê notícias esportivas de futebol reconhece, nas expressões estereotipadas, tratar-se de um texto da área, e assim por diante.

Que tipo de estilo você espera encontrar em um Boletim de Ocorrência de um acidente automobilístico? E em uma ata de assembleia de condomínio?

2 ELEMENTOS CONSTITUTIVOS

Os gêneros são eventos de comunicação em que a linguagem verbal tem papel fundamental. São constituídos pelo discurso, e as pessoas que dele participam desempenham papéis no meio em que se dá sua produção e recepção. Eles têm um propósito comunicativo, e os textos que revelam traços típicos da categoria são tidos como protótipos.

Convém salientar que os gêneros, às vezes, se apresentam hibridamente. No jornalismo, por exemplo, podemos, eventualmente, encontrar textos que os autores constroem num formato diferente do convencional. Um artigo em forma de carta, endereçado a alguma autoridade; um poema contendo uma receita culinária (veja "Feijoada a minha moda", de Vinícius de Moraes, no início do Capítulo 2).

EXERCÍCIOS

1. Localize, em sua casa, a existência de cartas comerciais de bancos ou outras empresas e comente sua apresentação. É agradável de ler? É atraente? Quais são seus elementos?

2. Localize, na Internet, um artigo científico e verifique sua estrutura: resumo, introdução (que elementos há nela), desenvolvimento, referências. Nas referências bibliográficas, o que você identifica?

PARTE II

Gêneros Administrativos

8 GÊNEROS ADMINISTRATIVOS
9 ABAIXO-ASSINADO
10 APOSTILA
11 ATA
12 ATESTADO
13 ATOS ADMINISTRATIVOS
14 AVISO
15 E-MAIL E CARTA COMERCIAL
16 CARTA OFICIAL
17 CIRCULAR
18 COMUNICAÇÃO (COMUNICADO)
19 CONTRATO
20 *CURRICULUM VITAE*
21 DECLARAÇÃO
22 EDITAL
23 EXPOSIÇÃO DE MOTIVOS
24 FICHA DE REGISTRO DE REUNIÃO
25 INFORMAÇÃO
26 MEMORANDO
27 MEMORIAL
28 OFÍCIO
29 ORDEM DE SERVIÇO
30 PARECER
31 PROCURAÇÃO
32 RELATÓRIO
33 REQUERIMENTO

8

Gêneros administrativos

Os gêneros administrativos eram anteriormente vistos sob a designação de *correspondência*. Eles compreendem uma extensa lista de textos que circulam nos escritórios da administração pública ou privada: avisos, atas, memorandos, circulares, relatórios, procurações, requerimentos etc. Os gêneros administrativos são constituídos de textos burocráticos: têm em geral forma impessoal, pouca adjetivação, ordem na estrutura fraseológica, composta de sujeito + verbo + complemento, sem grande presença de estruturas complexas de subordinação (orações subordinadas em cadeia).

O termo *correspondência*, que foi comum na área, até o fim do século XX, definia a forma de comunicação escrita que se estabelecia entre pessoas – físicas ou jurídicas – para tratar de assuntos de mútuo interesse. Nesse sentido, a correspondência pode ser particular, oficial ou empresarial:

- Correspondência particular: é a que se dá entre pessoas físicas, podendo ter ou não caráter de intimidade.
- Correspondência oficial: é a que ocorre entre órgãos da administração direta ou indireta do serviço público civil ou militar, no âmbito municipal, estadual ou federal.
- Correspondência empresarial: é aquela através da qual as empresas (bancos, indústria, comércio) se comunicam com as pessoas físicas ou jurídicas, tendo em vista as mais diversas finalidades.

Os gêneros administrativos utilizam a variedade linguística padrão. Além disso, seguem determinadas convenções comuns a esses tipos de textos e são regidos por determinados princípios, como objetividade, ausência de ambiguidade (sempre que possível), concisão, elegância, coerência, cortesia, como apresentamos no Capítulo 2.

É fundamental ter presente que os gêneros são flexíveis; uns mais que outros.

EXERCÍCIOS

1. Qual a variedade linguística utilizada nos gêneros administrativos? Por quê?

2. Nos textos que os bancos enviam para a casa de seus clientes ou na propaganda que veiculam nos mais diversos meios de comunicação, como se dá a forma de tratamento que utilizam? *Senhor, senhora, você, V. Sa.*? Por quê?

9

Abaixo-assinado

1 CONCEITO

Abaixo-assinado é um requerimento *coletivo*, em que *não se colocam, no início*, os nomes dos requerentes, mas apenas uma referência para identificá-los. É, pois, um documento em que várias pessoas, em geral, solicitam algo a alguém que tem o poder de solucionar determinado problema. Estruturalmente, tem o título "Abaixo assinado" e começa com um vocativo ("Sr. Fulano de Tal", por exemplo. Se se tratar de prefeito, governador ou alguma autoridade, esse tratamento exige alguma formalidade: "Exmo. Sr. Governador..."). Em seguida, vem o corpo do texto, que é composto de exposição das solicitações e de argumentos que as justifiquem. Finalmente, local, data e assinaturas.

2 MODELO

> Os abaixo assinados, moradores na Rua Quintino Bocaiuva, vêm solicitar ao Senhor Prefeito desta cidade a iluminação do trecho compreendido entre os números 300 e 520, que se encontra às escuras, expondo a comunidade a toda sorte de perigos.
>
> Porto Alegre, ... de .... de ....
>
> *João da Silva,*
> *José Oliveira,*
> *Mário Santos,*
> ....
> ....

EXERCÍCIO

Elabore um abaixo-assinado dos moradores de sua rua, solicitando asfaltamento.

10

Apostila

1 CONCEITO

Apostila é um ato administrativo adicional cujo objetivo é confirmar ou corrigir dados emitidos em documento anterior. É utilizada para retificar ou atualizar dados funcionais, como nomeação, promoção, ascensão na carreira, recondução, remoção, reintegração, dispensa, demissão, aposentadoria etc.

Ao apostilar um título, a Administração Pública reconhece um direito, criado por norma legal.

Estruturalmente, uma apostila é composta de: título (APOSTILA), texto explicitando a quem se refere, indicação do processo, local, data, assinatura, nome, cargo, código de classificação, classificação de sigilo e classificação de precedência (se aplicáveis).

2 MODELOS

APOSTILA – A SECRETARIA DE ESTADO DA EDUCAÇÃO, no uso de suas atribuições legais, RETIFICA o ato coletivo que concedeu a gratificação de 50% do vencimento básico do Quadro de Carreira do Magistério Público Estadual, pelo exercício em Regência de Classe Unidocente, nos termos da letra ....., item ....., do artigo ..... da Lei ....., na parte referente aos professores abaixo relacionados:

MATRÍCULA   NOME   PROCESSO

4ª DE – CAXIAS DO SUL

a fim de declarar que a data da concessão da gratificação de unidocência deverá ser a contar de 22 de setembro de 2000, e não como constou.

APOSTILA – O SECRETÁRIO DE ESTADO DE RECURSOS HUMANOS E MODERNIZAÇÃO ADMINISTRATIVA, no uso da delegação de competência conferida pelo Decreto nº ....., RETIFICA os atos registrados no Boletim a seguir, que nomearam os professores abaixo relacionados, a fim de declarar que o nível é como segue e não como constou.

1ª DE – PORTO ALEGRE

Nível 1 para Nível 3

Boletim ...../00 – *DO* 31/10/00
1275 5265 – SUSETE M. M. H.

Nível 1 para Nível 5

Boletim ...../00 – *DO* 31/10/00
1272 5099 – BEATRIZ E. V. W.

Boletim ...../00 – *DO* 31/10/00
1268 7642 – MÔNICA B. M.

Nível 3 para Nível 5

Boletim ...../00 – *DO* 18/11/00
1236 1992 – DEISE M. R. C.

Boletim ...../00 – *DO* 20/07/00
1275 7748 – NEIVA M. C. T.

EXERCÍCIO

Elabore uma apostila (assunto livre).

11

Ata

1 CONCEITO

Ata é o resumo escrito dos fatos e decisões de uma assembleia, sessão ou reunião para determinado fim.

2 CONVENÇÕES

Antigamente, as atas eram transcritas a mão pelo secretário, em livro próprio, que devia conter um *termo de abertura* e um *termo de encerramento*, assinados pela autoridade máxima da entidade ou por quem recebia daquela autoridade delegação de poderes para tanto. A essa autoridade também cabia numerar e rubricar todas as folhas do livro. Hoje, já se utiliza computador (em geral, *notebook*) para registrar as decisões tomadas em reuniões formais, como é o caso de atas de condomínio. Terminada a reunião, o(a) secretário(a) imprime a ata, que é assinada por todos os presentes.

Como a ata é um documento de valor jurídico, deve ser lavrada de tal forma, que nada lhe possa ser acrescentado ou modificado. Quando eram escritas a mão, se havia engano, o secretário escrevia a expressão "digo", retificando o enunciado. Se o engano era notado no final da ata, escrevia-se: "Em tempo: Onde se lê...., leia-se..."

Nas atas, os números devem ser escritos por extenso e evitam-se as abreviações. As atas são redigidas sem parágrafos e sem se deixarem espaços, a fim de se evitarem acréscimos.

O tempo verbal preferencialmente utilizado na ata é o pretérito perfeito do indicativo.

Quanto à assinatura, devem fazê-lo todas as pessoas presentes ou, quando deliberado, apenas o presidente e o secretário.

Quando o texto é digitado e impresso em folhas, ele é convenientemente arquivado.

Em casos muito especiais, usam-se formulários já impressos, como os das seções eleitorais.

3 LIVRO DE ATAS

O termo de abertura de um livro de atas pode ser expresso da seguinte forma:

Contém este livro 100 (cem) folhas numeradas de 1 (um) a 100 (cem), por mim rubricadas, e se destina ao registro das Atas das Reuniões da Diretoria da Sociedade ...., com sede, nesta capital, na
Rua ...., nº .... A minha rubrica é a seguinte: ....
Porto Alegre, ...
Presidente ....

(Assinatura)

(Nome em letra de forma)

O termo de encerramento será:

Contém este livro 100 (cem) folhas numeradas de 1 (um) a 100 (cem), que, rubricadas pelo Presidente ...., se destinaram ao registro das Atas das Reuniões da Diretoria da Sociedade ...., conforme se lê no Termo de Abertura.
Porto Alegre, ...
Presidente: ....

(Assinatura)

(Nome em letra de forma)

4 MODELOS DE ATA

ATA DA 52ª SESSÃO ORDINÁRIA DE 2018

Contexto: Aos quatorze dias do mês de junho do ano de dois mil e dezoito, às quatorze horas, no Conselho de Terras da União, quinto andar, sala quinhentos e vinte e três, do Edifício do Ministério da Fazenda, na cidade ...., reuniu-se o Conselho, em Sessão Ordinária, presidido pelo Conselheiro-Presidente, Senhor ...., presentes os Conselheiros, Senhores: ....;

Introdução: presente, também, o Procurador-Representante da Fazenda Nacional, Senhor .... Iniciados os trabalhos, o Senhor Procurador-Representante da Fazenda remeteu ao Relator Conselheiro, Senhor ...., o processo nº 242.958-97, do interesse de .... e outros, do qual tivera vista. A seguir, com a palavra o Conselheiro, Senhor ...., iniciou-se a discussão do processo nº 66.634-98, do interesse de .... e outros, ocasião em que o Senhor Conselheiro-Relator rememorou as principais fases do processo, bem como suas implicações no âmbito do Poder Judiciário, até que foi atingido o término da hora regimental dos trabalhos, sustando-se, em consequência, a

Encerramento: continuação dos debates. E, após a leitura da pauta para a próxima reunião, o Senhor Presidente encerrou esta, da qual para constar, eu, ..., lavrei esta Ata. Sala das Sessões, em 14 de junho de 2018.

ATA DA REUNIÃO EXTRAORDINÁRIA DO CONSELHO DE ADMINISTRAÇÃO DE... COMPANHIA ABERTA – CGC. Nº..., REALIZADA NO DIA 30 DE ABRIL DE 2018

Aos trinta dias do mês de abril do ano de dois mil e dezoito, às dezesseis horas, na sede da Companhia, na Avenida X, nº 904, nesta cidade de Porto Alegre – RS, reuniu-se, extraordinariamente, o Conselho de Administração da .... – CGC nº ..., com a presença dos Conselheiros que esta subscrevem, para o fim especial de, na conformidade das disposições legais e estatutárias, proceder à eleição dos componentes da Diretoria e à indicação do Diretor de Relações com o Mercado, para o próximo mandato. Iniciados os trabalhos, e após discussão e votação da matéria, os Conselheiros presentes, por unanimidade, reelegeram para ocupar os cargos da Diretoria da Companhia e com mandato até à Assembleia Geral Ordinária, a realizar-se nos quatro primeiros meses de 2019, para DIRETOR FINANCEIRO o Sr. Fulano de Tal, brasileiro, casado, economista, cédula de identidade RG nº ..., CPF nº ..., residente e domiciliado na Rua X, nº 20, em Porto Alegre; e para DIRETOR ADMINISTRATIVO o Sr. Fulano de Tal, brasileiro, casado, bacharel em ciências contábeis, cédula de identidade RG nº ..., CPF nº ..., residente e domiciliado na Rua X, nº 200, ap. 101, em Porto Alegre, sendo que o cargo de DIRETOR PRESIDENTE, conforme dispõe o Parágrafo 2º do artigo 21 do Estatuto Social, é exercido pelo Presidente do Conselho de Administração, Sr. Fulano de Tal, brasileiro, casado, administrador, cédula de identidade RG nº ..., CPF nº ..., residente e domiciliado na Rua X, nº 264, ap. 118, eleito pela Assembleia Geral Ordinária e Extraordinária desta data. E, na conformidade do artigo 5º, da Instrução nº 60, de 14 de janeiro de 1997, da Comissão de Valores Mobiliários (CVM), deliberaram atribuir ao Diretor Financeiro, Sr. Fulano de Tal, já qualificado, a função de Diretor de Relações com o Mercado, sem prejuízo de suas atribuições legais e estatutárias. Nada mais havendo a tratar, o Presidente encerrou os trabalhos, determinando a lavratura desta ata, que, após lida e achada conforme, vai assinada pelos Conselheiros presentes. Porto Alegre, 30 de abril de 2018. Fulano de Tal – Presidente do Conselho de Administração e Diretor Presidente. Fulano de Tal – Conselheiro. Fulano de Tal – Conselheiro.

EXERCÍCIO

Elabore uma ata sobre uma assembleia de condomínio.

12

Atestado

1 CONCEITO

Atestado é o documento assinado por uma pessoa a favor de outra, afirmando ser verdadeiro determinado fato.

As repartições públicas, em razão de sua natureza, fornecem *atestados* e não *declarações*.

O *atestado* difere da *certidão*: enquanto esta prova fatos *permanentes*, aquele se refere a fatos *transitórios*.

2 MODELOS

ATESTADO

ATESTO, a pedido da parte interessada, que João dos Santos, no presente momento, goza de sanidade física e mental.

Porto Alegre, 14 de agosto de 2018.

Fulano de Tal
Médico

ATESTADO

Para os fins de direito, atestamos que Paulo Oliveira foi aluno deste estabelecimento de ensino, nos anos de 1997 e 1998, não tendo praticado nenhum ato desabonatório à sua conduta.

Porto Alegre, 6 de agosto de 2018.

Fulano de Tal
Diretor

EXERCÍCIO

Elabore um atestado de frequência em algum curso.

13

Atos administrativos

1   CONCEITO

Atos administrativos são decisões baixadas pelo poder executivo ou por um órgão desse poder. Subdividem-se em ato suspensivo, ato concessório e ato administrativo propriamente dito.

Dos atos administrativos, o mais conhecido é a *Portaria*.

2   PORTARIA

Portaria é o ato através do qual uma autoridade estabelece normas administrativas, baixa instruções ou define situações funcionais.[1]

---

[1] Em alguns órgãos públicos, com a finalidade de simplificar, descentralizar e desburocratizar o serviço, pode ser adotado um tipo simplificado de *Portaria* também conhecido como *Miniato*.

MODELO SIMPLIFICADO (MINIATO)

Estado do Rio Grande do Sul
Governo do Estado
Secretaria da Administração   PORTARIA

O SECRETÁRIO DE ESTADO DA ADMINISTRAÇÃO, no uso da delegação de competência conferida pelo Decreto nº 21.296/90, de 9 de setembro de 1990,

SERVIDOR		
	Nome: *Fulana de Tal*	Matrícula *00.000*
	Cargo ou Função: *Prof. Classe A, Nível 5, Tr. 5*	Padrão
	Lotação: *Secretaria da Educação e Cultura*	Processo nº

GRATIFICAÇÃO ADICIONAL

Concede Gratificação Adicional de 15% sobre os respectivos vencimentos, a contar de 10.06.88, no cargo de Professor Ensino Médio II, Contratada.
Base legal: Artigo 110 da Lei 1.751/52.

REGISTRE-SE E PUBLIQUE-SE:	Porto Alegre
Coordenador da Unidade de Registro Funcional	Fulano de Tal Secretário da Administração

Boletim nº 1947 Data	*Diário Oficial*: 12 AGO 1991
5 AGO 1991	Rubrica

4 MODELOS OFICIAIS (PORTARIA OFICIAL)

CONSULTORIA-GERAL DO ESTADO

PORTARIA Nº 94, DE 17 DE DEZEMBRO DE...

O CONSULTOR-GERAL DO ESTADO, no uso da atribuição que lhe confere o art. 4º, letra *g*, do Decreto nº 23.529, de 29 de novembro de 1998,

RESOLVE:

DESIGNAR o Consultor Jurídico, classe D, do Quadro de Pessoal da Consultoria-Geral do Estado, Fulano de Tal, matrícula nº 106.100, para ter exercício na Unidade de Consultoria e Procuradoria para Assuntos Gerais, com a incumbência de, além das atividades de Consultoria, patrocinar os interesses do Estado em juízo, com os poderes para o foro em geral, nos termos do art. 3º da Lei Estadual nº 5.898, de 23 de dezembro de 1969, e art. 38 do Código de Processo Civil.

Fulano de Tal
Registre-se e publique-se.

Fulano de Tal
Coordenador da Unidade de Apoio
Técnico-Administrativo.

PUBLIC. NO *DO* – 21/12/...

SECRETARIA DA FAZENDA

PORTARIA Nº 4679

O SECRETÁRIO DE ESTADO DA FAZENDA, no uso de suas atribuições,
CONSIDERANDO que, a partir de 1º de janeiro de ..., nos termos das Portarias nºs 4.298/97 e 4.670/97, as receitas de competência do Estado serão arrecadadas por meio da rede bancária credenciada;
CONSIDERANDO que o Banco X mantém agência junto ao Palácio da Segurança, onde os tributos e multas poderão ser pagos,
RESOLVE determinar, a contar da supramencionada data, o encerramento das atividades do Posto de Arrecadação, subordinado à Coordenadoria-Geral da Arrecadação, localizado na Rua Professor Freitas e Castro, sem número, criado pelo Decreto nº 6.886, de 07/02/...., modificado pelo Decreto nº 22.610, de 30/08/....
SECRETARIA DA FAZENDA, em Porto Alegre, 31 de dezembro de ....

Fulano de Tal
Secretário da Fazenda

Registre-se e publique-se.

Fulano de Tal
Diretor-Geral

PUBLIC. NO *DO* – 31/12/....

EXERCÍCIO

Selecione da Internet ou de jornais textos de portaria.

14

Aviso

(Ver COMUNICADO e EDITAL)

1 CONCEITO

Aviso é um gênero administrativo cujas características são amplas e variáveis.

O aviso, na administração pública, pode ser uma comunicação *direta* ou *indireta*; *unidirecional* ou *multidirecional*; redigida em papel próprio, *afixada* em local público ou *publicada* através da imprensa.

O aviso, porém, não é usado apenas na administração pública; é também utilizado na administração privada e na correspondência *particular*. Muitas vezes, aproxima-se do *comunicado*, do *edital* ou do *ofício*.

Geralmente, não traz destinatário, fecho ou expressões de cortesia.

> Embora a Instrução Normativa nº 04, de 06/03/92 (*Diário Oficial* de 09/03/92), regulamente que o AVISO e o OFÍCIO são modalidades praticamente idênticas e que a única diferença entre os dois é ser o *aviso* expedido exclusivamente por Ministros de Estado, Secretário-Geral da Presidência da República, Consultor-Geral da República, Chefe do Estado Maior das Forças Armadas, Chefe do Gabinete Militar da Presidência da República e Secretários da Presidência da República para autoridades da mesma hierarquia, e o *ofício* ser expedido pelas demais autoridades para órgãos públicos ou particulares, com relação ao primeiro, não é isso o que se tem observado na imprensa diária.

2 MODELOS

ESTADO DO RIO GRANDE DO SUL
SECRETARIA DA SEGURANÇA PÚBLICA
POLÍCIA CIVIL
ACADEMIA DE POLÍCIA CIVIL
DIVISÃO DE RECRUTAMENTO E SELEÇÃO
AVISO Nº 003/...

CONCURSO PARA DELEGADO DE POLÍCIA
E
CONCURSO PARA ESCRIVÃO DE POLÍCIA

A Comissão de Concurso designada para coordenar o Concurso Público de ingresso no Curso Superior de Formação de Delegado de Polícia e Concurso Público de ingresso no Curso Médio de Formação de Escrivão de Polícia comunica que foram publicados no *Diário Oficial* do Estado, edição de 20/5/..., segunda-feira, os Editais nºs 015 e 016/..., dispondo sobre os resultados das Provas da Capacitação Vocacional (3ª fase) de ambos os concursos.

Porto Alegre, 27 de maio de ....

Del. Pol. *Fulano de Tal*
Presidente da Comissão de Concurso

> IPE – INSTITUTO DE PREVIDÊNCIA DO ESTADO DO RIO GRANDE DO SUL
>
> *1º AVISO AOS MUTUÁRIOS*
>
> O INSTITUTO DE PREVIDÊNCIA DO ESTADO DO RIO GRANDE DO SUL, na condição de Agente Financeiro do Sistema Financeiro da Habitação, comunica aos associados-mutuários que têm seus contratos habitacionais em execução judicial ou inadimplência superior a três meses que, até o dia 7 de junho do corrente ano, poderão comparecer à Divisão Habitacional, 5º andar do prédio do IPE, Ala Norte, para manifestarem, por escrito, sua intenção de renegociar o débito, obedecidas as normas estabelecidas pela Autarquia.
>
> Os mutuários que assim procederem terão seus processos suspensos pelo prazo de 60 dias, a contar da manifestação.
>
> A falta de pronunciamento dentro do prazo acarretará o automático prosseguimento do processo.
>
> Porto Alegre, 21 de maio de 1998.
>
> *Fulano de Tal*
> Presidente
>
> LOCAL: Av. Borges de Medeiros, 1945 – Porto Alegre

EXERCÍCIO

Elabore um aviso, comunicando prazo para os alunos pedirem opção e transferência de curso na Universidade X.

15

E-mail e carta comercial

Dividiremos este capítulo em duas partes: uma trata do uso do computador e da Internet; a outra de *e-mails* e cartas administrativas.

1 COMPUTADOR[1]

Criado na década de 1940, nos Estados Unidos, para auxiliar na guerra (cálculos de trajetórias de balas de canhões), esse aparelho foi capaz de realizar operações astronômicas com muito mais rapidez e precisão do que o homem. Um único computador chegava a ocupar uma sala inteira, levando algumas horas para realizar determinadas tarefas, porém, rapidamente, o tamanho das máquinas foi diminuindo, e sua velocidade e utilização aumentando. Agora, os computadores estão presentes em tudo, até no que não se imagina, por exemplo: você já havia pensado que uma simples calculadora de bolso é movida por um tipo de computador?

1.1 Microcomputadores, computadores portáteis e programas de edição de textos

Criam-se, algumas décadas depois, os chamados PCs (*personal computers*), os microcomputadores. A máquina de escrever foi, então, gradativamente substituída pelo computador pessoal, cujos programas de edição de textos oferecem recursos infinitamente superiores. Sem dúvida, essa passa a ser sua maior utilização em número de usuários, e os mais variados tipos de profissionais ganham um poderoso aliado.

No momento, o que chama a atenção nos computadores é a sua redução de tamanho: eles já cabem na palma da mão (*palmtops*). Surgiu também o menor computador de mesa, da altura de um pequeno livro e comprimento de um lápis, o qual pode ser acoplado à TV com um processamento milhões de vezes mais rápido que o de seu antecessor.

---

[1] O texto que trata do computador e da Internet é de Alicia Duhá Lose, aluna do Curso de Letras | Faculdade de Letras | PUCRS | Nível VII, 1998, com alguns acréscimos fornecidos, em 2001, pelo Prof. de Informática Luís Carlos Peters Motta.

Computadores portáteis (*laptops*, *notebooks*) – que podem funcionar com energia armazenada em baterias – vêm proporcionando grande liberdade a seus usuários, pois podem acompanhá-los onde quer que eles estejam.

A tecnologia não se preocupou apenas com a redução do tamanho do computador. Os editores de textos – programas cuja função básica é a produção textual e que permitem escrever, corrigir e implementar textos – são cada vez mais acompanhados de modernos recursos: revisores ortográficos, corretores gramaticais, recursos gráficos etc. Com a conexão com tudo o que a Internet oferece, podemos ainda ter acesso a tradutores automáticos, dicionários, enciclopédias, livros eletrônicos.

1.2 Periféricos

Diretamente ligados à unidade central de processamento (o cérebro do computador), estão os chamados periféricos, como vídeo, *mouse*, teclado e impressora. O teclado dos computadores comercializados no Brasil disponibiliza letras e acentos gráficos característicos da nossa língua (como o Ç e o ~, por exemplo). Já a qualidade de impressão dos documentos depende do tipo de impressora utilizado. Nessa área, existem as impressoras do tipo matricial que, em geral, só imprimem em preto e branco e funcionam com um mecanismo semelhante ao de uma máquina de escrever; as do tipo a jato de tinta e a *laser*, que podem fazer impressões coloridas de boa qualidade e a uma velocidade muito superior à das anteriores.

Outro auxiliar de peso dos usuários da Ciência da Computação é o *scanner*, que rastreia qualquer tipo de documento, foto ou desenho, transformando as informações impressas em dados digitais e viabilizando assim sua manipulação. Documentos antigos e raros podem ser preservados; textos inteiros podem ser copiados rapidamente, sem haver necessidade de digitação; imagens, fotos e gravuras podem ser lançadas para dentro da memória do computador e trabalhadas por meio de programas denominados editores de imagens.

Além do *scanner*, há também a câmera de vídeo, que registra imagens estáticas (*web cams*) ou em movimento (com câmera normal e placas internas especiais).

Em passado recente, os dados eram armazenados em disquetes e CDs. Hoje, usam-se *pen drives*, que ampliam enormemente a capacidade de armazenamento de dados e oferecem maior qualidade e durabilidade às informações.

Outro recurso do desenvolvimento tecnológico relacionado à informática é o projetor multimídia (*datashow*), que permite apresentar texto, som e imagem em movimentos estocados em um computador e a digitação por voz.

2 INTERNET

Na década de 1960, no auge da *guerra fria*, os militares americanos conceberam, com medo de um possível ataque soviético, uma rede de informações que interligava computadores das principais bases militares do país. Duas décadas mais tarde, essa ideia se transformaria na maior rede mundial de informações – a Internet. Por todas as regiões do planeta, existem espalhados e interligados milhares de servidores, centros nacionais ou regionais, os chamados *nós*. Centros menores, os provedores (geralmente privados) estão ligados a esses servidores, fornecendo à população em geral a possibilidade de acesso livre e rápido, via linha telefônica, cabo, rádio etc., a todos os recursos da Internet.

Essa rede é um enorme banco de dados à disposição do usuário. Virtualmente, pode-se pesquisar sobre qualquer assunto. A Internet possibilita-nos troca de informações com qualquer lugar do mundo, independentemente, do local onde nos encontramos. Assim, a produção textual, por exemplo, pode ser implementada com dados (arquivos, gravuras, imagens, sons) coletados da rede, existentes nas diversas páginas de apresentação (*site, homepage*) de bibliotecas, livrarias, museus, centros de tradução, universidades etc.

3 *E-MAILS* E CARTAS ADMINISTRATIVAS

Os *e-mails* constituem um gênero administrativo que funciona à semelhança das cartas. Estruturalmente, são muito parecidos com essas. Com relação ao texto, alguns cuidados são fundamentais: como é comum hoje a troca de informações escritas entre amigos, colegas, parentes, por meios eletrônicos, em uma linguagem que se aproxima da língua falada, repleta de abreviaturas e símbolos (*emoticons*), na administração pública e privada, essa mesma variedade linguística não funciona adequadamente. As relações administrativas pedem o uso da variedade linguística padrão, sem abreviaturas, sem *emoticons* (ícones de emoções), sem gírias.

Nas antigas cartas, seguíamos a seguinte estrutura:

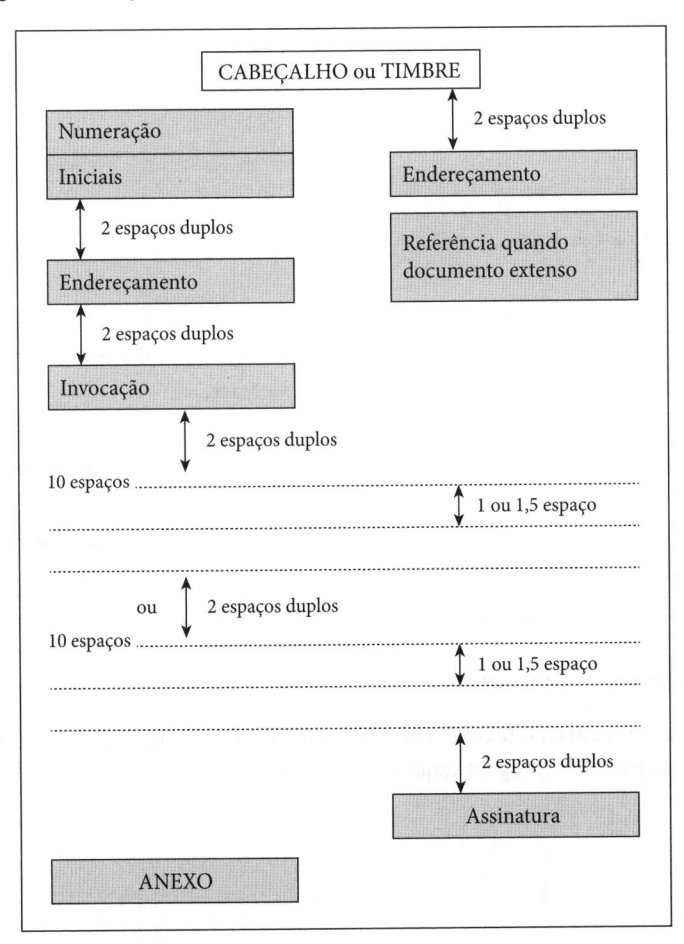

Hoje, os *e-mails* distribuem o conteúdo do texto de outra forma, embora se possa, para torná-los mais legíveis, ampliar a fonte e os espaços entre os parágrafos. Alguns elementos continuam sendo necessários: o vocativo, o texto, a despedida, a assinatura, a função do autor do *e-mail*.

4 MODALIDADES DE DISTRIBUIÇÃO DO TEXTO

Havia, no caso das antigas cartas, duas modalidades para a disposição do texto: o sistema em bloco e o sistema de encaixe.

4.1 Sistema em bloco

No sistema em bloco, não há marcação de parágrafo. Todas as linhas são iniciadas a partir da margem esquerda, observando-se pauta simples. Entre os períodos, deixa-se pauta dupla. Havendo tópicos em maiúsculas, a segunda linha é indicada após sua última letra, para evitar que as da linha anterior fiquem sem estética. Exemplo:

TIMBRE

Rua X – Porto Alegre – Cx. Postal, 1000

6 de agosto de 2018

Fernando Barros & Cia. Ltda.

Prezados Senhores

Seguiram, pela empresa aérea X, dez caixas dos medicamentos solicitados por Marcelo Silveira. Sua duplicata já foi encaminhada ao Departamento de Cobrança.

Atentamente

Tiago Almeida
DIRETOR

4.2 Sistema de encaixe

No sistema de encaixe, o texto é feito com pauta dupla do início ao fim. O parágrafo será de dez espaços, a partir da margem esquerda. Exemplo:

TIMBRE

Rua X – Porto Alegre – Cx. Postal, 1000

Porto Alegre, (1) 14 de março de 2018

A (2)

....

Av. Rio Branco, ... – cj. ....
Rio de Janeiro – RJ   (3)

Prezados Senhores: (4)

....(5) *Em resposta à solicitação*(6) feita pelo escritório de V. S^{as}, representado, em nossa cidade, pelo *Sr. Marcelo Silveira,*(7) informamos que seguiram, pela empresa aérea X, dez (10) (8) caixas dos medicamentos pedidos.

....(5) *Outrossim,*(9) comunicamos que a duplicata *nº 086013,*(10) no *Banco do Comércio S.A.,*(10) emitida por V. S^{as}, em 3 de outubro do corrente ano, já foi encaminhada, *em 29 de outubro*(11) p.p.,(12) ao Departamento de Cobrança, *para as providências cabíveis.*(13)

....(5) *Sem mais que se apresente no momento,* (14)(15) *subscrevemo-nos.*(16)

Atentamente

_____ (17)
Tiago Almeida
DIRETOR

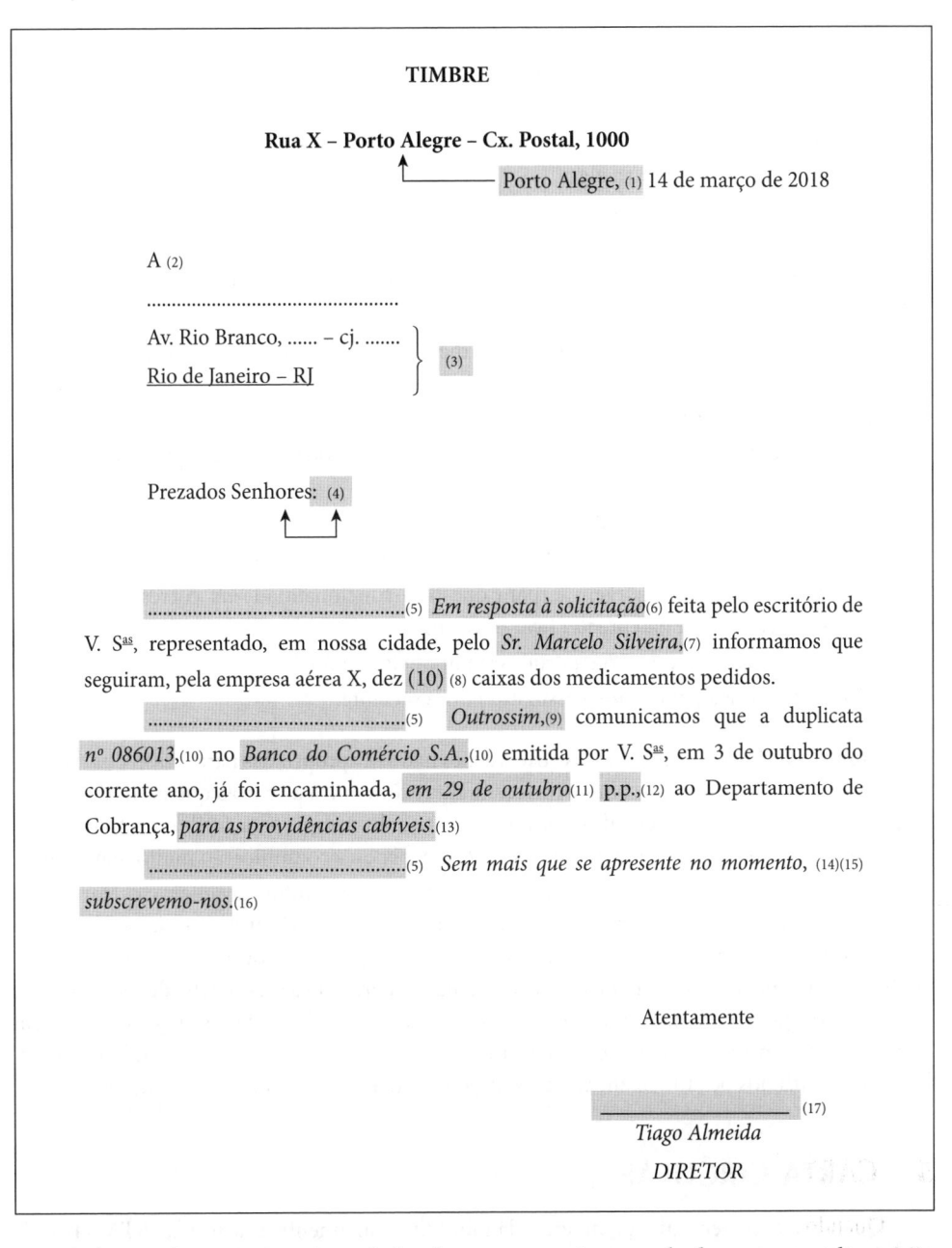

O destinatário, a invocação, o fecho da carta e a assinatura obedecem a uma disposição idêntica nos dois sistemas.

Agora, veremos como transformar uma carta tradicional em uma carta simplificada, economizando tempo e esforço.

(1) Suprime-se o local junto à data, porquanto já consta no papel timbrado.
(2) Elimina-se a preposição "A", desnecessária no caso.

(3) Elimina-se o endereço do destinatário, uma vez que ele consta no envelope.
(4) Suprimem-se os dois pontos na invocação.
(5) Não é necessário marcar o parágrafo. Basta deixar espaço duplo vertical, indicando-o.
(6) Não é necessário colocar a expressão "em resposta", porque o destinatário sabe que se está respondendo a algo.
(7) Não há necessidade de cair em redundância: ou se coloca a representação ou o nome do representante.
(8) Suprime-se o número 10, uma vez que a palavra dez já está mencionada.
(9) Expressões desse tipo são desnecessárias.
(10) Não há necessidade de citar o número da duplicata, nem o banco, porque o proprietário deve ter registro desse título.
(11) Não é necessário precisar a data em que o título foi encaminhado.
(12) Não é necessária a expressão p.p. (próximo passado), uma vez que a data passou recentemente.
(13) Expressões desnecessárias.
(14) Expressão desnecessária. Se houvesse algo mais, seria acrescentado à carta.
(15) Não se usa tapa-margem e, para que haja funcionalidade na correspondência, a margem direita não precisa ficar uniforme.
(16) Expressão desnecessária, porque está implícita no final.
(17) Não se usa a pauta para a assinatura do remetente.

Como se verifica, algumas dessas observações não são apropriadas para o caso dos *e-mails*. Mantivemo-las para mostrar como ocorreram alterações entre as cartas que eram datilografadas e os textos que são veiculados por *e-mail*. O uso do computador facilitou o trabalho de composição. O uso da Internet facilitou o despacho e tornou a comunicação muito mais rápida.

Quando uma carta era endereçada a mais de uma pessoa, informávamos: c.c. (carta com cópia para fulano de tal). Endereçávamos então dois envelopes. Quando queríamos que uma carta fosse lida por uma pessoa determinada, mas a endereçávamos a outra, informávamos: Aos cuidados de fulano. Era esse fulano o nosso leitor, não endereçado a ele por falta de seu endereço, por exemplo. Quando mandávamos a correspondência às mãos de uma pessoa que viajava e iria estar com o destinatário da carta, informávamos no envelope: E.M. (Em mãos de fulano de tal). Hoje, os *e-mails* nos permitem endereçar, simultaneamente, o mesmo texto a várias pessoas.

5 CARTA-CIRCULAR

Quando a carta tem que ser endereçada multidirecionalmente, usa-se a CARTA-CIRCULAR (ver Capítulo 17).

5.1 Carta em tópicos

Quando existem diversos assuntos a serem abordados em uma carta, usa-se a CARTA EM TÓPICOS (cada assunto constitui um tópico), como no exemplo seguinte:

Porto Alegre, 15 de maio de 2018

Sr. Paulo Só
Rua X1, nº 2
NESTA

Prezado Senhor:

Temos a satisfação de comunicar-lhe que, tendo em vista seu excelente teste, resolvemos admiti-lo em nossa empresa, sob as condições que seguem:

ENCARGOS — ficarão a seu cargo os serviços de supervisor e coordenador-geral da Seção X...

HORÁRIO — das 8 às 17 horas, com tempo para refeições. Caso se faça necessário, contamos com sua colaboração para eventual prolongamento de horário, que lhe será pago como horas extras, conforme as leis trabalhistas em vigor.

ORDENADO — salário inicial: R$ 2.500,00 (dois mil e quinhentos reais).

Aguardando seu pronunciamento, subscrevemo-nos

Atenciosamente

Mário Silva
GERENTE DO DEPARTAMENTO DE RECURSOS HUMANOS

5.2 Sugestões para início e fecho de textos administrativos

Inícios:

1. Acusamos o recebimento de sua carta...
2. Cumpre cientificá-los de que...
3. Com a presente, trazemos ao conhecimento de V. S.ªs que...
4. Com referência ao assunto, lamentamos comunicar...
5. Como chegou ao nosso conhecimento que V. S.ªs pretendem...
6. O fim da presente é solicitar-lhe...
7. Pedimos a fineza de enviar-nos...
8. Temos a satisfação de apresentar a V. S.ªs o portador desta...

Fechos:

1. Agradecendo a atenção que, por certo, V. S.ªs dispensarão ao assunto, firmamo-nos
   Atentamente

2. Aguardando suas providências a respeito do que estamos tratando, subscrevemo-nos
  Atenciosamente
3. À inteira disposição de V. S.ªˢ, subscrevemo-nos
  Atenciosamente
4. Sendo o que se nos apresenta no momento, enviamos protestos de alta estima e consideração.
5. Com a consideração de sempre, firmamo-nos
  Atenciosamente
6. Esperando continuar a merecer sua honrosa preferência, subscrevemo-nos
  Atentamente
7. No aguardo de um pronunciamento a respeito do assunto tratado, firmamo-nos
  Atentamente
8. Sem outro objetivo para o momento, firmamo-nos
  Atenciosamente

EXERCÍCIO

Escreva, inicialmente, uma carta sobre o não recebimento de uma mercadoria solicitada e, em seguida, transforme-a em um *e-mail*, com estilo mais atual.

16

Carta oficial

(Ver OFÍCIO)

1   CONCEITO

Carta oficial é um gênero administrativo utilizado por alguns órgãos públicos, em situações não cerimoniosas, com relação a pessoas estranhas ao serviço público.

Modernamente, as cartas oficiais vêm sendo absorvidas pelos ofícios, e estes cada vez mais se generalizam.

Capítulo 16

O esquema gráfico de uma carta oficial é o seguinte:

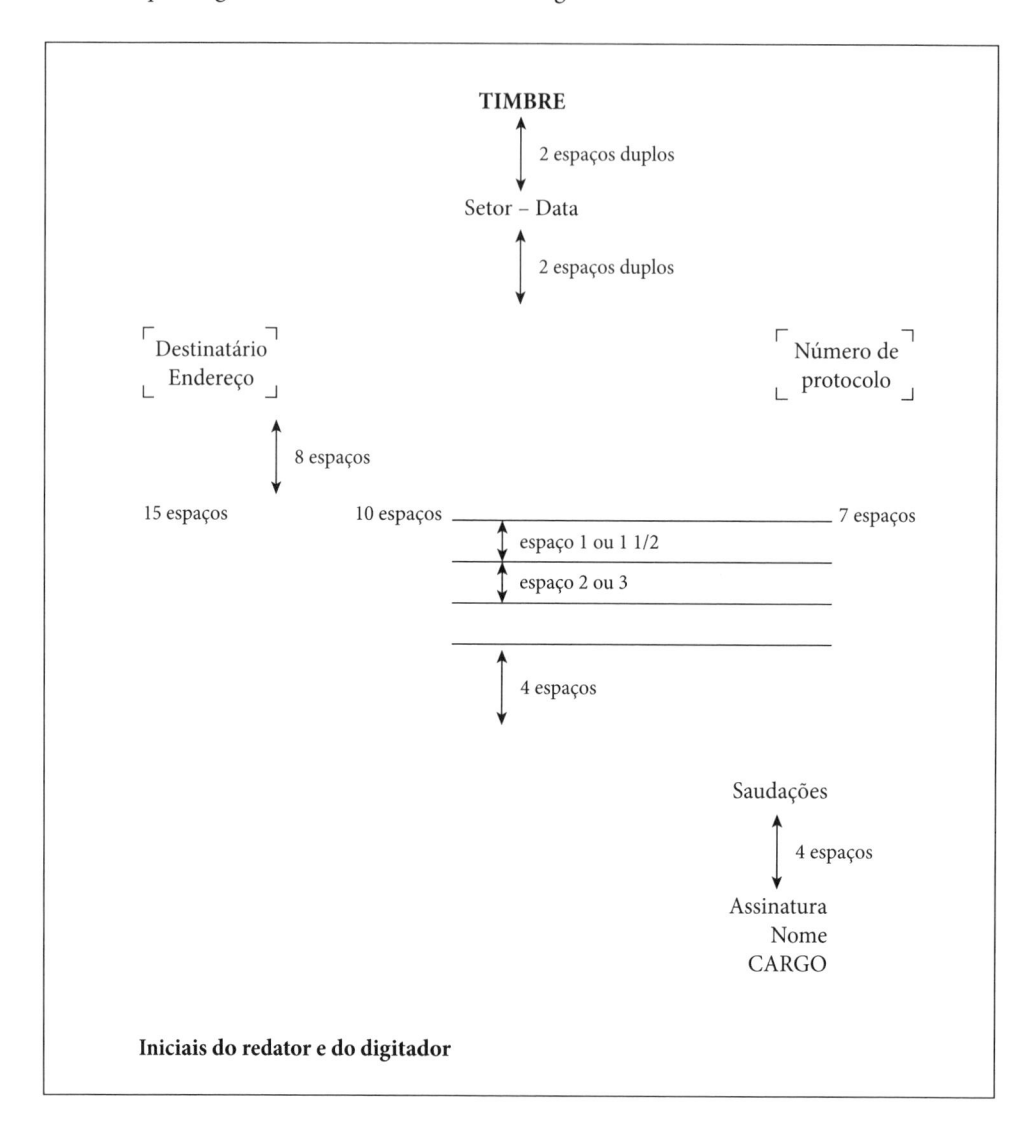

TIMBRE

↕ 2 espaços duplos

Setor – Data

↕ 2 espaços duplos

⌈ Destinatário ⌉   ⌈ Número de ⌉
⌊ Endereço ⌋   ⌊ protocolo ⌋

↕ 8 espaços

15 espaços   10 espaços ———————————————— 7 espaços

↕ espaço 1 ou 1 1/2

↕ espaço 2 ou 3

———————————————

↕ 4 espaços

Saudações

↕ 4 espaços

Assinatura
Nome
CARGO

Iniciais do redator e do digitador

2 MODELO

> INSTITUTO NACIONAL DE SEGURIDADE SOCIAL
>
> Delegacia no Rio Grande do Sul, 27 de maio de 2018
>
> Sr.
> José dos Santos
> Gerente da Fábrica X   n.º 147/98
> Rua Y, 1000
> Caxias do Sul – RS
>
> Comunicamos a V. S.ª que o acidente ocorrido em 10 de maio com o seu empregado Abílio S. não é da alçada deste Serviço de Acidentes do Trabalho, pois o nome dele não consta na relação de empregados segurados pela apólice n.º 21054, enviada por V. S.ª.
> 2. O atendimento médico prestado ao referido empregado foi em caráter de exceção, motivo por que sua empresa deverá indenizar as despesas.
> 3. Para maiores esclarecimentos, V. S.ª poderá comparecer a esta Delegacia, Serviço de Acidentes de Trabalho, na Rua A, 100 – 5º andar, nesta Capital.
>
> Saudações
>
> *Fulano de Tal*
> CHEFE DA DIVISÃO
>
> LS
> GZ

EXERCÍCIO

Elabore, na condição de funcionário público e chefe de um setor, uma solicitação de orçamento de prestação de serviço, através de carta oficial.

17

Circular

1 CONCEITO

Circular é um gênero administrativo por meio do qual alguém se dirige, ao mesmo tempo, a várias repartições, entidades ou pessoas. É, portanto, *multidirecional*.

Na circular, não consta destinatário, pois ela não é unidirecional, e o endereçamento vai no envelope. Com o uso da Internet, o envio hoje se faz eletronicamente, dispensando impressão e despacho por Correio.

> Se um memorando, um ofício ou uma carta forem dirigidos multidirecionalmente, serão chamados de memorando-circular, ofício-circular e carta-circular.

2 MODELOS

2.1 Modelos de circular

> SECRETARIA DA FAZENDA
> TESOURO DO ESTADO
>
> Porto Alegre, 17 de dezembro de 1998
>
> CIRCULAR GERAL Nº 58
>
> > Prorroga o prazo para pagamento
> > da Taxa de Cooperação sobre Bovinos.
>
> O DIRETOR-GERAL DO TESOURO DO ESTADO, no uso de suas atribuições, transmite as seguintes instruções:
>
> 1.0 – O prazo para pagamento da Taxa de Cooperação sobre Bovinos, fixado na Lei nº 4.948, de 28 de maio de 1998, fica prorrogado, no corrente exercício, até 30 de dezembro, nos termos da Lei nº 7.034, de 10 de dezembro de 1998, publicada no *Diário Oficial* da mesma data.
>
> 2.0 – Expirado o prazo estabelecido no item anterior, o pagamento só será admitido com os acréscimos previstos nos artigos 71 e 72 da Lei nº 6.537, de 27 de fevereiro de 1995, alterada pela de nº 7.027, de 25 de novembro de 1998.
>
> > *Fulano de Tal*
> > Diretor-Geral
>
> > Publicado no D.O. de 21/12/98

CAIXA ECONÔMICA FEDERAL

CIRCULAR Nº 437/98
PROCEDÊNCIA: DEPARTAMENTO CENTRAL DE ORGANIZAÇÃO E MÉTODOS
ASSUNTO: UTILIZAÇÃO DE IMPRESSOS COM A NOVA IMAGEM VISUAL DA CAIXA

O Chefe do Departamento Central de Organização e Métodos – DEORG, no uso de suas atribuições, baixa a presente Circular:

1 A implantação da nova imagem visual nos impressos, de uso das Unidades da Matriz e das Filiais, será feita com exclusividade sob a orientação do DEORG.

2 Através de anexos à presente Circular, serão fixadas as normas de utilização dos novos impressos e do estoque remanescente com a antiga imagem.

3 Esta Circular entra em vigor nesta data.

Brasília, 15 de outubro de 1998

Fulano de Tal
Chefe do DEORG

Fulano de Tal
Adjunto do DS

(Pré-Manual – *Normas para Impressos de Correspondência* – Caixa Econômica Federal)

2.2 Modelo de memorando-circular

INSTITUTO NACIONAL DO SEGURO SOCIAL
Memorando-Circular nº ..... DIRAT/PFE/INSS.

Em 27 de outubro de 2017.

Aos Superintendentes Regionais, Gerentes Executivos, Chefes de Divisão de Atendimento, Especialista em Normas e Gestão de Benefícios, Seção/Serviço de Atendimento – SEAT/SERAT. Seção/Serviço de Benefícios, e Gerentes de Agências da Previdência Social – APS e demais servidores.

Assunto: Cumprimento da decisão proferida na Ação Civil Pública Nº 0026178- 78.2015.4.01.3400 ajuizada pelo Conselho Federal da OAB.

1. Considerando que não houve até a presente data apreciação do Agravo de Instrumento nº 53324-41.2017.4.01.0000, por parte do Tribunal Regional Federal da 1ª Região à suspensão da decisão liminar proferida na Ação Civil Pública nº 0026178-78.2015.4.01.3400, ajuizada pelo Conselho Federal da Ordem dos Advogados do Brasil, que, em sede de liminar, o MM. Juiz determinou ao INSS que:

    a. Garanta aos advogados atendimento diferenciado nas suas agências, sem agendamento prévio, em local próprio e independente de distribuição de senhas, durante o horário de expediente;

    b. Se abstenha de impedir aos advogados de protocolizarem mais de um benefício por atendimento, bem como de obrigar o protocolo de documentos e petições apenas por meio de agendamento prévio e retirada de senhas, fixando multa de R$ 50.000,00 (cinquenta mil reais) diários para o caso de descumprimento.

2. Nesse sentido, considerando a necessidade de organizar a operacionalização do fluxo de trabalho, informamos:

    a. O atendimento deverá ser realizado exclusivamente e diretamente ao Advogado, que deverá apresentar a Carteira de inscrição ativa na Ordem dos Advogados do Brasil;

    b. O atendimento será realizado durante o horário de expediente da unidade, conforme artigo 6º da Resolução nº 336 PRES/INSS, de 22 de agosto de 2013;

    c. Deverá ser disponibilizado guichê exclusivo, com devida identificação: Atendimento Exclusivo ao Advogado, conforme anexo I;

    d. O advogado que optar pelo atendimento de acordo com a ACP não deverá receber senha para o atendimento;

    e. Os advogados presentes nas Agências da Previdência Social deverão ser atendidos de acordo com a ordem de chegada, uma vez que não haverá emissão de senhas para o atendimento, conforme ACP;

    f. O servidor deverá realizar a conclusão de cada serviço solicitado no momento do atendimento, de modo a evitar acúmulo de solicitações pendentes;

    g. Quando tratar-se de requerimento de benefícios, o mesmo deverá ser contemplado com despacho decisório ou emissão de exigência interna ou exigência atribuída ao requerente;

    h. Não será garantida a DER para atendimentos previamente agendados onde o Advogado optar pelo atendimento exclusivo nos moldes da ACP. O servidor deve cancelar o agendamento atendido antecipadamente no SAG.

i. O servidor lotado em uma unidade inserida no projeto INSS Digital deverá digitalizar, incluir no GET, e proceder conforme o item anterior;

j. O gestor da unidade participante do projeto INSS Digital deverá atribuir o papel "SERVIDOR_ADM_UNIDADE" no GERID (sistema GET e subsistema GET), enquanto que o SERAT/SEAT deverá conceder a permissão "atribuir responsável" para os serviços do tipo tarefa no SAG GESTÃO (Unidades > Gestão de Profissionais > Editar profissional) para o servidor designado para atendimento no guichê do advogado. Dessa forma, esse servidor poderá se colocar como responsável durante a criação da tarefa e realizar a análise conclusiva do requerimento;

k. As agências do INSS que têm dez ou menos servidores em exercício deverão afixar o aviso constante no anexo II, para esclarecimento aos advogados da obrigatoriedade por parte do Instituto ao respeito às prioridades legalmente definidas em relação ao atendimento preferencial, nos termos da presente ação civil pública.

3. Quando se tratar de Requerimento de Benefício, o servidor deverá registrar no sistema PRISMA o número da ACP, informando somente os números, sem hífen e pontos. Para espécies cujo requerimento não seja protocolado no Prisma, não caberá a informação do número da ACP;

4. Visa este expediente dar conhecimento da prolação de tal decisão judicial e cumprimento a partir de 27 de outubro de 2017.

5. Solicitamos ampla divulgação aos servidores das Agências da Previdência Social.

Atenciosamente,

VITOR POUBEL DA SILVA
DIRETOR DE ATENDIMENTO
SUBSTITUTO

MARCIA ELIZA DE SOUZA
PROCURADORA-CHEFE DA PFE/INSS
SUBSTITUTA

https://www.ieprev.com.br/conteudo/categoria/6/3772/memorando_circular_no28_dirat_pfe_inss_de_27_de_outubro_de_2017.

2.3 Modelo de ofício-circular

> PONTIFÍCIA UNIVERSIDADE CATÓLICA DO
> RIO GRANDE DO SUL
> FACULDADE DE LETRAS
> CURSO DE PÓS-GRADUAÇÃO EM LETRAS
>
> Of. Circ. 24/18
>
> Porto Alegre, 15 de maio de 2018
>
> Prezado(a) Colega:
>
> Em virtude da impossibilidade do comparecimento do Senhor Reitor à reunião programada pela Pró-Reitoria de Pesquisa e Pós-Graduação para amanhã, levamos ao seu conhecimento que, por decisão do Pró-Reitor, Sr. Fulano de Tal, o encontro entre os cursos de Pós-Graduação foi transferido para o próximo dia 28, às 17 horas, no mesmo local.
> Contando com sua presença,
>
> Atenciosamente,
>
> *Prof.ª Dr.ª Fulana de Tal*
> COORDENADORA

EXERCÍCIOS

1. Elabore um ofício-circular, comunicando a antecipação da data do início das aulas.
2. Elabore uma carta-circular em que uma agência de viagens comunica uma excursão.

18

Comunicação (comunicado)

1 CONCEITO

A comunicação, quando *pública*, assemelha-se ao *edital*; quando *interna*, assemelha-se ao *memorando*.

Quando publicada pela imprensa, ela deve ter o verbo na terceira pessoa, porque é veiculada por terceiro(s) – correspondência indireta.

2 MODELOS

2.1 Modelo de comunicação externa

```
                    COMUNICAÇÃO
                 PRONTO SOCORRO VITAE

Comunica a seus clientes e amigos a transferência de seu POSTO ZONA SUL para o Hospital de
Pronto Socorro Vitae, na Av. GETULIO VARGAS, ........, COM ATENDIMENTO DE URGÊNCIA
e SERVIÇO MÉDICO-HOSPITALAR.
FONES ............... – ............... – ............... – ...............
```

CELESC   CENTRAIS ELÉTRICAS DE SANTA CATARINA
LOGOTIPO

CONCORRÊNCIA PÚBLICA Nº 034/98

COMUNICADO

A Centrais Elétricas de Santa Catarina S.A. – CELESC – comunica que prorrogou o prazo de vencimento da Concorrência Pública nº 034/98 (inicialmente previsto para o dia 18 de novembro de 1998 e posteriormente para 28 de novembro de 1998), para o dia 10 (dez) de dezembro de 1998, em função de complementação de dados técnicos do Edital, indispensável à elaboração das propostas. Comunica, outrossim, que permanecem inalteradas as demais disposições originais do Edital.

Florianópolis, 11 de novembro de 1998.

Fulano de Tal
Diretor Administrativo

PREFEITURA MUNICIPAL
DE PELOTAS

COMUNICADO

Por solicitação de Sua Excelência o Governador do Estado, Sr. Fulano de Tal, a data de inauguração do Centro de Integração da Criança e do Idoso foi transferida do dia 29 de maio para o dia 5 de junho, às 15 horas.

Fulano de Tal
Prefeito Municipal

2.2 Modelo de comunicação interna

ESCOLA SUPERIOR DE SECRETARIADO

ESS

COMUNICADO INTERNO 40/00

DA: Direção

PARA: Professores e Funcionários

Comunicamos, através desta, que a ESS, em decisão de DIRETORIA, de 18 de agosto de 2000, determinou a criação de um CONSELHO DEPARTAMENTAL com seu respectivo NÚCLEO. Na mesma Reunião, que determinou a criação deste CONSELHO, a ESS também decidiu convidar, a título de CARGO DE CONFIANÇA, para coordenar os DEPARTAMENTOS, os seguintes Professores:

DEPARTAMENTO DE CIÊNCIAS CONTÁBEIS:

– *Prof. Fulano de Tal*

DEPARTAMENTO DE CIÊNCIAS ADMINISTRATIVAS:

– *Prof. Fulano de Tal*
– *Prof. Fulano de Tal*

DEPARTAMENTO DE INFORMÁTICA E CIÊNCIAS ESTATÍSTICAS E MATEMÁTICAS:

– *Prof. Fulano de Tal*
– *Prof. Fulano de Tal*
– *Prof. Fulano de Tal*

DEPARTAMENTO DE CIÊNCIAS SOCIAIS E HUMANAS:

– *Prof. Fulano de Tal*
– *Prof. Fulano de Tal*

DEPARTAMENTO DE LÍNGUAS ESTRANGEIRAS:

– *Prof. Fulano de Tal*

SUPERVISOR DO NÚCLEO DEPARTAMENTAL:

– *Prof. Fulano de Tal*

O CONSELHO DEPARTAMENTAL é composto pelos Coordenadores, Supervisor e mais a Diretoria da Faculdade.

Sendo o que tínhamos a informar, subscrevemo-nos atenciosamente.

Prof. Fulano de Tal   *Prof. Fulano de Tal*
Diretor   Diretor Pedagógico

EXERCÍCIO

Elabore uma comunicação externa, participando ao público mudança de número de telefone.

19

Contrato

1 CONCEITO

Contrato é um acordo entre duas ou mais pessoas (físicas ou jurídicas) para estabelecer, modificar ou anular uma relação de direito. O assunto pode ser o mais variado possível: compra, venda, prestação de serviço etc.

Contratos com implicações jurídicas são, em geral, feitos por advogados.

2 MODELOS

2.1 Modelo de contrato simples

CONTRATO

Por este instrumento particular, Paulo Sousa, brasileiro, casado, comerciário, residente e domiciliado na Rua X, 12 – ap. 1, nesta Capital, e João de Alencar, brasileiro, solteiro, pintor, residente e domiciliado na Rua Y, 23, também nesta Capital, contratam a pintura da residência do primeiro contratante, conforme orçamento e condições apresentadas.

O preço total combinado (incluído o material) é de R$ 10.000,00 (dez mil reais), pagos proporcionalmente à execução do serviço.

O prazo máximo previsto para a entrega da referida pintura é dia 31 de julho de 2018.

Porto Alegre, 1º de junho de 2018.

Paulo Sousa   João de Alencar

Ass. das testemunhas:

2.2 Modelo de contrato social

CONTRATO

Fulano de Tal, brasileiro, casado, ator, residente e domiciliado nesta Capital, na Rua ...., nº ...., ap. ...., inscrito no ...., sob o nº ...., e Fulana de Tal, brasileira, solteira, maior, atriz, residente e domiciliada nesta Capital, na Rua ...., nº ...., inscrita no ...., sob nº ...., resolvem, pela melhor forma de direito, e através do presente instrumento de contrato social, constituir uma sociedade civil sob as cláusulas que seguem:

– I –

O tipo jurídico da sociedade é o de cotas de responsabilidade limitada, responsabilizando cada sócio até o valor total do capital.

– II –

O objetivo da sociedade é a produção e apresentação de peças teatrais, inclusive, organizar, reorganizar, executar quaisquer serviços afins da sociedade.

– III –

A sociedade terá sua sede nesta Capital, na Rua ...., nº ....

– IV –

A sociedade girará sob a denominação social de OÁSIS – Produções Artísticas.

– V –

A administração e uso da denominação social será exercida por ambos os sócios, inclusive a documentação relacionada com movimentação bancária, contratos com terceiros, procurações, venda ou aquisição de imóveis. Também serão necessárias assinaturas conjuntas dos sócios.

– VI –

O capital social é de R$ 1.000.000,00 (hum milhão de reais) dividido em 100 (cem) cotas de R$ 10.000,00 (dez mil reais) cada uma, totalmente integralizado neste ato em moeda corrente nacional e tendo sua distribuição na forma que abaixo se discrimina:

SÓCIO	COTA	VALOR
Fulano de Tal......................	50 cotas......................	R$ 500.000,00
Fulana de Tal......................	50 cotas......................	R$ 500.000,00
TOTAL................................	100 cotas......................	R$ 1.000.000,00

– VII –

A sociedade é por prazo indeterminado, sendo seu início de atividade contado da data de assinatura do presente contrato.

– VIII –

O balanço geral obrigatório será levantado anualmente a 30 de junho, e os resultados serão divididos proporcionalmente à participação do capital de cada sócio, tendo a destinação que for dada pelos mesmos.

– IX –
O pró-labore, por efetivo exercício de atividade, será estabelecido em comum acordo pelos sócios.

– X –
Nenhum sócio poderá alienar suas cotas sem permissão escrita do outro, que exercerá sobre terceiros o direito de preferência na aquisição, proporcionalmente à participação de cada um no capital social.

– XI –
O cotista que desejar retirar-se da sociedade deverá apresentar aviso prévio, por escrito, com antecedência mínima de 30 (trinta) dias, e, nesse ínterim, serão levantados o inventário e o balanço geral, para a apuração dos haveres ou obrigações que lhe tocarem proporcionalmente, devendo, em qualquer caso, proceder-se à liquidação dos débitos ou créditos em 12 (doze) prestações mensais, iguais e sucessivas, contadas da data da assinatura do distrato ou alteração social.

– XII –
A sociedade se dissolverá nos casos legalmente previstos.

– XIII –
E, por se acharem plenamente de acordo com o que acima consensualmente estabelecem, assinam, na presença de duas testemunhas, o presente instrumento de contrato social, emitido em 4 (quatro) vias de igual teor e forma.

Porto Alegre, 30 de agosto de 2018.
Fulano de Tal
Fulana de Tal
TESTEMUNHAS:
(Assinatura)
(Assinatura)

2.3 Modelo de termo de rescisão de contrato de direitos autorais

---

RESCISÃO DE CONTRATO DE DIREITOS AUTORAIS

A EDITORA LETRABELA LTDA., firma jurídica desta Capital, aqui representada por seus sócios, Fulano de Tal e Beltrano de Tal, brasileiros, casados, residentes e domiciliados em Porto Alegre, respectivamente na Rua A, 5 e na Rua B, 3, juntamente com Sicrano de Tal, brasileiro, viúvo, residente e domiciliado em Novo Hamburgo, na Rua X, 7, acordam o seguinte para todos os efeitos de DIREITO:

A *rescisão amigável do contrato de direitos autorais*, assinado entre as partes, em 30 de setembro de 2015, em todas as suas cláusulas e condições, não gerando, absolutamente, a partir de agora, nenhum direito ou obrigação entre os mesmos, com a total liberação de todo e qualquer vínculo. O contrato que agora se rescinde versava sobre a edição do livro VIVER MELHOR, da autoria do segundo contratante.

E, por estarem assim justos a acertados, assinam o presente documento em três (3) vias de igual teor e forma, na presença das testemunhas.

Porto Alegre, 15 de janeiro de 2018.

Assinaturas

EXERCÍCIO

Elabore um contrato (assunto livre).

20

Curriculum vitae

1 CONCEITO

Curriculum vitae é o texto que fornece uma visão geral com relação à formação e à experiência profissional de alguém que se candidate a um cargo, curso, emprego etc. Ele pode ser encaminhado por Correio ou eletronicamente, acompanhado de um ofício ou de uma carta de apresentação. Pode ainda ser introduzido por uma resposta de anúncio.

2 MODELO

Porto Alegre, 24 de janeiro de 2018.

Senhor Diretor:

Em resposta ao anúncio publicado no XYZ de 19 de janeiro, solicito a inclusão de meu nome entre os candidatos à vaga de .... na sua empresa (estabelecimento de ensino, banco etc.).

Eis aqui o meu *Curriculum Vitae*:

Dados de Identificação:

    Nome:

    Data e local de nascimento:

    Filiação:

    Estado civil:

    Residência: Tel.:

    E-mail:

    Rua e nº

    CEP:

    Cidade e Estado:

    Carteira de Identidade (RG):

    Título Eleitoral:

    CPF:

1 – Cursos em nível de graduação:

1.1 – Bacharelado em .... (Curso) – Faculdade – Universidade – término: ....

    OU

1.1 – Licenciatura em .... (Curso) – Faculdade – Universidade – término: ....

2 – Cursos em nível de pós-graduação:

2.1 – Especialização em ....

2.2 – Mestrado em ....   Curso – Universidade – término: ....

2.3 – Doutorado em ....

3 – Outros cursos frequentados:

    (nome dos cursos, local, data, carga horária)

4 – Atividade profissional:

    (tipo de atividade, local, época)

5 – (Cursos ministrados):

6 – Participação em Encontros, Congressos ou Seminários:

7 – Trabalhos publicados:

1. A sugestão apresentada é esquemática e exemplificativa. Evidentemente, cada um irá adaptar esse esquema à sua realidade e às necessidades do momento (*curriculum vitae* completo, *curriculum vitae* com apenas alguns dados essenciais etc.).
2. Atualmente, os órgãos de pesquisa já possuem, através dos meios eletrônicos, pré-modelos que sugerem o preenchimento dos dados requeridos.
3. Para agilizar a contratação, algumas empresas se especializaram em, após entrevista com o candidato, enviar um vídeo deste para o provável futuro empregador.

EXERCÍCIO

Elabore o seu *curriculum vitae*.

21

Declaração

(Ver ATESTADO)

1 CONCEITO

Declaração é um documento que se assemelha ao atestado. Não é expedido por órgãos públicos.

2 MODELOS

DECLARAÇÃO

DECLARAMOS que o senhor João Armando Ferraz pertence ao quadro de empregados de nossa empresa desde 2 de maio de 1990, percebendo mensalmente dois salários-mínimos.

Porto Alegre, 22 de outubro de 2018.

Mário Barcellos
Diretor-Presidente da Cia. X

DECLARAÇÃO

Declaro que foram extraviadas as cautelas n°s 0.395.737 – 0.421.870 – 0.504.490 de ações preferenciais nominativas e as cautelas n°s 0.255.725 – 0.342.329 – 0.408.089 – 0.538.002 de ações ordinárias nominativas, emitidas em meu nome por PETRÓLEO BRASILEIRO S.A. – PETROBRAS, o que as torna sem efeito.

Porto Alegre, 22 de maio de 2018.

Fulano de Tal

EXERCÍCIO

Elabore uma declaração (assunto livre).

22

Edital

(Ver COMUNICADO)

1 CONCEITO

Edital é um instrumento de notificação pública que se afixa em local de acesso dos interessados ou se publica (integral ou resumidamente) num órgão de imprensa oficial ou particular.

> Nem sempre, no EDITAL, aparece a palavra EDITAL.

2 MODELOS

VELEIROS DO SUL
CONVOCAÇÃO PARA ASSEMBLEIA GERAL ORDINÁRIA

O Comodoro do VELEIROS DO SUL – SOCIEDADE NÁUTICA DESPORTIVA, no uso das atribuições que lhe confere o art. 45 do Estatuto, CONVOCA todos os associados maiores de 21 anos, filiados há mais de seis (6) meses, e em pleno gozo de seus direitos sociais, para a Reunião de Assembleia Geral Ordinária, a realizar-se no dia 3 de junho de 2018 (terça-feira), às 19 horas, em primeira convocação, e às 20 horas, em segunda convocação, a fim de eleger 1/3 dos MEMBROS DO CONSELHO DELIBERATIVO E TODOS OS SUPLENTES, de conformidade com o item I do art. 44 do Estatuto.

Porto Alegre, 2 de maio de 2018.

Fulano de Tal
Comodoro

> SINDICATO DOS TRABALHADORES NAS INDÚSTRIAS
> METALÚRGICAS, MECÂNICAS E DE MATERIAL
> ELÉTRICO DE PORTO ALEGRE
>
> EDITAL DE CONVOCAÇÃO
>
> No uso de minhas atribuições legais e estatutárias, convoco todos os trabalhadores da Empresa XX S.A., associados e não associados, para uma sessão de ASSEMBLEIA GERAL EXTRAORDINÁRIA, que será realizada no próximo dia 29 de maio de 2018 (terça-feira), em primeira convocação às 18h30 min e, em segunda e última convocação, às 19 h, para apreciação da seguinte ordem do dia:
>
> - Definição do rol de reivindicações a ser encaminhado à respectiva Empresa, com vistas à revisão salarial e contratual coletiva para o período 2018/12019.
> - Definição dos percentuais a serem descontados do salário de cada trabalhador, sócios e não sócios do Sindicato, a título de contribuição assistencial de dissídio.
> - Concessão de poderes à Diretoria do Sindicato para negociar a pauta de reivindicações com a empresa, firmar acordo coletivo, convenção coletiva de trabalho, ajuizar na Justiça do Trabalho Revisão de Dissídio Coletivo, bem como adaptar a pauta de reivindicações às alterações da legislação.
> - Campanha salarial, organização de mobilização e forma de luta.
>
> Porto Alegre, 21 de maio de 2018.
>
> *Fulano de Tal*
> Presidente

> FUNDO SOCIAL DE SOLIDARIEDADE DO ESTADO DE SÃO PAULO
> EDITAL
>
> Encontra-se aberto, no Fundo Social de Solidariedade do Estado de São Paulo, o Pregão Eletrônico n. 09/2017, Processo FUSSESP n. 437502/2017, Oferta de Compra n. 510110000012017OC00003, tipo menor preço, objetivando a constituição de sistema de Registro de Preços para prestação de serviços de alimentação para eventos – bufê a atletas e dirigentes dos jogos regionais dos idosos – JORI, mediante requisições do FUSSESP, com a operacionalização e o desenvolvimento de todas as atividades necessárias, assegurando uma alimentação balanceada e em condições higiênico-sanitárias adequadas. A realização da sessão será no dia 28/06/2017 às 09h15 min, no sítio www.bec.sp.gov.br ou www.bec.fazenda.sp.gov.br. Data do início do prazo para envio da proposta eletrônica: 12-06-2017. O edital na íntegra encontra-se disponível para consulta ou download nos sítios www.bec.sp.gov.br ou www.bec.fazenda.sp.gov.br e www.imprensaoficial.com.br, opções e-negócios-públicos.
>
> (*Folha de S. Paulo,* São Paulo, 10 jun. 2017, p. A20)

EXERCÍCIO

Elabore um edital, comunicando a abertura das inscrições para o concurso do magistério estadual.

23

Exposição de motivos

1 CONCEITO

Exposição de motivos é um gênero legislativo, que hoje é também utilizado na área empresarial.

2 CARACTERÍSTICAS

A exposição de motivos apresenta as seguintes características:

- o assunto deve ser resumido em itens que, individualmente, apresentam argumento;
- a legislação citada deve ser transcrita;
- a conclusão deve ser clara e objetiva.

Os itens são numerados em algarismos arábicos. Se necessário, são desdobrados em alíneas (assinaladas com letras). A divisão de capítulos é feita com algarismos romanos.

A autoridade competente despachará a exposição de motivos com uma das seguintes fórmulas: APROVADO – APROVO – ARQUIVE-SE – CONCORDO – EXPEÇA-SE O ATO – SIM.

No rodapé da exposição de motivos, registra-se a referência: número do processo (se for o caso) e iniciais do redator e digitador.

3 MODELO

> Excelentíssimo Senhor Presidente da República:
>
> A Lei nº 4.345, de 26 de junho de 1964, que institui novos valores de vencimentos para os servidores públicos civis do Poder Executivo, prevê, em seu artigo 11 e parágrafos, novas bases para a implantação do regime de tempo integral e dedicação exclusiva, revogando as disposições da Lei nº 3.780, de 12 de julho de 1960, que regulavam o assunto.
>
> 2. Em cumprimento à determinação inserta no referido dispositivo legal, este Departamento elaborou o anexo projeto de regulamento, em que estão fixadas as condições fundamentais para a execução daquele sistema especial de trabalho.
>
> 3. Orientou-se a elaboração do projeto no sentido de realçar que o regime de tempo integral e dedicação exclusiva se destina, preferentemente, a equipes de funcionários, abrangendo ocupantes de cargos de magistério, científicos, de pesquisas e de natureza técnica.
>
> 4. Tal critério decorre da própria finalidade do instituto, qual seja a de aparelhar a Administração Pública de instrumentos mais adequados e eficientes para atingir os seus objetivos essenciais nos campos de ensino, da técnica e da pesquisa científica.
>
> 5. Com efeito, tendo em vista a atual fase de desenvolvimento do Brasil, nos setores da tecnologia e das ciências em geral, em confronto com outros países, aquela diretriz somente poderá ser plenamente seguida mediante redobrados esforços das instituições especializadas nacionais.
>
> [...]
>
> 8. Nestas condições, tenho a honra de submeter à elevada consideração de Vossa Excelência o incluso projeto de regulamentação, que consubstancia a providência justificada nesta exposição de motivos, a qual poderá ser publicada, na íntegra, caso mereça aprovação.
>
> Aproveito a oportunidade para renovar a Vossa Excelência os protestos do meu mais profundo respeito.

Esse texto foi transcrito de Beltrão (1973, p. 215).

> A exposição de motivos é um expediente dirigido ao Presidente da República por um Ministro de Estado ou Secretário da Presidência da República para informá-lo sobre determinado assunto, propor alguma medida, ou submeter à sua consideração projeto de ato normativo.

Abaixo, um modelo extraído da Instrução Normativa n. 4 (*Diário Oficial*, 9 mar. 1992).

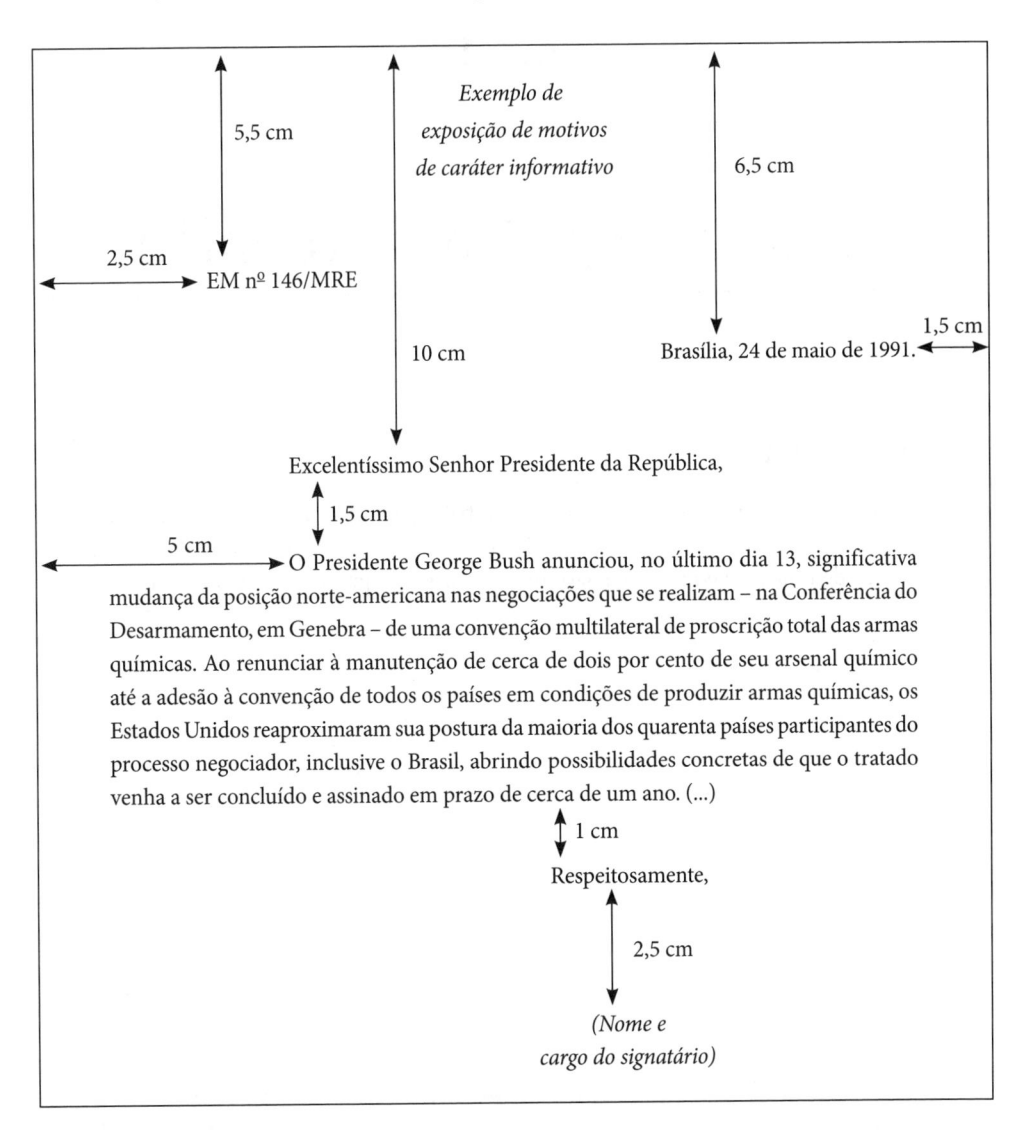

---

*Exemplo de
exposição de motivos
de caráter informativo*

EM nº 146/MRE

Brasília, 24 de maio de 1991.

Excelentíssimo Senhor Presidente da República,

O Presidente George Bush anunciou, no último dia 13, significativa mudança da posição norte-americana nas negociações que se realizam – na Conferência do Desarmamento, em Genebra – de uma convenção multilateral de proscrição total das armas químicas. Ao renunciar à manutenção de cerca de dois por cento de seu arsenal químico até a adesão à convenção de todos os países em condições de produzir armas químicas, os Estados Unidos reaproximaram sua postura da maioria dos quarenta países participantes do processo negociador, inclusive o Brasil, abrindo possibilidades concretas de que o tratado venha a ser concluído e assinado em prazo de cerca de um ano. (...)

Respeitosamente,

*(Nome e
cargo do signatário)*

EXERCÍCIO

Colete exemplos de exposição de motivos.

24

Ficha de registro de reunião

1 CONCEITO

Modernamente, por economia de tempo e trabalho, em algumas instituições, as reuniões são registradas não em livros de ata, mas em fichas. Evidentemente, essas fichas não possuem o valor jurídico de uma ata lavrada. Mas são práticas, fáceis de preencher e manusear.

2 MODELO

FICHA DE REGISTRO DE REUNIÃO

D. E. E.

TIPO DE REUNIÃO	DATA	DURAÇÃO
Subgerentes e Assessores 10ª Del. Faixa Fronteira	18/02/99 – 5ª feira	Manhã: 8h30min às 11h30 min Tarde: 13h30min às 18 h

OBJETIVOS	COORDENADOR
Treinar Subgerentes e Assessores para execução do Subprojeto 35.5 – Educação Geral Nível 3	Gerente G. T. 35.5 Prof.ª Fulana de Tal

ASSUNTOS TRATADOS	CONCLUSÕES	PARTICIPANTES
– Abertura – Sr. .... Diretor do Dep.: Importância do Ensino Supletivo. – Elemento do N. A. A., Prof. .... Esclarecimento sobre passagens, estradas e remuneração. – Gerente do G. T. 35.5: Linhas gerais do desenvolvimento do curso; apresentação do plano do encontro. – Esclarecimento sobre: ficha do aluno, boletins de frequência	– Alternativas da carga-horária de acordo com a realidade local. – Esclarecimento sobre material didático: seu custo para o aluno, locais de venda .... – Elemento do Dep. ficou encarregado de levar ao Diretor pedido de melhor remuneração para o professor. – Observação: A discussão dos problemas levantados foi feita através de perguntas por escrito, recolhidas e posteriormente debatidas com os representantes das DELEGACIAS. – Distribuição de subsídios relacionados com o nível 3 (5ª e 6ª séries).	Relatora......................... .... Gerente......................... .... Assessores.................... .... Demais participantes......... ....

EXERCÍCIO

Faça em uma ficha o registro de uma reunião (assunto livre).

25

Informação

1   CONCEITO

Informação[1] é um esclarecimento prestado por determinado servidor, no exercício de sua função, a respeito de situações reais ou dispositivos legais, contidos em um processo.[2]

A informação é provocada, respondendo a uma solicitação. Deve conter:

A – **Ementa**

B – **Contexto**
- introdução
- esclarecimentos
- conclusão

C – **Fecho**
- denominação do órgão ou sua abreviatura
- data
- assinatura
- nome do servidor, cargo ou função

---

[1] As informações são apresentadas em itens numerados (algarismos arábicos), desdobrados em alíneas (letras). Quando necessário, pode-se desdobrá-las em capítulos numerados (algarismos romanos).

[2] Após a conclusão e antes da data, pode ser empregada a expressão "À consideração de Vossa Senhoria" ou outra similar.

2 MODELOS

Fls. ....
Carimbo
Rubrica

SECRETARIA DE EDUCAÇÃO E CULTURA
1ª DELEGACIA DE EDUCAÇÃO

Processo: 26284/98
REQUERENTE: Fulana de Tal
Assunto: *Solicitação de retificação de tempo de serviço*

INFORMAÇÃO Nº ....

Considerando que esta D. E. tomou as providências necessárias a fim de que seja retificado o tempo de serviço da Profa. ...., encaminhamos o processo à 2ª Área Educacional, para a fineza de dar conhecimento à mesma, colhendo seu ciente e assinatura.

À 2ª Área Educacional

Porto Alegre, 16/01/2018.

Fulana de Tal
INFORMANTE

De acordo:
EQUIPE DE PESSOAL   (Cópia autêntica)

> Fls. ....
> Carimbo
> Rubrica

SECRETARIA DE EDUCAÇÃO E CULTURA
1ª DELEGACIA DE EDUCAÇÃO

Processo: 38361/98
REQUERENTE: Fulana de Tal
Assunto: AFASTAMENTO PARA CURSO

> INFORMAÇÃO Nº ....

RETORNE à 1ª Área Educacional, para, por fineza, atender ao item *a* da solicitação de folhas 28 da UPE/SUA, bem como tomar providências no sentido de que a interessada anexe ao expediente atestados especificados de horário da Faculdade onde estuda e do Estabelecimento de Ensino em que exerce suas funções.

Esclarecemos que, junto ao presente Processo, encontram-se os de nºs 15881/17 e 01507/17.

À 1ª Área Educacional

Porto Alegre, 19/06/2018

Fulana de Tal
INFORMANTE

De acordo:
EQUIPE DE PESSOAL   (Cópia autêntica)

EXERCÍCIO

No primeiro modelo, aparece o verbo *encaminhamos*; no segundo, o verbo *esclarecemos*. Que efeito de sentido produzem?

26

Memorando

1 CONCEITO

O memorando pode ser *interno* ou *externo*. O primeiro é um gênero administrativo sucinto entre duas seções de um mesmo órgão. O segundo pode ser *oficial* e *comercial*. O *oficial* assemelha-se a um *ofício*; e o *comercial*, a um *e-mail* ou *carta comercial*. Em geral, hoje os memorandos são transmitidos eletronicamente.

Sua característica principal é a *agilidade* (tramitação rápida e simplicidade de procedimentos burocráticos).

2 TIPOS

2.1 Memorando interno

A estrutura de um memorando interno compreende:

```
                        TIMBRE

nº ___/___                              Data _____
Para _____
Assunto _____
            ↕
            4 cm

_____
_____
                    Contexto
_____

              _____
              Nome e cargo do signatário
```

Tradicionalmente, para facilitar a consulta, o número de ordem ficava à direita. A Instrução Normativa n. 4 (Diário Oficial, 9 mar. 1992), porém, aconselha a colocação dessa informação no lado esquerdo do papel, o que, na prática, não tem sido muito observado. Além disso, apesar de a Instrução Normativa n. 4 estabelecer duas expressões (Respeitosamente → para autoridades hierarquicamente superiores, inclusive, o Presidente da República, e Atenciosamente → para autoridades de hierarquia igual ou inferior), no fecho, não cabem fórmulas de cortesia por serem papéis internos. Quanto ao vocativo, ele também não é obrigatório.

Modelo

```
TIMBRE


Memorando nº 32/DA                                    Em 21 de maio de 2018
Ao Sr. Chefe da Divisão de Seleção
Assunto: Desligamento de Funcionário

              ↕ 4 cm

Cumprindo determinação da Presidência, comunicamos que foi desligado, hoje, desta Divisão, o
digitador Mário Oliveira, posto à disposição da DS.
                          ↕ 1 cm
                       Atenciosamente,
                          ↕ 4 cm

                        Fulano de Tal
                          Diretor
```

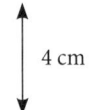

2.2 Memorando externo

A estrutura do memorando externo oficial é a seguinte:

- número do documento e sigla de identificação de sua origem, no alto, à esquerda;
- data, no alto, à direita (mesma linha do item anterior);
- vocativo (com entrada no parágrafo);
- contexto;
- fecho e assinatura;
- destinatário.

A estrutura do memorando externo comercial é:

- data, no alto, à direita;
- destinatário;

- vocativo (rente à margem);
- contexto;
- fecho e assinatura.

EXERCÍCIO

Redija um memorando interno com o seguinte teor: Direção de Instituto comunica à Seção de Pagamentos da Universidade o não comparecimento ao serviço, por mais de 30 dias, do servidor Paulo Lopes.

27

Memorial

(Ver ABAIXO-ASSINADO, EXPOSIÇÃO DE MOTIVOS e RELATÓRIO)

1 CONCEITO

Memorial é uma forma de comunicação que, de certo modo, abrange o relatório, a exposição de motivos e o abaixo-assinado. Sua característica específica é que, através dos canais competentes, ele parte do funcionário para os seus superiores. O funcionário, pois, serve de porta-voz de um grupo.

Quanto ao assunto, o memorial é o instrumento que se destina a solicitar algo à autoridade competente.

Distingue-se do ofício, porque traz o destinatário antes do vocativo.

2 MODELO

ASSOCIAÇÃO DO BAIRRO X

Nº 15/18   Porto Alegre, 9 de julho de 2018

Ao
Sr. Fulano de Tal
Prefeito Municipal
Porto Alegre – RS

Senhor Prefeito:
A Associação do Bairro X vem expor a V. Ex.ª as dificuldades que este bairro vem enfrentando.
2. Em primeiro lugar, há o problema da falta de calçamento das Ruas L, P e V.
3. Em segundo lugar, as Ruas A, D e F estão às escuras.
4. Por último, tendo em vista a morosidade dos ônibus que servem o bairro, solicitamos a V. Ex.ª que coloque à nossa disposição mais uma linha de transporte coletivo.
Sendo o que se nos apresenta no momento, e certos da compreensão de V. Ex.ª, externamos aqui os agradecimentos.

Atenciosamente,

Fulano de Tal
PRESIDENTE

PT/FV

EXERCÍCIO

Que outro enunciado poderia substituir: solicitamos a V. Ex.ª que coloque à nossa disposição mais uma linha de transporte coletivo?

28

Ofício

1 CONCEITO

Ofício é um gênero administrativo oficial usado, principalmente, por órgãos de governo e autarquias.

O papel utilizado é o tamanho ofício.

Seu esquema gráfico é o seguinte:

TIMBRE

5,5 cm

6,5 cm

10 cm

2,5 cm Nº Prot.

Local/Data

1,5 cm

VOCATIVO

Parágrafo (texto)
5,0 cm

1,5 cm

Margem (texto)
2,5 cm

Fecho

2,0 cm

Assinatura
Nome
Cargo ou função

2,0 cm

End. Destinatário

2,0 cm

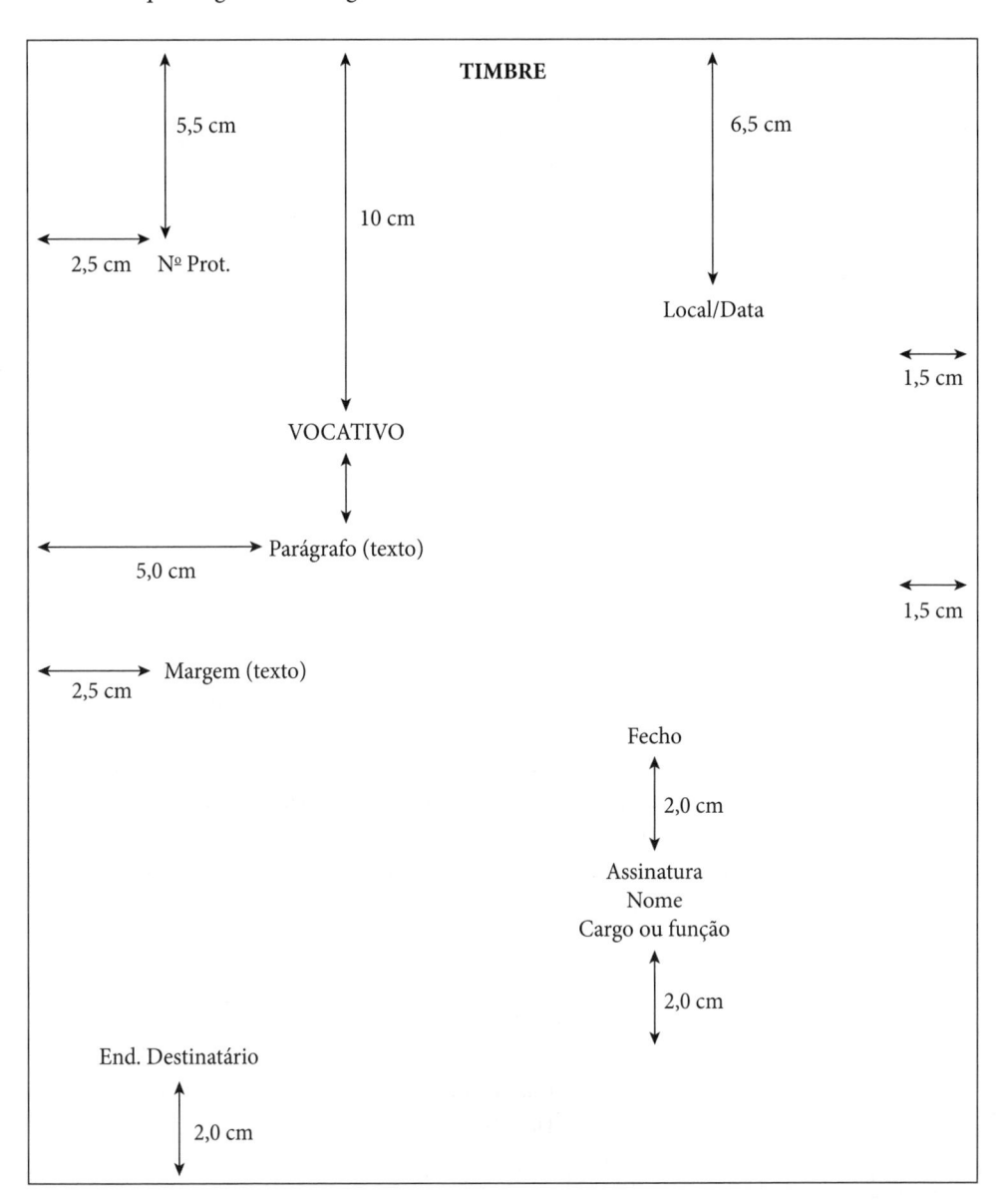

1. Quando se numeram os parágrafos, o primeiro e o fecho não são numerados.
2. Quanto ao endereçamento, recomenda-se que se coloque apenas o cargo, embora se verifique que, algumas vezes, se coloca também o nome civil do destinatário.

3. Quando o ofício constar de mais de uma folha, o endereço irá ao pé da primeira página.
4. Os anexos são declarados entre a assinatura e o endereçamento.
5. A ementa (não obrigatória) é um resumo do assunto. Quando ela aparece no ofício, é colocada ao alto, à esquerda, entre a data e o vocativo.
6. As iniciais que aparecem no canto inferior esquerdo da página correspondem aos nomes do redator e do digitador.[1]

2 MODELOS

TIMBRE

97/98

Porto Alegre, 28 de maio de 2018

Senhor Secretário:

Temos a satisfação de comunicar a V. Ex.ª que este centro comunitário realizará, no período de 2 de julho a 31 de agosto de 2018, a Campanha de Prevenção do Câncer.

2. Solicitamos, pois, a V. Ex.ª a gentileza de indicar dois médicos dessa Secretaria para participarem da mesma, a qual contará, inclusive, com o assessoramento técnico-pedagógico da Agência Brasileira da Organização Mundial de Saúde.

Confiantes na boa acolhida à solicitação aqui apresentada, ratificamos, nesta oportunidade, protestos de consideração e apreço.

Atenciosamente

Fulano de Tal
DIRETOR

Ex.mo Sr.
Fulano de Tal
DD. Secretário da Saúde
N/Capital
AB/CD

---

[1] A observação 6 serve para qualquer modalidade de correspondência.

TIMBRE
ESCOLA NORMAL REGINA COELI

Of. nº 11/98

Porto Alegre, 15 de maio de 1998

Senhora Delegada:

Vimos, por este meio, apresentar a V. S.ª a Profa. do Ensino Médio Maria de Fátima Vaz, lotada nesta Escola, e titular da cadeira de Física, que, por indicação superior, ficará à disposição da Primeira Delegacia de Ensino, até dezembro do corrente ano.

Solicitamos, por outro lado, que seja encaminhado, até o dia 5 (cinco) de cada mês, o atestado de efetividade da referida professora, a fim de que a mesma não seja prejudicada em relação à pontualidade dos vencimentos.

Sendo o que se apresenta no momento, subscrevemo-nos,

Atentamente

Ana Maria César
DIRETORA

À Sr.ª Professora
Amélia X
M.D. 1ª Delegada de Ensino
Rua X, ...
CEP .... – Porto Alegre

EXERCÍCIO

Redija um ofício com o seguinte teor: o Sr. Secretário da Agricultura solicita, em ofício, ao Sr. Secretário de Transportes a cessão, por 30 dias, de um jipe, para servir à Comissão X da cidade X.

29

Ordem de serviço

1 CONCEITO

Ordem de serviço é o ato através do qual são expedidas determinações a serem executadas por órgãos subordinados ou por seus servidores.

É um gênero administrativo oficial interno ou interdepartamental, com numeração própria, que apresenta, algumas vezes, características de circular, quando é expedida a diversos departamentos situados em locais diferentes.

Para Beltrão (1973, p. 248), "há uma certa confusão com a ordem de serviço, chegando algumas repartições a substituí-la, erroneamente, pela papeleta, equivalente, no máximo, ao memorando interno".

É frequente, em muitos órgãos administrativos, esta divisão:

OS → ordem de serviço para chefias superiores e, por sua vez, subordinada a resoluções (Res. ou RS).

ODS → orientação de serviço para essas mesmas chefias superiores, como veículos de explicação de resoluções ou até de ordem de serviço.

DS → determinação de serviço para chefias subordinadas às anteriores, como veículo de suas ordens diretas ou de ordens provindas do escalão superior (cf. BELTRÃO, 1973, p. 249).

2 MODELOS

SECRETARIA DA JUSTIÇA

ORDEM DE SERVIÇO Nº 001/99

O SECRETÁRIO DE ESTADO DA JUSTIÇA, no uso de suas atribuições,

CONSIDERANDO:

a) que a Ordem de Serviço nº 007/98 desativou as celas de castigo do SISTEMA PENITENCIÁRIO DO ESTADO DO RIO GRANDE DO SUL, buscando o respeito à integridade física e moral dos detentos;

b) que este é o objetivo colimado pelo inciso III do artigo 1º e pelos incisos III, XLVII, alínea "e", XLIX do artigo 5º da Constituição Federal;

c) a necessidade de dar seguimento aos preceitos de ordem pública constantes na mencionada Ordem de Serviço.

Decide, nos termos da sua competência, expedir a presente Ordem de Serviço:

Art. 1º Ficam revigorados todos os termos da Ordem de Serviço nº 007/98.

Art. 2º Os administradores dos presídios deverão, no prazo de quinze (15) dias, informar à Secretaria da Justiça sobre as providências adotadas em suas respectivas unidades, quanto ao que foi determinado no artigo 3º da Ordem de Serviço nº 007/98.

Art. 3º A administração do Presídio Central, no mesmo prazo, deverá informar sobre o cumprimento também dos artigos 5º, 6º e 7º da Ordem de Serviço nº 007/98.

Art. 4º A Superintendência dos Serviços Penitenciários deverá informar sobre as atividades da Corregedoria Especial criada na Ordem de Serviço nº 007/98.

Art. 5º Revogam-se as disposições em contrário.

Divulgue-se e cumpra-se.

SECRETARIA DA JUSTIÇA, em Porto Alegre, 28 de março de 1999.

FULANO DE TAL
Secretário de Estado da Justiça

ESTADO DO RIO GRANDE DO SUL
SECRETARIA DE EDUCAÇÃO E CULTURA
SUPERVISÃO DE APOIO ADMINISTRATIVO

ORDEM DE SERVIÇO Nº 5/75/SAA

O SUPERVISOR ADMINISTRATIVO, no uso de suas atribuições,

Considerando o fiel cumprimento da Lei nº 1.860, de 4 de outubro de 1952, que regula os prazos e o andamento dos expedientes administrativos;

Considerando que, para apreciação de qualquer tipo de requerimento ou petição, deve o mesmo estar acompanhado de todos os dados imprescindíveis à sua análise;

Considerando que, em número substancial, há necessidade de se comunicar com o signatário da petição inicial, não só em seu interesse, como no da Administração;

DETERMINA:

1º – Todos os Órgãos desta Secretaria, antes de darem andamento a qualquer expediente, deverão verificar se constam no mesmo os elementos informativos e se a documentação exigida para a sua apreciação foi devidamente anexada.

2º – Obrigatoriamente deverá ser anotado, em todos os formulários, modelos, requerimentos, petições, solicitações, o endereço do peticionário.

Porto Alegre, 8 de outubro de 1975.

Fulano de Tal
SUPERVISOR ADMINISTRATIVO

(Cópia autêntica)

EXERCÍCIO

Elabore uma ordem de serviço (assunto livre).

30

Parecer

(Ver INFORMAÇÃO e EXPOSIÇÃO DE MOTIVOS)

1 CONCEITO

Parecer é a análise de um caso que faz parte de um processo para o qual aponta uma solução favorável ou contrária, através de dispositivos legais e informações.

O *parecer* difere da *informação*, porque, enquanto o primeiro *interpreta* fatos, a segunda apenas os *fornece*.

O *parecer*, dependendo do assunto, pode ser *técnico*, *administrativo* ou *científico*.

A estrutura de um parecer compreende:

a) Timbre
b) Nº do parecer e ano
c) Assunto (ementa)
d) Contexto (exposição e apreciação da matéria)
e) Conclusão: parecer do relator e da comissão (quando houver)
f) Data e assinatura(s)

2 MODELO

INSTITUTO NACIONAL DE PREVIDÊNCIA SOCIAL

PARECER Nº 72/18

ASSUNTO: AI nº 00000 de 15/03/18. Cláudio Rodrigues

1 – Cláudio Rodrigues, a quem foi atribuída, neste Instituto, a inscrição 00.000.00000, foi autuado por infração do art. 79, inciso II, da Lei nº X, de ....../....../......

2 – O autuado contestou (protocolo nº Y, de ....../03/95; fls. 1 e 2) sua qualificação de filiado ao INSS, porquanto exerce a atividade de MOTORISTA. Junta, para comprovar suas alegações, certidão negativa pela Exatoria de Rendas Estadual, atestado de filiação ao Sindicato da classe e certidão negativa expedida pela Delegacia Fiscal do Ministério da Fazenda.

3 – A documentação apresentada pareceu suficiente ao Sr. Chefe da .... (fl. 2), para se pronunciar pelo cancelamento da inscrição no INSS e anulação do Auto de Infração.

4 – A fiscalização confirmou integralmente o alegado (fl. 2 verso).

5 – A seção competente (fl. 2 verso) cancelou a inscrição.

6 – O presente processo deverá ser submetido à apreciação da colenda JJR.

7 – À consideração do Sr. Chefe da Seção de Infrações.

Brasília, 5 de junho de 2018

Fulano de Tal

MS/NZ

EXERCÍCIO

Que efeito de sentido produzem enunciados apresentados em 3ª pessoa?

31

Procuração

1 CONCEITO

Procuração é o instrumento por meio do qual uma pessoa física ou jurídica outorga poderes a outra.

A procuração *pública* é lavrada em cartório; a *particular* é, geralmente, conservada sem registro.

A estrutura de uma procuração compreende:

a) Título: Procuração.
b) Qualificação: nome, nacionalidade, estado civil, profissão, CPF e residência do *outorgante* (constituinte ou mandante) e também do *outorgado* (procurador ou mandatário).
c) Finalidade e poderes: parte em que o *outorgante* declara a finalidade da procuração, bem como autoriza o *outorgado* a praticar os atos para os quais é nomeado.
d) Data e assinatura do outorgante.
e) Assinatura das testemunhas, se houver. Essas assinaturas costumam ficar abaixo da assinatura do outorgante, à esquerda.
f) As firmas devem ser todas reconhecidas em cartório.

2 MODELOS

PROCURAÇÃO

Outorgante: Fulano de Tal, brasileiro, casado, industrial, residente e domiciliado em Porto Alegre, RS.
Outorgado: Dr. Guilherme Bastos, brasileiro, casado, advogado, residente e domiciliado em Rio Grande, RS.

O outorgante acima qualificado nomeia e constitui seu bastante procurador, na cidade de Rio Grande, neste Estado, e onde mais necessário se tornar, o Dr. Guilherme Bastos, acima qualificado, para o fim especial de receber as mercadorias industrializadas pela firma X, de propriedade do outorgante, e encaminhá-las à exportação, podendo o outorgado passar recibo, dar quitação e praticar todos os atos que se tornarem necessários ao bom e fiel cumprimento do presente mandato.

Porto Alegre, 20 de junho de 2018

Fulano de Tal

Testemunhas:
....
....

PROCURAÇÃO

Por este instrumento particular de procuração, eu, Fulano de Tal, brasileiro, casado, residente e domiciliado em Porto Alegre, na Rua Dr. Flores, ... – ap. ...., aluno da Faculdade de Direito da Universidade Federal do Rio Grande do Sul, aprovado no quinto semestre do Curso de Bacharelado, nomeio e constituo meu bastante procurador o senhor Ângelo Morais, brasileiro, solteiro, maior, residente e domiciliado em Porto Alegre, na Rua do Parque, ..., com o fim especial de efetuar minha matrícula na referida Faculdade, no sexto semestre.

Porto Alegre, 2 de janeiro de 2018

Assinatura

EXERCÍCIO

Elabore uma procuração, autorizando alguém a receber uma importância em dinheiro.

32

Relatório

1 CONCEITO

Relatório é o documento através do qual se expõem os resultados de atividades variadas.

O relatório assume, a cada dia que passa, maior relevo na administração moderna, porque é impossível para um administrador ou um técnico, em cargo executivo, conhecer e acompanhar pessoalmente todos os fatos, situações e problemas que, por seu vulto, devam ser examinados.

Para redigir um bom relatório, não basta alinhar os fatos. Ele deve ser objetivo, informativo e apresentável.

2 NORMAS PARA A ELABORAÇÃO DE UM RELATÓRIO

Lido, examinado e arquivado, ele será, a qualquer tempo, um documento hábil e a demonstração do trabalho de seu autor. Daí a necessidade de as pessoas encarregadas de sua feitura aprimorarem, ao máximo, sua execução, obedecendo a algumas normas básicas que lhe darão coerência, tornando-o claro, fácil de ser consultado e substancial. Essas normas são:

2.1 Extensão

Sempre que possível, convém evitar o relatório muito longo, pressupondo-se que ele é feito exatamente para economizar o tempo da pessoa que o lê.

A extensão do contexto de um relatório varia de acordo com a importância dos fatos relatados. Assim, um relatório de visita de inspeção, por exemplo, não se compara ao relatório anual de empresa.

Em relatório curto, podem-se numerar os parágrafos (na margem esquerda, com exceção do primeiro).

2.2 Linguagem

A linguagem deve ser objetiva, despojada, precisa, clara e concisa, sem omitir nenhum dado importante. Aconselha-se a elaboração de um relato sucinto, acompanhado de possíveis anexos, quadros e até gráficos. Às vezes, o relatório apresenta tradução em uma ou mais línguas.

2.3 Redação

Um relatório não é apropriado para uma exposição *pseudoliterária*. Faz-se uso de estruturas fraseológicas na ordem direta (sujeito + verbo + objeto), de rigor no uso da pontuação (o que implica algum conhecimento sintático, para separar as orações e os advérbios deslocados) e da ortografia oficial. Se o relatório for de um técnico para outro técnico, ele poderá ser redigido na linguagem específica comum a ambos. Se se endereçar a um leigo, traduzem-se as expressões técnicas em outras que possam favorecer a compreensão.

2.4 Objetividade

A focalização em um assunto preciso traduz a objetividade necessária a um relatório. Ele não fugirá às suas destinações específicas, evitando rodeios, floreios de linguagem, literatices, pois sua qualidade essencial deve ser a *clareza*.

2.5 Exatidão

As informações devem ser precisas, não deixando quaisquer dúvidas quanto a problemas, números, cifras e estatísticas. Quem elabora um relatório é responsável pelo seu conteúdo total. Por isso, cabe-lhe aferir detidamente a validade das fontes de consulta.

2.6 Conclusão

O relatório necessariamente levará a uma conclusão, conquanto possa sugerir providências posteriores para a complementação de um trabalho.

2.7 Apresentação

Se necessária alguma correção, ela será feita ainda no arquivo eletrônico. Depois de impresso, não se admitem correções a mão. Os espaços serão amplos, para facilitar a leitura, mas não excessivos, tornando-se indispensável uma capa titulada, para que se saiba do que se trata.

3 TIPOS DE RELATÓRIO

O relatório pode ser:

- individual ou coletivo;
- simples ou complexo;
- parcial ou completo;
- periódico ou eventual;
- técnico, administrativo, econômico, científico etc.

4 ENCAMINHAMENTO DO RELATÓRIO

Dependendo de prévia deliberação, o relatório pode ser encaminhado ou não através de um ofício.

5 ELABORAÇÃO DO RELATÓRIO

Antes de redigi-lo, o autor elaborará um esquema, respondendo às seguintes perguntas:

a) O quê?
b) Por quê?
c) Quem?
d) Onde?
e) Quando?
f) Como?
g) Quanto?
h) E daí?

Uma vez coletados todos os elementos e respondido às oito perguntas mencionadas, verificadas as anotações realizadas, o autor lançará mão de outro procedimento, a fim de racionalizar e facilitar seu trabalho: a elaboração de um esquema (plano) do que irá redigir. Isso envolverá desde o título até o fecho do relatório, abrangendo também as sugestões que serão apresentadas, e obedecerá a uma ordem lógica tendente a facilitar sua leitura e seu futuro manuseio.

Para tanto, o relatório será dividido em partes distintas, onde estarão contidos todos os dados necessários à análise de quem vai recebê-lo.

Abaixo, damos uma sugestão de um plano de relatório:

a) *Título*: sintético e objetivo, dando uma ideia do todo.
b) *Objeto*: introdução ao problema.
c) *Objetivo*: o que se propõe com o trabalho.
d) *Delimitação*: especificar o que vai ser abordado e o que deixou de ser abordado.
e) *Referências*: fontes de consultas, trabalhos, pessoas etc., tendo o cuidado de, no final e no corpo do trabalho, referenciar a bibliografia consultada (ver Capítulo 37).
f) *Texto principal*: observações, dados, números, comentários.
g) *Conclusões*: resumo, resultados e constatações.
h) *Sugestões*: providências recomendadas, investigações, observações, novos estudos, alternativas etc. As seções, partes, capítulos, subdivisões de capítulos, itens e subitens de um relatório devem obedecer a uma numeração racional.

5.1 Divisões: organização das seções

Para a divisão de um relatório, pode-se observar:

I – Numeração principal, envolvendo: parte, seção, capítulo.
A – Subdivisão de I.
1 – Subdivisão de A.
a) Subdivisão de 1.
1) Subdivisão de (a).
(a) Subdivisão de 1).

e (1) Subdivisão de (a).

Alguns autores, contudo, preferem a numeração progressiva, mais corrente:

1. (2, 3, 4...);
1.1 (1.2, 1.3, 1.4...);
1.1.1 (1.1.2, 1.1.3, 1.1.4...) etc.

5.2 Formato, digitação, impressão

Constituem itens relevantes na elaboração de um relatório:

- *Formato*: utilizar preferentemente o papel A4: 21 × 29,7 cm.
- *Digitação*: fonte 11 ou 12; espaço interlinear duplo, para facilitar a leitura; margens superiores e inferiores de 2,5 cm; margem esquerda: 4 a 4,5 cm, para permitir a perfuração e a colocação em pastas; margem direita: 2 cm. O título será sempre em letras maiúsculas.
- *Impressão*: os relatórios são impressos em um só lado do papel.

6 COMPOSIÇÃO DO RELATÓRIO

A apresentação de um relatório, que é composto de introdução, contexto e conclusão, compreende um conjunto de elementos, como capa, folha de rosto, sumário, resumo, introdução, contexto, conclusões, anexos.

6.1 Capa

A capa contém nome da organização, título do trabalho, setor que o elaborou, data, nome do autor.

6.2 Folha de rosto

A folha de rosto repete as informações da capa.

6.3 Sumário

O sumário lista partes, capítulos e seções, com o respectivo número da página onde se encontram. Quando se opta pela numeração progressiva, usa-se: um algarismo para os títulos dos capítulos e todas as palavras em letras maiúsculas; dois algarismos para as seções (entendida aqui como divisão do capítulo): só a primeira letra da primeira palavra em maiúscula; três algarismos para as subseções: só a primeira letra da primeira palavra em maiúscula. Exemplo:

```
SUMÁRIO
INTRODUÇÃO ................................................................................................ 5
1  ASPECTOS ECONÔMICO-FINANCEIROS ........................................ 7
   1.1  Recursos para investimentos e amortizações ................................ 7
```

       1.2 Demonstrativos de resultados 8
2   REFORMA ADMINISTRATIVA 10
    2.1 Área financeira 11
         2.1.1 Superintendência financeira 12
         2.1.2 Superintendência dos serviços contábeis 14
[...]
CONCLUSÕES 85

6.4 Resumo (*abstract* em inglês, ou *résumé* em francês)

O resumo é a condensação objetiva do trabalho, no qual se indica o tema (assunto) da obra e suas partes principais. Alguns tipos de relatório, incluem, além do resumo em português, um resumo em inglês (*abstract*) ou em francês (*résumé*).

6.5 Introdução

A introdução é um texto em que se apresenta o objeto, o objetivo, o problema, a justificativa do trabalho, bem como breve exposição das partes e capítulos do relatório.

6.6 Contexto

O contexto é o desenvolvimento do relato.

6.7 Conclusões

As conclusões devem ser inferidas naturalmente do corpo do trabalho.

6.8 Anexos

Os anexos compreendem todo material que complementa o relatório, como organogramas, mapas, gráficos, fotografias, tabelas etc., que enriquecem e aumentam a extensão do relatório.

> 1. Quadros ou gráficos devem ser numerados em sequência. Nos relatórios divididos em capítulos, inicia-se nova sequência a cada capítulo.
> 2. Se um quadro não cabe na sequência do texto, ele é posto na página seguinte.
> 3. Quadros que ultrapassam a mancha da página devem ser reduzidos graficamente. Quando não for possível a redução, depois de impressos devem ser dobrados racionalmente de maneira a não aparecerem fora do texto.

7 MODELOS

7.1 Relatórios simples

O relatório pode ser simples, quando o fato relatado também o é.

RELATÓRIO DA SUBSTITUIÇÃO DO AGENTE
EM SÃO LEOPOLDO

Em cumprimento a deliberação superior, viajei a São Leopoldo, RS, no dia 21 de maio de 2018, para substituir o titular da Agência, Mário Leivas, tendo sido tomados os devidos assentamentos.

2. No período compreendido entre 22 de maio e 16 de julho de 2018, foram realizadas apenas tarefas rotineiras.

3. Tendo em vista o retorno do referido titular a 16 de julho, este substituto retornou, no dia seguinte, às suas funções, na cidade de Porto Alegre.

É o meu relatório.

Porto Alegre, 23 de julho de 2018

Fulano de Tal

7.2 Relatório médio

ESCOLA ABC
BIBLIOTECA

RELATÓRIO DAS ATIVIDADES DA BIBLIOTECA ESCOLAR

Período: de abril a dezembro de ....
Nome da Escola: ABC
Endereço: Av. X, nº .... – Fone: 00-00-00
Localidade: Porto Alegre – Município: Porto Alegre
Delegacia de Educação: 1ª
Nome da Biblioteca: Biblioteca ABC
Número de Registro no INL: ....
Número de Registro na SEC: ....
Matrícula real da Escola: 343
Número de classes da Escola: 15
Número de classes que frequentaram a Biblioteca: 15
Nome dos professores que trabalharam na Biblioteca:

1. Nome: ....
É especializado em Biblioteconomia? Sim
Qual o Curso que frequentou? Biblioteconomia e Documentação da UFRGS

2. Nome: ....
É especializado em Biblioteconomia? Não
Qual o Curso que frequentou? ....

3. Nome: ....
É especializado em Biblioteconomia? Não
Qual o Curso que frequentou? ....

QUANTO AO ACERVO
AQUISIÇÕES FEITAS NO ANO ...

Classes	Livros	Folhetos	Material especial: periódicos	Caixas etc.
000	3			
100	2			
200	5			
300	29		1	
400	13			
500	15			
600	9			
700	9			
800	48			
900	15			
J	3			
TOTAL:	151		1	

NÚMERO TOTAL, POR ASSUNTO, DO MATERIAL BIBLIOGRÁFICO QUE POSSUI A BIBLIOTECA

Classes	Livros	Folhetos	Material especial: periódicos	Caixas etc.
000	75			
100	59			
200	76			
300	798		1	
400	140			
500	170			
600	44			
700	46			
800	212			
900	182			
J	135			
Total:	1.937		1	
Total baixas:	476			

Obs.: O material especial está sendo separado do acervo a fim de ser reorganizado. Foram encontrados diversos folhetos e periódicos registrados como livros. Na Biblioteca, não existe registro de material especial.

QUANTO AO FUNCIONAMENTO

MOVIMENTO DA BIBLIOTECA, POR ASSUNTO

Classe – 000	153
Classe – 100	187
Classe – 200	58
Classe – 300	438
Classe – 400	169
Classe – 500	511
Classe – 600	156
Classe – 700	237
Classe – 800	85
Classe – 900	125
Classe – J	87
TOTAL –	2.206

Dias úteis: 183
Total de leitores atendidos: 1.366
Média de frequência mensal: 151
Média de frequência diária: 7

Outras atividades:
Encontro de jovens com escritores
Exposição de livros novos
Quadro-mural sobre: Dia Nacional do Livro – Dia Nacional da Cultura – Dia da Bandeira e Natal
Melhoramentos no arranjo estético da Biblioteca
Entrevista com estagiária
Visita à exposição de trabalhos das 6as séries
Visita e divulgação da Feira do Livro entre as alunas
Leitura dos *DO* e registro de observações funcionais do pessoal da escola

QUANTO A REUNIÕES

Reuniões promovidas pelos professores encarregados da Biblioteca:

PROMOVIDAS
SCP: 1
Direção: 3
Equipe de Inspeção: 1

QUANTO A CURSOS

Cursos frequentados pelos professores, encarregados da Biblioteca, nesse período:

NOMES DOS PROFESSORES	CURSOS
	1) XI Congresso Nacional de Professores – 26/01 a 1º/02/...
	2) IV Jornada Sul-Rio-Grandense de Biblioteconomia e Documentação – 26 a 31/05/...

QUANTO À INSTALAÇÃO

A Biblioteca possui sala própria?   Sim
Quais as dimensões da sala?   6 m × 7 m
Possui mobiliário adequado?   Não, adaptado.

Planta baixa da Biblioteca, com a distribuição do mobiliário e do acervo (página seguinte):

OBSERVAÇÕES: Tendo assumido a função de bibliotecária na Escola ABC, em 12/10/..., não foi possível, por falta de tempo, corrigir todos os desvios que a biblioteca apresenta e realizar também outras atividades. Nesta data, a professora .... foi afastada para a Tesouraria e, com isso, a Biblioteca perdeu uma grande colaboradora. O atendimento aos leitores continuou normal e aumentou em dobro o número de alunas que se registraram para o empréstimo a domicílio, após contatos individuais entre alunas e bibliotecária. Aos poucos, as falhas foram sendo corrigidas, como: livros fora de seu lugar, livros sem registro colocados nas estantes, livros sem preparo para empréstimo, livros emprestados com atraso de devolução. Todo o acervo foi revisado para melhor distribuição técnica. Foi colocado, na Biblioteca, mais um armário, adaptando-o como estante a fim de melhor dispor os livros que, em sua maioria, se encontravam empilhados por falta de estantes.

Data: 3 de janeiro de ...
Assinatura do informante:
Visto da Direção da Escola:

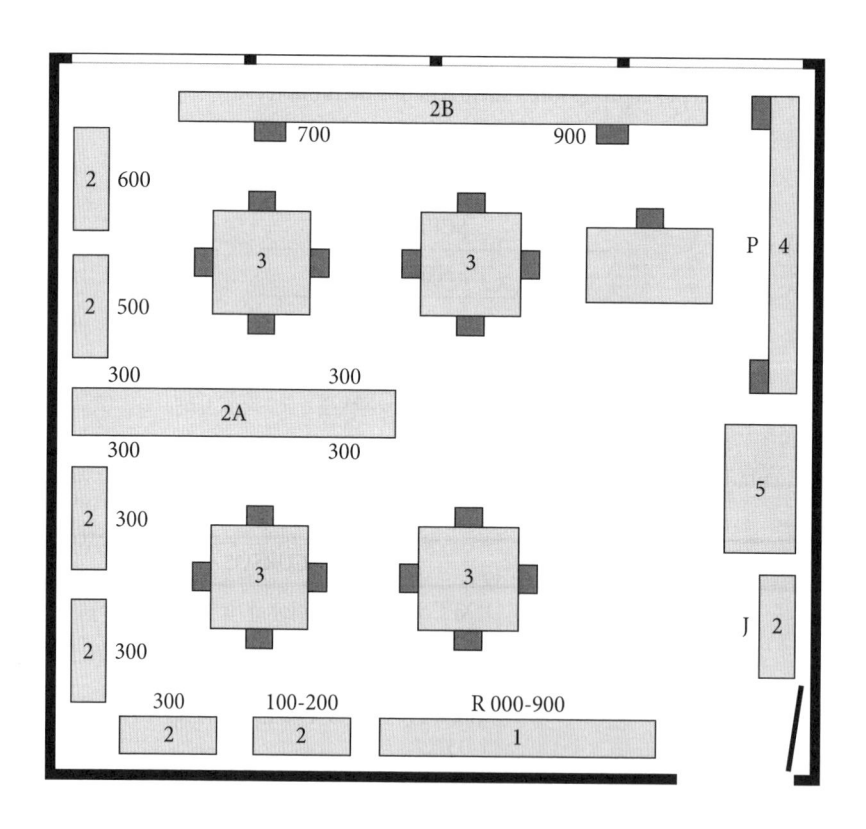

7.3 Roteiro de relatório médio

RELATÓRIO TRIMESTRAL

I – DADOS DE IDENTIFICAÇÃO:
Nome da Escola: ....
Nome da Biblioteca: .... Localidade: .... Endereço: ....
Delegacia de Educação: ....
Nº de Registro no INL: .... Nº de Registro na SEC: .... CRB/ ....

II – HORÁRIO DE FUNCIONAMENTO:
Manhã ( ) .... Tarde ( ) .... Noite ( ) ....

III – ELEMENTOS RESPONSÁVEIS PELA BIBLIOTECA:

NOME	COORDENAÇÃO	HORÁRIO DE TRABALHO		
		Manhã	Tarde	Noite

IV – SALA:
Funciona em sala independente?   Sim ( )   Não ( )

V – MOBILIÁRIO E EQUIPAMENTO EXISTENTE:

ESPECIFICAÇÃO	QUANTIDADE EM Nº
Estantes	
Mesas para leitores	
Cadeiras	
Balcão para empréstimo	
Escrivaninha para funcionários	
Arquivos	
Máquina de escrever	
Projetor	
Flanelógrafo	
Quadro mural	
Toca-discos	
Outros	

VI – ACERVO DA BIBLIOTECA:

ESPECIFICAÇÃO	QUANTIDADE EM Nº		
	Aquisições	Baixas	Total existente
Livros			
Folhetos			
Periódicos			
Folhas soltas			
Gravuras			
Mapas			
Discos			
Slides			
Outros			

FUNCIONAMENTO:
Média mensal de dias de funcionamento da Biblioteca: ....
Média de atendimento diário: ....

A – MOVIMENTO TRIMESTRAL:

ESPECIFICAÇÃO	Nº DE CONSULTAS			Nº DE EMPRÉSTIMOS		
	Turnos			Turnos		
	M	T	N	M	T	N
Livros						
Folhetos						
Periódicos						
Folhas soltas						
Gravuras						
Mapas						
Discos						
Slides						
Outros						
TOTAL						

B – ATENDIMENTOS

Nº de atendimentos a elementos da comunidade: ....
Nº de atendimentos na *Hora do Conto* e/ou *Hora de leitura*: ....

VII – INTEGRAÇÃO COM A COORDENAÇÃO PEDAGÓGICA:
Participação do plano curricular:
    Sim ( )   Não ( )
Elaboração do planejamento de atividades da Biblioteca para o trimestre:
    Sim ( )   Não ( )
Participação ativa em todas as atividades da Escola:
    Sim ( )   Não ( )

VIII – BANCO DO LIVRO
A escola possui Banco do Livro?
    Sim ( )   Não ( )
O acervo bibliográfico pertencente ao Banco do Livro é armazenado na Sala da Biblioteca?
    Sim ( )   Não ( )
Em caso negativo, em que outro lugar? ....
Qual a taxa cobrada ao aluno quando da retirada do Livro? ....
A organização e o funcionamento do Banco do Livro obedecem às normas estabelecidas no *Manual do Banco do Livro*, elaborado pela Secretaria de Educação e Cultura?
    Sim ( )   Não ( )
Em caso negativo, por quê? ....

IX – PROMOÇÕES DA BIBLIOTECA:
Feira do Livro: período de realização..
Com que objetivos? ....
Exposições realizadas: Quais? ....
Com que objetivos? ....
Concursos realizados: Quais? ....
Com que objetivos? ....
Campanhas realizadas: Quais? ....
Com que objetivos?.. .

X – VISITAS RECEBIDAS:
De elementos da D.E.: Quais? ....
Com que objetivos? ....
De outras pessoas. Quais? ....
Com que objetivos? ....

XI – VISITAS REALIZADAS:
Quais? ....
Com que objetivos? ....

XII – REVISÕES:
Promovidas pela Biblioteca: Quais? ....
Com que objetivos? ....

XIII – PARTICIPAÇÃO DOS PROFESSORES ENCARREGADOS DA BIBLIOTECA ESCOLAR EM OUTRAS ATIVIDADES DA ESCOLA:
Quais? ....

XIV – RELAÇÃO DAS DIFICULDADES ENCONTRADAS NO DESENVOLVIMENTO DOS TRABALHOS RELATIVOS À BIBLIOTECA ESCOLAR:
....
....

XV – QUESTÕES PARA MELHORAR O TRABALHO DESENVOLVIDO:
....
....

Responsável pela Biblioteca Escolar   Visto da Direção

Data: ....

EXERCÍCIO

Elabore um relatório sobre uma visita a um museu.

33

Requerimento

1 CONCEITO

Requerimento é um documento específico de solicitação pelo qual uma pessoa física ou jurídica requer *algo a que tem direito* (ou pressupõe tê-lo), concedido por lei, decreto, ato, decisão etc.

A estrutura de um requerimento compreende:

- *invocação*: os termos devem ser escritos por extenso;[1]
- *texto*: inicia-se pelo nome do requerente,[2] sua qualificação (ou representação, se for pessoa jurídica), exposição do ato legal em que se baseia o requerimento e o objeto desse mesmo requerimento;
- *fecho*: em que entram as expressões

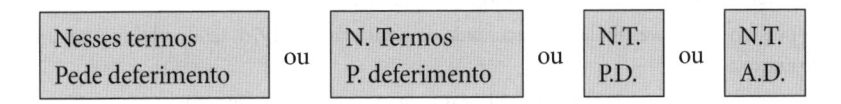

| Nesses termos
Pede deferimento | ou | N. Termos
P. deferimento | ou | N.T.
P.D. | ou | N.T.
A.D. |

seguidas da data e da assinatura do requerente ou do seu representante legal.

---

[1] Entre a invocação e o contexto, há oito espaços duplos; esse espaço destina-se a protocolo e despacho da autoridade competente.

[2] Deve-se preferir o uso da terceira pessoa gramatical: Maria da Silva, ..., vem solicitar...

2 MODELOS

Senhor Prefeito do Município de Vacaria – RS.

Prodesa – Indústria a Comércio S.A., com sede na Av. Assis Brasil, 2086, em Porto Alegre, por seu Presidente e Representante Legal, Luís Carlos Soares, industrial, brasileiro, casado, residente em Porto Alegre, na Rua Filadélfia, 1260, nos termos do Decreto nº ...., assinado por V. Ex.ª, em 10 de março de ...., em que concede isenção de impostos sobre serviços de qualquer natureza, por 10 (dez) anos, a indústrias que venham a instalar-se nesse município em ...., vem, respeitosamente, requerer a V. Ex.ª se digne outorgar-lhe a referida isenção, para o que junta a este a documentação exigida pelo citado decreto.

Termos em que
Pede deferimento

Vacaria, 30 de junho de ....

Luís Carlos Soares

Senhor Secretário da Educação e Cultura

Lila Ramos, brasileira, solteira, maior, professora estadual, classe B, Nível 1, Triênio 5, matrícula no T.E. nº ...., residente e domiciliada em Porto Alegre, na Rua Benjamim Constant, nº ...., tendo em vista que:

– é efetiva no magistério desde o ano de ....;

– prestou exame vestibular na Faculdade de Educação em 1975, tendo obtido o segundo lugar (atestado anexo);

– exerce o cargo em regime de 22 horas semanais (atestado anexo);

– a inscrição para o pedido de bolsas está aberta;

vem solicitar que V. Ex.ª se digne conceder-lhe uma bolsa-licença, baseada no Decreto-lei nº ...., para que o curso universitário possa ser realizado com maior proveito.

N.T.
P.D.

Porto Alegre, 20 de abril de ....

Lila Ramos

EXERCÍCIO

Elabore um requerimento, solicitando justificativa de faltas e abono dessas.

Parte III

Gêneros Acadêmicos

34 MONOGRAFIA
35 RESUMO
36 NORMALIZAÇÃO TEXTUAL
37 NORMALIZAÇÃO DE REFERÊNCIAS BIBLIOGRÁFICAS

34

Monografia

1 CONCEITO

Os gêneros acadêmicos ou científicos são regulados por normas técnicas. Eles são constituídos por dissertações de mestrado, teses de doutorado, trabalho de conclusão de curso (TCC), artigos científicos, comunicação científica, fichamento, memorial, projeto de pesquisa, relatório de pesquisa, resenha, resumo etc.

No Brasil, a Associação Brasileira de Normas Técnicas (ABNT) estabelece um conjunto de normas que orientam a realização de trabalhos na área acadêmica e científica. Entre essas, citamos: a confecção de sumário, de resumos, de estrutura de trabalhos científicos (dissertação de mestrado, tese de doutorado etc.), de citação direta e indireta, de referências bibliográficas, de índice remissivo.

Dissertações de mestrado, teses de doutorado, TCCs, em geral, constituem trabalhos científicos monográficos.

Considerando sua natureza, pode-se entender a palavra *monografia* como um trabalho cuidadoso e exaustivo a respeito de determinado assunto teórico, científico ou filosófico.

Etimologicamente, considera-se como a redação de um tema único: *monos* → um, *grahein* → escrever (escrever um só assunto).

O ensino universitário atribui um lugar de destaque ao estudo monográfico: a real verificação da aprendizagem de forma metódica e científica. Não só nas dissertações de mestrado e teses de doutorado se cumprem essas exigências, mas também nos cursos de graduação.

Monografia implica pesquisa séria com iniciação metodológica, embora, em alguns casos, possa ser a retomada de investigações anteriores.

A *monografia* e a *pesquisa científica* caminham juntas; uma decorre da outra.

A pesquisa monográfica pode ser:

- *experimental*: os fatos são controlados e interpretados; é um trabalho inventivo que pede o máximo rigor na experimentação. Aqui, a fórmula é controlar as variáveis dependentes relacionadas com uma variável independente. Exemplo: examinar a diferença entre a capacidade de interpretar textos em: turmas de alunos do sexo masculino, com a mesma idade, da mesma cidade, mesma série (variável independente),

porém com situação econômica diferente (variável dependente). Os dados devem ser trabalhados estatisticamente;
- *descritiva*: aplicada através de enquetes e questionários;
- *histórica*: fatos relatados e interpretados imparcialmente;
- *filosófica*: questionamento de uma realidade.

Quando o pesquisador conta com informantes, o número não deve ser inferior a 30 para que o resultado seja o mais fiel possível.

Quanto ao método adotado, ele pode ser *indutivo* (do particular para o geral, dos fatos para a teoria) ou *dedutivo* (do geral para o particular, da teoria para os fatos).

2 PASSOS PARA A ELABORAÇÃO DE UM TRABALHO MONOGRÁFICO

2.1 Fases do trabalho

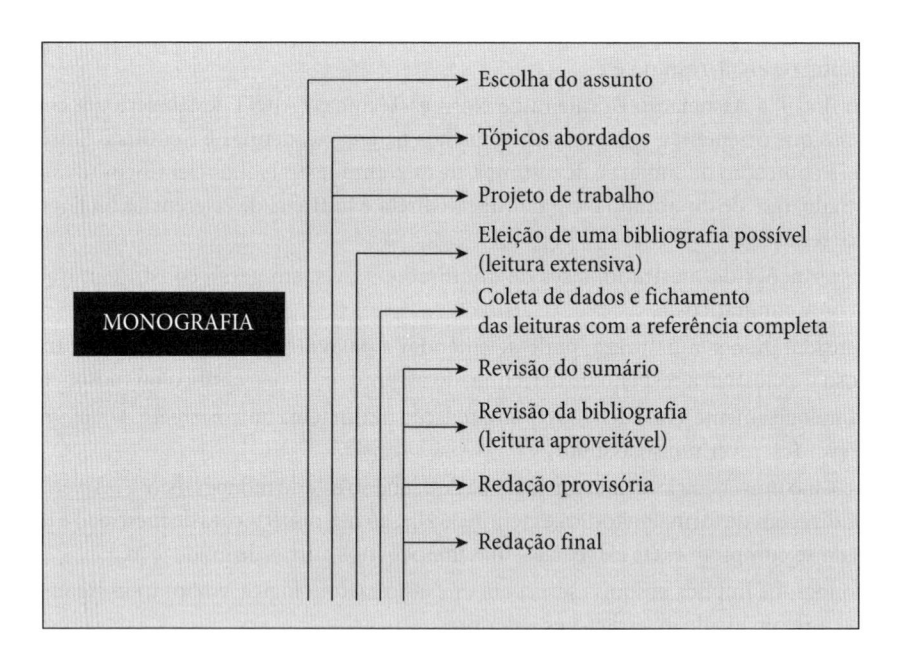

MONOGRAFIA
- Escolha do assunto
- Tópicos abordados
- Projeto de trabalho
- Eleição de uma bibliografia possível (leitura extensiva)
- Coleta de dados e fichamento das leituras com a referência completa
- Revisão do sumário
- Revisão da bibliografia (leitura aproveitável)
- Redação provisória
- Redação final

2.1.1 Escolha do assunto

É realmente de grande importância a escolha do assunto. Essa seleção faz-se de acordo com as inclinações e possibilidades reais de cada aluno, respeitando sua individualidade e preferências. Não será a atualidade ou a projeção do tema eleito o fator de sucesso no trabalho monográfico nem a sua simplicidade, mas a maneira segura e coerente de tratá-lo.

2.1.2 Tópicos abordados

É muito importante que o assunto seja bem delimitado, tendo em vista ser a monografia um estudo exaustivo de um só aspecto do tema.

O título, por sua vez, deve ser bem específico e corresponder *in totum* ao conteúdo do trabalho. Títulos gerais não nos dizem nada e são pretensiosos, já que o autor não consegue aprofundar-se sobre assuntos muito abrangentes.

2.1.3 Projeto de trabalho

Toda monografia, antes de elaborada, deve ser esquematizada através de projeto de pesquisa que indique as etapas hierarquizadas do desenvolvimento. Ressalvando a flexibilidade que deve existir no corpo da monografia, esse esquema pode ser alterado à medida que o trabalho se desenvolve.

Um projeto de pesquisa implica a observância de alguns tópicos, como:

1. Título geral
2. Justificativa
3. Delimitação do problema
4. Tipo de pesquisa
5. Objetivos
    5.1 Objetivos gerais
    5.2 Objetivos específicos
6. Método
    6.1 Fonte
    6.2 Instrumento
    6.3 Procedimentos metodológicos
    6.4 Organização dos resultados
7. Cronograma
8. Custos
9. Referências bibliográficas

2.1.4 Eleição de uma bibliografia possível (leitura extensiva)

Em complementação à bibliografia propriamente dita, uma série de informações – documentos, dados, artigos, textos – será cuidadosamente coletada e reunida para um posterior critério seletivo.

2.1.5 Coleta de dados e fichamento das leituras

Realizadas a coleta de dados e a seleção da bibliografia, todas as informações e material obtidos devem ser cuidadosamente examinados e fichados. Como parte integrante desse *fichamento*, as referências completas constarão nas fichas, para facilitar o trabalho e situar o estudioso.

2.1.6 Revisão do sumário

Considerando que o roteiro preestabelecido pode ser alterado, o sumário também poderá ser alterado, aumentado ou reduzido em algumas seções. Isso se explica, porque, à medida que o estudioso vai-se aprofundando, muitas vezes vislumbra uma nova linha de trabalho.

2.1.7 Revisão da bibliografia

Identificado com o assunto, o autor do trabalho monográfico deve estabelecer uma triagem nas referências bibliográficas, reservando-se o direito de excluir ou acrescentar o que for necessário. Uma observação importante a fazer aqui é que somente a leitura aproveitável (e citada no corpo do trabalho) constará na lista final de referências bibliográficas final. A leitura extensiva não será referenciada.

2.1.8 Redação provisória

A redação, em caráter provisório, se faz necessária, uma vez que o trabalho, muitas vezes, poderá ser alterado por sugestão do professor-orientador.

2.1.9 Redação final

A redação final pressupõe um estilo claro, objetivo, conciso, livre de hermetismo e excessos verbais. As figuras, as digressões, a repetição não enfática (descuidada) podem interferir no valor de um trabalho científico. Quanto a esta última, nunca é demais alertar que o que aparece em um capítulo não deve aparecer em outro, a não ser sob novo enfoque.

3 ESTRUTURA DO TRABALHO MONOGRÁFICO

A estrutura do trabalho monográfico, seja ele um TCC, uma dissertação de mestrado, uma tese de doutorado, compreende:

1. Capa
2. Folha de rosto
3. Agradecimentos (elemento não obrigatório)
4. Lista de abreviaturas, sinais convencionados, ilustrações, tabelas (elementos não obrigatórios e apenas constando se utilizados no corpo do trabalho)
5. Sumário

> 6. Introdução
> 7. Desenvolvimento
> 8. Conclusão
> 9. Referências bibliográficas
> 10. Anexos

3.1 Capa

A capa do trabalho deve conter nome do autor, título do trabalho, unidade de ensino, ano.

3.2 Folha de rosto

A folha de rosto repete os dados existentes na capa.

3.3 Agradecimentos

É usual, no trabalho acadêmico, agradecer ao orientador e às pessoas que efetivamente contribuíram para a realização da pesquisa. Quando há financiamento ou bolsa de estudo proporcionada por agência de fomento à pesquisa, também se faz breve agradecimento a ela.

3.4 Lista de abreviaturas, ilustrações, quadros, tabelas

As listas podem ser de abreviaturas, sinais convencionados, ilustrações, quadros, tabelas. Segundo a NBR 14724 da ABNT, elas são opcionais.

Quando se utilizam esses recursos (tabelas, quadros, ilustrações etc.) no texto, pode-se explicitá-los em uma lista, antes do sumário, o que facilita a decodificação e o manuseio do trabalho.

3.5 Sumário

O sumário apresenta os títulos dos capítulos, seções, subseções. Esses títulos correspondem fielmente aos do corpo do trabalho, inclusive, quanto à numeração.

3.6 Introdução

A introdução deve ser concisa. Contém: objeto do trabalho (tema), objetivos, problemas, hipóteses, metodologia, justificativa da pesquisa. Também é usual descrever as partes do texto, os capítulos: "Dividimos o texto em tantas partes. Na primeira, focalizamos nos capítulos...; na segunda, ..."

Quando utilizada metalinguagem (uso de determinados termos técnicos), essa deverá ser esclarecida nessa parte do trabalho.

Para evitar desencontros entre o que se promete na introdução e as conclusões a que se chega, a redação final da introdução é feita juntamente com a redação da conclusão.

3.7 Desenvolvimento

O desenvolvimento é o corpo do trabalho propriamente dito, e seu objetivo precípuo é expor. Afirma Salomon (1973, p. 260):

> O *desenvolvimento* tem por finalidade expor e demonstrar: é a fundamentação lógica do trabalho. Propõe o que vai provar, em seguida explica, discute e demonstra: as proposições se sucedem dentro de um encadeamento que persegue a etapa final, a *conclusão*.

No desenvolvimento, o autor vai provar a sua argumentação de maneira direta (demonstrando, como verdadeiras, suas hipóteses) ou de maneira indireta (comprovando, como falsas, as opiniões contrárias).

O texto, conforme se faça necessário, é dividido em capítulos e seções. Cada capítulo, com o respectivo título, poderá subdividir-se em seções, subseções etc.

O título dos capítulos e de sua divisão (seções) deve ter precisão terminológica rigorosa, espelhando o conteúdo que intitula.

3.8 Conclusão

A conclusão é a síntese do trabalho monográfico e deve ser o coroamento de toda a demonstração. Assim, ela deve estar contida no desenvolvimento do corpo do trabalho e não deve contrariar a introdução. É por isso que se aconselha que a redação de uma e outra seja feita paralelamente, não indo a conclusão além do que se prometeu na introdução e não apresentando nesta resultados não alcançados e expostos naquela.

3.9 Referências bibliográficas

As referências bibliográficas, além de citadas segundo normas da ABNT (NBR 6023), devem corresponder fidedignamente aos autores citados no corpo do trabalho e vice-versa. Assim, não se relacionam livros que, apesar de lidos, não foram aproveitados na feitura do trabalho nem se deixa de relacionar autores que constam no corpo do trabalho. No Capítulo 37, tratamos da NBR 6023.

3.10 Anexos

Se necessária a inserção de anexos, esses aparecerão após as referências bibliográficas.

4 APRESENTAÇÃO FORMAL DO TRABALHO MONOGRÁFICO

Paginação: a paginação do trabalho começa com a folha de rosto, mas o algarismo dessa página não fica aparente. As folhas são, porém, contadas. Dessa forma, computando-se as páginas anteriores, a numeração escrita aparece depois da segunda página subsequente à introdução.

A abertura de cada capítulo novo se faz em folha nova, com o título a 8 cm da borda do papel e a 5 cm do texto. A primeira página de cada capítulo não tem numeração aparente, embora seja contada. Os números de paginação são centrados no alto, a 2 cm da borda e a 2 cm do texto.

Espaços: citações diretas (transcrições) de mais de três linhas e notas de rodapé são feitas em espaço simples. Para o texto, utiliza-se espaço 2. Entre um parágrafo e outro, o espaço pode ser duplo.

No corpo do trabalho, quando são usadas abreviaturas, elas são acompanhadas, na primeira vez em que aparecerem, de seu conteúdo extenso respectivo. Observar: primeiramente, o extenso e, entre parênteses, a abreviatura ou sigla: "O Fundo Monetário Internacional (FMI)". Na abreviatura de horas, temos: 2h, 10h30min. Em relação aos números, em geral usa-se, em geral, de um a dez por extenso; de dez em diante, usam-se algarismos.

Fonte e letras maiúsculas: usa-se fonte 11 ou 12 para o corpo do texto e 10 para as citações diretas (que devem observar um recurso lateral à esquerda de 5 cm). Em relação aos caracteres, usa-se caixa alta (letras maiúsculas) para sobrenome do autor que aparece entre parênteses depois de uma transcrição, bem como na lista final de referências bibliográficas. Também se usa caixa alta nos títulos de capítulos. Nunca se usa no texto esse tipo de letra.

Destaques: sublinha simples é usada para título de obras.

Citações: (1) citação direta é a transcrição literal de um trecho de uma obra. Se tem até três linhas, ela é incorporada ao parágrafo e se usam aspas no início e no final dela. Quando tem mais de três linhas, ela é destacada em parágrafo à parte. Nesse caso, observa-se um espaço lateral à esquerda de 5 cm e não se usam aspas. (2) A citação indireta é constituída de uma paráfrase de um texto alheio. Nesse caso, indica-se a fonte, mas não se usam aspas, porque as palavras utilizadas não são de terceiros, mas próprias.

Hoje, é usual o sistema autor-data, que compreende, entre parênteses, sobrenome, ano da publicação, página de onde se tirou a citação. Na lista de referências bibliográficas, faz-se a descrição completa: sobrenome, nome, título da obra, edição, local, editora, ano. Exemplo:

Um trabalho científico, tal como um TCC, uma dissertação de mestrado, uma tese de doutorado, não se reduz a um amontoado de citações: "Sem a marca da reflexão, a monografia transforma-se facilmente em 'mero relatório do procedimento da pesquisa" (SALOMON, 2014, p. 253).

Na lista de referências bibliográficas, temos:

SALOMON, Décio Vieira. *Como fazer uma monografia*. 13. ed. São Paulo: Martins Fontes, 2014.

Quando se usa o sistema numérico (nota de rodapé) para as referências,[1] o número de chamada deve vir depois da pontuação. Com o uso dos programas de computador, basta acionar no "Referências" no *menu* e indicar "Inserir Nota de Rodapé". O uso do sistema numérico, muitas vezes, leva a repetições e desencontros entre o rodapé e a lista final de referências bibliográficas.

São as seguintes as expressões latinas usuais em referências bibliográficas: ap. = *apud* (nesse caso, por não se ter acesso direto ao texto original, faz-se a citação valendo-se de citação

---

[1] A nota de rodapé deve ocupar, no máximo, 1/3 de página.

apresentada por outro autor); cf. = confira; *id.* = *idem*; *ib.* = *ibidem* (no mesmo lugar); *loc. cit.* = *locus citatus* (numa passagem citada); *op. cit.* = *opus citatus* (obra citada); *pass.* = *passim* (isso se encontra em diversas passagens do autor); *sic* (assim mesmo no original).

Nas referências, no caso de cidades homônimas, elas são acompanhadas do estado ou do país. Exemplo: Cambridge, Mass./Cambridge, Inglaterra.

Exemplo de citação de um capítulo

BANDEIRA, Júlio. A crítica estrutural. *In*: *Novos caminhos da crítica literária*. 3. ed. Porto Alegre: Globo, 1973. Cap. 5.

Exemplo de citação de obra coletiva

ÁLVARES, Bruno. Mitos e arquétipos. *In*: OLIVEIRA, Mário (ed.) *Mitos do ocidente*. 4. ed. Belo Horizonte: Itatiaia, 1971. Cap. 3, p. 21-28.

Exemplo de citação de artigo de revista

BARRETO, Artur. A metáfora em Raimundo Correia. *Letras de Hoje*, Porto Alegre, v. 23, p. 74-79, 1976.

Exemplo de citação de artigo de jornal

HOHLFELDT, Antônio C. A presença do fantástico em J. J. Veiga. *Correio do Povo*, Caderno de Sábado, Porto Alegre, 5 maio 1975, p. 3.

EXERCÍCIOS

1. Apresentar uma transcrição de até três linhas de um texto de livro, artigo de jornal ou de revista.

2. Fazer uma transcrição de mais de três linhas.

3. Supondo que você produziu um texto e citou este livro (*Português instrumental*). Como seria sua referência bibliográfica?

35

Resumo

1 CONCEITO

Resumo é a apresentação concisa dos pontos mais importantes de um texto. Sua característica principal é a fidelidade ao conteúdo. Deve revelar o fio condutor traçado pelo autor: introdução, desenvolvimento e conclusão. O resumo deve ter, ainda, um cunho pessoal que permita mostrar os conceitos fundamentais do texto a partir da assimilação individual de quem o redige.

2 TIPOS

De acordo com a NBR 6028, da Associação Brasileira de Normas Técnicas (ABNT), o resumo pode ser indicativo, informativo ou crítico.

O resumo indicativo *indica* os pontos principais do texto, não apresentando dados qualitativos ou quantitativos. O resumo informativo se caracteriza por *informar* sobre finalidade, metodologia, resultados e conclusões do texto original. Já o resumo crítico é redigido por especialistas, com análise crítica do texto. É também chamado de resenha ou recensão.

Exemplo de resumo indicativo:

Texto contido *in*: CÂMARA JR., J. M. *Princípios da linguística geral*. Rio de Janeiro: Livraria Acadêmica, 1972.
O estudo linguístico, focalizando o que é mentado, relaciona-se com a Psicologia. Ambos, porém, não se confundem, porque a Linguística estuda os processos de linguagem (representação e comunicação intelectiva), servindo-se de técnicas próprias.

Exemplo de resumo informativo:

Texto contido *in*: CÂMARA JR., J. M. *Princípios da linguística geral*. Rio de Janeiro: Livraria Acadêmica, 1972.
O estudo linguístico, focalizando o que é mentado, relaciona-se com a Psicologia. Além disso, a língua traz consigo a ideia de pensamento socializado, constituindo-se em ato mental coletivo também estudado na Psicologia Social. A Linguística, porém, não se confunde com nenhum ramo da ciência psicológica, pois, ao estudar os processos de linguagem,

trata do modo pelo qual a humanidade cria a representação e a comunicação intelectiva. Dessa forma, a Linguística deve servir-se de técnicas próprias, as quais não se confundem com as utilizadas pela Psicologia.

3 EXTENSÃO

Recomenda-se que os resumos tenham as seguintes extensões:

- para notas e comunicações breves, os resumos devem ter até 100 palavras;
- para os de artigos de periódicos, até 250 palavras;
- para os de trabalhos acadêmicos (teses, dissertações e outros) e relatórios técnico-científicos, até 500 palavras.

4 ESTILO E ESTRUTURA

O estilo do resumo deve ser conciso, mas não uma enumeração de tópicos. Deve-se dar preferência ao uso da terceira pessoa do singular e do verbo na voz ativa. O uso de parágrafos é dispensável, bem como de frases negativas, símbolos e contrações.

5 RESUMO, RESENHA, RECENSÃO, *ABSTRACT*, SUMÁRIO

Resumo, recensão, resenha, *abstract* são gêneros discursivos distintos. Não se confundem:

- *Resumo*: é, na maioria das vezes, seletivo e destituído de crítica.
- *Resenha*: como já dissemos, é o resumo crítico. Implica menor ou maior juízo crítico.
- *Recensão*: para a NBR 6028, é um resumo crítico em que se "analisa apenas uma determinada edição entre várias".
- *Abstract*: é um resumo redigido em língua estrangeira, que é posto no início de trabalhos acadêmicos, como dissertações e teses. Para a NBR 14724, nos trabalhos acadêmicos, primeiramente, se coloca o resumo em língua vernácula (português); em seguida, o resumo (*abstract*) em língua estrangeira (ou inglês, ou francês, ou espanhol etc.). Tanto o resumo como o *abstract* (em francês *résumé;* em espanhol, *resumen*; em italiano, *riassunto*) são postos antes de lista de ilustrações, tabelas, quadros etc. e antes do sumário.
- *Sumário*: enumeração das partes, capítulos e seções de uma obra, acompanhada do respectivo número de página onde se localizam. A norma da ABNT que trata de sumário é 6027.

6 ÍNDICE

Lista, em geral, alfabética, de nome de autores citados (índice onomástico) ou de palavras e expressões (índice remissivo) que podem ser localizados no interior de uma obra. Tem a finalidade de facilitar a procura de nomes e expressões. A NBR que trata de índices é a 6034.

EXERCÍCIOS

1. Redigir o resumo de um artigo científico que seja do seu interesse.

2. Localizar artigos científicos na Internet que abordem temas variados.

36

Normalização textual

1 FORMATO E IMPRESSÃO

Segundo a NBR 14724, parágrafo 5.1, os textos "devem ser digitados ou datilografados em cor preta, podendo utilizar outras cores somente para as ilustrações. E impresso, utilizar papel branco ou reciclado, no formato A4 (21 cm × 29,7 cm)".

2 MARGENS

Em relação às margens, os trabalhos acadêmicos seguem as seguintes normas:

- Anverso:
  - Esquerda e superior: 3 cm.
  - Direita e inferior: 2 cm.
- Verso:
  - Direita e superior: 3 cm.
  - Esquerda e inferior: 2 cm.

3 FONTE

A norma ainda orienta sobre o uso da fonte: tamanho 12 para todo o trabalho, inclusive capa. Excetuam-se citações com mais de três linhas, notas de rodapé, paginação, dados internacionais de catalogação, legendas de ilustrações, quadros, tabelas, que devem ser em fonte menor (10, por exemplo).

4 ESPAÇAMENTO

Para o espaço interlinear, a NBR 14724 estabelece que os textos devem ser digitados com espaçamento 1,5. Excetuam-se as citações de mais de três linhas, notas de rodapé, referências, legendas das ilustrações, quadros, tabelas, que são digitados em espaço simples. Prescreve ainda que as referências bibliográficas serão separadas (um autor de outro autor subsequente) por um espaço simples em branco.

5 INDICATIVO DE SEÇÃO

O título das seções é posto depois do indicativo numérico em algarismos arábicos, alinhado à esquerda. Os títulos de capítulo (seção primária) iniciam-se em página ímpar (anverso). São separados do texto por um espaço interlinear de 1,5. As divisões subsequentes (secundárias, terciárias) também são alinhadas à esquerda e recebem numeração em algarismos arábicos. Quando ocupam mais de uma linha, a segunda linha é alinhada com a primeira letra da primeira palavra da linha anterior.

Títulos sem indicativo numérico (errata, agradecimentos, lista de ilustrações, abreviaturas, símbolos, resumos, sumário, referência, glossário, apêndice, anexo, índice) são centralizados.

6 PAGINAÇÃO

As páginas dos elementos pré-textuais são contadas, mas não numeradas (a numeração não fica aparente; o computador dispõe dessa possibilidade; basta indicar as páginas que não terão numeração aparente).

Segundo a NBR 14724, a numeração é feita em algarismos arábicos, no canto da borda direita, a 2 cm da borda superior. O último algarismo fica a 2 cm da borda direita do papel.

A ordem dos elementos pré-textuais é a seguinte:

- Folha de rosto (obrigatório).
- Errata (opcional).
- Folha de aprovação (obrigatório).
- Dedicatória (opcional).
- Agradecimentos (opcional).
- Epígrafe (opcional).
- Resumo em língua vernácula (obrigatório).
- Resumo em língua estrangeira (obrigatório).
- Lista de ilustrações, tabelas, abreviaturas e siglas, de símbolos (opcional).
- Sumário.

Em seguida, os elementos textuais: introdução, desenvolvimento e conclusão. E, finalmente, os elementos pós-textuais: referências bibliográficas (obrigatório), glossário, apêndices, anexos, índice (opcionais).

7 CITAÇÕES

As citações diretas ou indiretas são reguladas pela NBR 10520.

Citações diretas (transcrições literais), até três linhas, não são destacadas do parágrafo do autor. Elas apenas são precedidas de aspas e finalizadas, igualmente, com aspas. Nesse caso, se houver no interior da citação uma a expressão entre aspas, essas são convertidas em aspas simples. Exemplos:

> Para Platão, "aprender é recordar", e, nesse postulado, se fundamenta a gramática gerativa moderna.
>
> Para Câmara Jr. (2004, p. 155), "vários tratadistas, hoje, rejeitam a expressão 'leis fonéticas', por imprópria e perturbadora, preferindo-lhe 'correspondências fonéticas'".

As citações com mais de três linhas são transcritas isoladamente em parágrafo, próprio, sem aspas, e deixa-se um espaço lateral à esquerda de 5 cm. Exemplo:

> Câmara Jr. (2004, p. 127-128), ao definir gíria, considera o sentido estrito e o sentido lato:
>
>> Em sentido estrito, uma linguagem fundamentada num "vocabulário parasita que empregam os membros de um grupo ou categoria social com preocupação de se distinguirem da massa dos sujeitos falantes" (Marouzeau, 1943, p. 36),o que corresponde ao que também se chama de *jargão*. [...]
>>
>> Em sentido lato, a gíria é o conjunto de termos que, provenientes das diversas gírias em sentido estrito, se generalizam e assinalam o estilo na linguagem coloquial popular.
>
> Para Câmara Jr., ainda, a gíria amplia-se com o uso de termos obscenos ou grosseiros.

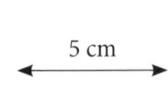

Quando há, no texto citado, algo que cause estranheza (e se for necessário informar o leitor sobre a desconformidade), conserva-se a transcrição original, seguida da expressão latina *sic*, entre parênteses, que significa *assim mesmo* no original.

EXERCÍCIOS

1. Redigir um parágrafo em que apareça uma citação direta com até três linhas.

2. Redigir um texto em que apareça uma citação direta com mais de três linhas.

3. Por que é necessário seguir normas em um trabalho acadêmico?

37

Normalização de referências bibliográficas

1 CONCEITO

A normalização de referências bibliográficas (NBR 6023:2018) compreende o conjunto de indicações que nos permite identificar, total ou parcialmente, uma publicação.

2 ELEMENTOS ESSENCIAIS E COMPLEMENTARES

A normalização bibliográfica abrange *elementos essenciais* (os indispensáveis à identificação de uma publicação, quando mencionada em um texto) e *elementos complementares* (os que enriquecem a informação com dados facultativos).

A referência bibliográfica pode aparecer:

- incluída no texto;
- incluída parcialmente no texto e em nota;
- em nota de rodapé ou de fim de texto;
- em lista de referências bibliográficas;
- encabeçando resumos e resenhas.

Quando a publicação é considerada no *todo*, os elementos devem ser retirados, sempre que possível, da *folha de rosto*.

Quando se trata de *parte* de uma publicação, os elementos são retirados do *cabeçalho* dessa parte.

Os *elementos essenciais* vêm descritos abaixo e devem aparecer na seguinte ordem:

2.1 Autor

A indicação do autor inicia-se pelo último sobrenome em letras maiúsculas, seguido de uma vírgula, do prenome e demais sobrenomes, seguidos de um ponto. Exemplo:

LUFT, Celso Pedro.

- Obra com até três autores: mencionam-se todos, na ordem em que aparecem na publicação, separados por ponto e vírgula. Exemplo:

    MOREIRA, Almir; DANTAS, José Maria de Souza; MAIA, Luís.

- Obra com mais de três autores: mencionam-se até os três primeiros, seguidos da expressão *et al.* (abreviatura da expressão latina *et alii* = e outros. As expressões latinas são destacadas; no caso, pode-se usar *itálico*. Exemplo:

    RIEDEL, Dirce *et al.*
    RIEDEL, Dirce; LEMOS, Carlos *et al.*
    RIEDEL, Dirce; LEMOS, Carlos; BARBIERI, Ivo *et al.*

- Autor entidade (órgãos governamentais, empresas, associações, congressos, seminários etc.). Exemplo:

    ASSOCIAÇÃO BRASILEIRA DE NORMAS TÉCNICAS. *NBR 6023*: Informação e documentação – referências – elaboração. Rio de Janeiro, 2018.

- Autoria desconhecida: a entrada é feita pelo título. Exemplo da própria NBR:

    DIAGNÓSTICO do setor editorial brasileiro. São Paulo: Câmara Brasileira do Livro, 1993.

2.2 Título da obra

É reproduzido tal como aparece na obra. Título em caracteres itálicos; só a primeira letra do título e a dos nomes próprios será maiúscula. É seguido de um ponto. Exemplo:

   LUFT, Celso Pedro. *Guia ortográfico*.
   RIEDEL, Dirce *et al. Literatura brasileira em curso*.

- Se a obra tem subtítulo, este vem depois do título, separado por dois-pontos:

    LUCCHESI, Dante. *Língua e sociedade partidas*: a polarização sociolinguística do Brasil. São Paulo: Contexto, 2015.

- Título referente a parte de uma publicação:

    GARCIA, Othon M. Eficácia e falácias da comunicação. *In*: GARCIA, Othon M. *Comunicação em prosa moderna*. 8. ed. Rio de Janeiro: Fundação Getulio Vargas, 1980. p. 289-314.

- Título de publicações periódicas consideradas no todo:

    LETRAS DE HOJE. Porto Alegre: PUCRS, nº 21, set. 1975.

- Título de uma parte de uma publicação periódica:

    TRENTIN, Ary Nicodemos. Eduardo Guimarães: uma poesia crepuscular de clareza metafísica. *Letras de Hoje*, Porto Alegre: PUCRS, nº 21, p. 18-27, set. 1975.

- Título de parte de uma antologia:

    SPALDING, Walter. Bibliografia da revolução federalista. *Anais do Primeiro Congresso da História da Revolução de 1894*. Curitiba, Governo do Estado do Paraná, 1944, p. 295-300.

2.3 Edição

Indica-se o número da edição somente a partir da segunda. Não se usa número ordinal, mas apenas número cardinal e ponto. Exemplo:

> CÂMARA JR., J. Mattoso. *Dicionário de linguística e gramática*. 25. ed. Petrópolis: Vozes, 2004.

2.4 Local da publicação

Sempre no original, por extenso, seguido de vírgula ou dois pontos:

> CÂMARA JR., J. Mattoso. *Dicionário de linguística e gramática*. 25. ed. Petrópolis: Vozes, 2004.

- Não se abreviam os nomes das localidades:

    Porto Alegre (e não P. Alegre)
    New York (e não N. York ou N. Iorque)

- Quando o local não vier mencionado, mas o autor do trabalho puder deduzi-lo, ele é citado entre colchetes:

    [Belo Horizonte]

- Se, ao contrário, o autor não puder deduzi-lo, é mencionado entre colchetes [S.l.] = *sem local*, em que a primeira letra é maiúscula.

- Se houver mais de um local para uma só editora, menciona-se o primeiro ou o mais destacado:

    > YIN, Robert. *Pesquisa qualitativa*: do início ao fim. Tradução de Daniel Bueno. Porto Alegre: Penso, 2016.

    No livro, há a menção de duas localidades: Porto Alegre e São Paulo.

- Se a obra é publicada por duas editoras de locais diferentes, eles são separados por ponto e vírgula:

    > HOMERO. *Ilíada*. 2. ed. Tradução de Odorico Mendes. São Paulo: Ateliê; Campinas: Editora da Unicamp, 2010.

- No caso de homônimo de localidade, indica-se o estado a que ela pertence:

    Viçosa, AL.
    Viçosa, MG.
    Viçosa, RJ.

2.5 Editor

Transcreve-se o nome como aparece na publicação, eliminando-se ou abreviando-se prenomes e elementos secundários. É seguido de vírgula. Exemplo:

> J. Olympio (e não J. Olímpio ou Livraria José Olympio Editora)

- Para local não mencionado, indica-se entre colchetes, abreviadamente, uma expressão latina: *sine nomine*:

  [*s.n.*]

  Se faltam local e editor, temos:

  [*S.l.: s.n.*]

2.6 Data

Cita-se apenas o ano, em algarismos arábicos (mesmo que na publicação apareça em algarismos romanos), sem espacejamento, nem ponto. É seguida de um ponto. Exemplo:

1975 (e não MCMLXXV, 1 975 ou 1.975)

- Em se tratando de publicações periódicas, indica-se também o mês, abreviado no idioma original (alguns com letra maiúscula inicial, como ocorre em inglês e alemão). Alguns meses, porém, não são abreviados. Exemplos:

  jan. (português), enero (espanhol), genn. (italiano), janv. (francês), Jan. (inglês), Jan. (alemão)

  fev. (português), feb. (espanhol), febbr. (italiano), févr. (francês), Feb. (inglês), Feb. (alemão)

  mar. (português), marzo (espanhol), mar. (italiano), mars (francês), Mar. (inglês), März (alemão)

  abr. (português), abr. (espanhol), apr. (italiano), avril (francês), Apr. (inglês), Apr. (alemão)

  maio (português), mayo (espanhol), magg. (italiano), mai (francês), May (inglês), Mai (alemão)

  jun. (português), jun. (espanhol), giugno (italiano), juin (francês), June (inglês), Juni (alemão)

  jul. (português), jul. (espanhol), luglio (italiano), juil. (francês), July (inglês), Juli (alemão)

  ago. (português), agosto (espanhol), ag. (italiano), août (francês), Aug. (inglês), Aug. (alemão)

  set. (português), sept. (espanhol), sett. (italiano), sept. (francês), Sept. (inglês), Sept. (alemão)

  out. (português), oct. (espanhol), ott. (italiano), oct. (francês), Oct. (inglês), Okt. (alemão)

  nov. (português), nov. (espanhol), nov. (italiano), nov. (francês), Nov. (inglês), Nov. (alemão)

  dez. (português), dic. (espanhol), dic. (italiano), déc. (francês), Dec. (inglês), Dez. (alemão)

- Se uma data não é mencionada, a NBR 6023, em 8.6.1.3, prescreve:

  [1971 ou 1972]   um ano ou outro

[1969?]	data provável
[1973]	data certa, não indicada
[entre 1906 e 1912]	use intervalos menores de 20 anos
[ca. 1960]	data aproximada
[197-]	década certa
[197-?]	década provável
[18--]	século certo
[18--?]	século provável

2.7 Número de páginas e/ou volumes

Havendo um só volume, coloca-se o número de páginas, seguido da abreviatura "p". Havendo mais de um volume, indica-se seu número, seguido da abreviatura "v". Exemplos:

180 p.

3 v.

v. 2, 150 p.

FEYERABEND, Paul. Os intelectuais e os fatos da vida. *In*: FEYERABEND, Paul. *A conquista da abundância*. Tradução de Cecilia Prada e Marcelo Rouanet. São Leopoldo: Unisinos, 2006. p. 349-354.

Quando o autor de um texto citado (um capítulo de um livro, como é o caso do exemplo) é o mesmo do autor de toda a obra, ele deve ser repetido e é antecedido da expressão latina *In*, acompanhada de dois-pontos. Se os autores forem diferentes, faz-se a entrada pelo sobrenome do autor do capítulo e, depois da expressão latina *In*, colocam-se o sobrenome e prenomes do autor da obra em que o capítulo se encontra, como no exemplo seguinte:

AUTHIER-REVUZ, Jacqueline. Falta do dizer, dizer da falta: as palavras do silêncio. *In*: ORLANDI, Eni Puccinelli (org.). *Gestos de leitura*: da história no discurso. 4. ed. Campinas: Editora Unicamp, 2014. p. 261-284.

Em ambos os casos, obrigatoriamente, se informa ao leitor o número de páginas compreendido pelo capítulo.

2.8 Documento de origem eletrônica

Com a diversificação dos meios eletrônicos para divulgar informações (*on line* via Internet, arquivos de texto, imagem ou som gravados em CD-ROM, disquete, CD, fita magnética, *software*, *pen drive* etc.), houve a necessidade de se estabelecerem normas para esse tipo de referenciação, lacuna preenchida pela NBR 6023. Assim, coloca-se o tipo de suporte eletrônico (*on line*, CD, CD-ROM etc.) após a data da publicação, seguido de ponto. Se se tratar de material de Internet, informam-se o endereço eletrônico, precedido da expressão "Disponível em:", e, depois do endereço eletrônico, a data da consulta, precedida de "Acesso em". A referência ao mês é feita de forma abreviada. Exemplos:

HOUAISS, Antônio. *Dicionário eletrônico Houaiss da língua portuguesa.* Versão 1.0.5a. Objetiva, 2001-2002. CD-ROM.

STUDART, R. Macroeconomia em economia aberta. *Estudos em Comércio Exterior,* v. I, n. 2, (ISSN 1413-7976), jan./jun. 1997. [on line]. Disponível em: http:// www.ie.ufrj.br/ecex/pdfs/macroeconomia_em_economia_aberta.pdf. Acesso em: 24 jan. 2007.

GERAQUE, Eduardo. Grupo testa vacina adesiva contra mal de Alzheimer. *Folha de S. Paulo,* São Paulo, 23 jan. 2007. Disponível em: http://www1. folha.uol.com.br/ciencia/ult306u15907.shtml. Acesso em: 24 jan. 2007.

Academia Brasileira de Letras. *Pontes de Miranda.* Disponível em: http://www. biblio.com.br/conteudo/biografias/pontesdemiranda.htm. Acesso em: 24 jan. 2007.

BAUMGART, J. K. História da álgebra (uma visão geral). *Tópicos de história da matemática.* Disponível em: http://www.somatematica.com.br/algebra.php. Acesso em: 24 jan. 2007.

3 CITAÇÃO NO CORPO DO TRABALHO

No sistema autor-data, quando se faz uma citação no corpo do trabalho, indica-se, entre parênteses, parte da informação bibliográfica (sobrenome do autor, data, número da página consultada); o restante da informação é apresentado na lista bibliográfica que consta no final da obra (SOBRENOME, Nome do Autor. *Título da obra.* Edição abreviada [4. ed.; 3. ed.; 13. ed.]. Local: Editora, ano). Exemplo de sistema autor-data:

Faraco e Zilles (2017, p. 115 e 119) distinguem norma culta de norma curta. Entendem que a norma curta "apresenta-se num discurso categórico, dogmático, inflexível" e que "a norma culta brasileira falada pouco se distingue, pois, dos estilos mais monitorados dessa linguagem urbana comum". Esse fato teria desconcertado os estudiosos que "imaginavam que os falantes com escolaridade superior completa tinham uma variedade bem distinta da linguagem urbana comum".

Na lista de referências bibliográficas, temos:

FARACO, Carlos Alberto; ZILLES, Ana Maria. *Para conhecer norma linguística.* São Paulo: Contexto, 2017.

Quando um autor é citado por outro, procede-se assim:

História do Brasil (SODRÉ, 1969 *apud* FULANO, 1975, p. 49b).

Nesse caso, na lista de referências indica-se a obra de fulano, que foi consultada (Fulano, 1975).

Quando, nas referências bibliográficas constantes no final da obra, há dois ou mais livros de um mesmo autor publicados no mesmo ano, eles são distinguidos por letras (a, b, c etc.) após a data. Exemplo:

(SODRÉ, 1969a), (SODRÉ, 1969b).

4 NOTA DE RODAPÉ

Quando se utiliza o sistema numérico (nota de rodapé ou de final de obra), apresenta-se, depois da informação, um número elevado. Esse é repetido no rodapé ou no final de um capítulo ou de toda a obra, apresentando a informação bibliográfica. A nota de rodapé é escrita em espaço simples. Para quem utiliza o Word, basta acionar Referências na linha do *menu* e, em seguida, "Inserir Nota de Rodapé". Exemplo:

> Texto
> Diz Othon M. Garcia que "variante da frase de arrastão é a que poderíamos chamar frase de ladainha".[1]

No rodapé:

---

[1] GARCIA, Othon M. *Comunicação em prosa moderna*. 2. ed. Rio de Janeiro: FGV, 1972. p. 90.

EXERCÍCIOS

Faça a referência bibliográfica completa das seguintes obras:

1. *Obra*: História da Revolução Francesa
   Autor: Thomas Carlyle
   Editor: Edições Melhoramentos
   Edição: 2ª
   Ano: MCMLXI
   Local: S. Paulo
   Nº de páginas: 770
2. *Obra*: Introdução à Morfologia e à Sintaxe
   Autores: Benjamin Elson e Velma Pickett
   Editor: Editora Vozes Ltda.
   Ano: MCMLXXIII
   Local: Petrópolis
   Nº de páginas: 220
3. *Obra*: Aspectos da Linguística Moderna
   Organização: Archibald A. Hill
   Editor: Editora Cultrix
   Ano: MCMLXXII
   Local: S. Paulo
   Artigo: Lexicologia e Semântica
   Autor: Sidney M. Lamb – p. 42 a 52

4. Revista Veja
   Local: S. Paulo
   Data: 03 dez. 1975
   Artigo: A Nova República – p. 42
   Autor: João Xavier

Parte IV

Gramática

38 NOÇÕES DE FONOLOGIA
39 NOTAÇÕES LÉXICAS
40 ACENTUAÇÃO GRÁFICA
41 ORTOGRAFIA
42 HÍFEN
43 PREFIXOS MAIS USADOS DE ORIGEM LATINA OU GREGA
44 EMPREGO DE MAIÚSCULAS E MINÚSCULAS
45 GRAFIA DE NOMES PRÓPRIOS
46 ABREVIAÇÕES
47 GRAFIA DE ESTRANGEIRISMOS
48 CONCORDÂNCIA NOMINAL
49 CONCORDÂNCIA VERBAL
50 REGÊNCIA VERBAL
51 REGÊNCIA NOMINAL
52 CRASE
53 VERBOS
54 COLOCAÇÃO DE PRONOMES OBLÍQUOS ÁTONOS
55 EMPREGO DE PRONOMES DEMONSTRATIVOS
56 PRONOMES DE TRATAMENTO
57 PONTUAÇÃO
58 USO DA PALAVRA PORQUÊ
59 USO DE ONDE, AONDE E DONDE
60 EMPREGO DO INFINITIVO
61 DIFICULDADES MAIS FREQUENTES NA LÍNGUA PORTUGUESA

38

Noções de fonologia

1 CONCEITO

Fonologia é a parte da gramática que se preocupa com os sons próprios da língua (fonemas).

2 DIFERENÇA ENTRE LETRA E FONEMA

Fonema é som. Letra é o símbolo representativo desse som. Nem sempre, há correspondência fiel entre fonema e letra. Nas palavras *firme* e *pato*, os fonemas iniciais /f/ e /p/ são sempre grafados com as letras F e P respectivamente. Mas isso não acontece com todos os fonemas. O som sibilante /s/, por exemplo, tem dez letras (ou combinações de letras) para grafá-lo. Exemplos: *c*inema, *s*ino, a*ç*ougue, pa*ss*eio, pi*sc*ina, cre*sç*o, má*x*imo, e*xc*elente, e*xs*udativo, velo*z*

3 DIVISÃO DOS FONEMAS

3.1 Vogais

Vogais são fonemas que constituem um som isoladamente sem se apoiarem em outro fonema. São 12 em português: A – Ê – É – I – Ô – Ó – U – Ã – Ẽ – Ĩ – Õ – Ũ (sete orais e cinco nasais).

3.2 Consoantes

Consoantes são fonemas que só constituem um som nítido, quando apoiados em uma vogal.

> O *H*, que, na língua portuguesa, não possui som, não pode, pois, ser considerado uma consoante: é uma *letra muda*.

3.3 Semivogais (semiconsoantes)

Sempre que uma vogal se apoia em outra, é chamada semivogal. Das vogais, apenas o *a* nunca se apoia noutra vogal. O *i* e o *u* podem ser, muitas vezes, considerados semivogais. O *e* e o *o* (quando têm som de *i* e *u*, respectivamente) também são considerados semivogais. Exemplos:

caixa	peixe	couro	outro	$\begin{cases} i \text{ e } u \\ \text{semivogais} \end{cases}$
história	série	água	tênue	

mágoa	Páscoa	rédea	gêmeo	$\begin{cases} \text{O (som de } u\text{)} \\ \text{E (som de } i\text{)} \end{cases}$ semivogais

4 RECURSO DIDÁTICO PARA COMPREENDER VOGAIS E SEMIVOGAIS

Num ditongo,[1] sempre temos uma vogal (= 1) e uma semivogal (= ½)
Ditongo crescente → ½ + 1
Ditongo decrescente → 1 + ½

A: sempre vale 1 (não se apoia nunca):

    j a m **a** *i* s – c a c **a** *u*
         1 1/2   1 1/2

E:

a) Apoiando-se (soa como I), vale ½ (semivogal):

    g ê m *e* **o** – i n s t a n t â n *e* **a**
         1/2 1   1/2 1

b) Não se apoiando (soa como E), vale 1 (vogal):

    D **e** *u* s – g e l **e** *i* a
       1 1/2   1 1/2

I:

Apoiando-se, vale ½ (semivogal):

    p **e** *i* x e – s é r *i* **e**
       1 1/2   1/2 1

Não se apoiando, vale 1 (vogal):

    r **i** *u* (verbo rir) – s a g *u* **i**
       1 1/2   1/2 1

O:

a) Apoiando-se (soa como U), vale ½ (semivogal):

    m á g *o* **a** – c **a** *o* s
        1/2 1   1 1/2

---

[1] Nas seções 4, as vogais (= 1) são grafadas em **bold** e as semivogais (1/2) em itálico.

b) Não se apoiando (soa como O), vale 1 (vogal):

b o i - o u t r o
1 1/2   1 1/2

U:

a) Apoiando-se, vale ½ semivogal):

o u r o - t ê n u e
1 1/2   1/2 1

b) Não se apoiando, vale 1 (vogal):

f u i - i n t u i t o
1 1/2   1 1/2

5   ENCONTRO DE GRUPOS DE FONEMAS

5.1   Encontros vocálicos

5.1.1   Ditongo

Ditongo é o encontro de uma vogal e uma semivogal ou de uma semivogal e uma vogal na mesma sílaba. Os ditongos podem ser:

- Ditongo crescente: quando a semivogal (valor ½) aparece antes da vogal-base (valor 1):

    UA = quatro – água
    IE = cárie – série
    IO = vários – ágio
    UE = tênue – aguenta / a'gwẽta /
    UO = vácuo – árduo
    UÃ = quando / 'kwãdu / – quanto / 'kwãtu /
    OA = ("o" com valor de "u") = mágoa – Páscoa
    EO = ("e" com valor de "i") = gêmeo – espontâneo
    IA = secretária – Márcia
    UI = sagui – linguista
    EA = ("e" com valor de "i") = fêmea – área

- Ditongo decrescente: quando a semivogal (valor ½) aparece depois da vogal-base (valor 1):

    AI = papai – aipo
    EI = leite – peixe
    OI = boi – pois
    ÓI = herói – joia
    AU = cacau – Mauro
    EU = europeu – Deus
    UI = ruivo – circuito
    IU = partiu – dormiu

ÃE = mamãe – pães
ÕE = põe – corações
ÉU = chapéu – véu
ÉI = ideia – pastéis
AO = ("o" com valor de "u") = caos – ao
AE = ("e" com valor de "i") = Caetano – aeromoça

> Quando aparecerem, na mesma sílaba, os fonemas "i" e "u", é considerada vogal a que é pronunciada com maior intensidade e semivogal a que é pronunciada com menor intensidade. Exemplos:
> **Ru**i (ditongo decrescente) vogal (1) = U
> semivogal (½) = I
> **Ri**u (ditongo decrescente) vogal (1) = I
> semivogal (½) = U

- Ditongo oral: é aquele emitido apenas pela boca:
    mau – céu – herói – pai – touro – gênio
- Ditongo nasal: é aquele em que o som é distribuído entre a boca e as fossas nasais. Apresenta-se, na prática, sob três formas:
    a) Com til:
        coração – mamãe – expõe – cãibra
    b) Com os grupos:
        EM:
            porém = /po'rẽy/
            jovem = /'jóvẽy/

        EN:
            hífen = /'hífẽy/
            pólen = /'pólẽy/

        AM (formas verbais):
            vejam = /'vejãw/
            escreveram = /escre'verãw/

    c) Com o grupo UI nas palavras "mui" e "muito".

5.1.2 Tritongo

Tritongo é o grupo vocálico em que uma vogal-base é antecedida e seguida de semivogal: semivogal + vogal + semivogal, numa só sílaba. Exemplos:

quais – averiguei – enxáguam – saguão

Os tritongos também podem ser orais ou nasais.

Tritongo oral:
UAI
quais – quaisquer – iguais
UEI
averiguei – apaziguei
UOU
averiguou – apaziguou

Tritongo nasal: apresenta-se sob duas formas:

a) Assinalado com um til:
UÃO
saguão (o = u, valor de semivogal)
UÕES
saguões

b) Assinalado com "m" final:
mínguam / 'mĩgwãw/
deságuam / de'sagwãw/
delinquem / de 'lĩkwẽy/

5.1.3 Hiato

Hiato é o encontro de duas vogais, em que cada uma pertence a sílabas diferentes. Exemplos:

AA	= Saara	– caatinga
AE	= **aé**rea	– Maca**é**
AI	= pa**í**s	– ra**í**z
AO	= **ao**nde	– **ao**rta
AU	= ata**ú**de	– sa**ú**va
EA	= t**ea**tro	– s**ea**ra
EE	= compr**ee**nsão	– v**ee**m
EI	= at**eí**smo	– caf**eí**na
EO	= L**eo**nor	– n**eó**fito
EU	= cont**eú**do	– r**eú**ne
IA	= h**ia**to	– d**ia**
IE	= h**ie**na	– Gabr**ie**l
II	= n**ii**lismo	– x**ii**ta
IO	= v**io**leta	– m**io**lo
IU	= v**iú**va	– m**iú**do
OA	= s**oa**r	– c**oa**lho

OE	= p**oe**ta	– r**oe**r
OI	= corr**oí**do	– m**oí**da
OO	= v**oo**	– z**oo**lógico
OU	= timb**oú**va	
UA	= r**ua**	– l**ua**
UE	= r**ue**la	– arr**ue**la
UI	= r**uí**do	– s**uí**no
UO	= d**uo**deno	– s**uo**r
UU	= suc**uu**ba	– s**uu**mba

5.2 Encontros consonantais

Encontro consonantal é o agrupamento de consoantes numa palavra. O encontro consonantal pode acontecer na mesma sílaba (encontro consonantal real), ou em sílabas diferentes (encontro consonantal puro e simples). Exemplos:

BD	= su*bd*elegado
BJ	= o*bj*eto
BS	= a*bs*oluto
BM	= su*bm*eter
BR	= *br*aço (real)
CL	= *cl*ara (real)
CR	= es*cr*avo (real)
DM	= a*dm*irar
FL	= *fl*anela (real)
FR	= *fr*ango (real)
FT	= a*ft*a
GN	= di*gn*o
MN	= *mn*emônico
PL	= *pl*aneta (real)
PN	= *pn*eu
PS	= *ps*iu
PT	= ré*pt*il
TM	= is*tm*o
TN	= é*tn*ico

Esses encontros pedem atenção quanto à pronúncia. Pela gramática normativa, diz-se: *advogado* (e não *adivogado* ou *adevogado*), *digno* (e não *díguino*), *admirar* (e não *adimirar*) etc. Por hipercorreção, diz-se, em desconformidade com a norma culta: *advinhar, subtender* (*adivinhar, subentender*).

5.3 Dígrafos

Dígrafo é o encontro de duas letras que equivalem a um só fonema. Exemplo: Na palavra *QUILOMBO*, onde há dois dígrafos, temos 8 letras e 6 fonemas /ki'lõbu/. Os dígrafos da língua portuguesa são:

CH	= *cha*ma	– *chu*va
LH	= mi*lh*o	– pa*lh*a
NH	= ni*nh*o	– ma*nh*ã
GU	= fre*gu*esa	– *gu*itarra
QU	= por*qu*e	– *qu*ilate
RR	= ca*rr*o	– se*rr*a
SÇ	= des*ç*amos	– cres*ç*o
SC	= flore*sc*er	– pi*sc*ina
SS	= ma*ss*a	– pa*ss*arinho
XC	= e*xc*eder	– e*xc*elente
XS	= e*xs*udar	– e*xs*udativo

Com vogais nasais:

AM	= *âm*bar	– a*m*pla
AN	= p*an*da	– *An*tares
EM	= le*m*brança	– *em*pada
EN	= *en*xoval	– b*en*gala
IM	= l*im*bo	– *ím*pio
IN	= *ín*dio	– vi*n*gança
OM	= p*om*ba	– c*om*pra
ON	= b*on*dade	– r*on*co
UM	= r*um*ba	– at*um*
UN	= *un*tar	– *un*guento

Diferença entre encontro consonantal e dígrafo:

a) O encontro consonantal equivale a dois fonemas; o dígrafo equivale a um só fonema.
b) O encontro consonantal é formado sempre por duas consoantes; o dígrafo não precisa ser formado necessariamente por duas consoantes.

5.4 Dífono

Dífono é uma letra que corresponde a dois sons. Os dois fonemas /ks/, que correspondem à letra X, são exemplo de dífono, também classificados por alguns gramáticos como encontro consonantal. Exemplo:

Na palavra *táxi* = /'taksi/, temos 4 letras e 5 fonemas.

5.5 Separação de sílabas

A separação de sílabas é baseada em normas fixas; não se deve fazer a separação "por ouvido". Casos a considerar:

- **Separam-se:**

    a) Os grupos formados por duas letras iguais (CC e CÇ, os dígrafos RR e SS e os hiatos AA, EE, II, OO e UU):

    oc-ci-pi-tal; fic-ção; mor-ro; as-sas-si-no; ca-a-tin-ga; le-em; ni-i-lis-mo; per-do-o; su-um-ba

    b) Os dígrafos SC, SÇ, XC e XS:

    pis-ci-na; des-ço; ex-ce-len-te; ex-su-dar

    c) Todos os outros hiatos:

    ru-í-na; as-so-a-lho; mi-i-te; sa-ú-de; du-o-dé-ci-mo

- **Não se separam:**

    a) Os ditongos (crescentes ou decrescentes) e os tritongos:

    lei-te; in-dús-tria; co-mér-cio; Pa-ra-guai; quais-quer

    > 1. Alguns gramáticos entendem haver hiato nas palavras terminadas por ditongo crescente. Assim, vocábulos como *indústria* e *comércio*, são separados deste modo: *in-dús-tri-a, co-mér-ci-o*. Modernamente, porém, a maioria dos gramáticos classifica esse tipo de encontro vocálico como ditongo crescente, não o separando: *in-dús-tria, co-mér-cio*.
    > 2. Quando há um ditongo mais uma vogal, a separação fica assim: joi-a, mei-o, cui-a.

    b) Os dígrafos LH – NH – CH – QU – GU:

    ca-mi-nho; cha-vei-ro; mi-lho; re-que-ren-te; gui-lho-ti-na

Observe: sempre que encontrar um grupo formado por vogais e consoantes, atente para a sua distribuição. Há três situações a considerar:

Se há uma consoante entre duas vogais (V + C + V), a consoante fica com a segunda vogal (V – CV):

a-ba; o-ca; í-mã; a-to; E-ni; i-ra

Se há duas consoantes entre duas vogais (V + C + C + V), a primeira consoante fica com a primeira vogal e a segunda consoante fica com a segunda vogal (VC – CV), desde que as duas consoantes não formem um encontro consonantal real (li-vro; o-bra; a-co-pla-do):

am-né-sia; sub-de-sen-vol-vi-do; les-te; ad-vo-ga-do; dig-no; rit-mo

Se há mais de duas consoantes entre duas vogais (V + C + C + C + V), a primeira vogal fica com todas as consoantes, menos a última (VCCC-CV), desde que não haja encontro consonantal real (abs-*tra*-ir; cis-*pla*-ti-na):

*p*ers-*pi*-caz; *ist-mo*; t*ungs-tê*-nio; t*rans-por*-te; qu*art-zo*; f*elds-pa*-to

---

1. A consoante inicial não seguida de vogal permanece na mesma sílaba que a segue:

   *g*no-mo; *p*neu; *m*ne-mô-ni-co.

2. Os encontros consonantais BL, BR e DL nem sempre formam encontros reais, sendo então separados:

   sub-*li*-nhar; sub-*lo*-car; ab-*rup*-ta-men-te; sub-*ro*-gar; ad-*li*-gar.

EXERCÍCIOS

1. Classifique os elementos grifados:

*oi*to	*p*neumonia	su*í*no
qu*ai*squer	escarc*é*u	Guimarães
g*u*araná	a*bd*ômen	ba*rr*ento
p*i*olho	pant*eí*smo	*h*ífen
L*ao*s	*on*da	mín*gu*am
S*aa*ra	ego*í*smo	*fr*ieira
pinc*éi*s	adole*sc*ente	réd*e*a
a*st*eca	qu*ei*jo	*pl*aca
jib*oi*a	gira*ss*ol	

2. Testes de escolha simples:

1. Assinale a opção *incorreta*: Na palavra **cheirosinho**, há:
   a) 2 dígrafos;
   b) 2 encontros consonantais;
   c) 9 fonemas e 11 letras;
   d) 4 vogais e uma semivogal;
   e) um ditongo oral decrescente.

2. Assinale a opção *incorreta*: Na palavra **crucifixão**, há:
   a) 2 encontros consonantais;
   b) 10 letras e 11 fonemas;
   c) um dígrafo;
   d) um ditongo nasal decrescente;
   e) 4 vogais e uma semivogal.
3. Assinale a opção *correta*: No vocábulo **necropsia**, temos:
   a) ditongo oral crescente;
   b) ditongo oral decrescente;
   c) ditongo nasal crescente;
   d) ditongo nasal decrescente;
   e) hiato.
4. Assinale a opção *correta*: No vocábulo **lambisgoia**, temos:
   a) um tritongo;
   b) 3 encontros consonantais;
   c) um ditongo oral decrescente;
   d) 2 dígrafos;
   e) a seguinte separação de sílabas: lam-bis-go-ia.
5. Assinale a opção *correta*: **impresso, tóxico, hangar** têm, respectivamente, o mesmo número de fonemas que:
   a) ingresso – quando – missal;
   b) infixo – alergia – carro;
   c) pilhada – menina – hotel;
   d) envelope – sucessos – ficha;
   e) ilustre – poetas – peso.
6. A palavra que apresenta uma semivogal nasal é:
   a) inquieto;
   b) ruim;
   c) além;
   d) instantâneo;
   e) veleiro.
7. O encontro vocálico que aparece na palavra **jóquei** é o mesmo de:
   a) cárie;
   b) quase;
   c) Joice;
   d) também;
   e) averiguei.
8. A palavra que apresenta encontro consonantal é:
   a) rocha;
   b) clave;
   c) missa;

d) milho;
e) exceto.

9. Há ditongo crescente nasal em:
   a) Genésio;
   b) saguão;
   c) quanto;
   d) ruim;
   e) compõe.

10. Escolha a única opção que apresenta erro de translineação silábica:
    a) íg-neo – trans-fu-são – Cai-o – pto-se;
    b) i-mun-dí-cie – quart-zo – sub-le-gen-da – ab-rup-to;
    c) ist-mo – cir-cuns-cri-ção – tche-co – bi-sa-vô;
    d) fi-dal-go – su-ble-var – am-plo – con-vic-ção;
    e) flui-do – sá-bio – con-fes-sar – vi-ví-eis.

3. Faça a separação de sílabas das seguintes palavras, tendo em vista a translineação:

subjugar	centeio	saguão
perspicácia	aeroporto	transcrever
cooperação	transatlântico	europeia
atmosfera	adligar	supérfluo
administrar	paraguaia	intuito
ficcional	subliminar	gratuito
maior	Cláudio	sublocador

39

Notações léxicas

Além das letras do alfabeto, servimo-nos, na língua escrita, de alguns sinais (notações léxicas) que nos auxiliam a pronunciar as palavras corretamente.

As notações léxicas são:

a) **Acento gráfico**, que pode ser agudo (´), grave (`) e circunflexo (^). Atualmente, o acento grave é usado na língua portuguesa apenas para indicar crase. Exemplos:

café, à custa de, você

b) **Til** (~), que indica nasalidade. Exemplos:

irmã, bênção

c) **Trema** (¨), que, para o Acordo Ortográfico de 1990, deixou de ser usado na língua portuguesa, aparecendo apenas em estrangeirismos ou em palavras deles derivadas. Exemplos:

Müller – mülleriano

d) **Apóstrofo** ('), que serve para assinalar a supressão de um fonema. Exemplos:

vinha-d'alho, mãe-d'água

e) **Cedilha** (Ç), que é colocado sob o "c" para que ele tenha valor de "ss". Exemplos:

açúcar, miçanga

f) **Hífen** (-), que é usado para ligar elementos de palavras compostas, pronomes átonos a verbos e para a translineação silábica. Exemplos:

couve-flor, levá-la-ei, má-qui-na

EXERCÍCIO

Qual sua opinião sobre a supressão do trema determinada no Acordo Ortográfico de 1990?

40

Acentuação gráfica

1 INTRODUÇÃO

Em primeiro lugar, precisamos saber o que é *tonicidade*. Na língua portuguesa, há um número bem reduzido de palavras *átonas* (palavras que, no contexto frasal, soam fracas) e uma grande maioria de palavras *tônicas* (palavras com autonomia fonética, que têm uma sílaba forte).

Como exemplo de elementos átonos, temos: os artigos, a maioria das preposições e conjunções, alguns prefixos, alguns pronomes pessoais oblíquos etc. Na frase "não *me* perguntes *se o* menino já foi *para a* escola", os vocábulos destacados são átonos, porque, ao pronunciá-los, notamos que, na cadeia frasal, eles não têm acentuação própria.

Observemos, contudo, que *acento tônico* não se confunde com *acento gráfico*. Há palavras tônicas, como "ja*ne*la" e "*por*ta", por exemplo, que não têm acento gráfico, mas têm acento tônico (as sílabas fortes estão destacadas). Há ainda palavras tônicas, que, além do acento tônico, possuem, por alguma razão, acento gráfico. Exemplos: cris*ân*temo, Bo*lí*var, re*fém*, *três*.

Recapitulando, as palavras átonas não têm sílaba forte (acento tônico) e as palavras tônicas têm essa sílaba forte (acento tônico), podendo estas últimas receber ou não sinal gráfico (acento agudo ou circunflexo). Vejamos as regras de acentuação gráfica:

2 PROPAROXÍTONAS

Proparoxítonas são palavras que têm acento tônico na antepenúltima sílaba. Coloca-se acento gráfico sobre a sílaba tônica de todas as palavras proparoxítonas. Exemplos:

árabe   lâmpada
cédula   ótimo
devêssemos   pagáramos
esplêndido   pântano
exército   parágrafo
fôlego   público

> As paroxítonas terminadas em ditongo oral crescente são também denominadas *proparoxítonas relativas* ou *eventuais*, porque, embora modernamente, a separação desse ditongo não seja quase usada, ela pode ocorrer em nível fonético (fala). Exemplos:
>
> área – espontâneo – ignorância – série – mágoa – árdua – fórum

3 OXÍTONAS

Oxítonas são palavras que têm acento tônico na última sílaba:

a) Acentuam-se as palavras oxítonas terminadas pelas vogais A – E – O, abertas ou fechadas, seguidas ou não de "s":

guaraná	Paraná	ilustrá-lo	atrás	jacaré
através	escrevê-lo	você	três	sós
cipó	bangalô	propôs	buscapé	após

b) Acentuam-se as palavras oxítonas terminadas por EM – ENS, quando tiverem mais de uma sílaba:

alguém	contém	harém	detém
ninguém	obtém	também	convém
parabéns	armazéns	vintém	porém

4 PAROXÍTONAS

Paroxítonas são palavras que têm o acento tônico na penúltima sílaba. Coloca-se acento gráfico sobre a sílaba tônica das palavras paroxítonas terminadas por: ÃO(s) – Ã(s) – OM – ON(ONS) – I (s) e U(s) – UM(UNS) – PS – L – N – R – X – DITONGO(s). Exemplos:

órgão	júri	fórceps	tórax
bênçãos	lápis	provável	Félix
ímã	vírus	difícil	série
órfãs	bônus	pólen	Sônia
iândom	vade-mécum	hífen	jóquei
elétron	álbuns	caráter	volúveis
prótons	bíceps	repórter	

> 1. Embora não contempladas pela NGB, as paroxítonas terminadas por tritongo nasal são obrigatoriamente acentuadas:
>   águem, deságuam

> 2. Não se coloca acento gráfico nas paroxítonas terminadas em **que** = **kwe** (m, s):
>
> apropin**que**, delin**quem**, apropin**ques** etc.
> ↑ ↑ ↑
> ditongo tritongo ditongo

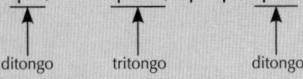

5 REGRA DO "I" E DO "U"

O "i" e o "u" são acentuados quando:

a) são tônicos;
b) vêm antecedidos de vogal diferentes de si próprios;
c) formam sílaba sozinhos ou acompanhados de "s";
d) não são seguidos de "nh";
e) vêm antecedidos de ditongo ou tritongo em palavra oxítona.

Exemplos:

egoísmo	baú	juízes
Araújo	país	gaúcho
heroísmo	Luís	Guaíba
Camboriú	Piauí	tuiú-quarteleiro

> É importante que sejam observadas as cinco cláusulas anteriormente exigidas para a acentuação, porque, se uma delas falhar, o "i" ou o "u" não serão acentuados:
>
> miudeza (o "u" não é tônico)
> item (o "i" não vem antecedido de vogal)
> xiita (as duas vogais são iguais)
> juiz (o "i" não forma sílaba sozinho)
> rainha (o "i" vem seguido de "nh")
> Bocaiuva (o "u" vem precedido de ditongo decrescente, mas a palavra não é oxítona. Esse acento foi abolido pelo Acordo Ortográfico de 1990)

6 DITONGOS ABERTOS

Acentua-se a primeira vogal dos ditongos abertos ÉI – ÉU – ÓI nas palavras oxítonas.
Exemplos:

anéis	véu	herói
pastéis	chapéu	mói

Com o Acordo Ortográfico de 1990, os ditongos abertos ÓI – ÉI não são mais acentuados nas palavras paroxítonas. Exemplos:

assembleia   europeia   jiboia   heroico

7   TIL

O til é usado para indicar nasalidade das vogais A e O e assinala tonicidade se outro acento gráfico não figura na palavra. Exemplos:

cãibra	mãe	exposição	cantarão	propões
ímã	acórdão	bênção	põe	propõem

8   ACENTO DIFERENCIAL

8.1   Diferencial de timbre

O acento diferencial de timbre serve para distinguir palavras homógrafas de pronúncia fechada de outras palavras de pronúncia aberta. Esse acento desapareceu após a Reforma Ortográfica de 1971, com uma exceção: o verbo PODER. Assim, a 3ª pessoa do singular do pretérito perfeito do indicativo (ele pôde) continua acentuado para diferenciar-se da 3ª pessoa do singular do presente do indicativo (ele pode).

Quanto à palavra FÔRMA (substantivo), (O fechado – substantivo), o acento circunflexo é facultativo para diferenciar-se de FORMA (O aberto – substantivo ou verbo).

8.2   Diferencial de intensidade

O acento diferencial de intensidade, que servia para distinguir palavras homógrafas tônicas de outras átonas, foi abolido pela Reforma de 1990, com uma única exceção: o verbo PÔR (para diferenciar-se da preposição POR). Assim, as palavras *para* (verbo), *pelo* (substantivo), *pelo*, *pelas*, *pela* (verbo), *pera* (substantivo), *polo* (substantivo) e *pero* (substantivo) não têm mais acento gráfico.

8.3   Diferencial morfológico

O acento diferencial morfológico aparece na 3ª pessoa do plural dos verbos TER e VIR (e seus derivados) para distingui-la da 3ª pessoa do singular. Exemplos:

ele tem	= eles têm
ele vem	= eles vêm
ele detém	= eles detêm
ele provém	= eles provêm

> 1. Nas formas verbais em que se inclui um pronome oblíquo, deve-se atentar para as duas partes em que se dividiu a forma verbal. Ignora-se o pronome e, se a forma verbal pertencer a alguma das regras, deve-se acentuar tanto uma como outra:
>
>   fá-lo-íamos, escrevê-lo, esperá-la-íamos, amá-la-íeis, fá-lo-ás, pô-lo, pô-lo--ia, fi-lo (sem acento)
>
> 2. A partir da Reforma Ortográfica de 1971, caiu o acento secundário que se usava sobre a sílaba subtônica:
>
>   econômico (mas *economicamente*), só (mas *sozinho*).
>
>   O til, porém, usado nas palavras primitivas, permanece nas derivadas:
>
>   vã (vãmente), irmã (irmãzinha)
>
> 3. O Acordo Ortográfico de 1990, que entrou em vigor em 1º de janeiro de 2009, aboliu os acentos circunflexos dos hiatos OO e EE em que a primeira vogal é tônica:
>
>   voo – abençoo – leem – creem

EXERCÍCIOS

1. Coloque as notações léxicas, quando necessário:

Circuito	Matine	Codea
Alcool	Neon	Textil
Apoio (verbo)	Misantropo	Pulover
Aziago	Femur	Nobel
Opimo	Pegada	Fluido (substantivo)
Libido	Maquinaria	Quiproquo
Judaico	Decano	Aguarras
Gratuito	Ureter	Proteina
Hudson	Adail	Tipoia
Constroem	Micuim	Ovoide
Ve-lo-as	Valter	Descreem
Pauis	Estevao	Sotao
Apoio (substantivo)	Ernani	Borax
Sueter	Caracois	Celuloide
Arabe	Abdomen	Planeta
Jesus	Abdomens	Cafe
Juizo	Corcel	Cristamente
Belico	Leo	Alcantara
Civel	Gondola	Lexicologia

Garibaldi	Pancreas	Fucsia
Cafezinho	Carter	Dragea
Airton	Obice	Fac-simile
Bagda	Ariete	Sequoia
Bau	Expor	Nodoa
Ague (verbo)	Contrapor	Medium
Antiquissimo	Pudica	Debenture
Degelo	Monica	Vermifugo
Lindoia	Idilio	Chavena
Fortuito	Omega	Arquetipo
Druida	Sosia	Alcali
Eden	Ravioli	Gibraltar
Edens	Estencil	Consul
Po-lo-iamos	Manganes	Mutuo
Nelson	Genuino	Anatema
Arguieis	Escarceu	Caibra
Vitor	Araujo	Caimbra
Heroi	Criciuma	Rubrica
Caracoizinhos	Piaui	Levedo (adjetivo)
Filantropo	Bilingue	Levedo (substantivo)
Sutil (= tênue)	Chanceler	Canon
Geiser	Carazinho	Crisantemo
Video	Interim	Fluor

2. Acentue, se necessário, os seguintes vocábulos:

para (verbo)	raiz	dificilmente
boemia	circuito	polens
boa	pelo (verbo)	mercancia
feri-lo	juiz	intuito
bambu	itens	refens
parti-lo	mister	por (verbo)
ciclope	caqui (fruta)	

3. Na série abaixo, falta acento gráfico em duas palavras. Assinale-as e justifique a regra:

( ) reuso;
( ) linguista;
( ) arvorezinha;
( ) avaro;
( ) sauna;
( ) cortesmente;
( ) Cavalcanti.

Justificativa:

4. Na série abaixo, falta acento gráfico em uma palavra. Assinale-a e justifique a regra:
   ( ) abdomens;
   ( ) ibero;
   ( ) somente;
   ( ) coroa;
   ( ) pezinho;
   ( ) Carmen.
   Justificativa:

5. Assinale a série cuja acentuação gráfica se justifique da mesma forma que em *saúva, ônus, céu*:
   ( ) uísque – ônibus – anéis;
   ( ) vírus – hífen – dodói;
   ( ) pastéis – Garibáldi – Caí;
   ( ) egoísmo – Quéops – escarcéu;
   ( ) lápis – vôlei – girassóis.

6. Assinale a série cuja acentuação gráfica se justifique da mesma forma que em *anzóis, aquário, ruína*:
   ( ) maiúsculo – tríduo – rédea;
   ( ) América – bíceps – ruído;
   ( ) réu – bilíngue – possuí-la;
   ( ) próton – antiquário – saúde;
   ( ) pastéis – raízes – série.

7. Assinale a(s) resposta(s) correta(s): ÍON tem acento gráfico:
   ( ) porque é proparoxítono;
   ( ) porque é nome científico;
   ( ) pelo mesmo motivo de *próton* e *rádium*;
   ( ) no singular e no plural;
   ( ) sem razão alguma.

8. Assinale a(s) resposta(s) correta(s): PÔDE (pretérito perfeito) tem acento gráfico:
   ( ) porque é uma palavra paroxítona;
   ( ) para contrastar com a forma verbal *pode*;
   ( ) sem razão alguma;
   ( ) porque é um verbo;
   ( ) pelo mesmo motivo de retêm e tórax.

9. Justifique a acentuação das seguintes palavras:
   a) jacarandá
   b) ímpar

c) relâmpago
d) três
e) fórceps
f) faísca
g) eles provêm
h) iândom
i) escarcéu
j) Mississípi
k) multiuso

10. Assinale as formas verbais que apresentam indevidamente acentuação gráfica:
a) eles lêem;
b) eu abençôo;
c) eles prevêem;
d) eles descreem;
e) que tu averigues.

11. Numere a segunda coluna de acordo com a primeira, acentuando, se necessário:
(1) oxítona   ( ) condor
(2) paroxítona   ( ) ardil
(3) proparoxítona   ( ) frenesi
                     ( ) celtibero
                     ( ) prototipo
                     ( ) novel
                     ( ) caracteres
                     ( ) bavaro
                     ( ) ritmo
                     ( ) pavio

12. Assinale a série em que todas as palavras são acentuadas, obedecendo à regra das paroxítonas:
a) húmus – tríceps – caíque – álbum;
b) pônei – dólar – órfã – suíço;
c) ravióli – saída – afável – sílex;
d) éden – água – pôde – almíscar;
e) grátis – néctar – íon – miscelânea.

41

Ortografia

1 INTRODUÇÃO

Toda língua que dispõe de escrita tende a fixar um sistema de grafia, a sua ortografia. Esse sistema é convencional e regulado por variados critérios: fonético (as letras B, F, P e V representam sempre o mesmo som em português brasileiro), etimológico (palavras escritas com H em português), sociolinguístico (a ortografia oficial apoia-se em determinada variedade linguística; não há, por exemplo, grafia para o R retroflexo (ou "R caipira") etc. Em um sistema ideal, teríamos apenas uma unidade gráfica para um valor fônico, mas não é isso o que ocorre. Por exemplo, em português, a letra X tem valor de CH (xarope), S (texto), SS (próximo), Z (exílio), KS (oxigênio), KZ (hexâmetro). O mesmo problema temos com o fonema /s/, que é representado por *s, ss, c, sc, ç, sç, z, xc, xs*: *sábado, assoar, céu, descer, caça, desça, traz, excelência, exsudar*.

A história da ortografia no Brasil é longa: reforma ortográfica em 1911; Acordo Ortográfico em 1931, que se tornou obrigatório em 1933; publicação, em 1943, do Formulário Ortográfico e do Pequeno Vocabulário Ortográfico da Língua Portuguesa (VOLP) pela Academia Brasileira de Letras; Acordo Ortográfico em 1945; em 1955, a Lei n. 2.623 oficializou a ortografia do VOLP de 1943; reforma ortográfica de 1971; Acordo Ortográfico de 1990, que passou a ser usado a partir de 2009.

Pela supervalorização que se faz da ortografia, quando se fala de *erros* de português, em geral, trata-se de "desvios com relação às convenções ortográficas oficializadas" (BAGNO, 2017, p. 327).

Vejamos alguns macetes que podem ajudar a memorizar determinadas grafias.

2 S (E NÃO C E Ç)

Em palavras relacionadas a verbos cujos radicais terminem em *nd, rg, rt, pel, corr* e *sent*:

prete*nd*er	– pretensão	im*pel*ir	– impulsivo
expa*nd*ir	– expansão	com*pel*ir	– compulsório
asce*nd*er	– ascensão	re*pel*ir	– repulsa
aspe*rg*ir	– aspersão	re*corr*er	– recurso
subme*rg*ir	– submersão	dis*corr*er	– discurso
inve*rt*er	– inversão	*sent*ir	– sensível
dive*rt*ir	– diversão	con*sent*ir	– consensual

3 S (E NÃO Z)

1. Nos sufixos – *ês*, – *esa*, – *esia*, – *isa*, quando o radical é substantivo, ou em gentílicos e títulos nobiliárquicos:

   burgu*ês*, burgu*esa*, burgu*esia* (burgo)
   mar*esia* (mar)
   poet*isa* (poeta)
   franc*ês*, franc*esa*
   chin*ês*, chin*esa*
   baron*esa*, princ*esa*, duqu*esa*, marqu*ês*

2. Nos sufixos gregos – *ase*, – *ese*, – *ise*, – *ose*:

   metást*ase*, catequ*ese*, hemopt*ise*, metamorf*ose*.

3. Nos nomes relacionados a verbos cujo radical termine em *D*:

   alu*d*ir   – alusão
   deci*d*ir   – decisivo
   empreen*d*er – empresa
   difun*d*ir – difusora

4. Nas formas verbais de *PÔR* e *QUERER* e derivados:

   pu*s*, pu*s*este, pô*s*, compu*s*eram, dispu*s*este
   qui*s*, qui*s*era, qui*s*eram, qui*s*este
   propô*s*, propu*s*eram

5. Em diminutivos cuja palavra original termine em *S*:

   Lui*s*inho (Luís)
   Tere*s*inha (Teresa)
   Ro*s*inha, Ro*s*ita (Rosa)

6. Após ditongos:

   Mai*s*ena, pau*s*a, gêi*s*er, Neu*s*a, coi*s*a, Moi*s*és, pou*s*o, lou*s*a, Sou*s*a.

7. Em verbos relacionados a nomes que contenham *S* no final do radical. Aqui se acrescenta a desinência verbal "ar":

   a-lis(o)-ar   = alisar
   análi*s*(e)-ar   = analisar
   bi*s*-ar   = bisar
   improvi*s*(o)-ar = improvisar
   pesqui*s*(a)-ar = pesquisar

4   SS (E NÃO C E Ç)

1. Em palavras relacionadas com verbos cujos radicais terminem em *gred*, *ced*, *prim* ou com verbos terminados por *tir* ou *meter*:

a*gred*ir	– agressivo	re*gred*ir	– regressão
*ced*er	– cessão	ex*ced*er	– excesso
im*prim*ir	– impresso	o*prim*ir	– opressão
admi*tir*	– admissão	percu*tir*	– percussão
sub*meter*	– submisso	compro*meter*	– compromisso

2. Dobra-se o *s* (*SS*), quando a uma palavra iniciada por *s* se junta um prefixo terminado por vogal:

   a – sistemático   = a*ss*istemático
   anti – social   = anti*ss*ocial
   re – surgir   = re*ss*urgir

3. No imperfeito do subjuntivo:

   realiza*ss*e, fize*ss*e

5   C OU Ç (E NÃO S E SS)

1. Na correlação t – c (ç):

a*to*	– ação	execu*t*ar	– execução
infra*t*or	– infração	isen*to*	– isenção
Mar*te*	– marciano	reden*t*or	– redenção
absor*to*	– absorção		

2. Em vocábulos de origem árabe:

   *c*etim, a*ç*ucena, a*ç*úcar, a*ç*afrão, mu*ç*ulmano

3. Em vocábulos de origem tupi, africana ou exótica. Mesmo, sem muitos exemplos desta última, toda palavra de origem exótica é grafada com C ou Ç e não com S ou SS:

   pa*ç*oca, cai*ç*ara, *c*ipó, Igua*ç*u, Ju*ç*ara, mi*ç*anga, ca*ç*ula, *c*acimba, cacha*ç*a, *c*acique, Cingapura (esta última palavra também admite a grafia Singapura).

4. Nos sufixos – *aça*, – *aço*, – *ação*, – *çar*, – *ecer*, – *iça*, – *iço*, – *nça*, – *uça*, – *uço*:

   barca*ça*, rica*ço*, arma*ção*, agu*çar*, embranque*cer*, carni*ça*, cani*ço*, esperan*ça*, carapu*ça*, dentu*ço*

5. Em nomes relacionados com verbos terminados em TER:

   abs*ter* – abstenção
   de*ter*   – detenção
   a*ter*   – atenção
   re*ter*   – retenção

6. Após ditongos:

louça, coice, eleição, traição, fauce, Joice

6 Z (E NÃO S)

1. Nos sufixos – *ez*, – *eza* das palavras derivadas de adjetivos:

   altivez   (altivo)
   maciez   (macio)
   riqueza   (rico)
   singeleza   (singelo)
   surdez   (surdo)

2. No sufixo – *izar*

   agonizar   (agonia)
   amenizar   (ameno)
   finalizar   (final)

3. Como consoante de ligação, unindo uma palavra a um sufixo:

   pá-ada   – pazada
   pé-inho   – pezinho
   café-al   – cafezal
   caqui-eiro   – caquizeiro
   anel-inho   – anelzinho

   a) Se a palavra original tem *s*, a palavra derivada continua com *s*:

   lápis = lapisinho

   mês = mesada

   siso = sisudo

   b) No plural de diminutivos de palavras que se escrevem com *s*:

   chinesinhos (chinês)

   adeusinhos (adeus)

   lapisinhos (lápis)

   c) Diminutivos com o sufixo – *zinho*, quando pluralizados, conservam o Z no meio da palavra:

   caracolzinho (caracol – caracóis) = caracoizinhos

   coraçãozinho (coração – corações) = coraçõezinhos

4. Nas terminações – *az*, – *ez*, – *iz*, – *oz*, – *uz*, correspondentes a formas latinas:

   capaz, dez, feliz, feroz, luz

5. Em vocábulos árabes e de outras línguas :

   alazão, algazarra, azar, alcaçuz, azeite, vizir, Azambuja, xadrez, azenha, bizarro

7 G (E NÃO J)

1. Em palavras de origem latina, grega ou árabe:

   falange, tigela, álgebra, girafa

2. Em estrangeirismos aportuguesados que já têm essa letra na língua originária:

   sargento (fr.), gelosia (it.), gitano (esp.), gim (ingl.)

3. Nas terminações – *agem*, – *igem*, – *ugem*, – *ege*, – *oge*:

   pass*agem*, vert*igem*, pen*ugem*, fr*ege*, parag*oge*

4. Nas terminações – *ágio*, – *égio*, – *ígio*, – *ógio*, – *úgio*:

   ped*ágio*, sortil*égio*, lit*ígio*, rel*ógio*, ref*úgio*

5. Nos verbos terminados em – *ger* e – *gir*:

   prote*ger*, ele*ger*, ru*gir*, fin*gir*

6. Depois de *r*, desde que não haja *j* no radical:

   conver*gir*, emer*gir*, asper*gir*

7. Depois do *a* inicial, desde que não haja *j* no radical:

   agente, ágil, agitar

8 J (E NÃO G)

1. Em palavras de origem latina que, na língua originária, eram escritas com *i* (*j*), *bi*, *di*, *hi*, *si*, *vi*:

   jeito, majestade, hoje, Jerônimo, Jerusalém

2. Em palavras de origem árabe, tupi, africana ou exótica:

   alfor*je*, *jerivá*, *jiboia*, *caçanje*, *manjerona*, *jiu-jítsu*

3. Na terminação – *aje*:

   l*aje*, ultr*aje*

9 X (E NÃO CH)

1. Em palavras de origem tupi, africana ou exótica:

   *x*arda, *x*avante, abaca*x*i, mu*x*o*x*o, *x*ingar, *x*ucro

2. Em palavras de origem inglesa (*sh*) e espanhola (*j*):

   xampu (aportuguesado do inglês *shampoo*), xelim (aportuguesado do inglês *shilling*), xerez (aportuguesado do espanhol *jerez*).

3. Após ditongos:

   caixa, feixe, frouxo

4. Após EN:

   enxada, enxame, enxaqueca, enxergar, enxoval, enxurrada

   > Existem algumas exceções à regra: encharcar = em + charco + ar; enchiqueirar = em + chiqueiro + ar; encher (do latim *implere*); enchova (var. *anchova*).

5. Depois da inicial *me*:

   mexer, mexicano, mexilhão

   > Existem algumas exceções à regra: mecha (do francês *mèche*); mechoacão (= nome de planta, originado do topônimo Mechoacán, México).

10 CH (E NÃO X)

Em palavras das mais variadas origens:

chave, cheirar, chumbo, chassi, chuchu, bombacha, cachimbo, charque, chiripá, chulear, cochilo, pechar, mochila, espadachim, salsicha, chope, checar, sanduíche, azeviche, piche, tachado

11 PALAVRAS EM QUE GERALMENTE HÁ DÚVIDA QUANTO À GRAFIA

à beça	alçapão	apesar
aborígine	amerissar	aquiescência
abscesso	analisar	arpejo
acrescentar	análise	ascensão
acréscimo	ânsia	assessor
adivinhar	antediluviano (1)	asteca
adolescente	antipático	aterrissagem
advocacia	apaziguar	atrás

atraso
através
auscultar
azia
aziago
baliza
bandeja (3)
basílica
bem-vindo
beneficente
berinjela
bombacha
bueiro
burburinho
burguês
burguesia
buzina
cabeleireiro
cachaça
cachimbo
cafajeste
camundongo
candeeiro
caniço
canjica
caramanchão
caranguejo
carcaça
carrossel
cassino
catequese
cavalariça
censura
cerimônia
cetim
charque
chimpanzé
chuchu
chulear
cinquenta (4)
cisão

coalizão (5)
cocção
cochilo
cocuruto
complementaridade
concessão
condescendência
confecção
confissão
consciência
consciente
conversão
convés
convicção
convulsão
coradouro
coriza
cortês
cortesia
crânio
cumeeira
depredar (6)
deslize
destro
digladiar
dignitário
dilapidar
disciplina
disenteria
dissensão
distensão
diversão
dossel
eletricista
empecilho
empertigado
endemoninhado
entreter
enxada
enxaqueca
enxergar

enxoval
enxurrada
escapulir
escassez
esgotar
esgoto
espectador (2)
esplêndido
espontaneidade
espontâneo
esquisito
estrangeiro
exceção
excelso
excesso
excitar
excursão
exegese
expansão
expulsão
êxtase
facínora
falso
fantasia
fascinar
faxina
feitiço
femoral
ficção
figadal
fratricida
fricção
frisar
friso
garagem
gás
gasolina
gengiva
geringonça
gesso
girassol

giz
goela
gorjear
gorjeta
granjear
grosa
guisado
guizo
harpa
herege
heresia
hesitar
hidráulica
hilaridade
hindu
hortênsia
idoneidade
improvisar
improviso
incandescente
incenso
inexorável (7)
injeção
inserir
insosso
intelecção
intitular
inversão
irascível
irrequieto
isenção
jazida
jazigo
jeito
jerivá
jérsei
jiboia
jipe
jus
laje
lambujem

lassidão
lazer
licenciado
lisonjeiro
maciço
má-criação
magazine
mágoa
maisena
majestade
manjedoura
manjerona
manteiga
manteigueira
marceneiro
matiz
mazurca
meteorologia
miçanga
milanesa
mimeógrafo
miscelânea
míssil
misto
molambento
monge
muxoxo
néscio
obcecado
óbolo
obséquio
obsessão
ojeriza
opróbrio
oscilar
pajé
pajem
pantomima
paralelepípedo
paralisar
paralisia

pátio
pechar
percurso
permissão
perspicaz
pesaroso
pesquisa
pêssego
piche
piscina
piso
poleiro
pontiagudo
pôs
prazerosamente
preciso
presteza
pretensão
prevenido
privilégio
procissão
progresso
projeção
projétil
propensão
proprietário
propulsão
prosaico
prostrar
pus
puseste
puxar
querosene
quiseste
rebuliço
rechaçar
regozijo
reivindicar
rejeitar
relaxar
repercussão

represa	sinusite	torquês
rescisão	soçobrar	traje
resina	sósia	transcender
ressarcir	sossego	triz
ressuscitar	suadouro	ultraje
réstia	submerso	umedecer
retrocesso	sucinto	usina
retrós	sugestão	utensílio
revés	sujeito	vagem
revezamento	superstição	vaivém
risoto	supetão	varizes
rodízio	suscetível	vazão
salobra	suscitar	vazar
salsicha	tábua	verdureiro
sanguessuga	tabuada	vicissitude
sarjeta	tachado (= ser acusado)	víscera
sazonar	tarraxa	xadrez
seara	tenso	xampu
seiscentos	terçol	xará
sensato	terebintina	xereta
sequer	tessitura	xerife
seringa	têxtil	xícara
sessenta	textura	xifópago
sestear	tigela	xingar
sigilo	topázio	xucro
silvícola	torácico (8)	zigue-zague

NOTAS:

(1) *Antediluviano* refere-se a fatos que ocorreram antes do dilúvio. Não se confunda o prefixo *anti* com o prefixo *ante*.

(2) Espectador (pessoa que presencia um acontecimento) escreve-se com *s*; *expectativa* (espera, aguardo), com *x*.

(3) Entre os brasileiros, é comum a monotongação dos ditongos *ai, ei, ou* (*caxa, faxa, amexa, pexe, losa, loco, poco, otro*). Por hipercorreção, ocorre o fenômeno contrário: introduz-se um ditongo onde não há: *bandeija, carangueijo* etc. Atenção: a palavra *cabeleireiro* deriva-se de *cabeleira*; daí a ortografia exigir a semivogal I na sílaba *lei*.

(4) Há palavras em português que admitem mais de uma grafia. Não é esse o caso de *cinquenta*. A grafia *cincoenta* não é registrada no Vocabulário Ortográfico da Língua Portuguesa. Já as grafias *catorze* e *quatorze* são registradas. Entre as palavras que admitem dupla grafia estão: *cabine, cabina, intrincado, intricado* etc.

(5) Escrevemos *coalizão* ou *coalização* (acordo político), mas *colisão* (choque).

(6) A palavra *pedra* pode levar ao engano ortográfico em *depredar* (não é *depedrar*), assim como *sombra* pode levar a *sombrancelha*, quando a palavra registrada é *sobrancelha*. Outras palavras que merecem atenção: *frustrado, estupro, triplo, alvitre, Cleópatra* etc.

(7) A letra X tem variados sons: Z, SS, KS: *exegese, próximo, fixo*, constituindo-se, às vezes, em obstáculo para a aprendizagem da grafia de determinadas palavras.

(8) A palavra *tórax* pode levar a confundir a grafia de seu derivado *torácico*, que se escreve com C; outro exemplo de aparente discordância gráfica é *fêmur*, que se escreve com U, e do derivado *femoral*, que se escreve com O.

EXERCÍCIOS

1. Testes de escolha simples:
   1. Assinale a série em que todas as palavras estão grafadas corretamente:
      a) trajetória – querosene – hortênsia – facínora;
      b) obcecado – previnido – salsicha – empecilho;
      c) seiscentos – reivindicação – xadrez – suscinto;
      d) xale – umedecer – cabelereiro – tachar;
      e) soçobrar – tarracha – maciço – irascível.
   2. Idem à anterior:
      a) coalizão – advinhar – abscissa – espontâneo;
      b) exceção – excursão – dextro – torácica;
      c) pajem – gasoso – femural – beringela;
      d) azteca – poleiro – prazerosamente – privilégio;
      e) prescindir – pontiagudo – molambento – maisena.

2. Sublinhe, dentro dos parênteses, a forma correta:
   1. Temos (ogeriza – ojeriza) a alguns poderosos que, (descriminando – discriminando) as minorias, (destratam – distratam)-nas, sendo, (porisso – por isso), um (opróbio – opróbrio) para um mundo que se diz moderno e civilizado.
   2. A (pesquisa – pesquiza) a respeito da (intercessão – intersecção) da órbita do nosso planeta com a do cometa Halley dependeu da verba de organismos internacionais, conseguida graças à (intercessão – intersecção) dos astrônomos, que não (exitaram – hesitaram) em solicitá-la aos mesmos.

3. Complete de acordo com o modelo:
   1. apreenSão   – apreender – ND no radical
      consen ..... o   – ....
      ace ..... ível   – ....
      disten ..... ão – ....
      exce ..... o   – ....
      insubmi ..... ão – ....

perver..... ão – ....
defen ..... ivo – ....
transcur ..... o – ....
irrever ..... ível – ....
suce ..... ão – ....
incur ..... o – ....
emi ..... ão – ....
obten ..... ão – ....
isen ..... ão – ....

2. suaviZar – suave + izar
   fri .... ar – ....
   iri .... ar – ....
   coloni ..... ar – ....
   eletroli ..... ar – ....
   enverni ..... ar – ....
   mati .... ar – ....
   avi ..... ar – ....
   pi ..... ar – ....
   simboli ..... ar – ....
   ajui ..... ar – ....

4. Complete com as letras adequadas:

1. C, Ç, S, SS, SC, SÇ, X, XC, XS ou Z:

   .....inamomo   e.....ten.....ão   entarde.....er
   e.....pontâneo   repercu.....ão   .....ílfide
   e.....udativo   e.....e.....o   .....ilogismo
   mi.....anga   incande.....ente   .....ectário
   re.....u.....itar   e.....pul.....o   .....irrose
   vero.....ímil   e.....cur.....ão   e.....el.....o
   a.....u.....ena   con.....e.....ionário   en.....efalite
   e.....trangeiro   inten.....o   .....edro
   la.....idão   inten.....ão   e.....e.....ão
   velo.....   afei.....ão
   a.....en.....ão   realiza.....e

2. CH ou X:

   pi.....e   sei.....o   .....arope
   en.....arcar   ca.....imbo   .....ute
   .....ará   ca.....umba   me.....ilhão
   en.....oval   .....iripá   .....oupana
   .....u.....u   .....ampu   .....ocalho
   .....alé   .....antungue   pa.....á
   .....ale

3. J ou G:

drá.....ea	can.....ica	lison.....ear
o.....iva	ál.....ebra	.....érsei
ri.....eza	.....iu-.....ítsu	ál.....ido
ri.....idez	cafa.....este	mon.....e
ti.....ela	gara.....em	me.....era
tra.....e	.....en.....ibre	gor.....eta
pa.....em	la.....e	gran.....ear
an.....élico	ultra.....e	.....eca
.....iboia	pro.....étil	tan.....ente
.....ipe	here.....e	fre.....e
pa.....é	ma.....estade	be.....e
exe.....ese	man.....edoura	.....en.....iva
an.....ina	tan.....erina	.....eito

42

Hífen

1 CONCEITO

Hífen é o sinal usado para ligar os elementos de uma palavra composta (*couve-flor; ex-prefeito*), o pronome pessoal átono ao verbo (*atendê-lo-ei; oferece-me*) ou, no final da linha, separando a palavra em duas partes, sempre obedecendo à separação das sílabas (*quei-jo; ami-ga*).

2 NORMAS PARA O EMPREGO DO HÍFEN

1. Em primeiro lugar, só admitem hífen elementos morfologicamente individualizados, isto é, com integridade gráfica e semântica:

   bem-querer (mas *benquisto* sem hífen)

2. Usa-se hífen quando a sua falta pode resultar pronúncia indevida ou falta de clareza:

   bem-aventurado (para não ficar be-ma-ven-tu-ra-do na leitura)
   bem-me-quer (para evitar que se juntem dois "m", ou, excluindo-se um, que se leia be-me-quer)
   sobre-humano (para não se ler so-breu-ma-no)
   ad-rogar (para não ficar a-drogar)

3. Em se tratando de palavras compostas, usa-se hífen sempre que os termos conservem integridade mórfica e tonicidade, passando aqueles a constituir um novo todo semântico:

   abaixo-assinado   amor-perfeito
   redatores-chefes   salário-mínimo
   porta-voz   quarta-feira
   alto-falante   arranha-céu
   sul-rio-grandense   porto-alegrense

Algumas exceções

    girassol   vaivém   paraquedas
    passatempo   mandachuva   madrepérola
    madressilva   sanguessuga   saguiguaçu

> 1. *Abaixo-assinado* (com hífen) significa requerimento coletivo e *abaixo assinado* (sem hífen) refere-se à assinatura de cada um dos peticionários ("o abaixo assinado fulano de tal...").
> 2. Não há hífen quando o primeiro elemento perder a integridade mórfica e a tonicidade (casos de composição por aglutinação):
>
>   pernalta   aguardente   alvinegro   bancarrota
> 3. Nas locuções de qualquer tipo, em geral, não se usa o hífen:
>
>   fim de semana   pé de moleque   baba de moça
>
>   *Algumas exceções*
>
>   pé-de-meia   água-de-colônia   mais-que-perfeito

4. Emprega-se o hífen quando o primeiro elemento é reduzido, não perde a sua tonicidade e refere-se, em geral, a um grupo étnico determinado:

    afro-cubano (= africano)   *sino*-japonês (= chinês)
    teuto-catarinense (= germânico)

    Mas: afrodescendente   teutomania   cineteatro   infantojuvenil

3   USO DO HÍFEN

1. Em nomes compostos, tais como:

    a) subst. + subst.   = cirurgião-dentista; tio-avô
    b) subst. + adjetivo   = amor-perfeito; guarda-noturno
    c) adjetivo + subst.   = baixo-relevo; livre-pensador
    d) adjetivo + adjetivo   = greco-latino; amarelo-queimado
    e) verbo + subst.   = guarda-chuva; porta-retrato
    f) verbo + verbo   = puxa-puxa; corre-corre
    g) advérbio + advérbio   = assim-assim; menos-mal
    h) advérbio + adjetivo (ou particípio)   = sempre-viva; alto-falante; bem-vindo; mal-educado
    i) subst. + prep. (ou conj.) + subst. quando nomes de plantas ou animais   = boca-de-leão; porco-da-índia
    j) outras combinações   = bem-me-quer; maria-já-é-dia;

2. Em gentílicos (ou nomes derivados de nomes próprios compostos):
   porto-alegrense
   rio-pardense
   dom-quixotismo
   nova-iorquino (ou nova-yorkino)

3. Antes dos sufixos – (*gu*)*açu* e – *mirim*, quando o elemento anterior termina por vogal tônica (oral ou nasal):
   araçá-guaçu
   capim-mirim

4. Antes do sufixo – *mor*.
   altar-mor
   guarda-mor

5. Quando o primeiro elemento é forma apocopada:
   bel-prazer
   recém-chegado
   grã-fino

6. Nos nomes dos dias da semana:
   segunda-feira
   quinta-feira

7. Em nomes próprios compostos que se tornaram substantivos comuns:
   dom-joão
   gonçalo-alves

8. Nos verbos com pronomes oblíquos:
   dir-te-ei
   dize-me

9. Na partição de sílabas:
   quart-zo
   sub-li-nhar

10. Nos encadeamentos vocabulares:
    ponte aérea Rio-São Paulo
    coligação MDB-PDT

11. Com os prefixos que o exigirem:
    pré-vestibular
    anti-humano

4 HÍFEN E PREFIXOS

Na língua portuguesa, há três casos a considerar:

4.1 Prefixos que sempre exigem hífen

1. *Além, aquém, bem, sem*:

   além-mar; aquém-fronteiras; bem-casado; sem-cerimônia (quanto a este último exemplo, não confundir com locuções adjetivas em que não se coloca hífen ➜ pessoa sem esperança = pessoa desesperançada; ou locuções adverbiais em que também não se coloca o hífen ➜ trabalhar sem vontade = trabalhar abulicamente).

2. *Formas apocopadas = bel, és (=este), grã, grão e recém*:

   bel-prazer; és-sudoeste; grã-fino; Grã-Bretanha; grão-mestre; Grão-Mogol; recém-nascido.

3. *Sota, soto, vice, vizo*:

   sota-piloto; soto-capitão; vice-presidente; vizo-rei.

4. *Ex (= já foi)*:

   ex-ministro; ex-aluno.

5. *Pré, pró, pós* (tônicos e, portanto, acentuados):

   pré-histórico; pró-construção; pós-graduação.

> As formas átonas *pre, pro, pos*, não tendo tonicidade, não são acentuadas graficamente e *não aceitam hífen* = preestabelecido, procriar, pospor.

4.2 Prefixos e elementos que nunca aceitam hífen

O Vocabulário Ortográfico da Língua Portuguesa (VOLP), da Academia Brasileira de Letras (2009), não registra palavras hifenizadas com os seguintes prefixos ou elementos:

acro	in	re
aero	intro	rino
agro	justa	sacro
audio	maxi	sesqui
auri	mini	sócio
cis	multi	trans
de(s)	novi	trás
ego	octa(octo)	uni
endo	oni	vídeo
filo	per	xilo
fisio	preter	
fono	pluri	

Exemplos de palavras que utilizam esses elementos:

acromegalia	fonoaudiologia	preterintencional
aeroporto	infeliz	reescrever
agropecuária	introverter	rinologia
audiovisual	justapor	sacrossanto
auriverde	maxicasaco	sesquicentenário
cisplatino	minissaia	sociopsicologia
decompor	multicelular	transalpino
desfazer	novilatino	trasmontano
egocêntrico	octógono	unicelular
endodontia	onipresente	videotexto
filósofo	peróxido	xilogravura
fisioterapia	plurianual	

Embora não estejam registradas no VOLP, alguns prefixos arrolados acima aceitam hífen, antes de *vogal igual* ou de *h*. Exemplos:

intro-observação; mini-habitação; mini-inquérito; maxi-investigação.

4.3 Prefixos e elementos que não admitiam hífen até o Acordo Ortográfico de 1990 e que passaram a admiti-lo antes de *vogal igual* e de *h*

alfa	hexa	penta
anfi	hidro	peri
beta	hipo	poli
bi(s)	homo	psico
bio	idio	quadri
deca	iso	radio
di(s)	lipo	retro
eletro	macro	tele
etno	mega	termo
foto	meso	tetra
gastro	mono	tri
ge(o)	neuro	turbo
hemi	orto	zoo
hepta	oto	
hetero	para	

Exemplos de palavras que utilizam esses elementos:

alfa-aglutinação, alfa-hélice, mas alfanumérico;
anfi-hexaedro, mas anfíbio;
beta-amilase, beta-hemolítico, mas betabloqueador;
bi-harmônico, bi-ilíaco, mas bimotor, bisavô;
bio-história, mas bioquímica;
deca-hidratação, mas decacampeão;
di-hídrico, di-iodado, mas dissílabo, disfunção;
eletro-hidráulico,[1] eletro-óptica, mas eletrocardiografia;
etno-história, mas etnografia;
foto-heliografia, mas fotocromático;
gastro-hepático,[1] mas gastrofaringite;
geo-hidrográfico,[1] mas geagrário, geometria;
hemi-hidratado, mas hemisférico;
hepta-hidratação,[1] mas heptacampeão;
hetero-hepático, mas heterossexual;
hexa-álcool, hexa-hidratação,[1] mas hexacampeão;
hidro-haloisita, hidro-oligocitemia, mas hidroavião;
hipo-ovariano, mas hipoalergênico;
homo-ousiano, mas homofobia;
idio-obsessivo, mas idiossincrasia;
iso-hídrico,[1] iso-ombro, mas isotérmico;
lipo-hemia, lipo-oxigenase, mas lipoaspiração;
macro-história, mas macrocosmo;
mega-hertz, mas megainvestidor;
meso-habitat, mas mesocarpo;
mono-hibridismo,[1] mas monossílabo;
neuro-hipnotismo, mas neurovegetativo;
orto-hexagonal,[1] orto-oxibenzoico, mas ortografia;
oto-hematoma,[1] mas otoneuralgia;
para-axial, mas paradiplomático;
penta-hídrico,[1] mas pentacampeão;
peri-hepatite,[1] mas perimetral;
poli-hibridismo, poli-insaturado, mas polissílabo;
psico-histórico, mas psicomotricidade;
quadri-hexagonal,[1] mas quadrimotor;
rádio-operador, mas radiodifusão;

---

[1] O VOLP apresenta 2 formas: ou a palavra tem hífen antes do H ou aparece sem hífen, suprimindo o H. Ex.: eletroidráulico etc.

retro-ocular, mas retroagir;
tele-entrega,[2] mas telejornalismo;
termo-hiperestesia, mas termoelétrica;
tetra-halogenado, mas tetracampeão;
tri-hibridismo, tri-iodado, mas tricampeão;
turbo-hélice, turbo-oxigenador, mas turborreator;
zoo-hematina, mas zootécnico.

4.4 Prefixos que aceitam ou não hífen

Há prefixos que, dependendo da palavra que os segue, *aceitam ou não hífen*. Nesse caso, o *hífen* só poderá ocorrer se vier seguido de uma palavra iniciada por *vogal, H, R* ou *M* e *N. Se a palavra começar por outra letra, não se usará hífen.* Exemplos:

contra-análise   (mas contracheque e contraproducente)
semi-indireto   (mas semideus e semianalfabeto)
extra-humano   (mas extraclasse e extraoficial)
sobre-humano   (mas sobrecasaca e sobrejacente)
super-homem   (mas *supermercado* e *supersensível* etc.)

O quadro seguinte objetiva facilitar a grafia de palavras que são escritas com ou sem hífen. O sombreado indica a existência do hífen. Como se vê, há hífen sempre que o segundo elemento começa com H.

QUADRO DE PREFIXOS QUE EXIGEM HÍFEN ANTES DE VOGAL, H, R, M OU N

PREFIXOS	VOGAL		H	R	M	N
circum – pan	■		■		■	■
mal	■		■			
ante – anti – arqui – auto –	vogal	vogal	■			
contra – entre – extra – infra –	igual	diferente	■			
intra – neo – proto – pseudo – semi			■			
sobre – supra – ultra			■			
hiper – inter – nuper – sub –			■	■		
super – ab – ad – ob – sob			■	■		

---

[2] A grafia *telentrega*, bastante usada no Brasil, não consta no VOLP (2009).

1. Por problema de *pronúncia*, entre as palavras iniciadas por *b* e os prefixos terminados por essa letra (*b*), usa-se hífen. O mesmo se dá com relação às letras *l* e *d*:

   sub-bibliotecário; mal-lançado; ad-digital

2. Não confundir *ante* e *anti*: o primeiro significa *anterioridade* (antediluviano, antessala) e o último, *contra* (antiprotocolar, antirraiva).

3. Alguns prefixos não são acentuados porque são átonos: *super, nuper, semi, anti* etc. Outros, porém, por serem tônicos, são acentuados: *além, aquém, pré, pró, pós, recém* etc.

4. De acordo com o Acordo Ortográfico de 1990, o prefixo *co(m)*, que, muitas vezes, aceitava hífen (*co-proprietário, co-autoria, co-fundador*), passa a admiti-lo apenas antes de *vogal igual* e de *h*. O **VOLP (2009), no entanto, não registra nenhuma palavra iniciada por esse prefixo seguido de hífen:**

   coabitar; coerdeiro; coautoria; coeducação; cooperação; cofundador; correalização; cossolvente

5. Quando o prefixo não é acentuado e termina por vogal, e o segundo elemento começa por R ou S, não há hífen, duplicando-se essa consoante:

   extrarregular; antissemita; autossuficiente; autorretrato

6. Quando a última letra do prefixo é vogal e a primeira letra do segundo elemento é uma vogal igual, há hífen. Caso contrário (vogal diferente), não há hífen:

   anti-inflamatório, mas antiatômico; semi-indireto, mas semiárido; auto-observação, mas autoestrada; extra-atmosférico, mas extraoficial

7. Apesar da regra ortográfica, o VOLP (2009) não registra palavras em que os prefixos *ab, ad, ob* e *sob* sejam seguidos de elementos iniciados por *h*.

8. De acordo com o VOLP (2009), há algumas palavras que mantêm dupla grafia:

   abrupto (ab-rupto); turbo-hélice (turboélice); sub-humano (subumano); eletro-hidráulico (eletroidráulico) etc.

EXERCÍCIOS

1. Complete, usando o hífen, se necessário:

arqui + secular
pseudo + original
pseudo + crítica
abaixo + assinado
porta + voz
arranha + céu

pré + vestibular
pro + seguir
pre + visão
bio + grafia
sub + reptício
sub + locar

neo + latino
neo + romano
contra + indicado
extra + oficial
peri + patético
xilo + fone
penta + sílabo
ex + presidente
vizo + rei
grão + duque
micro + onda
pre + determinado
ante + ontem
super + homem
ultra + sensível
sub + alimentado
semi + círculo
infra + estrutura
auto + infração
super + requintado
supra + renal
inter + vocálico
circum + navegação
ob + reptício
ab + rogar
rio + grandense
anti + anêmico
hiper + sensibilidade
sub + linhar
sub + alterno
inter + nacional
multi + nacional
anti + inflamatório
micro + saia

euro + asiático
anti + protocolar
mal + humorado
co + seno
contra + veneno
tele + entrega
sobre + loja
audio + metria
sub + gerente
bio + ritmo
bem + te + vi
sub + brigadeiro
pró + construção
sub + humano
sub + total
ante + diluviano
psico + motricidade
super + estrutura
contra + senha
anti + aéreo
bio + degradável
sub + hepático
micro + ônibus
pre + existente
mal + formado
ultra + violeta
anti + econômico
contra + senso
para + lama
sub + base
sobre + humano
video + fone
ítalo + belga
macro + atacado

2. Testes de escolha múltipla:

Código:

A – se I e II estiverem corretas.
B – se I e III estiverem corretas.
C – se II e III estiverem corretas.
D – se todas estiverem corretas.
E – se nenhuma estiver correta.

1. I – pão-de-ló; pé-de-moleque; inter-colegial; anti-socialista;
   II – supercílio; pós-guerra; preestabelecido; aerodinâmico;
   III – interurbano; hipersensível; intramuscular; subcutâneo.
2. I – paraquedas; porta-retrato; entre-hostil; sublingual;
   II – corpo-a-corpo; pontapé; parachoque; abrogar;
   III – pré-nupcial; circum-navegação; ultramoderno; hipotensão.
3. I – vice-diretor; co-proprietário; Grão-Pará; sobremesa;
   III – procônsul; bio-geografia; retroagir; norte-americano;
   III – oto-rino-laringologia; xilogravura; egocentrismo; zootecnia.

3. Testes de escolha simples:
  1. Assinale a série em que todas as palavras estão grafadas segundo o Acordo Ortográfico:
     a) anti-higiênico; semi-alfabetizado; extra-oficial;
     b) sub-bibliotecário; anti-alérgico; antessala;
     c) sub-habitação; pós-guerra; grã-fino;
     d) panamericano; bem-aventurança; vaivém;
     e) mini-série; termoelétrica; turborreator.
  2. Assinale a série em que todas as palavras seguem a grafia oficial:
     a) anti-rábico; sub-raça; intercontinental;
     b) autobiografia; pré-vestibular; pseudo-profeta;
     c) preestabelecido; coerdeiro; contratorpedeiro;
     d) super-mãe; neolatino; anteontem;
     e) ultra-secreto; semi-deus; predeterminado.

43

Prefixos de origem latina ou grega

Prefixo é o elemento que pode aparecer numa palavra, antecedendo a sua raiz. Exemplos: prenome (= pre + nome); transcurso (= trans + curso).

Sufixo é o elemento que pode aparecer numa palavra após a raiz. Exemplos: esbeltez (= eslbeltø + ez); lealdade (= leal + dade).

Alguns prefixos de origem latina ou grega:

PREFIXO	SIGNIFICADO	EXEMPLO
ab, abs, a	afastamento, separação	abstrair, aversão
ad	aproximação	adnominal
ambi	duplicidade	ambiguidade
ante	anterioridade	antepor
circum	movimento em torno	circunferência
cis	posição aquém	cisalpino
com	companhia, sociedade	companheiro, conterrâneo
contra	oposição	contradizer
de	movimento de cima para baixo	decrescer
	separação	decapitar
des	ação contrária	desfazer
ex, e, es	movimento para fora	expatriar, emigrar, esvaziar
extra	fora de, além de	extraoficial, extradição
in, im, i	sentido contrário, negação	injusto, impermeável, ilegal
infra	posição inferior	infra-assinado
intra	posição interior	intramuscular
inter, entre	posição intermediária	internacional, entreabrir
ob, o	posição em frente	objeto
	oposição	opor
per	através de, intensidade	percorrer, perdurar
pos	posição posterior	postônica, pós-graduação
pre	anterioridade	prever, pré-fabricado

PREFIXO	SIGNIFICADO	EXEMPLO
re	movimento para trás	regredir
	repetição	refazer
retro	para trás	retroceder
semi	metade	semicírculo
sub	inferioridade, abaixo	submarino
super, sobre	posição superior	supercílio
	excesso	sobrecarga
supra	posição superior	supracitado
trans	além de, através de	transportar, transamazônica
anfi	duplicidade	anfíbio
anti	oposição	antípoda, antiaéreo
arqui	superioridade hierárquica	arquiduque
di	duplicidade	dissílabo
dia	através de	diálogo, diáfano
ec	fora de	ecdêmico
ex, exo	movimento para fora, intensidade	êxodo, exógeno, exacerbar
endo	movimento para dentro	endocarpo
epi	sobre, em cima	epiderme
eu	bondade, perfeição	eugenia, eufonia
hemi	metade	hemisfério
hiper	excesso	hipérbole
hipo	cavalo	hipódromo
	posição inferior	hipodérmico
	escassez	hipotensão
meta	mudança, posterioridade, transcendência, reflexão crítica sobre	metamorfose, metatarso, metafísica, metalinguística
mono	singularidade	monoteísmo
peri	em torno de	perímetro
poli	multiplicidade	polissílabo
pro	posição anterior	próclise
	a favor de	pró-socialista
	movimento para a frente	progresso
proto	início, começo	proto-história
sin (sim)	simultaneidade	sinfonia, simpatia
tele	distância	telégrafo

Na formação de palavras, a derivação prefixal e sufixal (prefixação e sufixação) é um recurso riquíssimo que possibilita a criação de novos vocábulos. Na palavra *imexível*, que muitos estranham, até tachando-a de incorreta, a derivação prefixal e sufixal que aí aparece é legítima: prefixo I + radical MEX + I (que, em muitas formas verbais, substitui o E da segunda conjugação) + sufixo – VEL.

Na literatura brasileira, temos bons exemplos dessas novas formas criadas por alguns escritores, como Guimarães Rosa, José Cândido de Carvalho, Dias Gomes etc. Exemplos:

> "Aí escutei a voz – a voz dele tremia nervosa, como de cabrito; de maneira que gritou – à briga. Um *desfeliz*." [destaque nosso] (ROSA, 1970. p. 386).
> "Em presença de tal apelação, mais *brabento* apareceu a peste." [destaque nosso] (CARVALHO, [198-]).

Dias Gomes é o autor do livro *Odorico Paraguaçu, o bem amado: história de um personagem larapista e maquevalento* (título da coleção Aplauso, lançada pela Imprensa Oficial). O autor reescreveu a peça que, mais tarde, deu origem à famosa telenovela *O bem amado* (1977). Escreveu:

> "*Prafrentemente* vamos tratar de coisas sérias." [destaque nosso]

EXERCÍCIO

Dê o significado dos prefixos e das seguintes palavras:

*epi*carpo
*ambi*valente
*ab*jurar
*de*penar
*entre*ssafra
*per*sistir
*circuns*crito
*ante*câmara
*pre*disposição
*ad*junto
*cis*platino
*contra*medida
*ex*patriar
*epi*télio
*intra*venoso
*pos*por
*de*compor
*des*respeitar
*re*alimentação
*retro*projetor
*sub*alterno
*semi*colcheia
*con*viver
*super*oxidar

*super*veniente
*supra*laríngeo
*trans*andino
*im*puro
*extra*polar
*arqui*milionário
*endo*dontia
*di*cotiledônia
*hemi*plégico
*peri*feria
*hipo*tálamo
*meta*linguagem
*dia*cronia
*ec*lipse
*ex*alar
*hipo*mania
*tele*patia
*proto*tipo
*ad*verbial
*extra*natural
*ab*lação
*ob*star
*ante*ver
*e*mergir

*in*capaz
*ir*real
*inter*ação
*anfi*teatro
*antí*geno
*peri*patética
*hiper*glicemia
*meta*física
*di*cotomia

*ex*orbitar
*mono*cotiledônea
*eu*femismo
*pró*logo
*hiper*trofia
*infra*vermelho
*poli*morfo
*sin*tonia

44

Emprego de maiúsculas e minúsculas

1 MAIÚSCULAS

Empregam-se letras maiúsculas nos seguintes casos:

1. Em nomes próprios (incluindo pessoas, cidades, países, acidentes geográficos, logradouros públicos, títulos de obras, fatos históricos ou comemorativos, nomes de ciências, nomes de agremiações ou repartições etc.):
Berenice, Xavier, Tocantins, Carazinho, Av. Protásio Alves, Praça da Alfândega, *Incidente em Antares*, *Correio do Povo*, Pontifícia Universidade Católica, Associação Atlética do Banco do Brasil, Física, História da Linguística, Semana da Pátria, Dia das Mães etc.

2. Em nomes que expressam conceitos políticos ou religiosos:
Estado, Igreja etc.

3. Em citações diretas (transcrições literais):
O livro *Vidas secas*, de Graciliano Ramos, inicia assim: "Na planície avermelhada os juazeiros alargavam duas manchas verdes".

4. No começo dos versos (uso não obrigatório; alguns modernistas, como Drummond, utilizam letra minúscula; outros, como Bandeira, usam letra maiúscula; os românticos, como Gonçalves Dias, a seguir citado, faz uso de maiúsculas):
Meu canto de morte,
Guerreiros ouvi:
Sou filho das selvas,
Nas selvas cresci;
Guerreiros, descendo
Da tribo tupi. (Gonçalves Dias, *I – Juca-Pirama*)

5. Em nomes que designam altos postos:
Presidente da República, Governador do Estado, Secretário da Fazenda etc.

6. Em nomes de pontos cardeais (quando caracterizados regionalmente):
   Durante o período da Guerra Fria, uma aproximação entre o Oriente e o Ocidente era algo remoto.
   Tanto o Norte como o Sul, nos seus extremos, apresentam uma temperatura gélida.

7. Em expressões de tratamento e formas a elas relacionadas:
   Meritíssimo Senhor Juiz, MM., Vossa Reverendíssima, V. Rev.^{ma}, Excelentíssimo Senhor Presidente da República etc.

8. Em atos das autoridades em documentos oficiais:
   Portaria n$^{\underline{o}}$ 21, Decreto-lei n$^{\underline{o}}$ 150 etc.

9. Em palavras que se quer destacar:
   Caro Colega, ao Mestre etc.

10. Em nomes de festas ou festividades
    Natal, Páscoa etc.

2 MINÚSCULAS

Empregam-se letras minúsculas nos seguintes casos:

1. Em nome de *meses*:
   maio, dezembro

2. Em nome de *dias da semana*:
   domingo, quarta-feira

3. Em nome das *estações*:
   primavera, inverno

4. Em nomes *gentílicos*:
   gaúchos, brasileiros, argentinos

5. Em nome de *línguas*:
   alemão, espanhol, inglês

6. Em nome de *festas populares*:
   Iremos a vários bailes de carnaval.

7. Em nome de pontos cardeais:
   Percorreu os Estados Unidos de sul a norte.

8. Nas expressões *fulano*, *sicrano* e *beltrano*:
   Na festa, fulano portou-se mal.

9. Em partículas monossilábicas e átonas no meio de nomes próprios:
   Associação dos Caixeiros Viajantes;
   Incidente em Antares;
   Cruz e Sousa.

10. Em enumeração, exemplificação, complementação e conclusão após dois pontos:
    Tinha duas virtudes: a bondade e a humildade.
    Quando viu o envelope, ficou nervosa: o resultado do exame poderia não ter sido bom.
    Só te faço um pedido: cuida bem do que te pertence.
    É época de liquidações: aproveita!

EXERCÍCIOS

Complete com a letra que se ajuste ao enunciado:

1. .....ntônio é professor de .....uímica. (a – A; q – Q)
2. No dia 21 de .....utubro, será o casamento de .....lávia. (o – O; f – F)
3. Há normas especiais para a .....ei de .....mprensa. (1 – L; i – I)
4. O .....ordeste .....rasileiro é muito quente. (n – N; b – B)
5. A .....rimavera, às vezes, é bem ventosa. (p – P)
6. Dirijo-me a .....ós, ó meu .....eus! (v – V; d – D)

45

Grafia de nomes próprios

1 INTRODUÇÃO

A grafia de nomes próprios está sujeita às mesmas regras ortográficas dos nomes comuns, exceto nas listas de referências bibliográficas. Todavia, são comuns no Brasil, em virtude de constantes mudanças na ortografia oficial, alterações na grafia de nomes antigos: troca de *z* por *s*, de *y* por *i*, acréscimo ou decréscimo de acentos etc. É possível, pois, encontrarmos um nome como Claudio Antonio da Camara Queiroz substituído por Cláudio Antônio da Câmara Queirós.

Vejamos alguns pormenores:

a) O nome das pessoas vivas é escrito de acordo com o seu registro:
   Maria Bethania

b) O nome das pessoas já falecidas pode ser reformulado de acordo com a ortografia vigente (Eça de Queirós, Cecília Meireles, Euclides da Cunha, Gregório de Matos Guerra, Luís de Camões etc.). Quando, porém, citamos uma obra numa lista de referências bibliográficas, transcrevemos seu nome como se apresenta na capa ou no frontispício da obra. Se aparece *z* e não *s*, mantemos a ortografia antiga; se aparece *Manuel* e não *Manoel*, escrevemos *Manuel*; se aparece *Moraes* e não *Morais*, escrevemos *Moraes*; se consultamos *Os lusíadas* em uma edição em que aparece na capa *Luiz de Camões*, o *z* é reproduzido nas referências bibliográficas. Em um texto em que nos referimos a *Rui Barbosa*, por exemplo, atualizamos a ortografia: não usamos *Ruy*. Também com relação a acentos, em bibliografias, respeitamos o que aparece no frontispício das obras: a editora da *Fundação Getulio Vargas* é grafada sem acento, porque assim consta do frontispício das obras que publica.

c) Nomes próprios de origem estrangeira não são, normalmente, aportuguesados:
   Anita Malfatti, Boccaccio, Michelangelo, Caravaggio, Botticelli (nome de artistas italianos: observar a duplicação de letras); Victor Hugo, Honoré de Balzac, Gustave Flaubert, Charles Baudelaire, Émile Zola, Molière, Choderlos de Laclos, Stendhal, Arthur Rimbaud, Simone de Beauvoir (nomes de autores franceses); Johann Wolfgang von Goethe, Thomas Mann, Friedrich Schiller, Bertolt Brecht (autores alemães).

2 LISTA DE NOMES PRÓPRIOS

No quadro seguinte, apresentamos uma lista de nomes próprios grafados de acordo com a ortografia atual:

NOMES PRÓPRIOS DE ACORDO COM A ORTOGRAFIA ATUAL

Aírton	Cláudio	Ísis	Pantano Grande
Amílcar	Clóvis	Itapuã	Queirós
Amsterdã	Criciúma	Ivã	Raquel
André	Dóris	Jacó	Resende
Andreia	Elói	Júnior	Rute
Aníbal	Eneias	Lindoia	Sepúlveda
Araújo	Ernâni (Hernâni)	Luís	Sousa
Bagdá	Esaú	Luísa	Suíça
Bahia	Fábio	Madri	Tomás
Balduíno	Garibáldi	Márcia	Valesca
Bocaiuva	Havaí	Meneses	Válter
Bucareste	Hílton	Mílton	Vietnã (Vietname)
Cármen	Iguaçu	Mississípi	Vílson
Cátia	Inês	Montevidéu	Xangri-Lá
Cavalcânti	Isaías	Ornelas	Zuleica etc.

> A palavra *pântano* é proparoxítona e, portanto, grafada com acento circunflexo. O primeiro termo do nome do município gaúcho de Pantano Grande é pronunciado como paroxítona; não é, por isso, acentuado. Em São Paulo, Caraíbas, uma de suas ruas, é denominada Car*ai*bas, pelos moradores da região, como se a tônica fosse no *a*, mas a forma registrada é Caraíbas. Em relação a nome de ruas, a monitoração leva a respeitar o que está registrado na Prefeitura. Ocorre, porém, que nem sempre as placas trazem o nome como foi registrado. *Lages*, município de Santa Catarina, escreve-se com *g* (o substantivo que indica termo da construção civil (lájea, lajota, placa de pedra) escreve-se com *j*. *Erechim*, cidade do Rio Grande do Sul, escreve-se com *ch*.

EXERCÍCIOS

1. Fazer uma lista de nome de seus familiares, respeitando a ortografia em que eles foram registrados.

2. Pesquisar na Internet textos que tratam do registro de nomes próprios, principalmente, sobre se há proibições.

46

Abreviações

1 ABREVIAÇÃO

Abreviação é um conceito genérico que abrange *abreviatura*, *sigla* e *símbolo*.

2 ABREVIATURA

A abreviatura é a redução (seguida de ponto) da palavra: pode ser composta da letra inicial, das sílabas iniciais ou das letras iniciais, médias ou finais. Exemplos:
Dec. (decreto); Sr. (senhor); S.A. (Sociedade Anônima)

> A abreviatura *não pode* terminar por *vogal* ou em *final de sílaba*. A palavra *presente* não se abrevia como *pre.* ou *presen*.

3 SIGLA

A sigla é formada pelas letras ou sílabas iniciais dos nomes próprios. Na sigla, não se usa ponto abreviativo. Ela pode, entretanto, formar palavras derivadas. Exemplos:

CEEE (Companhia Estadual de Energia Elétrica)
PUCRS (Pontifícia Universidade Católica do Rio Grande do Sul)
PETROBRAS (Petróleo Brasileiro S.A.)
CLT (Consolidação das Leis do Trabalho); daí se forma a palavra *celetista*

4 SÍMBOLO

O símbolo é um sinal que representa uma palavra. É *usado sempre no singular e sem ponto abreviativo*. Exemplos:

m (metro); g (grama); h (hora); min (minuto)

Quanto à abreviação de horas e minutos, a grafia é:

13h10min (13 horas e 10 minutos).

EXERCÍCIOS

1. Abrevie:

15 horas e 45 minutos	documento
apartamento	decreto
18 metros	relatório
250 gramas	dúzia
general	Vossa Senhoria
galeria	Vossa Excelência
coronel	Vossa Reverendíssima
antes de Cristo	Digníssimo
aos cuidados	Vossa Santidade
página	Excelentíssimo
tonelada	Ilustríssimo
em mãos	Vossa Majestade
exemplo	Senhora
telefone	por procuração
próximo passado	documento
por especial obséquio	decreto
pago	relatório
Sociedade Anônima	dúzia
por procuração	tenente

2. Pesquise na Internet o que significa FAPESP, CNPq, ENEM, FIES, FUVEST, CAPES.

47

Grafia de estrangeirismos

1 INTRODUÇÃO

Os estrangeirismos, quando não aportuguesados, são escritos de acordo com o seu idioma original. Quando aportuguesados, seguem a ortografia atual.

Os vocábulos estrangeiros são escritos com algum destaque (na escrita manual, usam-se aspas; na digitação, usa-se *itálico*).

2 LATINISMOS

Latinismo é a expressão própria do latim. Um cuidado elementar: o plural em latim se faz de forma diferente da nossa: *campus, campi; curriculum, curricula, corpus, corpora*. A consulta a um dicionário ou a um *site* confiável da Internet auxilia na hora de uso dessas expressões. Exemplos:

alter ego	grosso modo	pacta sum servanda
a posteriori	habeas corpus	pari passu
a priori	habitat	plus
apud	honoris causa	quantum
data venia	in memoriam	quorum
de cujus	ipsis litteris	sine die
deficit	modus vivendi	sine qua non
delirium tremens	mutatis mutandis	sui generis
erga omnes	opus	superavit

Como se pode observar, essas palavras não são acentuadas graficamente. Algumas expressões latinas são comuns na área jurídica (*data venia, de cujus, erga omnes, habeas corpus*); outras, no entanto, têm uso tão generalizado que nem percebemos que se trata de um latinismo: *a priori, a posteriori, grosso modo, fórum, quórum* (estas duas últimas já aportuguesadas e, por isso, acentuadas) etc. A expressão *grosso modo* é latina e não foi aportuguesada. Não é, portanto, regida pela preposição *a*, hábito muito comum em falantes brasileiros.

3 ANGLICISMOS

São chamadas de anglicismos as expressões que importamos da língua inglesa. Exemplos:

abstract	e-mail	lounge
apartheid	establishment	marketing
bad boy	facebook	medley
baby-sitter	fashion	milk-shake
background	fast food	must
backup	feedback	notebook
bacon	fitness	off
banner	flat	office-boy
barman	folder	on-line
best-seller	freezer	outdoor
big brother	freeway	pendrive
blazer	freestyle	pit stop
blend	funk	play
blog (aportuguesado = blogue, que não é quase usado)	gay	playback
	gentleman	playboy
	globe-trotter	playground
breakfast	gospel	playstation
brownie	hacker	pedigree
brunch	handicap	performance
byebye	hip hop	pole position
cameraman	hobby	rave
camping	home office	resort
CD-rom	home page	rock' and' roll
charter	hot dog	rush
cheeseburger	hotmail	sale
coffee break	iceberg	scanner
compact disc (CD)	icecream	sex appeal
commodity	impeachment	shopping
copyright	insight	short
cowboy	internet	show
delivery	know-how	show room
desktop	lady	site (sítio)
doping	lan house	skate
download	laptop	skinhead
drink	laser	slogan
drive	living	smoking
drive thru	lobby	software
DVD	look	stand

standard	top model	website
store	twiter	weekend
target	upgrade	Windows
time	up-to-date	zoom

Palavras em inglês não são acentuadas graficamente.

4   GALICISMOS

São assim denominadas as expressões que importamos da língua francesa. Exemplos:

affaire	élan	naïf
aplomb	en passant	nouveau-riche
assemblage	flamboyant	ouverture
avant-première	foie gras	patronesse
bavaroise	fondue	pot-pourri
berceuse	frisson	quiche
boutique	gourmand	réveillon
bureau	gourmet	savoir-faire
buffet-froid	hors-d'oeuvre	soirée
charlotte-russe	laissez-faire	sommelier
coiffeur	lingerie	sous-plat
comme il faut	maître-d'hôtel	tête-à-tête
couchette	ménage	tour-de-force
débacle	menu	tournée
déjà-vu	mignon	vaudeville
démarche	mise-on-place	vernissage
éclair	mise-en-scène	vis-à-vis

> A palavra *delikatessen* (cuja abreviação designa as famosas *deli* americanas) significa iguaria requintada e não é, como muitos pensam, de origem francesa (*délicatesses*), e sim alemã. Por isso, o plural é em N e não em S. A palavra *blitz* (batida policial repentina) também tem origem alemã, e o plural é *blitze*.

5   FORMAS JÁ APORTUGUESADAS

Muitas expressões estrangeiras incorporadas à nossa língua enriqueceram o nosso vocabulário. Algumas formas já aportuguesadas:

abajur
álibi
ampere
ateliê
balé
bangalô
batom
bege
beisebol
bibelô
bife
bijuteria
bilboquê
biquíni
blecaute (além de apagão, blecaute também é o nome de um tecido para cortinas)
boate
boné
boxe
buldogue
bulevar
buquê
cabaré
cabina
cachê
camelô
camicase
camioneta
cancã
carnê
carrossel
cartum
cassetete
cavanhaque
chalé
champanha
chassi
chique
chofer

chope
clube
comitê
complô
confete
conhaque
coquetel
crachá
craque
creche
crochê
cupom (cupão)
dáblio
dândi
debênture
deletar
destróier
dólar
drinque
escore
escrete
esnobe
espaguete
esporte
esqui
estoque
filé
filme
fiorde
flerte
folclore
futebol
garagem
garçom (garção)
gim
glacê
gol
grátis
grife
gueixa
gueto

guichê
guidom (guidão)
ianque
iate
iene
iogurte
jérsei
jipe
jóquei
lanche
lasanha
leiaute
líder
limusine
linear
lorde
maçom (mação)
maiô
maionese
manchete
manicuro(a)
mantô
maquete (maqueta)
maquilagem (maquiagem)
matinê
médium
memorando
metrô
mezanino
musse
nhoque
nocaute
nuança
omelete (omeleta)
ônus
panteão
parquê (parquete)
patê
picles
pierrô

pingue-pongue	quitinete	tique
piquenique	raquete (raqueta)	tíquete
pistão	ravióli	toalete
pivô	recorde	tobogã
placar	réquiem	trailer
platô	ringue	tricô
plissê	rondó	truste
ponche (bebida)	rosbife	turfe
pônei	sanduíche	turista
pôquer	sinuca	uísque
prima-dona	soçaite	vade-mécum
pule	suéter	vagão
pulôver	surfe	vedete
purê	tanque	vermute
quepe	teipe	vitrina
quermesse	tênis	vôlei
quimono	tílburi	xampu
quiosque	time	xantungue

6 PALAVRAS DERIVADAS DE NOMES PRÓPRIOS ESTRANGEIROS

As palavras derivadas de nomes próprios estrangeiros conservam a grafia de origem e são acrescidas de sufixos da língua portuguesa. Exemplos:

*bach*iana   *hegel*iano   *pasteur*izar
*freud*iano   *malthus*ianismo   *shakespear*iano
*gestalt*ismo   *neokant*ismo

EXERCÍCIOS

1. Numere a segunda coluna de acordo com a primeira:

(1) patchwork   ( ) pensão tipicamente inglesa
(2) medley   ( ) pronto para usar
(3) vernissage   ( ) técnica
(4) pole position   ( ) visão de mundo
(5) feedback   ( ) página na internet
(6) aplomb   ( ) corrida
(7) outdoor   ( ) conversa via internet
(8) holding   ( ) sem prévio conhecimento

(9) know-how   ( ) mudando o que deve ser mudado
(10) data venia   ( ) perante todos
(11) in limine   ( ) tema principal
(12) apartheid   ( ) apresentação (registro) no balcão de companhia aérea, hotel etc.
(13) rush   ( ) abordagem, enfoque pessoal
(14) prêt-à-porter   ( ) desvantagem
(15) erga omnes   ( ) limpo, sem excessos
(16) ad hoc   ( ) tecido feito com retalhos
(17) hic et nunc   ( ) denominação que garante a origem de vinhos finos
(18) a priori   ( ) ajuste para realizar operações especulativas
(19) a posteriori   ( ) sumariamente
(20) weltanschauung   ( ) fusão de empresas
(21) mutatis mutandis   ( ) depois de conhecer o fato
(22) apud   ( ) com a devida licença
(23) verbi gratia   ( ) dia anterior à exposição
(24) leitmotiv   ( ) aqui e agora
(25) hors concours   ( ) no mesmo lugar
(26) delivery   ( ) habilidade
(27) approach   ( ) condução coletiva com serviço de traslado
(28) ibidem   ( ) arte feita com materiais diversos
(29) sic   ( ) moderno
(30) modus vivendi   ( ) atuação, desempenho
(31) pari passu   ( ) posição de liderança
(32) best-seller   ( ) assim mesmo
(33) handicap   ( ) no começo
(34) performance   ( ) eventualmente
(35) savoir-faire   ( ) viagem de ida e volta
(36) laissez-faire   ( ) por exemplo
(37) impeachment   ( ) que atingiu recordes de vendas
(38) grosso modo   ( ) impedimento
(39) pop art   ( ) vantagem, algo mais
(40) pool   ( ) realimentação
(41) op art   ( ) explosão
(42) boom   ( ) arte óptica
(43) top model   ( ) deixai fazer
(44) check-in   ( ) política de segregação racial
(45) check-out   ( ) simultaneamente
(46) resort   ( ) modo de viver
(47) staff   ( ) entrega em domicílio
(48) B & B (Bed and Breakfast) ( ) segurança, desenvoltura

(49) charter (voo)   ( ) comunicação, na recepção do hotel, da saída do hóspede
(50) full time   ( ) junto de
(51) shuttle   ( ) propaganda ao ar livre
(52) trekking (ou hiking)   ( ) passeio turístico
(53) appellation controlée   ( ) que não concorre a prêmio
(54) single   ( ) diversas músicas misturadas (*pot-pourri*)
(55) locker   ( ) em turismo, comprovante de reserva e/ou pagamento de hotel, passeio etc.
(56) round trip   ( ) já visto, que não traz novidades
(57) software   ( ) conjunto de funcionários
(58) homepage   ( ) armário com chaves para guardar malas e mochilas
(59) skyline   ( ) voo fretado
(60) CD-ROM   ( ) horário integral
(61) e-mail   ( ) transferência de arquivos entre computadores
(62) plus   ( ) modelo muito qualificada
(63) voucher   ( ) pessoa desacompanhada
(64) site   ( ) caminhada por trilhas
(65) tour   ( ) hotel turístico com muitas atrações e conforto
(66) download   ( ) endereço de correio eletrônico
(67) chat   ( ) programa de computador
(68) up-to-date   ( ) silhueta dos edifícios contra o céu
(69) clean   ( ) CD de computador somente para a leitura de dados
(70) déjà-vu   ( ) conjunto mais elaborado de *homepages*

2. Quais são os estrangeirismos mais utilizados no seu local de trabalho?

3. Qual sua opinião sobre o uso de expressões estrangeiras à porta de estabelecimentos comerciais, como: black friday, 30% off, sale?

48

Concordância nominal

1 CONCEITO

A concordância nominal diz respeito aos nomes, podendo ser *regular* ou *irregular*.

Concordância nominal *regular* é aquela em que o adjetivo e os determinantes (artigo, numeral e pronome adjetivo) concordam em gênero e número com o substantivo ao qual se referem. Exemplos:

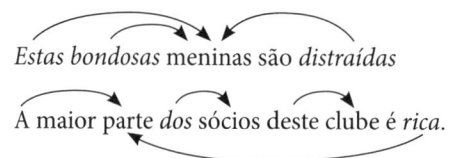

Estas bondosas meninas são *distraídas*

A maior parte *dos* sócios deste clube é *rica*.

A concorda com *parte*.
Dos concorda com *sócios*.
Deste concorda com *clube*.
Rica concorda com *parte* (que é o núcleo do sujeito).

Concordância nominal *irregular* é a que se dá por *atração* ou por *silepse* de gênero ou de número (também chamada de concordância *ideológica*). Exemplos:

A maior parte dos sócios deste clube são *ricos*.
("ricos" concorda, *por atração*, com "sócios", que não é o núcleo do sujeito).

Vossa Excelência será *notificado*.
(= *silepse* de *gênero* → "notificado" não concorda com "Vossa Excelência", mas com o sexo do ouvinte).

Coisa curiosa é criança em dia de chuva: como ficam *irrequietos*!
(= *silepse* de *número* → "irrequietos" não concorda com "criança", e sim com uma ideia coletiva: eles ficam irrequietos).

2 CLASSIFICAÇÃO DOS SUBSTANTIVOS QUANTO AO GÊNERO

Para aplicar as regras de concordância, é necessário ter certeza do *gênero* dos substantivos. Examine a lista seguinte e esclareça algumas possíveis dúvidas:

SUBSTANTIVOS	
MASCULINOS	**FEMININOS**
o aluvião	a agravante
o alvará	a aguardente
o aneurisma	a alcatra
o apóstrofo	a alface
o axioma	a apendicite
o champanha	as arras (só no plural)
o clã	a bacanal
o contralto	a cal
o dó (= pena)	a cataplasma
o eclipse	a chaminé
o eczema	a dinamite
o grama (= medida de peso)	a ênfase
o guaraná	a elipse
o proclama	a grei
o saca-rolhas	a preá
o telefonema	a soja
o telegrama	a urbe
o trema	a usucapião

> Embora sejam frequentes na língua falada as expressões "meu óculos" ou "um óculos", a norma-padrão não aceita esse tipo de concordância, já que *óculos* é plural (de óculo) e os determinantes (meu, um) estão no singular. Diz-se *meu* (ou *um*) *par* de óculos ou *meus* (ou *uns*) *óculos*.

2.1 Substantivos sobrecomuns

São os que possuem gênero fixo, aplicando-se para os indivíduos masculinos ou femininos. Exemplos:

o algoz [Maria é o seu algoz]   o monstro
o alvo   o tipo
o animal   a criança
o cônjuge   a pessoa
o ídolo   a presa
o indivíduo   a testemunha [Paulo é *a única testemunha* do acidente]
o membro   a vítima

2.2 Substantivos comuns de dois

São os que mantêm uma forma fixa e o gênero é marcado pelo artigo, como, por exemplo: o jovem – a jovem; o artista – a artista; o selvagem – a selvagem. Exemplos:

Muitos artistas fizeram parte do elenco do musical O Fantasma da Ópera.
A *artista* Sophia Loren trabalhou em excelentes filmes italianos..

2.3 Substantivos epicenos

São os que apresentam a mesma forma para designar os dois sexos, acrescida, geralmente, das palavras *macho* ou *fêmea*. Exemplos:

o jacaré macho – o jacaré fêmea
a cobra macho – a cobra fêmea

2.4 Substantivos heterônimos

São os que têm formas totalmente diferentes para o masculino e o feminino. Exemplos:

o bode   – a cabra
o cavalo – a égua
o genro   – a nora
o pai   – a mãe

2.5 Substantivos com significado e gênero diferentes

Há ainda *substantivos* cujo *gênero varia* de acordo com o *significado*, como, por exemplo: o capital, a capital; o cisma, a cisma; o cura, a cura; o grama, a grama; o moral, a moral. Exemplos:

Vão cercar *a praça* devido aos maus elementos que por ali passam.
O praça do exército estará de plantão amanhã no quartel.

3 CASOS ESPECIAIS DE CONCORDÂNCIA

3.1 Adjetivo posposto a dois ou mais substantivos

Quando o adjetivo vem depois de dois ou mais substantivos:

a) Os substantivos são do *mesmo gênero*: nesse caso, o adjetivo conserva o gênero e vai para o plural ou concorda com o mais próximo (permanecendo, então, no singular):

   Ele tem lancha e moto *novas*.

   Ele tem lancha e moto *nova*.

   Ela comprou perfume e batom *importados*.

   Ela comprou perfume e batom *importado*.

b) Os substantivos são de *gênero diferente*: nesse caso, o adjetivo vai para o masculino plural ou concorda com o substantivo mais próximo. Exemplos:

   Enviamos jornais e revistas *ilustrados*.

   Enviamos jornais e revistas *ilustradas*.

   Ela tem carro e casa *bons*.

   Ela tem carro e casa *boa*.

   Ela tem casa e carro *bom*.

3.2 Adjetivo anteposto a dois ou mais substantivos

Quando o adjetivo (ou pronome adjetivo) vem anteposto a dois ou mais substantivos, ele concorda com o mais próximo. Exemplos:

   Mostrou *notável* sensibilidade e carinho.

   Queira V. Sª aceitar meus protestos de *alta* estima e apreço.

   Minha mulher e filhos.

   Muitas professoras e alunos.

> 1. Quando os substantivos são nomes próprios (ou nomes de parentesco), o adjetivo vai sempre para o plural:
>
>   *Os conhecidos* Barcelos e Sousa foram os primeiros moradores daquela zona.
>
>   *Os espertos* tio e sobrinho quiseram apossar-se da herança.
>
> 2. O adjetivo, mesmo se vier após os substantivos, concordará obrigatoriamente só com o último, quando se referir, de modo nítido, apenas a este:
>
>   *Ela ganhou um livro e um disco orquestrado.*
>
>   *Um gato e um cachorrinho vira-lata estavam no quintal.*

3.3 Elementos que concordam com o sujeito

1. Particípio

O particípio, empregado nas orações reduzidas, concorda com o sujeito. Exemplos:

Realizados os trabalhos, saímos juntos.

Cumpridas as exigências, procedeu-se à chamada dos candidatos.

Entendida a mensagem, começamos a trabalhar.

2 Predicativo

O predicativo do sujeito concorda com o sujeito. Exemplos:

O ônibus chegou *atrasado*.

Os ônibus chegaram *atrasados*.

Os documentos seguem *selados*.

Maria saiu *cansada*.

> O predicativo do objeto concordará com este:
>
> Pediu uma revista *emprestada*.
>
> Ela considerava suas irmãs *imaturas*.
>
> Julgo *bonitos* estes modelos.

3.4 Nomes de cor

1. Nomes de cor, quando originados de substantivos

O nome de cor originado de um substantivo não varia, quer se trate de uma palavra simples, quer se trate de uma palavra composta (nome de cor + um substantivo). Exemplos:

Tons *pastel*
Blusas *azul-turquesa*
Automóveis *vinho*
Camisas *amarelo-âmbar*
Cortinas *areia*

Lenços *verde-musgo*
Colchas *rosa*
Tintas *vermelho-rubi*.
Exceção: lilás: tecido lilás; tecidos lilases.

2. Nomes de cor designados por adjetivos (cor propriamente dita)

O nome de cor, designado por adjetivo, varia, quer seja uma palavra simples, quer seja o segundo elemento de uma palavra composta. Exemplos:

Caixas *azuis*
Cortinas *branco-acinzentadas*
Automóveis *brancos*
Sapatos *verde-escuros*
Casas *amarelas*

Olhos *azul-claros*
Bolsas *pretas*
Colcha *amarelo-esverdeada*
Sandálias *douradas*
Camisas *rubro-negras*

Exceções: as palavras *bege*, *azul-marinho* e *azul-celeste* são invariáveis:

Na vitrina, havia várias bolsas *bege*.
Ela ganhou dois sapatos *azul-marinho* e comprou lenços *azul-celeste*.

3.5 Nomes compostos

A concordância dos nomes compostos obedece ao seguinte esquema:

CONCORDÂNCIA DOS NOMES COMPOSTOS

FLEXÃO DOS DOIS ELEMENTOS	
SUBSTANTIVOS FORMADOS POR	
subst. + subst.	cirurgiã(s)/ão(ões)-dentista(s)
subst. + adj.	amor(es)-perfeito(s)
adj. + subst.	livre(s)-pensador(es)/a(s)

FLEXÃO SÓ DO SEGUNDO ELEMENTO	
SUBSTANTIVOS FORMADOS POR	
verbo + subst.	porta-retrato(s)
verbo + verbo	puxa-puxa(s)
SUBSTANTIVOS E ADJETIVOS FORMADOS POR	
adv. + adj. (ou particípio)	alto-falante(s)
ADJETIVOS COMPOSTOS FORMADOS POR	
adj. + adj.	greco-latino(s)/a(s)

FLEXÃO SÓ DO PRIMEIRO ELEMENTO	
SUBSTANTIVOS FORMADOS POR	
subst. + de + subst.	água(s)-de-colônia
subst. + subst.	caneta(s)-tinteiro

INVARIÁVEIS	
ADVÉRBIO FORMADO POR	
adv. + adv.	(vive) assim-assim
ADJETIVO COMPOSTO FORMADO POR	
adj. + subst.	(índios) pele-vermelha

1. Flexão dos dois elementos

Flexionam-se os dois elementos dos substantivos compostos formados por:

- substantivo + substantivo;
- substantivo + adjetivo;
- adjetivo + substantivo.

a) Substantivo + substantivo:

cirurgião-dentista → cirurgiã-dentista
↓ ↓
cirurgiões-dentistas → cirurgiãs-dentistas
tio-avô → tia-avó
↓ ↓
tios-avôs tias-avós
↓
tios-avós

b) Substantivo + adjetivo:
   amor-perfeito → amores-perfeitos
   guarda-noturno → guardas-noturnos

c) Adjetivo + substantivo:
   baixo-relevo → baixos-relevos
   livre-pensador → livre-pensadora
   ↓ ↓
   livres-pensadores → livres-pensadoras

2. **Flexão só do segundo elemento**

   Flexionam apenas o segundo elemento:

   - Substantivos compostos formados por:
   verbo + substantivo
   verbo + verbo
   - Substantivos e adjetivos compostos formados por:
   advérbio + adjetivo (ou particípio)
   - Adjetivos compostos formados por:
   adjetivo + adjetivo

   a) Substantivos compostos formados por verbo + substantivo:
      guarda-chuva → guarda-chuvas
      porta-retrato → porta-retratos

   b) Substantivos compostos formados por verbo + verbo:
      puxa-puxa → puxa-puxas
      corre-corre → corre-corres

   > Exceção feita aos verbos que se opõem, cuja estrutura permanece invariável:
   > o leva-traz → os leva-traz

   c) Substantivos e adjetivos compostos formados por advérbio + adjetivo (ou particípio):
      sempre-viva → sempre-vivas
      alto-falante → alto-falantes
      bem-vindo → bem-vindos
      mal-educado → mal-educados

d) Adjetivos compostos formados por adjetivo + adjetivo:

greco-latino → greco-latina
↓ ↓
greco-latinos → greco-latinas

linguístico-sociológico → linguístico-sociológica
↓ ↓
linguístico-sociológicos → linguístico-sociológicas

3. Flexão só do primeiro elemento

Flexiona-se apenas o primeiro elemento dos substantivos compostos formados por:

- substantivo + de + substantivo;
- substantivo + substantivo.

a) Substantivo + de + substantivo:
   água-de-colônia → águas-de-colônia
   pé-de-meia → pés-de-meia

b) Substantivo + substantivo (o segundo elemento indica finalidade):
   café-concerto → cafés-concerto
   caneta-tinteiro → canetas-tinteiro

> Muitas gramáticas ainda registram este tipo de flexão, mas, devido à insegurança que causa o seu emprego, o *Novo dicionário da língua portuguesa*, de Aurélio B. de H. Ferreira, já registra os dois plurais: flexionando só o primeiro elemento ou os dois.

4. Invariáveis

Permanecem invariáveis, sem flexionar:

a) Advérbio composto formado por advérbio + advérbio. Exemplo:
   Ele vive assim-assim.
   Eles vivem assim-assim.

b) Adjetivo composto formado por adjetivo + substantivo. Exemplos:
   Os cavalos *puro-sangue* [adjetivo] chegarão de navio.
   Os índios *pele-vermelha* [adjetivo] habitam o oeste americano.

1. O nome composto por *adjetivo* + *substantivo* terá flexionados os dois elementos se for um *substantivo*:

    Os *puros-sangues* [substantivo] chegarão de navio.

    Os *peles-vermelhas* [substantivo] habitam o oeste americano.

2. A expressão surdo-mudo, quando for substantivo, terá flexionados os dois elementos, mas, se adjetivo, flexionará só o segundo elemento:

    Os *surdos-mudos* [substantivo] não conseguem discriminar os sons.

    As crianças *surdo-mudas* [adjetivo] estudam no Instituto Concórdia.

3.6 Mesmo – outro – próprio

Essas expressões flexionam-se em gênero e número, concordando com o substantivo ou o pronome substantivo aos quais se referem. Exemplos:

> Ele *mesmo* disse.
> Ela *mesma* disse.
> Vocês *mesmos* podem encaminhar os papéis.
> Nós *outros* indagamos o porquê de tudo isso.
> Elas *próprias* me indicaram uma dieta.

3.7 Meio – só

As expressões *meio* (equivalendo a *um tanto*) e *só* (equivalendo a *somente*) são *advérbios* e, portanto, permanecem *invariáveis*. Exemplos:

> Nós *só* comemos frutas. (= somente)
> "Tu, *só* tu, madeira fria, sentirás a agonia..." (= somente)
> Elas saíram *meio* envergonhadas. (= um tanto)
> Vocês não ficaram *meio* confusos? (= um tanto)

Quando a expressão *só* significar *sozinho*, será *adjetivo*, *flexionando* em número. Exemplos:

> Aqueles homens não estão *sós*. (= sozinhos)
> Eles caminhavam *sós* pela noite escura. (= sozinhos)

A seguinte frase é ambígua:

Eu fiquei *só* na sala. (= eu fiquei sozinha na sala/eu fiquei somente na sala)

Quando a expressão *meio* significa *metade*, é *numeral* e *flexiona*. Exemplos:

Não gosto de *meias*-verdades.
O almoço é servido ao *meio*-dia e *meia*. (hora)
Eles são diretos: não usam *meios*-termos.
De manhã, comeu *meio* pão.

3.8   Tal qual

Na expressão *tal qual*, o primeiro elemento concorda com o antecedente, e o segundo, com o consequente. Exemplos:

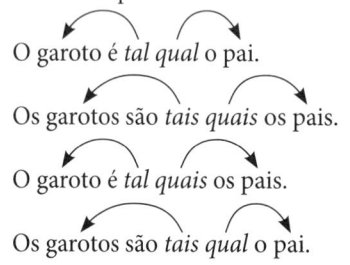

O garoto é *tal qual* o pai.

Os garotos são *tais quais* os pais.

O garoto é *tal quais* os pais.

Os garotos são *tais qual* o pai.

3.9   EU substituído por NÓS

Por modéstia, e por representarem um grupo, as pessoas costumam usar o pronome *nós*. Nesse caso, o verbo concordará com o referido pronome (primeira pessoa do plural), mas o *adjetivo* ficará no singular (já que é só um indivíduo que fala), e o seu *gênero* concordará com o sexo do falante. Exemplos:

Ficamos preocupado com a situação. (homem)
Estamos receosa de que isso aconteça. (mulher)

3.10   Pronome pessoal oblíquo

Emprega-se o pronome oblíquo "OS" (objeto direto pleonástico) no masculino plural, quando se refere a nomes de diferentes gêneros. Exemplo:

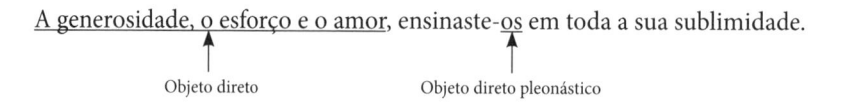

A generosidade, o esforço e o amor, ensinaste-os em toda a sua sublimidade.
         ↑   ↑
    Objeto direto   Objeto direto pleonástico

3.11   Anexo – incluso – apenso

Essas expressões concordam com o substantivo ao qual se referem. Exemplos:

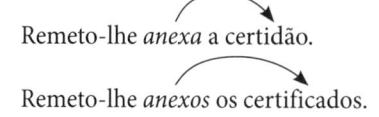

Remeto-lhe *anexa* a certidão.

Remeto-lhe *anexos* os certificados.

Vai *incluso* o documento.

Vai *inclusa* a fotografia.

Os atestados estão *apensos* ao processo.

> A expressão *em anexo* é invariável:
> Enviamos-lhe as duplicatas *em anexo*.

3.12 Bastante

Embora o nosso ouvido estranhe, a palavra *bastante* flexiona em número, quando acompanha um substantivo. Exemplos:

Eu já lhes pedi, *bastantes vezes*, que não fizessem mais isso.

Há pessoas *bastantes* para coordenar o trabalho.

Quando usada como advérbio, modificando um verbo, um adjetivo ou outro advérbio, a palavra *bastante* fica invariável. Exemplos:

Passearam *bastante* no domingo.

Ele escreve *bastante* bem.

Ela é *bastante* simpática.

> Sempre que for possível substituir *bastante* por *muitos, muitas* ou *suficientes, pluraliza-se* a palavra *bastante*. Se for possível substituí-la apenas por *muito*, a expressão *bastante* ficará *no singular*.

3.13 Quite

Usa-se *quite* com a primeira, a segunda e a terceira pessoa do singular. Exemplo:

Tu estás *quite* com a tesouraria do clube?

Usa-se *quites* com a primeira, a segunda e a terceira pessoa do plural. Exemplo:

Estamos *quites* com o serviço militar.

3.14 Menos

A palavra *menos*, mesmo acompanhando um substantivo, é *invariável*; na variedade linguística padrão não se admite a expressão *menas*. Exemplos:

Havia *menos* gente na aula.
Da próxima vez, ponha *menos* água na sopa.

3.15 Expressões invariáveis

1. Locuções adjetivas

As locuções adjetivas permanecem invariáveis. Exemplos:

Heróis *sem caráter*.
Artistas *de talento*.
Indivíduos *sem vergonha*.

2. Palavras empregadas como advérbio

As palavras empregadas como advérbio não apresentam flexão de gênero e número, permanecendo *invariáveis*. Exemplos:

Os juízes falavam *baixinho*.
Os vestidos custaram *barato*, mas as saias custaram *caro*.
Os aviões andam *rápido*.
As crianças cantavam *desafinado*.
Os soldados estavam *alerta*.

Quando essas palavras são *substantivos* ou *adjetivos*, elas *flexionam*:
A apresentadora Xuxa fazia um programa para os "*baixinhos*".
Coisas *baratas* não existem mais.
Joias *caras* estavam expostas na vitrina.
Os *rápidos* aviões cortam os céus do Brasil.
Eu não aguento ouvir uma cantora *desafinada*.
Dois *alertas* soaram na calada da noite.

3. Expressões do tipo "É bom"

Nas locuções "é bom", "é necessário", "é proibido" etc., o predicativo aparecerá sempre na forma masculina, quando o sujeito, mesmo que seja um substantivo feminino singular ou plural, não vier determinado. Exemplos:

E necessário fé.
↓ ↓
predicat. suj.

Manteiga é bom para engordar.
↓ ↓
suj. predicat.

> 1. Esta aparente "discordância" deve-se ao fato de termos aí uma oração subordinada substantiva subjetiva reduzida de infinitivo cujo verbo está elíptico:
> É necessário/(ter) cautela.
> (Comer) gelatina/é bom.
>
> 2. Todavia, se o sujeito vem determinado, faz-se a concordância:
> A fé é necessária.
> A manteiga é boa para engordar.

3.16 Melhor – pior

Quando essas expressões significam *mais bom* ou *mais mau*, elas *flexionam-se*. Exemplos:

Convidaram os *melhores* cantores para abrilhantar o festival. (= mais bons)
Os *piores* elementos frequentam aquele local. (= mais maus)

Quando essas expressões significam *mais bem* ou *mais mal*, elas *não são flexionadas*. Exemplos:

Depois de medicados, eles sentiram-se *melhor*. (= mais bem)
Elas costuram *pior* que nós. (= mais mal)

3.17 O mais possível – o menos possível

Nas expressões "o mais possível" e "o menos possível", quando o *artigo definido* está no *singular*, o adjetivo *possível* também fica no *singular*. Exemplos:

Estes alunos são *o mais* aplicados *possível*.
Deixou as filhas *o mais* pobres *possível*.
Tornou a limpeza *o menos* simplificada *possível*.

Quando, porém, o *artigo definido* está no *plural*, o adjetivo *possível* também é *pluralizado*. Exemplos:

>Conservou os tapetes *os mais* novos *possíveis*.
>Estas meninas são *as mais* simpáticas *possíveis*.

3.18 Substantivo e numerais

1. Numerais ordinais

Quando um substantivo vem posposto a dois ou mais numerais ordinais, ele fica no singular ou vai para o plural: é facultativo. Exemplos:

>Ela desobedeceu à terceira e à quarta *lei* (*leis*) do Código de Trânsito.
>Subvencionou a primeira e a segunda *edição* (*edições*) do romance.

No entanto, se o substantivo vem antes dos numerais, ele vai para o plural. Exemplos:

>Ela desobedeceu às *leis* terceira e quarta do Código de Trânsito.
>Subvencionou as *edições* primeira e segunda do romance.

2. Numerais cardinais

Quando se empregam numerais cardinais no lugar de ordinais, eles ficam invariáveis. Exemplos:

>Abra o livro na página *vinte e um*.
>Ele mora na casa *duzentos e vinte e dois*.
>Olhe a figura *seis* desta coleção.

>Em linguagem jurídica, diz-se:
>Leia-se a folhas vinte e uma.

EXERCÍCIOS

1. Testes de escolha simples:
   1. Quanto ao *gênero*, os substantivos *testemunha*, *artista*, *vítima*, *abelha* e *mosca* são:
      a) heterônimo – sobrecomum – comum de dois – sobrecomum – epiceno;
      b) epiceno – comum de dois – sobrecomum – comum de dois – heterônimo;
      c) sobrecomum – epiceno – heterônimo – comum de dois – comum de dois;
      d) sobrecomum – comum de dois – sobrecomum – heterônimo – epiceno;
      e) comum de dois – heterônimo – sobrecomum – epiceno – sobrecomum.

2. Assinale o item que apresenta troca de sentido pelo uso indevido do artigo:
   a) o moral (= ética)/a moral (= ânimo);
   b) o lenho (= tronco)/a lenha (= madeira para queima);
   c) o banheiro (= quarto de banho)/a banheira (= local para banho de imersão);
   d) o casco (= corpo da embarcação)/a casca (= invólucro exterior de certos vegetais);
   e) o fosso (= cavidade em volta das fortificações)/a fossa (= cavidade para despejar detritos).
3. Assinale a alternativa prescrita pela gramática normativa:
   a) *O* dinamite é um explosivo potente.
   b) *A* usucapião é uma figura jurídica que consiste na prescrição aquisitiva.
   c) Faz muitos anos que *a* lança-perfume não é comercializada legalmente no Brasil.
   d) Os aliados usaram *muitas* estratagemas para atrair o inimigo.
   e) Extrai-se *a* guaraná de uma planta da Amazônia.
4. A alternativa cujo plural da expressão *florzinha azul-celeste* está de acordo com a norma-padrão é:
   a) florezinhas azul-celeste;
   b) florzinhas azul-celeste;
   c) florzinhas azul-celestes;
   d) florezinhas azul-celestes;
   e) florzinhas azuis-celestes.
5. *Tabelião* está para *tabeliães* assim como *guardião* está para *guardiões* ou .... e *corrimão* está para *corrimões* ou ....
   a) guardiães – corrimães;
   b) guardiãos – corrimões;
   c) guardiãos – corrimãos;
   d) guardiães – corrimãos.
6. Das frases...
   I – Manifestava repulsa, aversão e ódio mortífero.
   II – Manifestava repulsa, aversão e ódio mortíferos.
   III – Terminamos um livro e uma revisão fastidiosa.
   IV – Terminamos um livro e uma revisão fastidiosos.
   ... estão de acordo com a norma-padrão:
   a) somente I e III;
   b) somente II e IV;
   c) somente II e III;
   d) todas;
   e) nenhuma.

2. Sublinhe, dentro dos parênteses, a forma que se ajusta à norma-padrão:
   1. Vou comprar (trezentos – trezentas) gramas de queijo.
   2. A candidata estava (meio – meia) nervosa.

3. O frondoso jacarandá agitava suas flores (lilás – lilases).
4. Fizeram uma pesquisa (técnico-científica – técnica-científica) para uma entidade (ibero-americana – ibera-americana).
5. Solicitou alguns livros (emprestado – emprestados).
6. As guarnições, em face da situação política, permaneceram (alerta – alertas).
7. Perseverança é (necessário – necessária) para vencer na vida.
8. É (necessário – necessária) a esperança para vencer na vida.
9. Tinha olhos (verde-claros – verdes-claros) e trajava ternos (bege – beges).
10. Nos carros (azul-marinho – azul-marinhos), aparece muito o pó.
11. Iracema, heroína de Alencar, banhava-se em (tranquilos – tranquilas) lagoas e rios.
12. Nos filmes de faroeste, aparecem os índios (pele-vermelha – peles-vermelhas).
13. Os (surdo-mudos – surdos-mudos) construíram uma colônia de férias.
14. O escultor realizou belíssimos (baixo-relevos – baixos-relevos) na entrada do edifício.
15. Felizmente, naquela cidade, temos (bastante – bastantes) amigos.
16. Demonstrou (fabulosa – fabulosas) inteligência e versatilidade.
17. (O incansável – Os incansáveis) Pasteur e M$^{me.}$ Curie muito fizeram em prol da humanidade.
18. Na quermesse, os (alto-falantes – altos-falantes) anunciavam a venda de (pés de moleque – pés de moleques) e (pães de ló – pães de lós).
19. Os alunos (mesmo – mesmos) foram pesquisar o assunto; depois, irão remeter-nos (incluso – inclusos) ao relatório os dados estatísticos.
20. Você acha (suficiente – suficientes) os (vagões-tanque – vagões-tanques) e os (navios-escola – navios-escolas) que o governo comprou?
21. As aulas de música devem ser o mais agradáveis (possível – possíveis).
22. (Dado – Dadas) as exigências da comissão, procurou-se manter (coesa – coesas) as três partes do trabalho.
23. Queremos bem (transparente – transparentes) estas transações, para que os fatos possam falar por si (só – sós).
24. Dono de (rápido – rápidos) raciocínio e atitudes, subiu até (o andar – os andares) nono e décimo.
25. Geralmente, os funcionários daquela empresa começam a trabalhar ao meio-dia e (meio – meia), fazendo, nos fins de semana, diversas horas (extra – extras).

3. Corrija as seguintes frases:
1. Infrutífera, na última expedição, resultaram as buscas.
2. Remetemos anexo a revista *Letras de Hoje*, solicitado por Vossa Senhoria.
3. Reunido os representantes da família, decidiu-se entrar num acordo.
4. O livro tinha belíssimos capa e texto.
5. Ela recebeu, de presente, uma joia e um carro automáticos.
6. É vedado a entrada de pessoas estranhas.
7. A enchente tornou irrecuperável aqueles móveis.
8. Ficou marcado, no seu espírito, toda a revolta que nutria por aquela situação.

9. A coreografia saiu tal qual os anseios dos artistas.
10. Os fardamentos verde-olivas que os soldados usavam não combinavam com o moreno-mate de seus rostos.
11. Aqueles rapazes eram sem-vergonhas.
12. Aqueles terrenos saíram caros para o comprador.
13. Ficaria assegurado à herdeira a posse dos bens.
14. Está subentendido, na portaria, a necessidade da apresentação de títulos para efeito de concurso.
15. Tornou impossível quaisquer entendimentos entre partidos.

Explique o porquê de sua correção.

4. Reescreva as frases dos exercícios seguintes de acordo com os modelos:

1. MODELO: Guardamos o chapéu *na caixa* de papelão.
    R. = Para efetuar o pagamento, dirija-se *ao caixa*, por favor!
    a) Uma pancada *na cabeça* pode ser fatal.
    b) *A moral* é a parte da Filosofia que estuda a maneira como o homem atua dentro da sociedade.
    c) A vida *na capital* é mais cara que no interior.
    d) Queres ver *a grama* do meu jardim? Está verde e viçosa.
    e) A medicina, não obstante os esforços dos pesquisadores, ainda não descobriu a cura de todos os tipos de câncer.
    f) Do leite da cabra, fazem-se saborosos queijos.
    g) O movimento de Lutero provocou *um cisma* dentro do Cristianismo.
    h) Sentados num banco *da* pequena *praça* daquela cidade interiorana, eles ficavam vendo a vida passar.
    i) *O Gênese* é o livro da Bíblia onde se encontra o episódio da Arca de Noé.
    j) Quando *um guia* turístico é desinformado, a viagem pode resultar sem proveito para quem a faz.

2. MODELO: A roupa tem um tom *pastel*.
    R. = As roupas têm tons *pastel*.
    A roupa tem um tom *azulado*.
    R. = As roupas têm tons *azulados*.
    a) Compramos um corte *gelo*.
       Compramos um corte *amarelo*.
    b) Havia, na Feira de Automóveis, um lindo carro vinho.
       Havia, na Feira de Automóveis, um lindo carro prateado.
    c) Naquela sala, o estofado musgo combina com o tapete ouro.
       Naquela sala, o estofado *verde* combina com o tapete *dourado*.
    d) Em ocasiões solenes, recomenda-se o uso de terno *cinza*.
       Em ocasiões solenes, recomenda-se o uso de terno *acinzentado*.

Com relação ao plural, explique a diferença entre a primeira e a segunda frase do modelo.

3. MODELO: Seus olhos *verdes* brilharam como duas estrelas.

   R. = Seus olhos *verde-claros* brilharam como duas estrelas.

   a) As colchas *amarelas* foram as preferidas na mostra de trabalhos manuais.
   b) As pedras *azuis* tornam as joias muito vistosas.
   c) Os povos *latinos da América* são, geralmente, muito extrovertidos.
   d) Durante a Guerra Fria, as relações *russas* e *americanas* fizeram tremer a humanidade.
   e) Ciências *Físicas e Biológicas* é o nome de uma matéria dada no Ensino Médio.

4. MODELO: Ficou *provado*, naquela ocasião, o *zelo* que a entidade tinha com relação ao problema.

   R. = Ficou *provada*, naquela ocasião, a *tentativa* que a entidade fez para contornar o problema.

   a) Ficara *registrado*, mais uma vez, o *defeito* daquela calculadora.
   b) *Dado* o *índice* elevado de reprovação, o concurso será realizado novamente.
   c) *Feitos* os *cálculos*, vimos que saíste ganhando.
   d) *Visto* o *problema* sob este ângulo, até que dá para aceitar os seus argumentos.
   e) *Posto* de lado o *orgulho* do general, vê-se que ele tem, atrás de todo aquele distanciamento, um lado humano muito bonito.

5. MODELO: A mudança legislativa pode tornar *inviável* a *emancipação dos distritos*.

   R. = A mudança legislativa pode tornar *inviáveis* as *emancipações* dos distritos.

   a) Tu achas *salutar* esta *medida*?
   b) Consideras *comprometedor* o exagerado *cuidado* que eles têm com ela?
   c) Julgo *vencedora* a *proposta* do ministro.
   d) Eu considero *suficiente* este *quilo* de mantimentos.
   e) Eu pedi *emprestado* o *guarda-chuva* dele.

   Explique o porquê da pluralização do adjetivo.

6. MODELO: *Depois que ouvimos* as *queixas* das autoridades, ficamos perplexos.

   R. = *Ouvidas* as *queixas* das autoridades, ficamos perplexos.

   a) *Quando comprovarem* a *eficácia* deste medicamento na cura de infecções, tudo será mais fácil.
   b) *Se realizarem* as *tarefas* com método e dedicação, o resultado só poderá ser exitoso.
   c) *Porque se enfurecera* com os furtos que aconteciam no seu reino, a *rainha* mandou enforcar todos os suspeitos.
   d) *Depois que proferiu* estes *insultos*, retirou-se ele do gabinete.
   e) *Quando terminou* a *solenidade* da formatura, a jovem recepcionou os seus convidados.

49

Concordância verbal

1 CONCEITO

A concordância verbal é a que diz respeito aos verbos. Ela pode (como ocorre com a concordância nominal) ser *regular* ou *irregular*.

Na concordância verbal *regular*, o verbo concorda em número e pessoa com o seu sujeito, venha ele expresso ou subentendido. Exemplos:

Tu *tinhas* razão quando *falaste*.

Nós *precisamos* voltar aqui.

Carlos e Pedro *saíram* juntos.

A maior parte dos sócios deste clube *é* rica ("é" concorda com o núcleo do sujeito "parte").

Concordância verbal *irregular* é a que se dá por *atração* ou por *silepse* de *número* ou de *pessoa* (também chamada de concordância ideológica). Exemplo:

A maior parte dos sócios deste clube *são* ricos ("são" concorda, por atração, com "sócios", que não é o núcleo do sujeito).

Coisa curiosa é criança em dia de chuva: como *ficam* irrequietos! (= silepse de número → "ficam" não concorda com "criança" e sim com uma ideia coletiva: eles ficam irrequietos).

Os brasileiros *somos* um povo esperançado (= silepse de pessoa → "somos" não concorda com "brasileiros", mas com o pronome pessoal "nós", que está elíptico: *nós, os brasileiros*, somos...).

2 CASOS ESPECIAIS DE CONCORDÂNCIA

2.1 Sujeito posposto ao verbo

1. Sujeito simples posposto ao verbo

O verbo concorda com o sujeito simples, mesmo que este venha após. Exemplos:

Por dia, *bastam* quinze minutos de exercícios.

Apareceram as fórmulas salvadoras.

Surgiram, após acalorada discussão, boas soluções.

2. Sujeito composto posposto ao verbo

Se o sujeito é composto e vem após o verbo, pode-se pluralizar o verbo ou mantê-lo no singular. Exemplos:

Bateram à nossa porta um mendigo e seu filho. (concordância regular)

Reinavam a paz e o silêncio ali. (concordância regular)

"*Passará* o Céu e a Terra, mas as minhas palavras ficarão." (concordância irregular por atração)

Chegou Paulo e o seu irmão. (concordância irregular por atração)

> O sujeito composto antes do verbo levará este para o *plural*:
>
> O Céu e a Terra *passarão*.

Quando, porém, os termos forem sinônimos, o verbo ficará no *singular,* porque o sujeito aqui só aparentemente é composto. Exemplo:

A calma e a tranquilidade *paira* naquele ambiente.

2.2 Verbos HAVER e FAZER

O verbo *haver* (com sentido de existir) e *fazer* (indicando tempo) são impessoais; não devem concordar, portanto, com as expressões que os acompanham (meros objetos diretos). Exemplos:

Houve vários debates sobre o assunto.
Havia candidatos despreparados.
Na Bahia, *faz* verões quentíssimos.
Fez dois anos que ele se formou.

> 1. Numa locução verbal com esses dois verbos, o auxiliar assume as características de impessoalidade do principal:
>
>   (A = Auxiliar; P = Principal)

Deve haver coisas erradas.
  A   P

Está fazendo três anos que ela nasceu.
  A   P

2. A recíproca também é verdadeira: numa locução verbal com verbo pessoal em que o auxiliar é o verbo *haver*, este é flexionado:

Há de surgir uma pessoa interessada.
 A   P

Mas:

Hão de surgir pessoas interessadas.
  A   P

Havia aparecido uma mancha de óleo no mar.
  A   P

Mas:

Haviam aparecido manchas de óleo no mar.
   A   P

3. O verbo *haver* com sentido de *existir* é impessoal, mas o verbo *existir* não o é:

Há coisas mais sérias a pensar.

Mas:

Existem coisas mais sérias a pensar.

4. O verbo *haver* com sentido de *comportar-se* é pessoal, flexionando-se:

Eles se *houveram* com dignidade.

2.3 Sujeito composto por pronomes pessoais de pessoas diferentes

O sujeito composto representado por pronomes pessoais de pessoas diferentes leva o verbo para o plural, concordando com a menor pessoa (numericamente falando). Exemplos:

Eu e tu *vamos* ao cinema (verbo = 1ª p. plural).
1ª   2ª

Tu e ele *sois* bons amigos (verbo = 2ª p. plural).
2ª   3ª

Na linguagem coloquial, aceita-se a construção – tu e ele são bons amigos – porque o conjunto *tu* + *ele* equivale ao pronome de tratamento *vocês*. No Brasil, o uso do pronome *vós* é raríssimo. Quando nos dirigimos a mais de uma pessoa, usamos *vocês* ou *senhores* ou *senhoras*.

2.4 Sujeito composto ligado por OU ou por NEM

O sujeito composto ligado por "ou" ou "nem" leva o verbo para o singular ou para o plural, conforme haja ideia de ação individual (exclusividade) ou de ação conjunta (alternância). Exemplos:

A neve no inverno *ou* o sol tropical *atraem* os turistas. (ação conjunta: os dois atraem)
Pedro *ou* Luís receberão a resposta, pois ambos *devem* saber a verdade. (ação conjunta)
Nem as greves *nem* a recessão *preocuparam* o ministro. (ação conjunta: as duas não preocuparam)
Nem Carlos *nem* José *podem* ser aproveitados na empresa. (ação conjunta)
O pai *ou* o filho *será* escolhido presidente da fábrica. (ação individual: só um será escolhido)
Pedro *ou* Luís *receberá* a resposta, pois não quero responder a ambos. (ação individual)
Nem João *nem* Marcos *será* o juiz da partida. (ação individual)

> 1. A expressão "*um ou outro*" pede o verbo no singular:
>   *Um ou outro* pássaro chilreava ao amanhecer.
>   *Uma ou outra* estrela brilhava no firmamento.
> 2. A expressão "*nem um, nem outro*" também pede o verbo no singular:
>   Suspeita-se que *nem um, nem outro* disse a verdade.

2.5 A expressão MAIS DE UM

A expressão *mais de um* pede o verbo no singular, a não ser que esteja repetida ou haja ideia de reciprocidade. Exemplos:

Mais de um orador *fez* alusão ao aniversário do jornal.

Mas:

Mais de um povo, *mais de uma* nação *foram* arrasados nessa guerra. (repetição)
Mais de um voluntário, corajosamente, *deram-se* as mãos nessa causa. (reciprocidade)

2.6 Voz passiva pronominal (ou indeterminação do sujeito?)

Em construções do tipo "vendem-se casas/vende-se casas", "consertam-se calçados/conserta-se calçados" etc., observa-se o seguinte:

Até pouco tempo, a expressão com o verbo no plural era a única forma considerada correta, porque o verbo estava na voz passiva, o *se* era partícula apassivadora e a expressão que o seguia exercia a função de sujeito (= casas são vendidas; calçados são consertados).

Hoje, como a maioria dos brasileiros (incluindo vários linguistas) não pluraliza o verbo na fala ou na escrita, tornou-se facultativo empregar "vendem-se casas, consertam-se calçados", já que, para esses gramáticos, nesse caso, não existe voz passiva, o *se* não é mais considerado partícula apassivadora, mas índice de indeterminação do sujeito (= alguém vende casas – não se sabe quem é).

De acordo com Bechara (2015, p. 185), ambas são aceitas, mas "vende-se casas e frita-se ovos são frases de emprego ainda antiliterário, apesar da já multiplicidade de exemplos. A genuína linguagem literária requer *vendem-se, fritam-se*".

1. Se o termo que acompanhar o verbo vier preposicionado, não haverá sujeito (porque o sujeito não pode ser preposicionado); o verbo ficará no singular e a voz *não será passiva*:

   Precisa-se *de* operários.

   Necessita-se *de* secretárias.

   Aqui se assiste *a* bons filmes.

   Lá se obedece *às* autoridades.

   Aqui o "se" é índice de indeterminação do sujeito, e a expressão preposicionada é objeto indireto.

2. *Atenção*: às vezes, aparece, junto ao verbo, uma expressão preposicionada, estando, porém, o sujeito mais afastado:

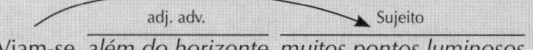

   Viam-se, *além do horizonte, muitos pontos luminosos*.

   (Muitos pontos luminosos eram vistos além do horizonte.)

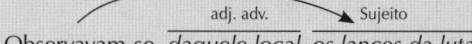

   Observavam-se, *daquele local, os lances da luta*.

   (Os lances da luta eram observados daquele local.)

3. Nas locuções verbais, a voz passiva pronominal também ocorre:

   Podem-se utilizar as dependências do clube.

   (As dependências do clube podem ser utilizadas.)

   Devem-se solicitar os ingressos com antecedência.

   (Os ingressos devem ser solicitados com antecedência.)

4. *Atenção*: há verbos auxiliares (indicadores de *intenção ou tentativa*) que, estando na *voz passiva*, não são flexionados. Nesse caso, há *duas orações*, e a oração subordinada reduzida de infinitivo serve de sujeito à oração principal. São eles: *desejar, querer, buscar, pretender* etc.:

   (OP = oração principal; OS = oração subordinada)

> Deseja-se/comprar dólares para a viagem.
>   OP   OS
>
> Busca-se/solucionar os problemas da seca.
>   OP   OS
>
> Nessas duas frases, são impensáveis as estruturas "dólares desejam ser comprados" ou "os problemas buscam ser solucionados", mas plenamente aceitáveis "é desejada (deseja-se) a compra de dólares" ou "é buscada (busca-se) a solução de problemas".

2.7 Sujeito oracional

Quando o sujeito é a oração seguinte, seja ela reduzida ou não, o verbo permanece no singular (ver observação nº 4, no quadro anterior). Exemplos:

      OP   OSSSRI
Discute-se / *cercar os parques da cidade* (cercar os parques da cidade = oração subordinada substantivo subjetiva reduzida de infinitivo), ou seja, tem função de sujeito de *discute-se*).

Mas: "*discutem-se* coisas importantes".

   OP   OSSS
Parece / *que as flores se abriram* (que as flores se abriram = oração subordinada substantiva subjetiva, ou seja, tem função de sujeito de *parece*).

Mas: "as flores *parecem* abrir-se"

 OSSSRI   OP   OSSSRI
As flores / *parece* / abrirem-se. (= abrirem-se as flores parece)

   OP   OSAR   OSSSRI
Estes são assuntos / que não *convém* / espalhar.

Mas: "estes são assuntos / que não *convêm*")

> OSSS = oração subordinada substantiva subjetiva
> OSRI = oração subordinada reduzida de infinitivo
> OSAR = oração subordinada adjetiva restritiva

2.8 Sujeito como expressão partitiva

Quando o sujeito é composto por uma expressão partitiva como "UMA PARTE DE" – "UMA PORÇÃO DE" – "O RESTO DE" – "A METADE DE" (e equivalentes) e é seguido de um substantivo plural ou um pronome plural, o verbo pode ficar no singular (concordância regular) ou no plural (concordância irregular), embora o emprego do singular indique maior rigor gramatical. Exemplos:

>Uma porção de moleques me *olhavam* admirados. (José Lins do Rego)
>(concordância irregular por atração)
>
>Uma porção de moleques me *olhava* admirada.
>(concordância regular)
>
>O resto dos doces *está* na cozinha.
>
>O resto dos doces *estão* na cozinha.
>
>A maior parte deles *é* da Bahia.
>
>A maior parte deles *são* da Bahia.

2.9 Sujeito como expressão fracionária

Sempre que a expressão for *inferior* a *duas* unidades o verbo ficará no *singular*. Exemplos:

>É 1h58min.
>Um salário e meio *parece* pouco, não achas?

2.10 Verbos DAR, BATER, SOAR

Quando o sujeito não está anteposto, os verbos *dar*, *bater*, *soar* e sinônimos concordam com o número que indica as horas, que é o seu *sujeito*. Exemplos:

>*Deram* 10 horas. (mas → *o relógio deu* 10 horas)
>*Batiam seis* badaladas. (mas → *o sino batia* seis badaladas)

2.11 Locução de realce É QUE

Nas frases em que ocorre a locução expletiva *é que*, o verbo concorda com o substantivo ou o pronome que a precede, pois são eles, efetivamente, o seu sujeito. Exemplos:

>Os efeitos é que *foram* diversos.
>
>Eu é que não *posso* cuidar dos problemas dele.

> A locução de realce "é que" é invariável e vem sempre colocada entre o sujeito da oração e o verbo a que ela se refere:
>
> José é que trabalhou, mas os irmãos é que usufruíram sua riqueza.

2.12 Sujeito representado por QUE

Quando o sujeito é representado pelo pronome relativo *que*, o verbo concorda em número e pessoa com o antecedente desse pronome relativo. Exemplos:

És tu que *deves* assumir a responsabilidade.

Somos nós que *iremos* à tua presença.

Eram eles que mais *erravam*.

2.13 Sujeito representado por QUEM

Quando o sujeito é representado pelo pronome relativo *quem*, a concordância é facultativa: o verbo fica na 3ª pessoa do singular ou concorda com o seu antecedente. Trata-se de uma estratégia para enfatizar a ação ou quem pratica a ação. Exemplos:

Somos nós quem *deve* pagar. (concordância regular)

Somos nós quem *devemos* pagar. (concordância irregular por atração)

Não sou eu quem *manda* na fábrica. (concordância regular)

Não sou eu quem *mando* na fábrica. (concordância irregular por atração)

2.14 Sujeito com plural aparente

O sujeito com plural aparente ocorre quando nomes de lugar e títulos de obras têm forma de plural, mas são tratados como se estivessem no singular, pois não vêm precedidos de artigo. Exemplos:

Aliás, *Campinas* não o *esquecerá* tão breve...

Memórias póstumas de Brás Cubas foi editado, pela primeira vez, em 1880.

> Quando o substantivo vem precedido de artigo, o verbo assume normalmente a forma plural:
>
> *Os* Estados Unidos *intervieram* na guerra do Golfo.
>
> *Os* Lusíadas *são* o maior poema épico da língua portuguesa.

2.15 Sujeito resumido por um pronome indefinido (aposto resumitivo)

Quando os sujeitos são resumidos por um pronome indefinido (*tudo, nada, ninguém* etc.), o verbo fica no singular, em concordância com esse pronome. Exemplo:

A pasta, a caneta, o fichário, os documentos, tudo *pertence* ao meu colega de firma.

2.16 Verbo SER

Na concordância do verbo *ser*, observa-se, de acordo com a ordem abaixo, se:

a) um dos termos é não personativo;
b) um dos termos é personativo;
c) um dos termos é pronome pessoal;
d) o pronome pessoal ocupa a posição de sujeito.

        pron. pess. = sujeito
      pron. pessoal
    personativo
  não personativo

Vejamos como se dá a concordância do verbo *ser*:

1. Não personativo (sujeito) + não personativo (predicativo) = concordância facultativa com o sujeito ou com o predicativo:

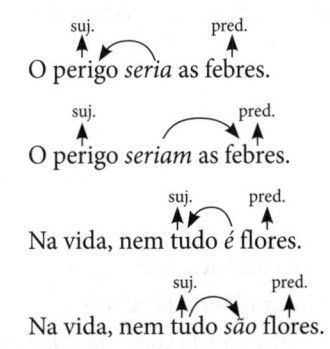

    O perigo *seria* as febres.

    O perigo *seriam* as febres.

    Na vida, nem tudo *é* flores.

    Na vida, nem tudo *são* flores.

Isto *é* vaias. (suj. / pred.)

Isto *são* vaias. (suj. / pred.)

Na primeira frase de cada exemplo, o verbo concorda com o sujeito; na segunda, o verbo vai para o plural, concordando com o predicativo.

2. Personativo (sujeito) + personativo (predicativo) = concordância facultativa com o sujeito ou com o predicativo (se nenhum dos dois for pronome pessoal):

   Aqueles escritores *eram* uma só pessoa.

   Aqueles escritores *era* uma só pessoa.

3. Personativo (sujeito ou predicativo) + não personativo (predicativo ou sujeito) = concordância com o personativo:

   O homem *é* sofrimentos e alegrias.

   Estas garotas *são* uma joia.

4. Personativo (sujeito ou predicativo) + pronome pessoal (predicativo ou sujeito) ou não personativo (sujeito ou predicativo) + pronome pessoal (predicativo ou sujeito) = concordância com o pronome pessoal:

   O acusado *sou* eu.

   "O Brasil, senhores, *sois* vós." (Rui Barbosa)

   Tu *és* um farrapo.

   Naquela casa, ele *é* pai, companheiro e chefe.

5. Pronome pessoal (sujeito) + pronome pessoal (predicativo) = concordância com o sujeito:

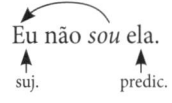

   Eu não *sou* ela. (suj. / predic.)

Observe o ESQUEMA seguinte:

Não Personativo + Não Personativo	= Concordância *facultativa*
Personativo + Personativo	= Concordância *facultativa*
Personativo + Não Personativo	= Concordância com o *personativo*

Personativo + Pronome Pessoal = Concordância com o *pronome pessoal*
Não Personativo + Pronome Pessoal = Concordância com o *pronome pessoal*
Pronome Pessoal + Pronome Pessoal = Concordância com o *sujeito*

1. Quando está implícito o pronome, o verbo pode concordar com ele:

   Os brasileiros somos um povo hospitaleiro (nós) (ver silepse de pessoa, na seção 1 deste capítulo)

2. O verbo SER, nas indicações de hora, data ou distância, concorda com a expressão numérica. Esse caso aparece sempre que não há sujeito (verbo "SER" usado de forma impessoal): faz-se a concordância então, obrigatoriamente, com o predicativo:

   São cinco horas da madrugada.

   Hoje *são* quinze de abril.

   São sete horas.

   É meio-dia.

   Do centro à estação rodoviária, *são* três léguas a cavalo.

   Que horas *são*?

   Amanhã *será* primeiro de maio.

   Observe, porém:

   Hoje *é dia* quinze de abril.

   A palavra *dia* (predicativo) vem expressa, e o verbo concorda com ela.

3. Nas locuções *é muito, é pouco, é mais de, é menos de, é tanto*, especificando *preço, peso* ou *quantidade*, o verbo fica no singular:

   Duas semanas não *é muito* para quem tanto esperou.

EXERCÍCIOS

1. Sublinhe, dentro dos parênteses, a forma que se ajusta à norma-padrão:
   1. Eles (parece – parecem) serem companheiros há muito tempo.
   2. (Surgiu – Surgiram) muitas controvérsias sobre a aplicação da reforma do ensino.
   3. Como (pode – podem) haver pessoas tão inescrupulosas?
   4. A glória, meus irmãos, (era – eram) aqueles heróis combatendo!
   5. (Ouvia – Ouviam)-se, muito longe, os sinos da igreja repicando.
   6. (Faz – Fazem) dias agradáveis na primavera.
   7. (Faz – Fazem) muitos anos que ela não vai à sua terra natal.

8. (Basta – Bastam) de tantos dissabores!
9. (É – São) três dias de expectativa e de nervosismo.
10. (É – És) tu que (paga – pagas) a despesa de hoje.
11. Nem a seca nem a enchente (conseguiu – conseguiram) abalar a fibra deste povo.
12. José ou Mário (será – serão) escolhido(s) presidente do time.
13. (Questiona – Questionam)-se situações, mas não se (encontra – encontram) soluções.
14. Acredita-se que nem um, nem outro (falou – falaram) o que pretendia.
15. Mais de um jornalista (fez – fizeram) referência à comemoração cívica.
16. (Precisa – Precisam)-se de amigos sinceros, mas só (aparece – aparecem) pessoas oportunistas.
17. A esperança, minha gente, (é – são) eles!
18. (Deu – Deram) sete horas no relógio da praça.
19. Noventa quilos (é – são) muito para quem faz regime alimentar.
20. Mais de dez homens (fez – fizeram) o trabalho.
21. Um ou outro pedinte (era – eram) visto(s) nas ruas.
22. (Há – Hão) de aparecer, naquela região, focos da doença descrita.
23. Mais de um orientador educacional (elogiou – elogiaram) aquele método de aprendizagem.
24. (Havia – Haviam) receios, temores, dúvidas.
25. Eles sempre se (houve – houveram) com dignidade e lisura.
26. Ainda (existe – existem) pessoas discretas.
27. (Desconfia – Desconfiam)-se de propostas tentadoras.
28. Dor, tristeza, solidão, tudo isso (resumia – resumiam) sua vida de insucessos.
29. (Via – Viam)-se muitas pessoas perguntando pelos parentes desaparecidos.
30. (Estava – Estavam)-se louvando estas medidas, não obstante existam coisas que (é preferível – são preferíveis) não investigar.
31. (Deve – Devem)-se mandar os convites com um mês de antecedência.
32. (Pretende – Pretendem)-se doar 50 kg de arroz para a creche.
33. (Projeta – Projetam)-se construir muitas escolas na periferia da cidade.
34. Há muito tempo, (tem – têm) sido feitos estudos sobre genética.
35. As falhas que (tem – têm) havido são por causa dos desentendimentos entre os membros da diretoria.
36. Não podemos (ficar – ficarmos) descansados enquanto esta verba da qual (depende – dependem) as pesquisas não (vier – vierem).
37. É necessário que se (obedeça – obedeçam) às ordens do diretor e se (aplique – apliquem) as provas com a máxima urgência.
38. Depois que se (avaliar – avaliarem) os reais objetivos do plano, vocês verão que se (tentou – tentaram) manipular algumas cabeças.
39. (Basta – Bastam) apenas algumas horas de convivência para se ver que o pior (é – são) os credores batendo à sua porta.
40. Naquele dia, (ocorreu – ocorreram) coisas estranhíssimas e (assistiu – assistiram)-se a manifestações descabidas.

2. Tendo em vista a concordância regular, corrija as seguintes frases:
1. Os Estados Unidos afastou-se da reunião geral.
2. Qual de nós venceremos a competição?
3. Restaura-se móveis antigos.
4. Soou duas horas no carrilhão.
5. Era cerca de seis homens.
6. Falta ainda 30 páginas para terminar o livro.
7. Quantas injustiças houveram na guerra!
8. Divulgaram-se, nos noticiários da imprensa mundial, que os conflitos do Oriente Médio são de difícil solução.
9. Tu sabias que continuam havendo pedidos de exoneração de alguns cargos públicos?
10. Falta-lhe muitos dos requisitos que se exigem para o preenchimento da vaga.
11. Havia assuntos que eram impossíveis dominar.
12. Embora se tratem de problemas sérios, eles levam tudo na brincadeira.
13. Pela rua deserta, caminhavam ela, o marido e eu.
14. Receba um abraço deste amigo que muito te estima.
15. Hoje é 18 de maio.
16. Daqui até a parada do trem, é seiscentos metros de caminhada.
17. O enxame de abelhas atacaram o colono.
18. Convenhamos, quinze minutos não são muito para a apresentação dela.
19. Os astros parecem estarem brilhando com mais intensidade.
20. Choveu aplausos ao artista.
21. O modo como se expõe os itens é muito importante.
22. Se não houvesse surgido tantos pedidos de licença, teria sido mais fácil atendê-la.
23. Lá na serra, esperavam-se por melhorias na rede de esgotos.
24. Neste concurso, devem haver mais de dez mil candidatos.
25. Talvez já seja três horas; não o sei com certeza porque estou sem relógio.

3. Testes de escolha simples
1. I – Está existindo uma *resistência muito grande a estes planos*.
   II – Está havendo *uma resistência muito grande a estes planos*.
   III – Está surgindo *uma resistência muito grande a estes planos*.
   IV – Está fazendo *uma semana que estes planos foram implantados*.
   V – Está fazendo *um dia muito quente*.
   Pluralizando as palavras destacadas nas frases anteriores, o *verbo auxiliar* permanece no *singular* nas frases:
   a) nenhuma;
   b) I – III – IV;
   c) I – II – V;
   d) II – III – IV;
   e) II – IV – V.

2. É necessário que se *confiram* os questionários, que se *pense* nas respostas e não se *fale* de assuntos alheios a eles.

   Substituindo, respectivamente, os verbos destacados por *refletir*, *avaliar* e *acrescentar*, teremos a seguinte construção:

   a) É necessário que se *reflita* sobre os questionários, que se *avaliem* as respostas e não se *acrescentem* assuntos alheios a eles.
   b) É necessário que se *reflitam* sobre os questionários, que se *avalie* as respostas e não se *acrescente* assuntos alheios a eles.
   c) É necessário que se *reflita* sobre os questionários, que se *avalie* as respostas e não se *acrescente* assuntos alheios a eles.
   d) É necessário que se *reflitam* sobre os questionários, que se *avaliem* as respostas e não se *acrescentem* assuntos alheios a eles.
   e) É necessário que se *reflita* sobre os questionários, que se *avalie* as respostas e não se *acrescentem* assuntos alheios a eles.

3. Das frases
   I – A maioria dos professores permanece em greve.
   II – A maioria dos professores permanecem em greve.
   III – Aquela gente é diferente: como xinga os vizinhos!
   IV – Aquela gente é diferente: como xingam os vizinhos!
   V – Os latino-americanos são uma gente alegre.
   VI – Os latino-americanos somos uma gente alegre.
   estão de acordo com a norma-padrão:
   a) só I, III e V;
   b) só II, IV e VI;
   c) só II, IV e V;
   d) só I, III e IV;
   e) todas.

4. Reescreva as frases dos exercícios de acordo com os modelos, elaborando você mesmo(a) a conclusão:

   1. MODELO: No outono gaúcho, *faz* dias belíssimos.
      R. = No outono gaúcho, *está fazendo* dias belíssimos.
      a) No outono gaúcho, *fez* dias belíssimos. (verbo aux. *ter*)
      b) No outono gaúcho, *faz* dias belíssimos. (verbo aux. *vir*)
      c) No verão, *fará* dias quentes e úmidos. (verbo aux. *estar*)
      d) No verão, *fará* dias quentes e úmidos. (verbo aux. *ir*)
      e) No verão, *fará* dias quentes e úmidos. (verbo aux. *ter*)
      Conclusão?
   2. MODELO: *Havia* problemas a resolver.
      R. = *Devia haver* problemas a resolver.
      a) *Havia* problemas a resolver. (verbo aux. *poder*)
      b) *Há* pessoas interessadas neste apartamento. (verbo aux. *poder*)

c) *Há* pessoas interessadas neste apartamento. (verbo aux. *dever*)
d) *Haveria* questões interessantes para apreciar. (verbo aux. *estar*)
e) *Haveria* questões interessantes para apreciar. (verbo aux. *ir*)
Conclusão?

3. MODELO: *Surgirão* pessoas que apostem nesta ideia.
   R. = *Hão de surgir* pessoas que apostem nesta ideia.
   a) *Encontraremos* várias soluções para este impasse. (verbo aux. *haver*)
   b) *Existiriam* pessoas inocentes naquele episódio? (verbo auxiliar *haver*)
   c) *Vacilarás* em face do inimigo? (verbo auxiliar *haver*)
   d) *Eles lerão*, todos os dias, os jornais da cidade. (verbo auxiliar *haver*)
   e) As duas editoras *publicarão*, conforme prometeram, a obra completa do poeta recentemente falecido. (verbo auxiliar *haver*)
   A que conclusão você chegou respondendo a esse exercício?

4. MODELO: *Eram* 17 horas quando os soldados saíram do quartel.
   R. = *Deviam ser* 17 horas quando os soldados saíram do quartel.
   a) *Eram* 17 horas quando os soldados saíram do quartel. (verbo aux. *poder*)
   b) *Eram* 17 horas quando os soldados saíram do quartel. (verbo aux. *haver*)
   c) Apressa-te! Já *são* 10 horas. (verbo aux. *dever*)
   d) Apressa-te! Já *são* 10 horas. (verbo aux. *poder*)
   e) Apressa-te! Já *são* 10 horas. (verbo aux. *haver*)
   A que conclusão você chegou respondendo a esse exercício?

5. MODELO: *Falta* um *dia* para a recepção ao presidente.
   R. = *Faltam* quinze *dias* para a recepção ao presidente.
   a) *Basta* um *ano* de trabalho para que ela recupere as perdas sofridas.
   b) *Passará* uma *semana*, e eles nem se lembrarão mais disso.
   c) *Existirá*, por certo, um *indivíduo* interessado na compra do imóvel.
   d) *Sobrou* um *litro* de leite na geladeira.
   e) *Surgiu*, depois de muita espera, uma boa *solução* ao problema.
   A que conclusão você chegou respondendo a esse exercício?

6. MODELO: Esta *empresa mantém* filiais no Nordeste.
   R. = Estas *empresas mantêm* filiais no Nordeste.
   a) Esta *reitoria* sempre *obtém* verbas federais.
   b) Tal *medida* não *convém* ao governo.
   c) A *diretoria retém* para si os dividendos da empresa.
   d) Quem sabe o *secretário intervém* na questão, para apaziguar os ânimos?

7. MODELO: *Viu-se* um grande *espetáculo*.
   R. = *Viram-se* grandes *espetáculos*.
   a) *Solicitou-se*, após detido exame, um *especialista* no assunto.
   b) *Arrenda-se* este *sítio* por R$ 1.500,00 mensais.
   c) Ainda não *se conhece* o verdadeiro *culpado*.
   d) *Publicava-se*, diariamente, um bom *jornal* naquela cidade.

e) Por aí, raramente, *se vê casamento* duradouro.
f) Quando *se avaliar* o *mérito* da pesquisa, sairemos vencedores.
g) Lá, não *se admitia funcionário* relapso.
h) *Ouviu-se*, ao longe, um *gemido* do animal machucado.
i) *Buscar-se-á a solução* correta ao seu caso.
j) Se houvesse *mais policiamento no nosso bairro*, evitar-se-ia *furto* aos transeuntes.

8. MODELO: *Deve-se* encontrar a melhor *solução*.
   R. = *Devem-se* encontrar as melhores *soluções*.
   a) *Pode-se* experimentar este *licor*?
   b) Para ter uma saúde melhor, *deve-se* evitar estes *tipos* de cigarro por conter alto teor de nicotina.
   c) Lá adiante, *podem-se* ver umas *manchas* marrons de óleo poluindo a baía.
   d) *Devem-se* remeter as *cartas* com a máxima urgência.
   e) *Podiam-se* enviar os melhores *alunos* para competir na capital.

9. MODELO: *Buscam-se* boas *soluções* aos problemas.
   R. = *Busca-se solucionar* os problemas.
   a) *Desejam-se colocações* para diversos estagiários.
   b) *Tentaram-se programas* culturais para elevar o nível da população.
   c) *Rejeitaram-se importações* que prejudicassem a reserva brasileira de mercado.
   d) Para evitar o caos total, *ousaram-se soluções* drásticas, como o corte de energia durante 40 horas por semana.
   e) *Buscar-se-ão* novas *composições* para a formação da chapa.
   A que conclusão você chegou respondendo a esse exercício?

10. MODELO: Eles *precisam de* amigos.
    R. = *Precisa-se de* amigos.
    a) Aqueles hospitais *tratam de* doentes terminais.
    b) Eles *assistem a* filmes policiais.
    c) *Falavam dos* políticos da Assembleia Constituinte.
    d) Aqui, todos *obedecem aos* superiores.
    e) Lá, todos *respondem às* cartas que chegam.
    A que conclusão você chegou respondendo a esse exercício?

11. MODELO: Foste *tu que enviaste* a carta?
    R. = Foste tu *quem enviou* a carta?
    a) Não seremos *nós que escreveremos* o documento.
    b) Não fui *eu que mandei* este recado.
    c) Fostes *vós que elogiastes* o discurso do paraninfo?
    d) Não foste *tu que pagaste* a conta?
    e) Se não fui *eu que solicitei* isto, quem teria sido então?

50

Regência verbal

1 CONCEITO

Regência é a relação de dependência que existe entre os termos de uma frase. Assim, uma palavra que não tenha sentido completo (termo regente) é complementada por uma ou mais palavras (termo regido).

As relações de regência podem ser indicadas pela *posição*, pela *preposição* (conetivo vocabular) e pela *conjunção subordinativa* ou *pronome relativo* (conetivo oracional). Nos exemplos seguintes, o objeto direto se posiciona depois do verbo:

<u>O filho</u> acompanha <u>o pai</u>.
  suj.   OD

<u>O pai</u> acompanha <u>o filho</u>.
  suj.   OD

Se antecipamos o objeto direto ao verbo e verificamos a possibilidade de dúvida, valemo-nos então o uso da preposição (nesse caso, a presença da preposição já nos alerta que se trata de objeto, uma vez que *o sujeito nunca pode ser preposicionado*). Exemplo:

<u>Ao filho</u> acompanha <u>o pai.</u>
 OD prep.   suj.

Se a troca de lugar de sujeito e objeto não prejudica a compreensão, sujeito e objeto direto podem ter sua posição invertida sem a presença da preposição. Exemplo:

<u>O sol agonizante</u> dourava <u>o monte</u>.
     suj.   OD

ou

Dourava <u>o monte</u> <u>o sol agonizante</u>.
         OD   suj.

(O monte não pode dourar; no contexto acima, apenas o sol pode fazê-lo.)

A posição de algumas palavras pode mudar o sentido da frase. Exemplos:

Disse-nos *agora* que não sabe se vai viajar.

Disse-nos que não sabe se vai viajar *agora*.

(Na primeira frase, o advérbio *agora* modificou o verbo *disse*. Na segunda, o verbo *viajar*.)

Cobertores para casal *do Uruguai*.

Cobertores *do Uruguai* para casal.

(A expressão *do Uruguai* refere-se, no primeiro exemplo, à palavra *casal*. No segundo, à palavra *cobertores*.)

Ainda com relação à regência verbal, verificamos, constantemente, seu enriquecimento com o surgimento de novas regências para os verbos. É um fenômeno normal.

2 VERBOS QUE EXIGEM COMPLEMENTAÇÃO E VERBOS QUE NÃO EXIGEM COMPLEMENTAÇÃO

Alguns verbos, por expressarem um sentido completo, não exigem complemento. São os verbos *intransitivos*. Exemplos:

(1) O doente *morreu*.
(2) O menino *adoeceu*.
(3) A gente *vive*.
(4) As crianças *brincam*.

Outros, porém, não têm sentido completo. Exigem a presença de um complemento (objeto direto ou objeto indireto). São os verbos *transitivos*. Exemplos:

(1) Paulo *ama* <u>Vera</u>.
　　　　　　OD

(2) Eu *comprei* <u>uma roupa</u>.
　　　　　　　　OD

(3) As crianças *gostam* <u>de pipoca</u>.
　　　　　　　　　　OI

(4) *Assistimos* <u>à parada militar</u>.
　　　　　　　　OI

Qual a diferença existente entre as duas primeiras frases e as duas últimas? É que, nas primeiras, a ligação entre o verbo e o complemento fez-se diretamente. Nas frases 3 e 4, porém, a ligação foi indireta, surgindo, entre o verbo e o seu complemento, um novo elemento: uma *preposição*.

> O objeto só é considerado *indireto*, quando a *preposição* é *exigida* pelo verbo. Caso contrário, mesmo com preposição, o objeto é *direto preposicionado* (preposição utilizada por tradição, ênfase, clareza etc.):
>
> (1) Procederam ao exame do material coletado.
>   VTI   OI
>
> (2) Matou o leão ao caçador.
>   VTD   OD prep.

Surgem, então, dúvidas:

(1) O verbo "X" requer preposição ou não?
(2) Devemos dizer "EU A VI" ou "EU LHE VI"?

Em primeiro lugar, o "O", quando for objeto, será sempre objeto direto e o "LHE", quando for objeto, será sempre objeto indireto. O que tem ocorrido na fala dos brasileiros é a não utilização de *o* como objeto direto e sua substituição por *lhe*. O leitor pode verificar isso em muitas letras de música.

Em segundo lugar, na língua portuguesa, há diversos verbos que, de acordo com o significado, são usados ora com preposição, ora sem, admitindo, portanto, mais de uma regência.

3 VERBOS COM MAIS DE UM SENTIDO E MAIS DE UMA REGÊNCIA

AGRADAR

a) No sentido de *acarinhar*, pede *objeto direto* (sem preposição):

   A avó passava o dia *agradando os netinhos*.

   A mãe costumava *agradar* a filha quando esta era pequena.

b) No sentido de *ser agradável*, pede *objeto indireto* com preposição *a*:

   O aumento dos preços nunca *agrada ao povo*.

   Tais declarações não *agradaram ao funcionário*.

ASPIRAR

a) No sentido de *cheirar, respirar*, pede *objeto direto*:

   Aspiramos o ar frio da serra.

   Aspirou o perfume do roseiral.

b) No sentido de *pretender, ambicionar*, pede *objeto indireto* com preposição *a*:

Ela *aspira a* um emprego bem remunerado.

O jovem *aspira à* carreira militar.

ASSISTIR

a) No sentido de *presenciar, ser espectador*, pede *objeto indireto* com preposição *a*:

Assistia a tudo em silêncio.

Assistimos a um ótimo espetáculo teatral.

b) No sentido de *prestar auxílio, ajudar*, pede *objeto direto* ou *objeto indireto*, indiferentemente:

O médico *assiste o* doente.

O médico *assiste ao* doente.

c) No sentido de *caber direito* ou *razão*, pede *objeto indireto* com preposição *a*:

Este é um direito que *me assiste*. (me → obj. indireto = a mim)

Nem *lhe assistem* razões para que assim proceda. (lhe → obj. indireto)

Este é um direito que *assiste ao* dono da casa.

d) No sentido de *morar*, é regido pela preposição "EM" (uso arcaico):

"Eu sou Manuel João, para o servir. *Assisto no Vão*, perto do arraial de Morrinhos..." (Afonso Arinos, citado na *Gramática normativa da língua portuguesa*, de Rocha Lima)

Obs.: Luft (2006, p. 79) já admite o verbo *assistir* como transitivo direto: "Também a construção passiva (*o jogo foi assistido*) comprova a transitivação (direta) desse verbo."

ATENDER

a) No sentido de *deferir*, pede objeto direto:

O Secretário de Educação *atendeu* o seu pedido, porque o processo foi protocolado em tempo hábil.

b) Nos *demais sentidos*, pede, geralmente, *objeto indireto* com preposição *a* (com pessoas, quando se emprega pronome pessoal oblíquo, é indiferente o uso do objeto):

Atenderemos às solicitações dos presentes.

Atendiam aos convidados com muita cordialidade.

Atendê-lo-ei imediatamente.

ou

Atender-lhe-ei imediatamente.

CONSTAR

a) No sentido de *ser composto de*, pede *objeto indireto* com preposição *de*:

A obra *consta de* vinte capítulos.

b) No sentido de *estar registrado*, é regido pela preposição *em*:

Essa expressão *consta na* ata.

PRECISAR

a) No sentido de *tornar preciso*, pede *objeto direto*:

   O relojoeiro *precisou* o relógio.

   A secretária *precisou* o horário das aulas para o ano que vem.

b) No sentido de *ter necessidade*, pede *objeto indireto* com preposição *de*:

   Precisamos de bons tradutores.

   Preciso de paz de espírito.

PROCEDER

a) No sentido de *conduzir-se*, é *intransitivo*, seguido de *adjunto adverbial de modo*:

   Ele não *procedeu* bem.   (adj. adverbial de modo)

   Aquele funcionário *procedeu* honestamente.   (adj. adverbial de modo)

b) No sentido de *ter fundamento*, é *intransitivo*:

   Essa notícia não *procede*.

   Tal argumento *procede*.

c) No sentido de *realizar*, pede *objeto indireto* com preposição *a*:

   Ele *procedeu ao* exame da substância.

   Procedemos à feitura das provas.

d) No sentido de *provir*, pede a preposição *de*:

   Os imigrantes *procediam da* Europa oriental.

   Esta madeira *procede do* Paraná.

QUERER

a) No sentido de *desejar*, pede *objeto direto*:

   Quero meia taça de café preto com pão e manteiga.

   Quero-a para professora de meus filhos.

b) No sentido de *querer bem, estimar*, pede *objeto indireto* com preposição *a*:

   Queria-lhe mais do que a própria vida.

   Marisa *quer* muito *a* seu pai.

RESPONDER

No sentido de *dar resposta*, pede:

a) *Objeto indireto* com preposição *a* em relação à pergunta (respondeu A QUEM ou A QUÊ?):

   Respondeu *a* todas as questões da prova.

   Respondeu-lhe na hora.

b) *Objeto direto* para expressar a resposta (respondeu O QUÊ?):

   Ela apenas *respondeu isso*.

Respondeu que não gostava de brincadeiras.
    OD

c) No sentido de *ficar responsável*, pede *objeto indireto* com preposição *por*:

   Os infratores *responderão por* suas faltas.

   Os criminosos deveriam *responder por* seus crimes.

SUCEDER

a) No sentido de *acontecer*, é *intransitivo*:

   Sucedeu que, desta vez, eles tinham razão.

b) No sentido de *substituir*, pede *objeto indireto* com preposição *a*

   Ele *sucedeu ao* tio na direção da empresa.

VISAR

a) No sentido de *pôr o visto* ou *apontar a arma*, pede *objeto direto*:

   A embaixada *visou* o passaporte.

   Atirou a espingarda, *visando* o alvo.

b) No sentido de *ter um objetivo*, *pretender*, pede *objeto indireto* com preposição *a*:

   A educação *visa ao* progresso do povo.

   Este curso *visa a* aprimorar o conhecimento linguístico.

Obs.: Segundo Luft (2006, p. 534), o verbo *visar* "passou a aceitar também a transitividade direta, dispensando a preposição".

---

1. Certos *verbos transitivos indiretos* (VTI) repelem o pronome *lhe(s)*, sendo, por isso, construídos com as formas retas preposicionadas:

   Aludiram aos teus livros = Aludiram *a* eles.

   Aspiro ao título = Aspiro *a* ele.

   Assistimos à festa = Assistimos *a* ela.

   Dependo dos meus pais = Dependo *deles*.

   Prescindimos de ajuda = Prescindimos *dela*.

   Presidiu à sessão = Presidiu *a* ela.

   Recorri ao ministro = Recorri *a* ele.

   Respondi ao bilhete = Respondi *a* ele (para pessoas podemos usar o *lhe* = Respondi-lhe)

2. Em orações subordinadas adjetivas, construídas com verbos transitivos indiretos, há uma preposição antes do pronome relativo:

   Assistimos a um bom filme no aparelho de DVD. → O filme *a que assistimos* no aparelho de DVD é bom.

> 3. Com o uso de *cujo*, temos:
>
>   Apresentaram-me um rapaz *cuja* fisionomia *lembro* muito bem. (= quem *lembra, lembra* algo.)
>
>   MAS:
>
>   Apresentaram-me um rapaz *de cuja* fisionomia *me lembro* muito bem. (= quem *se lembra, se lembra de* algo)
>
> 4. Com relação ao emprego do pronome relativo CUJO (*cuja, cujos, cujas*), não se usa *artigo* depois dessa palavra:
>
>   Apresentaram-me um rapaz *cuja* fisionomia *lembro* muito bem (e não *cuja a fisionomia...*)

4 VERBOS CUJA REGÊNCIA REQUER ATENÇÃO

CHEGAR, IR e VOLTAR (= TORNAR A IR)

No emprego desses verbos, segundo a norma-padrão, usa-se a preposição *a* ou (no caso dos dois últimos verbos) a preposição *para*:

> *Chegamos* tarde *à* festa.
> *Chegaremos a* Osório no horário.
> *Vai à* Bahia em julho.
> *Foi para* São Paulo a fim de estabelecer-se lá.
> *Voltou para* a sua pátria.
> *Voltarei à* França em breve.

> A preposição "a" indica movimento transitório e a preposição "para" indica movimento duradouro, embora, no uso corrente da língua, isso não seja observado:
>
> *Fui ao Rio no carnaval.*
>
> *Vim para Porto Alegre definitivamente.*

CUSTAR

No sentido de *ser difícil*, é empregado na 3ª pessoa do singular, tendo por sujeito uma oração reduzida de infinitivo. Pede *objeto indireto* com preposição *a*:

> *Custou-<u>me</u> muito / <u>conseguir passagem</u>.*
>   OI   Sujeito (OSRI)
>
> *Custa <u>a algumas pessoas</u> / <u>permanecer em silêncio</u>.*
>   OI   Sujeito (OSRI)

> Embora de uso corrente na língua coloquial, ainda não são aceitas pelos gramáticos mais rigorosos as seguintes construções:
>
> Eu custei a achar um táxi.
> Elas custam a entender o problema.
>
> De acordo com a gramática normativa, teríamos:
>
> Custou-me achar um táxi.
> Custa-lhes entender o problema.

IMPLICAR

No sentido de *trazer como resultado*, pede *objeto direto*. Exemplos:

Essa medida *implicará* a majoração dos impostos.
Tal atitude *implicou* descontentamento.

> Apesar do que determina a norma-padrão, é cada dia mais comum entre os brasileiros, tanto na língua falada como na escrita, o uso da preposição *em* com o verbo *implicar*. Isso talvez seja influência da regência do verbo *resultar*, que tem significado semelhante.

MORAR, RESIDIR, SITUAR-SE, ESTABELECER-SE, ESTAR SITUADO

Por serem verbos *de quietação*, estáticos, pedem a preposição *em*:

Moro na Rua dos Andradas.
Resido num bairro calmo.
O edifício *situa-se num* local aprazível.
O comerciante *estabeleceu-se no* centro da cidade.
O prédio *está situado em* zona de muito movimento.

> Os adjetivos derivados desses verbos também são regidos pela preposição *em*:
>
> Foi ao cartório *sito* na Rua da Ladeira.
> Fulano de tal, brasileiro, casado, residente em Santa Maria etc.
> Seu Joaquim, estabelecido, com comércio de secos e molhados, na Rua Santo Antônio etc.

OBEDECER e DESOBEDECER

Pedem *objeto indireto* com a preposição *a*:

> Os filhos *obedecem aos* pais.
> Quem *obedece aos* sinais de trânsito evita acidentes.
> Aqueles que *desobedecem aos* seus superiores muitas vezes se arrependem.
> Nada deu certo, porque as pessoas *desobedeceram ao* esquema preestabelecido.

PREFERIR

No sentido de *querer antes*, pede *objeto direto* e *objeto indireto* com preposição *a*. Prefere-se uma coisa a outra. A gramática normativa não admite a expressão: Prefiro isto do que aquilo (ou prefiro mais, ou prefiro antes...:

> *Prefiro* Português *a* Matemática.
> *Prefiro* ir à Europa *a* ir aos Estados Unidos.

PISAR

Pede *objeto direto*. Nas placas de jardins e no uso cotidiano, usamos a preposição *em* (*você pisou no meu pé, pisar na grama*), mas a norma-padrão ainda não admite a preposição:

> *Pisei* o pé de Maria.
> *Pisei* a grama.

> *Pisar* no sentido de *machucar* é regionalismo gaúcho.

5 VERBOS COM MAIS DE UMA REGÊNCIA

ABRAÇAR

> Pedro *abraçou* o pai.
>   OD
>
> Pedro *abraçou-se* ao pai.
>   OI
>
> Pedro *abraçou-se* no pai.
>   OI
>
> Pedro *abraçou-se* com o pai.
>   OI

AGUARDAR

> Nós *aguardávamos* o professor.
>   OD

Nós *aguardávamos* <u>pelo professor</u>.
  OI

AJUDAR

Ninguém *<u>o ajudou</u>*.
  OD

Ninguém *<u>lhe ajudou</u>*.
  OI

COMPARECER

Compareceram <u>na sessão de autógrafos</u>.
  OI

Compareceram <u>à sessão de autógrafos</u>.
  OI

DIGNAR-SE

Nem *se dignou de* me oferecer um lugar.
Nem *se dignou a* me oferecer um lugar.
Nem *se dignou* me oferecer um lugar.
  ↑
  preposição elíptica

ENCONTRAR

Eu *encontrei* <u>uma colega</u> na rua.
  OD

Eu *me encontrei* <u>com uma colega</u> na rua.
  OI

ESQUECER

Nós *esquecemos* <u>a chave</u> dentro do carro.
  OD

Nós *nos esquecemos* <u>da chave</u> dentro do carro.
  OI

LEMBRAR

Ela *lembrou* as <u>férias</u> com saudade.
  OD

Ela *se lembrou* <u>das</u> férias com saudade.
  OI

PRESIDIR

O desembargador *presidiu* <u>a sessão do Tribunal</u>.
  OD

O desembargador *presidiu* à sessão do Tribunal.
                           OI

RECORDAR

Tu *recordaste* as músicas do filme?
               OD

Tu *te recordaste* das músicas do filme?
                   OI

RENUNCIAR

O rei *renunciou* o trono.
                  OD

O rei *renunciou* ao trono.
                  OI

SATISFAZER

Essas medidas do governo não *o satisfazem*.
                              OD

Essas medidas do governo não *lhe satisfazem*.
                              OI

De modo geral, quando o verbo é *pronominal* (abraçar-se, encontrar-se etc.), pede *preposição*:

Não lembro a letra da música (mas: não *me* lembro *da* letra da música)[1]

---

6 VERBOS QUE EXIGEM OBJETO DIRETO E INDIRETO, SEM VINCULAÇÃO OBRIGATÓRIA COM PESSOA OU COISA

ACONSELHAR

*Aconselhei-*o *a* ir a Buenos Aires.
             OD   OI

Aconselhei-*lhe* ir a Buenos Aires.
            OI   OD

---

[1] Na fala cotidiana, a frequência do uso do verbo pronominal + preposição é baixa.

AVISAR

Avisarei <u>a cozinheira</u> <u>de</u> que teremos convidados para o jantar.
           OD   OI

Avisarei <u>à</u> cozinheira que teremos convidados para o jantar.
          OI   OD

CERTIFICAR

Certifiquei-<u>o</u> <u>de</u> sua promoção.
              OD   OI

Certifiquei-<u>lhe</u> que seria promovido.
              OI   OD

ENSINAR

Ensinei-<u>o</u> <u>a</u> falar francês.
          OD   OI

Ensinei-<u>lhe</u> o idioma francês.
          OI   OD

IMPEDIR

Impediram-<u>no</u> <u>de</u> ingressar na função pública.
            OD   OI

Impediram-<u>lhe</u> que ingressasse na função pública.
            OI   OD

INCUMBIR

Incumbiram-<u>no</u> <u>da</u> matrícula do menino.
             OD   OI

Incumbiram-<u>lhe</u> que matriculasse o menino.
             OI   OD

INFORMAR

Informei-<u>o</u> <u>de</u> que sua aposentadoria saiu.
           OD   OI

Informei-<u>lhe</u> que sua aposentadoria saiu.
           OI   OD

LEMBRAR

Lembrei-<u>o</u> <u>do</u> aniversário de sua sobrinha.
          OD   OI

Lembrei-<u>lhe</u> o aniversário de sua sobrinha.
          OI   OD

NOTIFICAR

Notifcaram <u>os vestibulandos</u> <u>*do* resultado das provas</u>.
               OD   OI

Notificaram <u>*aos* vestibulandos</u> <u>o resultado das provas</u>.
               OI   OD

PROIBIR

Proibiram-<u>no</u> <u>de</u> <u>fumar</u>.
         OD   OI

Proibiram-<u>lhe</u> <u>que fumasse</u>.
        OI   OD

7 VERBOS QUE PEDEM OBJETO DIRETO PARA COISA E OBJETO INDIRETO PARA PESSOA

AGRADECER

Agradecer-<u>lhe-emos</u> <u>as gentilezas</u>.
         OI   OD

Agradeceste <u>o presente</u> <u>ao teu vizinho</u>?
           OD   OI

ANUNCIAR

Anunciamos-<u>lhe</u> <u>nosso noivado</u>.
        OI   OD

Anunciou <u>sua mudança</u> <u>aos parentes mais íntimos</u>.
       OD   OI

COMUNICAR

Comunicamos-<u>lhe</u> <u>nosso noivado</u>.
       OI   OD

Comunicou <u>sua mudança</u> <u>aos parentes mais íntimos</u>.
       OD   OI

DIZER

Disse-<u>lhes</u> <u>isto</u>.
    OI   OD

Disseram <u>a ele</u> <u>que não havia mais vagas</u>.
      OI   OD

PAGAR

Pagou <u>tudo</u> o que devia.
    OD

Pagou-lhe a conta com atraso.
　　　OI

Paguei o salário *ao* empregado.
　　　　　　　　　　OI

Pagamos a conta *ao* caixa.
　　　　　OD　　　OI

PARTICIPAR

Participamos-lhe nosso noivado.
　　　　　　　OI　　　OD

Participou sua mudança *aos* parentes mais íntimos.
　　　　　　OD　　　　　　　　　OI

PEDIR

Pediram-lhe dinheiro.
　　　　OI　　OD

Pediu silêncio *ao* auditório.
　　　　OD　　　　OI

> Quando o que se pede (objeto direto) é uma oração, essa deve vir introduzida pela conjunção QUE e não pela preposição PARA (a não ser que estejam subentendidas as palavras *licença* ou *permissão*):
>
> *Pediu* para entrar. (= pediu licença)
>
> O diretor *pediu* que todos os professores comparecessem à reunião.
> 　　　　　　　　　　　　　　OD
>
> A gramática normativa rejeita construções como: "o diretor pediu para todos os professores comparecerem à reunião", embora façam parte do cotidiano dos brasileiros, tanto na língua falada quanto na escrita.
>
> *Pediram*-me que distribuísse as fichas entre os alunos.
> 　　　　　　　　　　　OD
>
> (e não: "pediram-me para distribuir as fichas...")
> Nesse mesmo caso, temos os verbos *dizer* (quando significa *pedir*) e *solicitar*.

PERDOAR

Perdoou as ofensas.
　　　　　OD

Maria *perdoou a* João.
　　　　　　　　OI

Se tens coração, *perdoa-lhe.*
                    OI

SOLICITAR

Solicitaram-lhe dinheiro.
          OI   OD

Solicitou silêncio *ao* auditório.
           OD   OI

8 VERBOS QUE PEDEM OBJETO DIRETO PARA PESSOA E OBJETO INDIRETO PARA COISA

AUTORIZAR

O diretor *autorizou* o professor a dispensar os alunos.
                     OD   OI

O médico *autorizou-*a a fazer repouso.
                    OD OI

CIENTIFICAR

*Cientificaram-*nos de sua aprovação no concurso.
               OD   OI

Cientificou a polícia do desaparecimento do menor.
             OD   OI

CONVIDAR

*Convidou-*o a permanecer no recinto.
          OD OI

*Convido-*o *para* padrinho de meu casamento.
         OD OI

---

1. Muito cuidado com o *"deísmo"*, isto é, o uso desnecessário (e incorreto) da preposição *de*, bastante comum em alguns falantes:

    Sugeriram-lhe *de* que revisasse os autos do processo.

    Pela norma-padrão, temos:

    Sugeriram-lhe que revisasse os autos do processo.

2. O verbo *mudar*, quando significa "transferir-se de um endereço para outro", é pronominal regido pela preposição *para*:

    Ernesto *mudou-se para* o bairro Higienópolis.

    (e não: "Ernesto mudou para")

> Após a aposentadoria, nós *nos mudaremos para* uma cidade do interior.
> (e não: "nós mudaremos para")
>
> 3. A perda do pronome é um fenômeno que vemos, frequentemente, em verbos como: *casar-se* ("fulano casou com fulana"), *sentar-se* ("ele sentou na cadeira e dormiu").
> 4. O fenômeno contrário ocorre com *simpatizar*, que não é pronominal, mas é usado no português brasileiro como se fosse: *eu me simpatizo com fulana*. A gramática normativa repele essa construção. A construção na voz reflexiva recíproca ajusta-se à norma-padrão: *simpatizaram-se, ficaram, namoraram e, depois, casaram-se*.

EXERCÍCIOS

1. Numere com 1 as frases cujos verbos pedem OD, com 2 as que têm OI e com 3 as que apresentam dois objetos, um direto e outro indireto:

1. Os filhos *auxiliam* a sua mãe. ( )
2. Estou quase *desistindo* da viagem. ( )
3. Nós *emprestamos* um livro ao aluno. ( )
4. *Aplaudiste* a cantora? ( )
5. Não deves mais *incorrer* neste erro. ( )
6. A maioria das pessoas *teme* a morte. ( )
7. Vou *pedir* paciência aos presentes. ( )
8. *Informaram*-no da vinda da sogra. ( )
9. O papel não *aderiu* à parede. ( )
10. *Abusaram* da nossa paciência! ( )

2. Preencha as lacunas com as preposições adequadas:

1. Não confio .... pessoas que desistem .... as tarefas no meio do caminho.
2. Ela estava com tanta enxaqueca, que não atinava .... nada.
3. Os médicos insistiram tanto .... ela, que conseguiram demovê-la .... a ideia de se operar em outro lugar.
4. O patrão condoeu-se .... seus empregados e intercedeu .... eles.
5. Os governos não simpatizam .... aqueles que pactuam .... o seu inimigo.

3. Preencha as lacunas com o (*a, os, as*) ou *lhe(s)*:

1. Encontrei-................ logo, agradecendo-................ a boa vontade.
2. Você não estava na última aula? Procurei – ...., mas não .... vi.
3. Convenceram-................ a acompanhar-................ até a porta.

4. Não adianta: os netos não .... respeitam nem .... obedecem.
5. Porque .... estimamos muito, convidamos-................... para jantar lá em casa.
6. Quanto à briga, presenciamos-.................... e isso .... desagradou bastante.
7. Mesmo conhecendo-.............. há pouco, já .... queremos tão bem!
8. Convenceram-........................ a pagar-........................ a dívida.
9. Preveniram-.................... de que .... proibiriam o consumo de gordura animal.
10. Atribuíram-................. tarefas difíceis e, por isso, permitiram-................. faltar um dia ao serviço.

4. Sublinhe, dentro dos parênteses, a expressão adequada, tendo em vista a norma-padrão:
1. Você aspirava (o – ao) mais alto posto dentro da empresa, porém ninguém (o – lhe) ensinou a ter responsabilidade desde cedo, muito menos (o – lhe) ensinaram o amor ao trabalho.
2. A biblioteca do reitor consta (em – de) 10 mil volumes, muitos deles de literatura francesa.
3. Prefiro ficar sozinho (que – do que – a) perdoar (os – aos) que me ofenderam.
4. Procedeu-se (a – à) feitura das provas na própria escola, e isso agradou (os – aos) alunos.
5. Visando (o – ao) progresso da rede hoteleira, os gerentes insistiram (uma – numa) coisa: Joaquim deveria suceder (o – ao) irmão na presidência da empresa.
6. Acederam (o – ao) pedido da chefia e abstiveram-se (em – de) votar.
7. As cenas (que – a que) assisti foram deprimentes; por essa razão, não tive condições de responder logo (as – às) perguntas feitas.
8. Quanto à decoração da sala situada (à – na) Avenida Borges, era bem assim que eu (a – lhe) queria: discreta e, ao mesmo tempo, acolhedora.
9. O avião chegou (a – em) São Paulo com muito atraso, o que implicou (em – ⌀) descontentamento dos passageiros.
10. Quanto à correspondência recebida, já (lhe respondemos – respondemos a ela). Nessa ocasião, comunicamos aos chefes que, apesar de a gente (se – ⌀) simpatizar bastante com eles, seria impossível atender (o – ao) pedido feito.
11. A turma (a – à) qual pertencemos, consta (de – em) dez pessoas.
12. Autorizaram-(na – lhe) a avisar (o – ao) maestro de que hoje não haveria ensaio.

5. Tendo em vista a norma-padrão, ajuste a regência das seguintes frases:
1. O professor pediu para todos os alunos lerem os livros.
2. O sacerdócio implica em sacrifícios.
3. Ela custou a achar a pulseira.
4. Pisaram nos meus calos.
5. O empresário estabeleceu-se à Rua Dr. Flores.
6. Os lucros que ela visa são exagerados.
7. Fomos no cinema ontem.
8. O nosso telefone, porque é novo, ainda não consta da lista telefônica.

9. Perdoa-o, se és capaz!
10. Peço-te para guardares o máximo sigilo.
11. Os itens da entrevista que respondi foram bem difíceis.
12. Ainda há pessoas cuja seriedade não se pode duvidar.

6. Reescreva as frases seguintes, substituindo os verbos destacados pelos que estão nos parênteses:

1. A coifa *sorve* o cheiro das frituras. (aspirar)
2. Você *viu* o último capítulo da novela? (assistir)
3. Nós *objetivamos* um aumento de salário. (aspirar)
4. *Alcançamos* o topo da montanha em pouco tempo. (chegar)
5. Eles *gostam* mais do Rio que de São Paulo. (preferir)
6. Quem *respeita* a sinalização evita acidentes. (obedecer)
7. O objetivo que *pretendemos* será alcançado. (visar)
8. As economias que *tenho* são poucas. (dispor)
9. Os bombons que *aprecio* são artesanais. (gostar)
10. *Realizaram* uma pesquisa laboriosa. (proceder)

7. Reescreva as frases dos exercícios seguintes de acordo com os modelos, elaborando você mesmo(a) a conclusão:

1. MODELO: Estas medidas desagradaram *ao povo*.
   R. = Estas medidas desagradaram-*lhes*.
   a) Esta atitude custou *a ela* a perda do emprego.
   b) Pagamos *aos pedreiros* ontem.
   c) O descongelamento dos preços está desobedecendo *às ordens dadas*.
   d) Eles não costumam perdoar *aos devedores*.
   e) Os pais querem *ao filho* com amor.

2. MODELO: Vamos investigar *isto*.
   R. = Vamos investigá-lo.
   a) Por estimar *o irmão*, não quer que nada lhe aconteça.
   b) Os rebeldes depuseram *o presidente*.
   c) A natureza proveu *o homem* com qualidades e defeitos.
   d) Muitos previram *a quebra da Bolsa*.
   e) A moça, às vésperas do casamento, não quis mais *o noivo*.

3. MODELO: Ensinei-*o a* tecer.
   R. = Ensinei-*lhe tapeçaria*.
   a) Avisei-*a da* ausência do professor.
   b) Proibiram-*nas* de ingerir sal.
   c) Impediram-*no de* entrar, com bermudas, naquele ambiente.
   d) Notificaram *os* concursados *do* resultado das provas.
   e) Lembrei *os* colegas *do* aniversário do professor.

4. MODELO: Esquecemos *o* endereço em casa.
   R. = Esquecemo-*nos do* endereço em casa.
   a) Lembrei *o* nome dela.
   b) Recordas *o* número do meu telefone?
   c) Encontrou *um* parente no Rio.
   d) Abraçou *o* irmão com saudade.
5. MODELO: Este é o time. Nós torcemos *pelo time*.
   R. = Este é o time *pelo qual* nós torcemos.
   a) Aquela é a loja. Eu te falei *da loja*.
   b) Teresa é a vizinha. Nós nos relacionamos bem *com a vizinha*.
   c) *Paris-Texas* é o filme. Gostaríamos de assistir novamente *ao filme*.
   d) Dr. João é o juiz. Deves te apresentar amanhã *perante o juiz*.
   e) A lista telefônica é a do ano passado. O nome da empresa consta na lista telefônica.
6. MODELO: Os turistas aludiram *a* um terrível acidente.
   R. = O acidente *a que* aludiram os turistas foi terrível.
   a) O clube irá proceder *a* um sorteio mensal.
   b) Aspiramos, há muito, *a* um posto bem remunerado.
   c) Gosto *de* filmes europeus.
   d) Assistes *a* filmes europeus?
   e) Chegamos *a* um lugar, no meio da viagem, encantador.
   f) Moramos *em* um bairro arborizado.
7. MODELO: Eu gostei *deste filme*.
   R. = O filme *do qual* gostei é este.
   a) Agradeci àquele sujeito a encomenda dos doces.
   b) Estes textos constam *no* livro de Guimarães Rosa.
   c) Voltamos *a* um belo lugar.
   d) Colocaremos o vaso *sobre* a mesa de mármore.
   e) Pagaste *ao* banco ABC.
   f) Ela simpatiza muito *com* um colega que se chama Sérgio.
8. MODELO: Ontem vi uma menina loira. Lembro muito bem a fisionomia *da menina loira*.
   R. = Ontem vi uma menina loira *cuja* fisionomia lembro muito bem.
   a) Telefonarei para Beatriz. Está à venda a casa *de Beatriz*.
   b) Telefonaremos para Marcelo. Vamos fazer uma sessão de estudo *na casa de Marcelo*.
   c) A planta está lá. Nós falaremos *dos* frutos *da planta*.
   d) No mês que vem, visitarei a escola. Devo uma explicação *aos* alunos *da escola*.
   e) Na semana que vem, visitarei a diretora. Preciso *da* ajuda *da diretora*.

51

Regência nominal

1 CONCEITO

Assim como alguns verbos não podem vir desacompanhados de complemento (por vezes, regidos de preposição), alguns nomes (substantivos e adjetivos) ou advérbios também, por não encerrarem, em si mesmos, sentido completo, necessitam de complementação. A essa complementação dá-se o nome de *complemento nominal*.

Se dissermos, por exemplo, *Pedrinho tem medo*, pode-se perguntar: Medo de quê? A palavra *medo* não tem, por si só, significação completa. Ela necessita de algo mais que a explique – *um complemento nominal*.

Pedrinho tem medo <u>de fantasmas</u>.
complemento nominal (CN)

> O complemento nominal representa para o nome o que o objeto (direto ou indireto) representa para o verbo: ambos complementam palavras que não têm sentido completo. Exemplos:
>
> Maria ama *seus filhos*.
> OD
>
> Maria gosta *de seus filhos*.
> OI
>
> O amor *ao próximo* é uma virtude.
> CN
>
> O gosto *pela política* fez dele um **expert** *no assunto*.
> CN   CN

2 PALAVRAS QUE PEDEM COMPLEMENTO NOMINAL

A seguir, damos alguns exemplos de palavras regidas por preposições que introduzem *complementos nominais*:

Alheio *ao mundo*.
Amor *à verdade*.
Análogo *à sua tese*.
Apego *ao lar*.
Aversão *a regimes*.
Avesso *a homenagens*.
Certeza *do sucesso*.
Cioso *de si mesmo*.
Colocação *de quadros*.
Contrário *ao estipulado*.
Desejoso *de vingança*.
(Des)favorável *à pena de morte*.
(Des)obediência *aos superiores*.
Desprezo *por alguém*.
Digno *de nota*.
Equivalente *a duas porções*.
Fiel *ao dono*.
Gosto *pelas artes*.
Hábil *em convencer*.
Idêntico *ao nosso*.
(Im)próprio *para menores*.
(In)acessível *ao povo*.
(In)capaz *disso*.
(In)compatível *com o seu gênio*.
Independentemente *de nossa vontade*.
Inerente *ao ser humano*.
(In)ofensivo *à moral*.
(In)tolerante *com os outros*.
(In)útil *para nós*.
Isento *de selo*.
Nocivo *à saúde*.
Prejudicial *à saúde*.
Referentemente *ao assunto*.
Versado *em filosofia*.

No português brasileiro, é cada dia mais comum a ausência da preposição. Exemplo: "A ideia de que uma leitura é uma reescritura aparece em Jorge Luís Borges" (= a ideia que uma leitura é uma reescritura aparece em Jorge Luís Borges). Esta última frase não é aceita pela gramática normativa.

EXERCÍCIOS

1. Complete as lacunas com a preposição adequada:
   1. Somos permeáveis .... mudanças.
   2. Sou grato .... quem me faz um favor.
   3. O DDT é nocivo .... os seres humanos.
   4. Sempre fomos fiéis .... os nossos ideais.
   5. Este traço é paralelo .... o que desenhei.
   6. Por que os governos são, geralmente, indiferentes .... os apelos populares?
   7. Os bens deixados são constantes .... prédios e veículos.
   8. Convencida .... que eles a tinham procurado por interesse, recusou-se a atendê-los.
   9. Instado .... responder às perguntas, ficou constrangido.

10. As crianças estão imunizadas .... a paralisia infantil.
11. Esses mecanismos são imprescindíveis .... o desenvolvimento do país.
12. Importunado .... o ruído da obra, não conseguia concentrar-se.
13. Eles estavam imbuídos .... ideias renovadoras.
14. Este menino é idêntico .... o seu irmão gêmeo.
15. Estávamos ansiosos .... receber notícias dela.
16. Meu organismo é muito sensível .... mudanças de temperatura.
17. Sei que você é resistente .... qualquer pressão.
18. Tem a saúde frágil, suscetível .... gripes e resfriados.
19. Cortou o cabelo rente .... as orelhas.
20. O cantor, assediado .... os fãs, deu muitos autógrafos.

2. Rescreva as seguintes frases de acordo com o modelo:

MODELO: Tive vontade de viajar.

Resposta: De uma coisa tive vontade: viajar.

1. Tinha medo de sofrer.
2. Sou favorável à justiça.
3. Ele é apaixonado por futebol.
4. Tenho horror de fingimento.
5. Mauro fez referência a sua timidez.
6. Devemos obediência ao código.
7. Eles nutrem um grande carinho pela escola.
8. Ela tem facilidade para escrever.
9. Temos certeza da vitória.
10. A professora não foi tolerante com as brincadeiras da turma.
11. Este filme é impróprio para a televisão.
12. O leite cru pode ser prejudicial à saúde.
13. Fizerem referência à prisão do criminoso.
14. Elas têm nojo de gente interesseira.
15. Houve um grande interesse por pedras semipreciosas.
16. A sociedade está sujeita a padrões.
17. Ainda não estamos acostumados à poluição.
18. Estas crianças são carentes de afeto.
19. Faz coleção de selos.
20. Tiveram ascendência sobre os povos.

3. Crie frases em que as palavras *favorável, horror, referência, obediência, certeza, impróprio, prejudicial, desprezo, convertido* **e** *predileção* tenham complemento.

52

Crase

1 CONCEITO

Crase é "um fenômeno fonético que se estende a toda fusão de vogais, e não só ao *a* acentuado" (BECHARA, 2015, p. 324). Essa fusão também ocorre com o início de *aquele(s), aquela(s), aquilo, a, as*. Estes dois últimos demonstrativos referem-se a *aquele(s), aquela(s), aquilo, isso* e são chamados por Câmara Jr. (2004, p. 91) de demonstrativos vagos. Essa fusão é marcada por um acento grave (`` ` ``).

Assim, em vez de escrevermos "entregamos a mercadoria *a a* vendedora", "esta blusa é igual *a a* que compraste" ou "eles deveriam ter comparecido *a* aquela festa", devemos sobrepor os dois *a* e indicar esse fato com um acento grave: "Entregamos a mercadoria *à* vendedora". "Esta blusa é igual *à* que compraste". "Eles deveriam ter comparecido *à*quela festa."

> 1. O acento grave que aparece sobre o *a* não constitui, pois, a *crase*: é apenas um sinal gráfico que indica ter havido a união de dois *a* (crase).
> 2. Para haver crase, é indispensável a presença da preposição *a* e de um outro *a*, que pode ser um artigo, um pronome demonstrativo ou a inicial dos pronomes demonstrativos *aquele(s), aquela(s), aquilo*. É, pois, um problema de *regência*. Por isso, quanto mais se conhece regência verbal e nominal, mais fácil se torna o domínio sobre a crase (ver Regência Verbal e Nominal nos Capítulos 50 e 51).

2 APLICAÇÃO E NÃO APLICAÇÃO DO SINAL DE CRASE SEGUNDO A NORMA-PADRÃO

Vejamos, primeiramente, os casos em que não há crase e, portanto, não se justifica o sinal de crase.

2.1 Inexistência de crase = uso proibido do acento grave

1. Antes de palavra masculina (o *a* é apenas uma preposição):

   Chegou *a tempo* ao trabalho.
   Vieram *a pé*.
   Vende-se *a prazo*.

2. Antes de verbo (o *a* é apenas uma preposição):

   Ficamos *a admirá-los*.
   Ele começou *a ter* alucinações.

3. Antes de artigo indefinido (o *a* é apenas uma preposição):

   Levamos a mercadoria *a uma* firma.
   Refiro-me *a uma* pessoa educada.

4. Antes de expressão de tratamento introduzida pelos pronomes possessivos VOSSA ou SUA ou ainda da expressão VOCÊ, forma reduzida de Vossa Mercê (o *a* é apenas uma preposição):

   Enviei dois ofícios *a Vossa Senhoria*.
   Traremos *a Sua Majestade*, o rei Hubertus, uma mensagem de paz.
   Eles queriam oferecer flores *a você*.

5. Antes dos pronomes demonstrativos ESTA e ESSA (o *a* é apenas uma preposição):

   Não me refiro *a esta* carta.
   Os críticos não deram importância *a essa* obra.

6. Antes dos pronomes pessoais (o *a* é apenas uma preposição):

   Nada revelei *a ela*.
   Dirigiu-se *a mim* com ironia.

7. Antes dos pronomes indefinidos com exceção de OUTRA (o *a* é apenas uma preposição):

   Direi isso *a qualquer* pessoa.
   A entrada é vedada *a toda* pessoa estranha.

> Com o pronome indefinido OUTRA(s), pode haver *crase* porque ele, às vezes, aceita o artigo definido a(s):
>
> > As cartas estavam coladas umas às outras (no masculino, ficaria "os cartões estavam colados uns *aos* outros").

8. Quando o "a" estiver no singular e a palavra seguinte estiver no plural (o *a* é apenas uma preposição):

Falei *a vendedoras* desta firma.
Refiro-me *a pessoas* curiosas.

9. Quando, antes do "a", existir preposição (o *a* é apenas um artigo):

Ela compareceu *perante a* direção da empresa (no masculino = perante o diretor).
Os papéis estavam *sob a* mesa (no masculino = sob o armário).

> Exceção feita, às vezes, para ATÉ A, por motivo de clareza:
> A água inundou a rua até à casa de Maria (= a água chegou perto da casa); se não houvesse o sinal da crase, o sentido ficaria ambíguo: a água inundou a rua até a casa de Maria (= inundou inclusive a casa).
> Quando ATÉ significa "perto de", é preposição; quando significa "inclusive", é partícula de inclusão.

10. Com expressões repetitivas (o *a* é apenas uma preposição):

Tomamos o remédio *gota a gota*.
Enfrentaram-se *cara a cara*.

11. Com expressões tomadas de maneira indeterminada (o *a* é apenas uma preposição):

O doente foi submetido *a dieta leve* (no masculino = foi submetido a repouso, a tratamento prolongado etc.).
Prefiro terninho *a saia e blusa* (no masculino = prefiro terninho a vestido).

2.2 Crase facultativa = uso facultativo do acento grave

1. Antes de nomes próprios femininos:

Enviamos um telegrama *à Marisa*.
Enviamos um telegrama *a Marisa*.

Em português, antes de um nome de pessoa, pode-se ou não empregar o artigo definido "a" ("A Marisa é uma boa menina". Ou: "Marisa é uma boa menina"). Por isso, mesmo que a preposição esteja presente, o sinal da crase é facultativo.

> Quando o nome próprio feminino vem acompanhado de uma *expressão* que o *determine*, há *crase*, porque o artigo definido está presente. Exemplo:
> Dedico esta canção à Candinha do Major Quevedo. [*A* (artigo) Candinha do Major Quevedo é fanática por seresta.]

2. Antes de pronome adjetivo possessivo feminino singular:

> Pediu informações à minha secretária.
> Pediu informações a minha secretária.

A explicação é idêntica à do item anterior: o pronome adjetivo possessivo aceita artigo, mas não o exige ("Minha secretária é exigente." Ou: "A minha secretária é exigente"). Portanto, mesmo com a presença da preposição, o sinal da crase é facultativo.

> Com o pronome *substantivo* possessivo feminino singular, o uso do sinal indicativo de crase *não é facultativo* (conforme o caso, e segundo a norma-padrão, ele é proibido ou obrigatório). Exemplos:
>
>> A minha cidade é melhor que *a tua*. Aqui, não se usa o sinal indicativo de crase, porque, no masculino, ficaria assim: O meu sítio é melhor que *o teu* (não há preposição, apenas o artigo definido).
>>
>> Esta gravura é semelhante à *nossa*. O sinal indicativo de crase é obrigatório porque, no masculino, ficaria assim: Este quadro é semelhante ao *nosso* (presença de preposição + artigo definido).

2.3 Oscilação no uso do sinal de crase

Este caso não é propriamente facultativo e, por isso, o consideramos à parte. Suponhamos a frase:

> O ladrão foi ferido *a faca* (ou *à faca*).
> Trocando *faca* por *facão* ou *revólver* (palavras masculinas), teríamos:
> O ladrão foi ferido *a facão* (ou *a revólver*).

Os gramáticos se dividem, então, em duas correntes:

a) Segundo alguns, não há crase e justificam seu ponto de vista, alegando que, *no masculino, a expressão não aceita o artigo definido*, mas somente a preposição *a*.
b) Outros preconizam o uso do acento indicativo de crase *por motivo de clareza*.

Outros exemplos:

> Comprei a bicicleta *a vista* (ou *à vista*). No masculino, o "a" continua inalterado: Comprei *a prazo*.
> Ela escreve *a máquina* (ou *à máquina*) e ele escreve *a mão* (ou *à mão*). No masculino, diz-se: Escreve *a lápis*.

2.4 Casos especiais

1. Nomes de localidades

Dentre as localidades, há as que admitem artigo antes de si e as que não o admitem. Por aí se deduz que, diante das primeiras, desde que comprovada a presença de preposição, pode ocorrer crase; diante das segundas, não.

Para se saber se o nome de uma localidade aceita artigo, deve-se substituir o verbo da frase pelos verbos ESTAR ou VIR. Se ocorrer a combinação "NA" com o verbo ESTAR ou "DA" com o verbo VIR, haverá crase no "a" da frase original. Se ocorrer "EM" ou "DE", não haverá crase. Exemplos:

> Enviou seus representantes à Paraíba (estou *na* Paraíba; vim *da* Paraíba).
> O avião dirigia-se a São Paulo (estou *em* São Paulo; vim *de* São Paulo).
> Pretendo ir à Europa (estou *na* Europa; vim *da* Europa).

> Os nomes de localidades que não admitem artigo passam a admiti-lo, quando vêm determinados:
>> Vou *a* Porto Alegre (estou *em* Porto Alegre; vim *de* Porto Alegre). Porto Alegre, quando usado indeterminadamente, não aceita artigo.
>> Vou à grande Porto Alegre (estou *na* grande Porto Alegre; vim *da* grande Porto Alegre). Aqui, como há uma expressão que determina Porto Alegre, passa-se então a usar o sinal da crase.
>> Iríamos *a* Madri para ficar três dias.
>> Iríamos à Madri das touradas para ficar três dias.

2. Pronomes demonstrativos *aquele(s), aquela(s), aquilo*

Quando há a preposição *a* diante desses demonstrativos, ocorre a fusão entre ela e a letra inicial dos demonstrativos (crase), assinalada com um acento grave. Exemplos:

> Enviei convites àquela sociedade (= a + aquela).
> A solução não se relaciona àqueles problemas (= a + aqueles).
> Não dei atenção àquilo (= a + aquilo).

Constitui um artifício da crase fazer a substituição dos demonstrativos *aquele(s), aquela(s), aquilo* pelos demonstrativos *este(s), esta(s), isto*, respectivamente. Se, antes destes últimos, surgir a preposição *a*, estará comprovada a necessidade do sinal de crase sobre o *a* inicial dos pronomes *aquele(s), aquela(s), aquilo*. Se não surgir a preposição *a*, estará negada a hipótese de crase. Exemplos:

Enviei cartas àquela empresa.	Enviei cartas a esta empresa.
A solução não se relaciona àqueles problemas.	A solução não se relaciona a estes problemas.
Não dei atenção àquilo.	Não dei atenção a isto.
A sugestão apresentada ontem foi aquela.	A sugestão apresentada ontem foi esta.

3. Palavra "casa"

Quando a expressão *casa* significa "lar", "domicílio" e não vem acompanhada de adjetivo ou locução adjetiva, não há crase. Exemplos:

> Chegamos alegres *a* casa.
> Assim que saiu do escritório, dirigiu-se *a* casa.
> Iremos *a* casa à noitinha.

> Essa construção é mais comum em Portugal. No Brasil, usa-se geralmente "para casa".

Se a palavra *casa* estiver modificada por adjetivo ou locução adjetiva, haverá crase. Exemplos:

> Levaram-me *à* casa de Lúcia.
> Dirigiram-se *à* casa das máquinas.
> Iremos *à* encantadora casa de campo da família Sousa.

4. Palavra "terra"

Não há crase, quando a palavra *terra* significa o oposto a "mar", "ar" ou "bordo". Exemplos:

> Os marinheiros ficaram felizes, pois resolveram ir *a* terra.
> Os astronautas desceram *a* terra na hora prevista.

Há crase, quando a palavra significa "solo", "planeta" ou "lugar onde a pessoa nasceu". Exemplos:

> O colono dedicou *à* terra os melhores anos de sua vida.
> Voltei *à* terra onde nasci.
> Viriam *à* Terra os marcianos?

5. Palavra "distância"

Não se usa crase diante da palavra *distância*, a menos que se trate de distância determinada. Exemplos:

> Via-se um monstro marinho *à* distância de quinhentos metros.
> Estávamos *à* distância de dois quilômetros do sítio, quando aconteceu o acidente.

Mas:

> *A* distância, via-se um barco pesqueiro.
> Olhava-nos *a* distância.

6. Pronome relativo

Todo pronome relativo tem um substantivo (expresso ou implícito) como antecedente. Para saber se existe crase ou não diante de um pronome relativo, substitui-se esse antecedente por um substantivo masculino. Se o "a" se transforma em "ao", há crase diante do relativo. Mas, se o "a" permanece inalterado ou se transforma em "o", então não há crase: é preposição ou pronome demonstrativo. Exemplos:

A fábrica a que me refiro precisa de empregados.
O escritório a que me refiro precisa de empregados. } NÃO HÁ CRASE

A carreira à qual aspiro é almejada por muitos.
O trabalho ao qual aspiro é almejado por muitos. } HÁ CRASE

A mulher a quem me refiro é a diretora da empresa.
O homem a quem me refiro é o diretor da empresa. } NÃO HÁ CRASE

A avenida em que moro é paralela à que vai dar na praça.
O parque em que moro é paralelo ao que vai dar na praça. } HÁ CRASE

> Na passagem do antecedente para o masculino, o pronome relativo não pode ser substituído, sob pena de falsear o resultado:
>
> A festa *a que* compareci estava linda (no masculino = o baile *a que* compareci estava lindo). Como se vê, substituímos *festa* por *baile*, mas o pronome relativo *que* não foi substituído por nenhum outro (*o qual* etc.).

2.5 Existência de crase = uso obrigatório do acento grave

1. Sempre há o sinal de crase em locuções prepositivas, adverbiais ou conjuntivas que tenham como núcleo um substantivo feminino:

à custa de	à queima-roupa	às mil maravilhas
à força de	à tarde	às oito horas
à maneira de	à vontade (de)	às pressas
à medida que	às cegas	às tontas
à moda de	às dezesseis horas	às vezes
à noite	às escuras	etc.

> 1. Não se confundem a locução adverbial *às vezes* e a expressão *fazer as vezes de*, em que não há crase porque o *as* é artigo definido:
>
>   Ele se aborrece *às vezes* (= ele se aborrece de vez em quando).
>
>   Quando o maestro falta ao ensaio, o violinista *faz as vezes de* regente (= o violinista substitui o maestro).
>
> 2. Sempre há crase em locuções que exprimem hora determinada:
>
>   Ele saiu às treze horas e trinta minutos.
>
>   Chegamos à uma hora.
>
> 3. Não se confundem *a*, *à* e *há*:
>
>   Disseram-me que, daqui a uma hora, Teresa telefonará de São Paulo (= faltam 60 minutos para o telefonema de Teresa).
>
>   Paula saiu daqui à uma hora; duas horas depois, já tinha mudado todos os seus planos (= quando ela saiu, o relógio marcava 1 hora).
>
>   Pedro saiu daqui há uma hora (= faz 60 minutos que ele saiu).

2. Quando a expressão "à moda de" (ou "à maneira de") estiver subentendida. Nesse caso, mesmo que a palavra subsequente seja masculina, há o sinal de crase:

   No banquete, serviram lagosta *à Termidor*.
   Nos anos 60, as mulheres se apaixonavam por homens que tinham olhos à *Alain Delon*.

3. Quando as expressões "rua", "loja", "estação de rádio" etc. estiverem subentendidas:

   Dirigiu-se *à* Marechal Floriano (= dirigiu-se *à Rua* Marechal Floriano).
   Fomos *à* Renner (fomos *à loja* Renner).
   Telefonem *à* Guaíba (= telefonem *à rádio* Guaíba).

4. Quando está implícita uma palavra feminina:

   Esta religião é semelhante *à* dos hindus (= à religião dos hindus).

5. Atenção a este macete: se ocorrer "ao" no masculino, haverá sinal de crase no "a" do feminino. Se ocorrer "a" ou "o" no masculino, não haverá sinal de crase no "a" do feminino. O problema, para muitos, consiste em descobrir o masculino de certas palavras, como "conclusão", "vezes", "certeza", "morte" etc. Frisamos: não há necessidade alguma de que a palavra masculina tenha qualquer relação de sentido com a palavra feminina. Deve apenas ter a mesma função sintática:

Fomos à cidade comprar carne.	→ (ao supermercado)
Pedimos um favor à diretora.	→ (ao diretor)
Muitos são insensíveis à dor alheia.	→ (ao sofrimento)
Os empregados deixam a fábrica.	→ (o escritório)
O perfume cheira a rosa.	→ (a cravo)
O professor chamou a aluna.	→ (o aluno)

Para finalizar, mais três lembretes:

1. Não confundir **devido** com **dado(a, os, as)**. A primeira expressão pede preposição *a*. Se há uma palavra feminina determinada pelo artigo definido, usamos o sinal de crase:

    Devido à discussão de ontem, houve um mal-estar no ambiente (= *devido ao* barulho de ontem, houve...).

    A segunda expressão não aceita preposição *a* (o *a* que aparece é artigo definido, não havendo crase):

    Dada a questão primordial envolvendo tal fato (= *dado o* problema primordial...).

    Dadas as respostas, o aluno conferiu a prova (= *dados os* resultados...).

2. Antes de **pronome interrogativo**, não ocorre crase:

    A que artista te referes?

3. Na expressão **valer a pena** (no sentido de "valer o sacrifício", "o esforço"), não ocorre crase, pois o *a* é artigo definido:

    Repetindo Fernando Pessoa, "tudo *vale a pena* quando a alma não é pequena..."

EXERCÍCIOS

1. De acordo com o modelo, substitua, nas frases abaixo, as palavras grifadas (masculinas) por palavras femininas, elaborando você mesmo(a) a conclusão:

1. Modelo: Este *modelo* é *o* que me convém.

    R. = Esta *postura* é *a* que me convém.

    a) Este *armário* é *o* que mandei fazer.

    b) De todos os amigos, *Pedro* é *o* que te deu mais força.

    c) Este *touro* é *o* que ganhou o primeiro lugar na exposição pastoril.

    d) De todos os *concertos* de piano a que já assistiu em sua vida, foi este *o* que mais a impressionou.

    e) Já provei muitos *queijos*, mas *o* que me serviram na festa de Cláudia pareceu-me o mais suave.

    Qual é a sua conclusão?

2. Modelo: Este *azulejo* é idêntico *ao* que vimos na revista.

    R. = Esta *mesa* é idêntica *à* que vimos na revista.

    a) Este *aparelho de som* é semelhante *ao* que papai nos deu de presente.

    b) O *hino* cantado ontem era igual *ao* que ouvimos, no mesmo local, no ano passado.

    c) Todos os *homens* devem respeitar a lei. *Aos* que tentarem infringi-la serão impostas penas severas.

    d) Todos devem esforçar-se para apresentar um bom trabalho. Daremos o primeiro prêmio *ao* que apresentar maior dose de criatividade.

    e) Haverá *rapazes* atendendo na recepção. Dirija-se *ao* que estiver portando o crachá de nossa empresa.

    Qual é a sua conclusão?

3. Modelo: Mostraram-me dois *tapetes*: *o* de lã era artesanal.
   R. = Mostraram-me duas *almofadas*: *a* de lã era artesanal.
   a) Marta possui três *primos*: *o* do Rio de Janeiro é muito simpático.
   b) Os Estados Unidos importam alguns *manufaturados*. *Os* do Brasil têm mão de obra pouco dispendiosa.
   c) O *artesanato* brasileiro é muito apreciado pelos turistas, destacando-se *o* do Nordeste, com belos bordados e rendas.
   d) O *litoral* brasileiro apresenta belas praias, e *o* de Santa Catarina, em especial, possui um grande número de baías calmas.
   e) Na quermesse da escola, havia diversos *doces*: *os* de minha tia, no entanto, eram os mais solicitados.
   Qual é a sua conclusão?
4. Modelo: Este *ritmo* é semelhante *ao* dos cubanos.
   R. = Esta *dança* é semelhante *à* dos cubanos.
   a) Este *aparelho de som* é idêntico *ao* do papai.
   b) O *hino* cantado ontem era igual *ao* da parada dos estudantes.
   c) Haverá *rapazes* atendendo na recepção. Dirija-se *ao* de nossa empresa.
   d) Todos devem esforçar-se para apresentar um bom *trabalho*. Daremos o primeiro prêmio *ao* de maior criatividade.
   e) Este *soneto* é semelhante *ao* daquele poeta baiano.
   Qual é a sua conclusão?
5. Modelo: Dirija-se *à loja* C & A.
   R. = Dirija-se *à* C & A.
   a) Vá *à Rua* Dr. Flores, onde se localiza esta firma.
   b) Antigamente, íamos *à Av.* Rio Branco apreciar o carnaval.
   c) Pedimos um filé *à moda* de Camões.
   d) Dirija-se *à empresa* Brastemp, para proceder ao início da pesquisa.
   e) Fomos *à confeitaria* Colombo, lindíssimo prédio antigo, situado no centro carioca.
   Qual é a sua conclusão?
6. Modelo: Dei um livro *a* (*ao*) *meu* professor.
   R. = Dei um livro *a* (*à*) *minha* professora.
   a) Pediremos perdão *a* (*ao*) *Pedro*.
   b) Ofereceste uma taça de espumante *a* (*ao*) *teu* convidado?
   c) Solicitamos uma licença de três dias *a* (*ao*) *nosso* diretor.
   Qual é a sua conclusão?
7. Modelo: Este refrigerador não é igual *ao meu*.
   R. = Esta secadora não é igual *à minha*.
   a) Quanto aos enganos havidos ontem, o chefe não se referiu *ao teu*, em particular, mas *ao nosso*.
   b) Você viu? O comportamento de Maria é semelhante *ao seu*.
   Qual é a sua conclusão?

8. Modelo: *A nossos* antepassados devemos as virtudes e os defeitos do mundo que nos cerca.

   R. = *A nossas* avós devemos tal coisa.
   a) Dedicaste *a teus* filhos grande parte do teu tempo livre.
   b) Pediu notícias *a seus* informantes.
   Qual é a sua conclusão?

9. Modelo: *Aos nossos* antepassados devemos as virtudes e os defeitos do mundo que nos cerca.

   R. = *Às nossas* avós devemos tal coisa.
   a) Dedicaste *aos teus* filhos grande parte do teu tempo livre.
   b) Pediu notícias *aos seus* informantes.
   Qual é a sua conclusão?

10. Modelo: Atendi (*a* – *ao*) Marcelino, mas não consegui atender *ao* Joãozinho da Escola de Samba Beija-Flor.

    R. = Atendi (*a* – *à*) Joaquina, mas não consegui atender *à* Clarinha da Escola de Samba Beija-Flor.
    a) Dirija-se (*a* – *ao*) Pedro, mas não perca tempo, dirigindo-se *ao* Geraldo da D. Ritoca.
    b) Dedicaste (*a* – *ao*) Jorge uma poesia muito inspirada. Por que não o fizeste também *ao* Malaquias do Dr. Jacinto, tão teu amigo?
    Qual é a sua conclusão?

2. Sublinhe, dentro dos parênteses, a expressão apropriada segundo a norma-padrão:

1. Quando chegamos (a – à) reunião, passava das 21 horas. Não conseguimos, portanto, chegar (a – à) tempo de assistir (aquela – àquela) briga.
2. Não perguntes (a – à) ela nem (a – à) mim, mas (a – à) quem estava lá.
3. Aquela candidata (a – à) *miss*, quando respondia (a – à) repórter do jornal local, começou (a – à) gaguejar.
4. Quanto (as – às) crianças abandonadas, elas estão (a – à) procura da felicidade, mas só encontram (a – à) incompreensão e o desprezo da sociedade.
5. Esta advertência não se destina (aqueles – àqueles) alunos que vêm (as – às) aulas.
6. Estávamos (a – à) olhar para todos os lados, (a – à) espera do motorista.
7. Publiquei (as – às) crônicas (as – às) quais (a – à) autora conferiu um estilo muito peculiar.
8. Com referência (a – à) negociação da imobiliária, se eu resolver vender (a – à) casa, volto (a – à) telefonar-lhe.
9. (A – À) lâmpada do poste, (a – à) cuja volta bailavam (as – às) borboletas, era vista (a – à) distância de quinhentos metros.
10. (A – À) noite, Paulinho prefere mingau (a – à) sopa; logo, ele se alimenta tão bem quanto (a – à) irmã.
11. (As – Às) vezes, Maria faz (as – às) vezes de menina recatada e ingênua.

12. (As – Às) nações ricas não podem fechar os olhos (as – às) misérias do terceiro mundo; ao contrário, devem canalizar esforços para que (as – às) pessoas destituídas da fortuna não fiquem entregues (a – à) própria sorte.
13. (A – À) rua (a – à) que te referes não é tão calma quanto (a – à) que apareceu na revista.
14. Foi (a – à) terra de seus antepassados e, (a – à) distância, ia saboreando um mundo de recordações.
15. Quando (a – à) luz faltava, (a – à) criada andava (as – às) cegas pelo castelo, procurando (a – à) lanterna que estava sob (a – à) escada.
16. (As – Às) medidas governamentais contemplam somente (aqueles – àqueles) que contribuem (a – à – há) mais tempo para (a – à) autarquia, não visando (aquela – àquela) parcela da população que ainda não quitou (a – à) dívida.
17. (A – À) empresa enviou representantes (a – à) Venezuela, (a – à) Colômbia e mandou telegramas (a – à) Barcelona e (a – à) Nova Iorque.
18. (A – À) respeito do que foi explanado ontem, chegamos (a – à) conclusão de que algumas teorias estão sendo impostas (a – à) qualquer preço, fato que está escapando (a – à) inteligência do leitor comum.
19. Esta tapeçaria é semelhante (a – à) nossa e (a – à) dos teus padrinhos.
20. (A – À) partir de setembro, não haverá mais resistência (as – às) nossas ideias, devendo (a – à) chefia submeter-se (as – às) reivindicações dos funcionários.
21. Sentados (a – à) mesa, olharam-se frente (a – à) frente.
22. Dispensava (a – à) esta amiga uma atenção maior que (a – à) dispensada (a – à) Vossa Senhoria.
23. De segunda (a – à) quinta, das nove (as – às) dezessete horas, estaremos sempre lá, (a – à) postos, (a – à) disposição de vocês, para esclarecer (as – às) dúvidas.
24. Boa mãe é (a – à) que orienta a criança (a – à) enfrentar (a – à) vida e não (a – à) que quer o filho sempre junto (a – à) si.
25. (A – À) colega (a – à) qual oferecera os seus préstimos deu-lhe (as – às) costas, quando (a – à) ela recorreu.
26. Entreguem (a – à) cliente que está próxima (a – à) porta (a – à) duplicata correspondente (a – à) compra realizada.
27. (A – À) menos que eu esteja enxergando mal, (a – à) pessoa junto (a – à) janela não é (a – à) mesma cuja fotografia foi publicada ontem.
28. Ele estava (a – à) toa na vida, agindo segundo (a – à) sua própria moral; não pertencia (a – à) nenhuma classe de trabalhadores, explorava (a – à) Deus e todo mundo, sendo posto (a – à) margem pela própria família.
29. Estando (a – à) procura de estabilidade financeira, recorreu (a – à) uma fortuna que, (a – à) certa altura, ficou reduzida (a – à) metade.
30. (A – À) capacidade e (a – à) pesquisa dos tecnocratas deve (a – à) nossa civilização o rumo vertiginoso do progresso.

3. Assinale a alternativa em que o acento grave pode ocorrer em algum *a*, justificando o porquê de sua escolha:

a) Ele cultivou *a* horta de ponta *a* ponta
b) Ficou *a* meditar sozinho.
c) *As* roupas cheiravam *a* alfazema.
d) Recebeu *a* criança *a* bala.
e) Telefonaste *a* alguma amiga?

4. Testes de escolha múltipla:

De acordo com o código abaixo, assinale as proposições que estejam de acordo com a norma-padrão:

Código:
A – se I e II estiverem de acordo com a norma-padrão.
B – se I e III estiverem de acordo com a norma-padrão.
C – se II e III estiverem de acordo com a norma-padrão .
D – se todas estiverem de acordo com a norma-padrão .
E – se nenhuma estiver de acordo com a norma-padrão .

1. I – O suplemento literário é publicado *as* segundas e quintas.
   II – Mandou uma carta *à* redação do jornal.
   III – Percorreu *a* cidade *às* pressas.
2. I – Na reunião, houve referência *à* mudança de currículo.
   II – *A* menina sentou-se *a* beira da estrada.
   III – Relatou *a* Sua Excelência o encontro entre jornalistas e deputados.
3. I – *As* cordas, atadas umas *às* outras, sustentavam *a* embarcação.
   II – Usava bolsa *à* tiracolo *à* moda da época.
   III – Confiou *a* execução da tarefa *a* uma pessoa experiente.
4. I – Não se subtrai *à* defesa do povo, nem *a* causa dos justos.
   II – Chegaram, uma *à* uma, ao saguão.
   III – Falamos *à* essas criaturas, incitando-as *à* cooperação.
5. I – Dirigiu-se *a* Roma, mas não pôde ir *à* Paris dos seus sonhos.
   II – Serviram bacalhau *à* Gomes de Sá.
   III – Procedemos *à* leitura da ata.

5. Testes de escolha simples:
1. Muitas vezes, os educadores erram, porque pretendem que .... vida da criança não seja diferente da do jovem e .... deste da do homem maduro. Aquilo que agrada .... velhice geralmente não atrai .... juventude. É preciso compreender .... diferenças individuais e etárias para se dosar .... educação.
   a) à – a – a – a – às – a;
   b) a – a – à – a – as – a;
   c) a – à – à – a – as – à;
   d) à – à – à – a – as – a;
   e) a – a – a – à – às – à.

2. Ela sentiu-se .... vontade, falando .... claras .... respeito do crime.
   a) a – as – a;
   b) à – as – à;
   c) à – às – à;
   d) à – às – a;
   e) a – às – a.

3. .... muitos anos que ele .... procura, percorrendo .... estrada que vai .... Santa Maria.
   a) Há – a – a – a;
   b) Há – a – a – à;
   c) A – a – a – a;
   d) A – a – à – a;
   e) Há – à – a – a.

4. .... medida que o tempo passava, ele sentia que perdia .... vontade de viver e que .... morte chegaria .... qualquer momento.
   a) A – a – a – a;
   b) À – a – a – à;
   c) À – a – a – a;
   d) A – à – a – a;
   e) À – a – à – a.

5. Entregue .... documentação .... uma das funcionárias e fique .... espera do resultado .... fim de que possamos resolver o seu caso .... curto prazo.
   a) a – a – a – a – a;
   b) à – a – à – a – a;
   c) a – a – a – a – à;
   d) a – a – à – à – a;
   e) a – a – à – a – a.

6. De acordo com a norma-padrão, e tendo em vista o que você lê (mensagens, mídia, propaganda etc.), qual o tipo de infração que você mais observa no uso (ou não uso) do sinal da crase?

53

Verbos

1 CONCEITO

O verbo é termo importante dentro do discurso. Pode-se mesmo dizer que existe oração sem sujeito ou complementos, mas oração sem predicado *não existe*.

Mas, afinal, como definir o *verbo*?

Sob o ponto de vista da *morfologia*, *verbo* é a palavra cujo radical aceita o morfema – NDO, formador de gerúndio. Sob o ponto de vista da *sintaxe*, *verbo* é o termo que funciona como *núcleo* no *predicado verbal* ou *verbo-nominal* e como elemento de *ligação* no *predicado nominal*. Sob o ponto de vista da *semântica*, o verbo pode exprimir *ação, fenômeno, estado, mudança de estado* e até (pasmem!) *qualidade* numa perspectiva de *tempo*.

A perspectiva *temporal* é muito relevante, porque existem palavras, como *tiroteio, inundação* etc., que expressam *ação* e não são verbos; outras, como *chuva, trovão* etc., que expressam *fenômenos* e não são verbos; outras ainda (*sono, desmaio* etc.), que expressam um *estado* e não são verbos; mais outras (*casamento, viuvez* etc.), que indicam *mudança de estado* e não são verbos e, para finalizar, expressões como *feliz, azul* etc., que indicam *qualidade*, e não são verbos também.

O verbo, ao contrário das palavras apresentadas, expressa uma dessas características (ação, fenômeno, estado, mudança de estado ou qualidade) numa perspectiva *temporal* (presente, pretérito ou futuro). Exemplos:

Aquele pedreiro *trabalhou* muito. (ação – pretérito)
Venta muito na primavera. (fenômeno – presente)
Hermengarda *ficará* feliz com a tua chegada. (estado – futuro)
Maria *enviuvou* na semana passada. (mudança de estado – pretérito)
A serra *azula* o horizonte. (qualidade – presente)

O verbo é a única classe morfológica que, junto aos pronomes pessoais, consegue ser flexionada, formando um sintagma. Não dizemos – *eu mesa, tu mesa* etc. –, mas podemos combinar o verbo *cantar*, por exemplo, com os pronomes pessoais: *eu canto, tu cantas* etc.

2 CONJUGAÇÃO VERBAL

Existem três conjugações verbais.

A *primeira* tem como *vogal temática* "a": cant*a*r, pul*a*r.

A *segunda* tem como *vogal temática* "e": com*e*r, vend*e*r.

> Nessa conjugação, inclui-se o verbo *pôr* e os seus derivados – *repor, compor* etc. –, cuja vogal temática desapareceu na passagem do latim para o português [*poer > por > pôr*], mas cujos resquícios ficaram em algumas formas – *puseste, põe, pusermos* etc. – e em algumas palavras derivadas – *poente, poedeira, componente* etc.

A *terceira* tem como *vogal temática* "i": divid*i*r, part*i*r.

Conjugar um verbo é dizê-lo em todas as suas formas, isto é, nas diversas pessoas, tempos, modos e vozes, de acordo com o modelo (paradigma) de sua conjugação.

3 PESSOAS

Há três pessoas (1ª, 2ª e 3ª), abordadas em duas situações: singular e plural.

Primeira		EU......		o
Segunda	– – singular – –	TU......	CANT	as
Terceira		ELE......		a
Primeira		NÓS......		amos
Segunda	– – plural – –	VÓS......	CANT	ais
Terceira		ELES......		am

No português brasileiro, o uso dos pronomes pessoais sofreu grande transformação: na fala coloquial, o pronome *tu* é comum em algumas regiões do Brasil, mas com verbo, muitas vezes, na 3ª pessoa; em geral, na maior parte do país, se usa *você*, com verbo na 3ª pessoa; o uso de *nós* é substituído por *a gente*, com verbo na 3ª pessoa do singular; o pronome *vós* deixou de aparecer na fala; aparece em textos escritos antigos, nos textos bíblicos e em orações, como "Pai-nosso" e "Ave-Maria".

4 TEMPOS

Tempos são as variações que indicam o momento em que se dá o fato expresso pelo verbo. Há três tempos: *presente, pretérito* e *futuro*.

1. **Presente:** fato ocorrido no momento em que se fala: ela *faz* o almoço.
2. **Pretérito:** fato ocorrido antes do momento presente: ela *fez* o almoço.

3. **Futuro:** fato que ocorrerá posteriormente ao momento presente: ele *fará* o almoço.

O pretérito subdivide-se em: *perfeito, imperfeito* e *mais-que-perfeito.*

1. **Perfeito:** indica ação acabada:

    Eu *li* o último romance de Rubem Fonseca.

2. **Imperfeito:** indica ação inacabada no momento a que se refere a narração:

    Ele *olhava* o mar durante horas e horas...

3. **Mais-que-perfeito:** indica ação acabada, ocorrida antes de outro fato passado:

    Quando entrou na sala, a aluna estranhou a posição dos colegas na classe: a professora *dividira* a turma em dois grupos.

O futuro subdivide-se em: *futuro do presente* e *futuro do pretérito.*

1. **Futuro do presente:** refere-se a um fato imediato e certo.

    Comprarei ingressos para o teatro.

    No português brasileiro, o futuro do presente é normalmente substituído por dois verbos (locução verbal):

    Amanhã, vou comprar ingressos para o teatro.

2. **Futuro do pretérito:** refere-se a uma ação futura, vinculada a um momento já passado, podendo (ou não) indicar condição:

    Aprenderia a tocar violão, se tivesse ouvido para a música. (aqui indica *condição*)
    Avisaram os alunos de que hoje *haveria* um teste?

5 MODOS

Modos são as diferentes formas que toma o verbo para indicar a atitude do falante em relação ao fato. Há três modos: *indicativo, subjuntivo* e *imperativo.*

1. **Indicativo:**

    Apresenta o fato de maneira real, certa, positiva:
    Eu *estudo* Geografia.
    Iremos ao cinema.
    Voltou para casa.

2. **Subjuntivo:** pode exprimir um desejo e apresenta o fato como possível ou duvidoso. É, pois, um modo hipotético:

    Queria que me *levasses* ao teatro.
    Se eu *tivesse* dinheiro, compraria um carro.
    Quando o relógio *despertar*, acorda-me.

3. **Imperativo:** exprime ordem, conselho ou súplica:

   Limpa a cozinha, Maria.
   Descanse bastante nestas férias.
   Senhor, *tende* piedade de nós.

   > Paradoxalmente, nas regiões do Brasil onde se usa *tu*, são comuns as formas com subjuntivo: *entregue, ajude, faça, leia, escreva, venha, vá, redija*; e, nas regiões onde se usa *você*, é comum o emprego do imperativo na 2ª pessoa do singular, como: *fala, vem, faz*. Nesse particular, sugerimos ao leitor uma pesquisa do uso do imperativo nas letras de música popular brasileira (sertaneja, samba etc.).

Além dos três modos já citados, há as *formas nominais* (*ou verboides*), assim chamadas, porque têm também a natureza de nomes. Não fazem parte propriamente de um modo. São três, a saber:

1. **Infinitivo:** lembra um substantivo ou um verbo com sentido indefinido. Subdivide-se em *impessoal* e *pessoal*.

   a) *Impessoal* (não flexionado):

      Viver é bom. (= A vida é boa)
      É proibido *fumar*. (= É proibido o fumo)

   b) Pessoal (flexionado):

      É conveniente estudares. (= É conveniente o teu estudo)
      É útil *pesquisarmos*. (= É útil a nossa pesquisa)

2. **Gerúndio:** funciona como um advérbio ou um adjetivo:

   Água *fervendo*. (= água fervente ou água que ferve) (valor de adjetivo)
   Lendo, aprenderás. (= com a leitura, aprenderás) (valor de advérbio)

3. **Particípio:** funciona na formação de tempos compostos e como adjetivo (neste caso, flexiona-se em gênero e número):

   Tinham *aplaudido* o artista. (tempo composto)
   Esgotad*as as* reservas de petróleo. Esgotad*o o* manancial. Esgotad*a a* paciência. Esgotad*os os* recursos.

6 VOZES

Vozes são a forma em que se apresenta o verbo para indicar a relação que há entre ele e o seu sujeito. Há três tipos de voz: *ativa, passiva* e *reflexiva*.

1. **Ativa:** a voz é ativa, quando o sujeito é *agente*, isto é, produz a ação:

   O lobo *ataca*.
   Maria *tomou* guaraná.

2. **Passiva:** a voz é passiva, quando o sujeito é *paciente*, isto é, recebe a ação. Ela se apresenta sob duas formas:

   a) *Com verbo auxiliar + particípio* (voz passiva analítica):
   A dívida *foi* paga por Paulo.

   b) *Com o pronome apassivador "se"* (voz passiva pronominal ou sintética):
   Alugam-se apartamentos.

---

1. Muito raramente, surgem formas passivas com outro pronome que não seja o "se":

   Batizei-*me* na Igreja. (= Fui batizado)
   Tu *te* chamas Regina. (= Tu és chamada)

2. A passiva *analítica* pode apresentar o verbo em qualquer pessoa, enquanto a *pronominal* só se constrói na 3ª pessoa (exceção feita aos exemplos da observação nº 1):

   Tu foste visitada por teus parentes.
   Ele foi visitado.   (passiva analítica)
   Nós fomos visitados.

   Vende-se esta casa.
   Consertam-se calçados.   (passiva pronominal)

3. A passiva *analítica* pode aceitar o agente da passiva (quem pratica a ação), enquanto a *pronominal*, no português moderno, *a dispensa obrigatoriamente*:

   Eu fui tratada *pelo médico*.
   Vende-se uma casa. Não se diz: vende-se uma casa *pelo proprietário*...

4. O modo Imperativo *não é empregado na voz passiva.*

---

3. **Reflexiva:** a voz é reflexiva quando o sujeito é, ao mesmo tempo, *agente* e *paciente*, isto é, produz e recebe a ação verbal:

   A criança já *se lava* sozinha.

   Os amigos *abraçaram-se* fraternalmente (aqui há reciprocidade).

   A aluna *machucou-se* no recreio (esta frase é ambígua, podendo ser interpretada como *voz reflexiva* – a aluna praticou e recebeu a ação da machucadura – ou como voz *passiva pronominal* – a aluna foi machucada no recreio).

> Não confundir a voz reflexiva com os verbos pronominais. No primeiro caso, o sujeito pratica e sofre a ação. No segundo caso, são verbos que se fazem acompanhar do pronome "se", mas o sujeito não recebe a ação: apenas a pratica:
>
> Maria *apiedou-se* do mendigo.

7 ASPECTO

Aspecto é a maneira de ser da ação. Se dizemos, por exemplo, *eu trabalho* e *eu estou trabalhando*, há diferença entre ambas as ações quanto à duração (muito mais forte na segunda forma).

O *pretérito perfeito composto*, embora indique um fato concluído, revela, de certa forma, a ideia de continuidade:

> *Eu tenho estudado* (isto é, eu estudei continuamente até o presente momento).

Os *verbos incoativos* (terminados em "ecer" ou "escer", por exemplo) indicam continuidade gradual:

> *Embranquecer* é começar a ficar grisalho e *envelhecer* é ir ficando velho.

O *presente do indicativo* pode:

a) Indicar frequência:

> O sol *nasce* para todos.

b) Ser empregado no lugar do futuro:

> Amanhã *vou* ao teatro. (= irei)
> Se *continuam* as indiretas, *perco* a paciência. (= continuarem; perderei)

c) Ser empregado no lugar do pretérito (presente histórico):

> É 1939: alemães *invadem* o território polonês. (= era; invadiram)

O *pretérito imperfeito do indicativo* pode:

a) Substituir o futuro do pretérito:

> Se eu soubesse, não *dizia* aquilo. (= diria)

b) Expressar cortesia ou timidez:

> O senhor *podia* fazer o favor de me emprestar uma caneta? (= pode)

O *futuro do presente* pode:

a) Indicar probabilidade:

Ele *terá*, no máximo, uns 70 quilos.

b) Substituir o imperativo:

Não *matarás*. (= não mates)

8 FUNÇÃO

Quanto à função, o verbo pode ser *principal* ou *auxiliar*.
Principal é o verbo que, numa frase, conserva sua significação plena. Exemplos:

Estudei bastante.
Haverá uma solução para o caso.
Comprei um terno azul.

Auxiliar é o verbo que, combinado com formas nominais de um verbo principal, forma com ele uma *locução verbal*. Dessa forma, o verbo auxiliar perde o seu significado próprio.

O verbo principal aparece numa forma nominal (infinitivo impessoal, gerúndio ou particípio), e o auxiliar é flexionado de acordo com as características do verbo principal. Exemplos:

Deve haver pessoas no recinto.
Hão de surgir estímulos à sua obra.
Ia saindo quando ele chegou.
Tenho escrito muitas cartas.

9 TEMPOS SIMPLES E COMPOSTOS

9.1 Tempos simples

Tempos simples são formados apenas pelo *verbo principal*. São os seguintes:

Indicativo:
Presente	= canto, vendo, parto etc.
Pretérito perfeito	= cantei, vendi, parti etc.
Pretérito imperfeito	= cantava, vendia, partia etc.
Pretérito mais-que-perfeito	= cantara, vendera, partira etc.
Futuro do presente	= cantarei, venderei, partirei etc.
Futuro do pretérito	= cantaria, venderia, partiria etc.

Subjuntivo:
Presente	= cante, venda, parta etc.
Pretérito imperfeito	= cantasse, vendesse, partisse etc.

Futuro	= cantar, vender, partir etc.

Imperativo:

Afirmativo	= canta, vende, parte (tu) etc.
Negativo	= (não) cantes, vendas, partas (tu) etc.

Formas Nominais:

Infinitivo	pessoal	= cantar (eu), cantares (tu), vender (eu), venderes (tu), partir (eu), partires (tu) etc.
	impessoal	= cantar, vender, partir
Gerúndio		= cantando, vendendo, partindo
Particípio		= cantado, vendido, partido

9.2 Tempos compostos

Tempos compostos são formados pelos *auxiliares* TER ou HAVER mais os *verbos principais*. São os seguintes:

Indicativo:

Pretérito perfeito composto	= tenho cantado, tenho vendido, tenho partido etc.
Pretérito mais-que-perfeito composto	= tinha cantado, tinha vendido, tinha partido etc.
Futuro do presente composto	= terei cantado, terei vendido, terei partido etc.
Futuro do pretérito composto	= teria cantado, teria vendido, teria partido etc.

Subjuntivo:

Pretérito perfeito composto	= tenha cantado, tenha vendido, tenha partido etc.
Pretérito mais-que-perfeito composto	= tivesse cantado, tivesse vendido, tivesse partido etc.
Futuro composto	= tiver cantado, tiver vendido, tiver partido etc.

Infinitivo:

Pretérito impessoal composto	= ter cantado, ter vendido, ter partido.
Pretérito pessoal composto	= ter (teres) cantado, ter (teres) vendido, ter (teres) partido etc.
Gerúndio pretérito composto	= tendo cantado, tendo vendido, tendo partido.

> Como se pode observar, nos tempos compostos, não há o presente e o pretérito imperfeito do indicativo, o presente e o pretérito imperfeito do subjuntivo, o imperativo e o particípio. Em compensação, o subjuntivo apresenta dois tempos que não existem nos tempos simples: o pretérito perfeito composto e o pretérito mais-que-perfeito composto.

10 FORMAÇÃO DOS TEMPOS

As formas primitivas são aquelas que dão origem a outras (formas derivadas). São as seguintes:

10.1 1ª pessoa do singular do presente do indicativo

Daqui se *origi*na *o presente do subjuntivo* e, deste último, a 3ª pessoa do singular, a 1ª pessoa do plural e a 3ª pessoa do plural do imperativo afirmativo e todo o imperativo negativo.

Exemplos

FORMAS PRIMITIVAS	FORMAS DERIVADAS		
Presente Indicativo	Presente Subjuntivo	Imperativo Afirmativo	Imperativo Negativo
EU TRAGO 1ª pessoa singular	(que) eu traga (que) tu tragas (que) ele traga (que) nós tragamos (que) vós tragais (que) eles tragam	– – traga (você) tragamos (nós) – tragam (vocês)	– (não) tragas tu (não) traga você (não) tragamos nós (não) tragais vós (não) tragam vocês

> São exceções alguns verbos irregulares e anômalos: sou, seja; dou, dê; estou, esteja; hei, haja; vou, vá; quero, queira; sei, saiba.

10.2 2ª pessoa do singular e plural do presente do indicativo

Daqui se origina a 2ª pessoa do singular e plural do imperativo afirmativo (tira-se o "s" final).

Exemplos

PRESENTE INDICATIVO   IMPERATIVO AFIRMATIVO
Tu trazes   traze (tu)
Vós trazeis   trazei (vós)

10.3 Infinitivo (menos R)

Daí, colocando-se as desinências, temos:

- Pretérito imperfeito do indicativo
    1ª conj. + VA
    2ª conj. + IA
    3ª conj. + IA

Exemplos

    canta + va
    vende + ia
    parti + ia

OBSERVAÇÃO

> Na segunda conjugação, a vogal temática E é assimilada. Na terceira conjugação, há uma crase da vogal temática I.
> Nos verbos anômalos *pôr, ser, ter* e *vir*, essa regra não se aplica:
>   *pôr* –punha; ser – era; ter – tinha; vir – vinha.

- *Futuro do presente do indicativo + "RE" ou "RA"*

Exemplos

    canta + re + mos
    vende + rá + s

> Na passagem da forma primitiva para as formas derivadas, os verbos *dizer, fazer* e *trazer* perdem a sílaba –ze. Direi, farei, trarei.

- *Futuro do pretérito do indicativo + "RIA"*

Exemplos

    canta + ria
    parti + ria

> A mesma observação feita no item anterior: diria, faria, traria.

- *Gerúndio + "NDO"*

Exemplos

    vende + ndo

- *Infinitivo pessoal + "R" ou "RE"*

Exemplos

> parti + re + s
> canta + r

- *Particípio regular + "DO"*

Exemplos

> parti + do
> canta + do

OBSERVAÇÃO

> Na segunda conjugação, a vogal temática E se transforma em I (vende + do = vend*i*do).

10.4 3ª pessoa do plural do pretérito perfeito (Menos RAM)

Daí, originam-se:

- *Pretérito mais-que-perfeito do indicativo + "RA"*

Exemplo

> Eles vie = eu vie + ra

- *Pretérito imperfeito do subjuntivo + "SSE"*

Exemplo

> Eles vie = se eu vie + sse

- *Futuro do subjuntivo + "R(RE)"*

Exemplos

> Eles se detive = se eu me detive + r
> se tu te detive + re + s

OBSERVAÇÕES

> 1. Algumas pessoas têm dificuldade em conjugar os verbos irregulares no pretérito mais-que-perfeito do indicativo, no pretérito imperfeito do subjuntivo e no futuro do subjuntivo. É importante, pois, conhecer a forma primitiva que

lhes dá origem, já que, por mais irregular que seja um verbo, este mecanismo de transformação sempre dará certo.

2. Os verbos *manter, deter, reter, obter, conter* etc. são derivados do verbo TER; *prever, antever, rever* do verbo VER etc. Com base nos verbos que dão origem aos derivados, pode-se conjugar com mais facilidade. Suponhamos o verbo *contradizer* no futuro do subjuntivo. O futuro do subjuntivo do verbo *dizer* é *disser*; acrescenta-se, então, o prefixo *contra* (Se eu me contradisser, será pior).

3. O verbo *prover* só se conjuga como o verbo *ver* em alguns tempos e modos: presente do indicativo, presente do subjuntivo e imperativo (afirmativo e negativo). Assim, no pretérito perfeito do indicativo, diz-se ele *viu*, mas ele *proveu*.

4. O verbo *requerer* não tem nenhuma relação com o verbo *querer*; não é composto de *querer*. Por isso, sua conjugação é outra: *requeiro, requeri, requeres-se* etc.

5. No português brasileiro, raramente se usa o mais-que-perfeito simples na fala; na escrita, é cada vez mais raro. Em geral, é substituído pelo mais-que-perfeito composto: ele já *fizera* o trabalho quando a namorada chegou = ele já *tinha feito* (ou *havia feito*) o trabalho quando a namorada chegou.

11 NÚMERO

Quanto ao número de pessoas em que os verbos são empregados, eles classificam-se em:

11.1 Unipessoais

Empregam-se apenas na 3ª pessoa (singular e plural). São eles:

- Os verbos que se referem a vozes de animais:

    Os insetos *zumbem* à porta.
    O sapo *coaxa* na água parada.

- Os verbos que indicam necessidade, conveniência, sensação, costume:

    Urgem as providências prometidas.
    Pareceu-me que ele sofria.
    Convém que saias mais cedo.
    Isso *sói* acontecer sempre.

- Os verbos *concernir, acontecer, grassar, assentar, constar*:

    Aconteceu o que eu esperava.
    As epidemias *grassavam* na região.

O exemplo não *concerne* ao caso.
O livro *consta* de duas partes.
Os vestidos lhe *assentavam* bem.

11.2 Impessoais

São os verbos que não possuem sujeito e, por isso, são conjugados apenas na 3ª *pessoa do singular*. Os verbos impessoais são os seguintes:

- Exprimem fenômenos da natureza, como: *alvorecer, amanhecer, anoitecer, chover, orvalhar, nevar, relampejar, trovejar, ventar etc.*:

    Neva muito na Escandinávia.
    Trovejou de manhã.

- *Haver* quando significa *existir*:

    Houve momentos de pânico.
    Sempre *haverá* ricos e pobres.

- *Fazer*, quando indica tempo decorrido ou situação de tempo:

    Faz cinco anos que não a vejo.
    Faz calor.

- *Estar*, quando indica situação de tempo:

    Está frio.

- *Ser*, quando indica tempo:

    São dez horas (usado no plural, porque concorda com o predicativo).

- Certos verbos que indicam necessidade, conveniência ou sensação, quando regidos de preposição, em frases do tipo:

    Basta de provocações!
    Dói-me do lado esquerdo.
    Chega de lamúrias.

11.3 Pessoais

São verbos pessoais os que são conjugados nas diversas pessoas:

Eu me *comunico*.
Tu *danças* (você *dança*).
Ele *viaja*.
Nós *caminhamos* (a gente caminha).
Vós *estais* aqui.
Eles *aplaudem* a ideia.

> Como já dissemos, a 2ª pessoa do plural está desaparecendo do português brasileiro, na fala e na escrita. Aparece apenas em textos antigos, bíblicos ou orações. Para nos dirigirmos a mais de uma pessoa, usamos *vocês* ou *senhores* ou *senhoras*. No entanto, é importante conhecer essa forma verbal para entender os textos antigos. Aqui temos uma poesia de Hilário Ribeiro de Andrade e Silva, declamada por ele, na fundação da Sociedade Partenon Literário, em 1868, em Porto Alegre:
>
>> ... *Marchai! Ide* cruzados ao futuro!
>>
>> Avante, que é sublime essa missão!
>>
>> *Desdobrai* o pendão, coragem sempre,
>>
>> E *tereis* amanhã a redenção!
>>
>> *Ide*, avante!... *Inscrevei* os vossos nomes
>>
>> Na gloriosa história do Rio Grande
>>
>> Não *trepideis* – que a pátria engrandecida
>>
>> Vos contempla, sorri, também se expande (*Zero Hora*, Porto Alegre, 18 jun. 2018).

12 FORMAS RIZOTÔNICAS E ARRIZOTÔNICAS

Forma rizotônica é aquela em que a vogal da sílaba tônica recai no radical:

cant|o – com|es – dorm|e
 ↑   ↑   ↑

Forma arrizotônica é aquela em que a vogal da sílaba tônica recai fora do radical:

cant|amos – com|este – dorm|irão
   ↑   ↑   ↑

13 FLEXÃO

Quanto à flexão, os verbos podem ser: *regulares, irregulares, anômalos, defectivos* e *abundantes*.

13.1 Regulares

Regulares são os verbos que se conjugam de acordo com o paradigma (modelo) de cada conjugação. Assim, se tomarmos, como exemplo, os verbos CANTAR (1ª conjugação), VENDER (2ª conjugação) e PARTIR (3ª conjugação), todos os que se conjugarem de acordo com esses verbos serão regulares.

> Os verbos *aparelhar, espelhar, fechar, desfechar, apetrechar, ensejar, vexar, alvejar* e *pretextar* conservam o "E" tônico fechado em todas as suas formas. Os verbos *afrouxar, dourar, noivar, pernoitar* e *roubar* conservam o "O" tônico fechado em todas as suas formas.

13.2 Irregulares

Irregulares são os verbos que se afastam do modelo de sua conjugação, como: *ansiar, dar, incendiar, valer, caber, trazer, pedir, vestir, ouvir* etc.

> Não se confundem irregularidade e discordância gráfica. Em alguns verbos, há alteração gráfica devido ao "som", porém isso não implica irregularidade:
>
> ficar → fi*qu*ei
>
> chegar → che*gu*ei
>
> vencer → ven*ço*
>
> tanger → tan*jo*
>
> esquecer → esque*ço*

Alguns tempos de verbos IRREGULARES:

CABER

Presente do indicativo – eu caibo
Pretérito perfeito – eu coube

CRER

Pretérito perfeito – eu cri
Particípio – crido

QUERER

Pretérito perfeito – eu quis
Presente do subjuntivo – (que) eu queira

REQUERER

Presente do indicativo – eu requeiro
Pretérito imperfeito do subjuntivo – se eu requeresse

SABER

Presente do indicativo – eu sei
Pretérito perfeito – eu soube

TRAZER

Pretérito perfeito – eu trouxe
Pretérito imperfeito do subjuntivo – se eu trouxesse

VALER

Presente do indicativo – eu valho
Presente do subjuntivo – que eu valha

Os verbos terminados em UIR, OER e AIR têm a 2ª e 3ª pessoas do singular do presente do indicativo escritas com "I" (e não com "E"):

Concluis, conclui, constróis, constrói, arguis, argui, remóis, remói, cais, cai, atrais, atrai etc.

Verbos terminados em "EAR":

Nas formas *rizotônicas*, ganham um "I" entre o radical e a desinência:

nome i o; passe i as; rece i e; ce i em

> As formas *arrizotônicas*, porém, *não* têm esse I:
> Eu freei, nós ceamos, enfear etc.

Verbos em "IAR":

A maioria dos verbos em "IAR" conjuga-se regularmente:

Afiar, anunciar, fantasiar, negociar, premiar, sentenciar, variar etc.

Porém quatro verbos – *ansiar, incendiar, mediar* (*intermediar* e *remediar*) e *odiar* – não seguem o modelo, ganhando um E nas formas *rizotônicas*. Em outra disposição (e para melhor gravarmos), as iniciais desses verbos formam a palavra MAIO:

M	ediar
A	nsiar
I	ncendiar
O	diar

Exemplos:

Eu anseio, tu incendeias, ele odeia, eles intermedeiam, ela remedeia.

> Embora a maioria das gramáticas não cite o verbo *intermediar* como irregular, Aurélio Buarque de Holanda Ferreira, no *Novo Dicionário da Língua Portuguesa* (1975), afirma que este se conjuga como o verbo *mediar*.

13.3 Anômalos

Anômalos são verbos que, por apresentarem profundas irregularidades, foram assim classificados pela Nomenclatura Gramatical Brasileira. São eles: *estar, haver, ir, pôr, ser, ter* e *vir*.

A anomalia de alguns desses verbos é demonstrada inclusive pela total mudança de raiz:

Verbo *ir*:   vou, fui, irei
Verbo *ser*: sou, fui, era

13.4 Defectivos

Alguns verbos não são conjugados em todas as pessoas, tempos ou modos e, por apresentarem tais deficiências, são denominados defectivos.

- Alguns verbos defectivos só se conjugam nas formas *arrizotônicas* (não têm, consequentemente, o presente do subjuntivo, o imperativo negativo; no imperativo afirmativo, eles têm apenas a 2ª pessoa do plural:

    Adequar, foragir-se (a única forma desse verbo registrada pelo *Aurélio* e pelo VOLP é com o pronome *se*), *fornir, precaver-se, puir, reaver, remir, falir* etc.

    Observações:

    1. De acordo com o *Dicionário eletrônico Houaiss da língua portuguesa*, alguns verbos, antes considerados *defectivos*, são hoje considerados regulares, como o verbo *adequar*, cujo presente do indicativo é: *adéquo, adéquas, adéqua* etc. e as formas daí derivadas. Antigamente, as gramáticas normativas diziam que o verbo *adequar* devia, em algumas formas, ser substituído por um equivalente, como *ajustar*, que tem todas as formas.
    2. O verbo REAVER conjuga-se pelo verbo *haver*, mas só nas formas em que este aparece com a letra "V". Assim, se temos *havemos*, temos também *reavemos*; se temos *houve*, podemos usar *reouve* etc.

- Alguns verbos defectivos não possuem a 1ª pessoa do singular do presente do indicativo (e, consequentemente, o presente do subjuntivo e as formas do imperativo dele derivadas. No Imperativo Afirmativo, eles apresentam somente a segunda pessoa do singular e plural):

    Abolir, banir, brandir, carpir, colorir, demolir, emergir, exaurir, explodir, fremir, fulgir, haurir, imergir, retorquir, ungir etc.

13.5 Abundantes

Abundantes são os verbos que possuem dois particípios, um *regular* e outro *irregular*.

VERBO	PARTICÍPIO REGULAR	PARTICÍPIO IRREGULAR
aceitar	aceitado	aceito(aceite)
acender	acendido	aceso
completar	completado	completo
benzer	benzido	bento
expulsar	expulsado	expulso
exprimir	exprimido	expresso

Geralmente se emprega o particípio regular com os verbos TER e HAVER e o particípio irregular com os verbos SER e ESTAR:

Maria *tinha enxugado* a louça.
A travessa de prata já *está enxuta*.
O diretor *havia expulsado* o funcionário.
O aluno *foi expulso* da aula.

> O verbo *imprimir* possui dois particípios quando significa *gravar*. No sentido de *produzir movimento*, usa-se apenas o particípio regular:
>
> Este livro *foi impresso* em Portugal.
> A gráfica *tem imprimido* muitos folhetos.
> Enorme velocidade *foi imprimida* pelo motorista.
>
> Alguns verbos têm um único particípio irregular (não são, portanto, abundantes). São eles:
>
> | VERBO | PARTICÍPIO |
> |---|---|
> | abrir | aberto |
> | cobrir | coberto |
> | dizer | dito |
> | escrever | escrito |
> | fazer | feito |
> | pôr | posto |
> | ver | visto |
> | vir | vindo |
> | e os seus derivados | |

Os verbos *gastar, ganhar* e *pagar,* atualmente, só são usados com um particípio – o irregular: *ganho – gasto – pago.*

O verbo *pegar* tem dois particípios: *pego* e *pegado.* Em algumas regiões do Brasil, varia a pronúncia: alguns dizem *pêgo*; outros, *pégo* (cf. BECHARA, 2015, p. 243).

EXERCÍCIOS

1. Complete com os verbos indicados:
1. Se você se .... (desfazer – fut. subj.) das amarras que ainda o prendem, ... (transpor – fut. subj.) as barreiras do preconceito e .... (ver – fut. subj.) que eles são boas pessoas, tudo será melhor no seu relacionamento.
2. Se nós .... (requerer – imperf. subj.) licença para viajar e a .... (obter – imperf. subj.) logo, aproveitaríamos a estação de esqui que está se iniciando.
3. Não .... (frear – imperat. neg. 1ª pessoa do plural) rápido em pista molhada. É perigoso e talvez não .... (haver – pres. subj.) quem nos .... (remediar – pres. subj.) os estragos.
4. Quando tu .... (vir – fut. subj.) ao Sul, ... (ir – imper. af.) a Gramado, que não te arrependerás.
5. Conforme .... (prever – pret. mais-que-perf.) o advogado, se eles se .... (conter – imperf. subj.) um pouco e não .... (intervir – imperf. subj.) tanto na vida da filha, talvez o casamento dela não .... (fracassar – pret. mais-que-perf. comp. subj.).
6. O governo .... (intervir – pret. perf. ind.) na questão e, se assim não fosse, talvez não .... (reaver – imperf. subj.) o comando e o poder.
7. Os detritos .... (obstruir – pres. ind.) a passagem da água, mas, mesmo que os bueiros não .... (reter – imperf. subj.) o lixo, seria dificílimo transitar pelas ruas alagadas.
8. Eu .... (intervir – pret. perf. ind.) na discussão para que eles se .... (manter – imperf. subj.) a par do ocorrido.
9. Quando a .... (ver – fut. subj. 2ª pessoa singular), ... (dizer – imperat. af.) – lhe que os programas de televisão muito nos .... (entreter – pres. ind.).
10. A população ribeirinha .... (precaver – pret. perf. ind.) – se em tempo: ainda antes da enchente, ... (prover – pret. perf. ind.) a despensa de suas casas com muitos alimentos.
11. Enquanto eu .... (cerzir – pres. ind.) as meias, quero que você, por favor, ... (enxaguar – pres. subj.) a louça.
12. Se teus filhos te .... (contradizer – fut. subj.), ... (pensar – imperat. af.) antes de falar e não os .... (recriminar – imperat. neg.), sem antes .... (conhecer – infinit. pessoal) o motivo.
13. Não .... (agredir – imperat. neg. 2ª pessoa singular) as pessoas que não .... (ver – pres. ind.) seus próprios defeitos, e esses .... (vir – pres. ind.) a prejudicá-los.

14. A disposição desordenada de camelôs está .... (enfear – gerúndio) o centro da cidade; por isso, eu .... (requerer – pres. ind.) que eles sejam retirados do local.
15. Eles .... (abster – pret. perf. ind.) – se de dar uma opinião precipitada porque ela .... (manter – pret. mais-que-perf. ind.) sempre uma atuação discreta.
16. Amigo, quando .... (estar – fut. subj.) triste, não .... (maldizer – imperat. neg.) a vida, nem te .... (indispor – imperat. neg.) contra a humanidade.
17. Eu não .... (caber – pres. ind.) em mim de contente, pois consegui ingressos para .... (ir – infinit. pessoal 1ª pessoa plural) ao teatro. Só espero que o espetáculo realmente .... (valer – pres. subj.) a pena.
18. Embora nem sempre os horóscopos .... (predizer – pres. subj.) o futuro das pessoas, elas correm ao jornal para lê-los, dispondo-se até a mudar a interpretação dos prognósticos se eles não lhes .... (aprazer – fut. subj.)
19. Os médicos sempre solicitaram a João que se .... (abster – imperf. subj.) do cigarro e do álcool: ele, porém, mesmo que se .... (dispor – imperf. subj.) a seguir o conselho, voltava, eventualmente, a fumar e a beber.
20. Vou dar-te um conselho: não .... (ouvir – imperat. neg.) a quem não o merece; ao contrário, ... (agir – imperat. af.) de acordo com a tua consciência e .... (ser – imperat. af.) feliz!

2. Sublinhe, dentro dos parênteses, a forma adequada:
1. Não (tenta – tentes) esquecê-lo: ao contrário, (faze – faça) com que a sua imagem fique retida, para todo o sempre, em tua memória.
2. Não (receia – receies) nem (persigas – persegues) o sucesso.
3. Não (seja – seje) ingênuo: assim que você (propor – propuser) uma remuneração decente aos seus subordinados, eles renderão muito mais na empresa.
4. Gostaria de pedir-lhes um favor: (viagem – viajem) até São Paulo na semana que vem.
5. É bom que nós (semeemos – semeiemos) os canteiros antes de setembro, para que (obtemos – obtenhamos) boas hortaliças.
6. Quando eu (dispor – dispuser) de tempo e você se (propor – propuser) receber-me, vou visitá-la.
7. Logo que a crise parecia contornada, (sobrevieram – sobreviram) novos problemas.
8. Esta madeira (proviu – proveio) de Rondônia.
9. Não (transgridas – transgride) a lei nem te (indisponhas – indispõe) com os teus vizinhos.
10. (Advirto – Adverto) – lhe que você (confere – confira) os prós e os contras e (discerne – discirna) o bem do mal.

3. Reescreva as frases abaixo, conforme os MODELOS:
1. Modelo: Eu *fiz* a sobremesa (voz ativa – tempo simples).
   R. = A sobremesa *foi feita por mim* (voz passiva analítica).

a) Nós *compraremos* bons livros.
b) O governo *pavimentou* muitas estradas.
c) Maria *escreve* sempre muitas cartas.
d) Tenho a certeza de que tu *aplaudirias* aquela atitude.
e) Naquela época, este teatro *apresentava* excelentes artistas.

2. Modelo: O professor *havia realizado* duas provas (voz ativa – tempo composto).
    R. = Duas provas *haviam sido realizadas* pelo professor (voz passiva analítica).
    a) Nós *haveremos de comprar* bons discos.
    b) O governo *havia pavimentado* muitas estradas.
    c) Maria *há de escrever* muitas cartas.
    d) Tenho a certeza de que tu *haverias de aplaudir* aquela atitude.
    e) Naquele ano, este teatro *havia apresentado* excelentes cantores.

3. Modelo: Este aluno *vem produzindo* belos textos (voz ativa – locução verbal).
    R. = Belos textos *vêm sendo produzidos* por este aluno (voz passiva analítica).
    a) A crítica *vinha conferindo* elogios a esta obra.
    b) O marceneiro *ia aprimorando* a técnica nos móveis de estilo inglês.
    c) Antes da exposição, o pintor *vai retocar* os quadros.
    d) A televisão brasileira *vem realizando* belos programas.
    e) Devido à falta de luz, o dono da casa *ia acender* as velas.

4. Modelo: A empresa ABC *está construindo* muitos prédios (voz ativa locução verbal).
    R. = Muitos prédios *estão sendo construídos* pela empresa ABC (voz passiva analítica).
    a) O prefeito daquela cidade *está realizando* vários projetos.
    b) O clube de vôlei *estava programando* diversas apresentações na capital.
    c) Até lá, o clube de futebol *estará vendendo* o craque para a Europa.
    d) No próximo ano, eles *estariam completando* trinta anos de casados.
    e) No ano passado, eu *estive planejando* uma viagem ao Caribe.

5. Modelo: O diretor *tem elogiado* os nossos trabalhos (voz ativa – tempo composto).
    R. = Os nossos trabalhos *têm sido elogiados* pelo diretor (voz passiva analítica).
    a) O taxista *tem feito* ultimamente muitas corridas.
    b) O gerente da firma *tinha programado* muitas ofertas para este mês.
    c) Até o ano que vem, ele *terá plantado* muitas árvores frutíferas.
    d) Será que os jornalistas *teriam elogiado* este congresso?
    e) Ter-se-ão arrependido do negócio quando *tiverem feito* as contas.

6. Modelo: Solicitaram que *fossem retidas* as bagagens suspeitas (voz passiva analítica).
    R. = Solicitaram que *se retivessem* as bagagens suspeitas (voz passiva pronominal).
    a) *Seriam mantidas* as atuais cláusulas do contrato.
    b) Convém que *sejam ingeridas* doses homeopáticas deste medicamento.
    c) *São previstos* muitos ventos na primavera.

d) *Serão convidados* indivíduos capazes.
e) *Foram obtidos* novos resultados com o experimento.

4. Substitua, nas frases seguintes, os tempos simples pelos compostos correspondentes:
1. O chefe *suspendera-o* por três dias.
   O chefe o .... por três dias.
2. Se eles o *entregassem*, *nós o aceitaríamos*.
   Se eles o ...., nós o ....
3. Os revoltosos *imprimiriam* os panfletos em oficinas clandestinas.
   Os revoltosos .... os panfletos em oficinas clandestinas.
4. Ele *viajara* bastante pela fronteira.
   Ele .... bastante pela fronteira.
5. Quando ele *ganhar* a "supersena", *ficará* muito rico.
   Quando ele .... a "supersena", ... muito rico.
6. Se ela *obtivesse* colocação naquela empresa, todos *ficariam* satisfeitos.
   Se ela .... colocação naquela empresa, todos .... satisfeitos.
7. *Partir* sem nada *dizer* é inexplicável.
   .... sem nada .... é inexplicável.
8. A menina *falara* a verdade.
   A menina .... a verdade.

5. Complete com as formas adequadas de particípio:
1. A polícia havia .... (dispersar) o grupo de manifestantes.
2. As folhas estavam .... (dispersar) no chão.
3. As chuvas tinham .... (extinguir) o fogo, mas algumas brasas ficaram .... (acender).
4. A raça humana seria .... (extinguir) pelas explosões nucleares.
5. Muito dinamismo tinha sido .... (imprimir) naquela empresa.
6. Esta obra foi .... (imprimir) na França.
7. A História do Brasil está bem .... (descrever) naquele livro.
8. Eles têm .... (gastar) mais do que têm .... (ganhar).
9. O professor ainda não havia .... (completar) a lista de chamada, embora todos os outros já estivessem com a sua relação .... (completar).
10. O cheque não foi .... (aceitar) pelo banco.
11. A faculdade não havia .... (aceitar) nenhum aluno que não tivesse .... (fazer) a matrícula dentro do prazo previsto.
12. A essa hora, o delegado já terá .... (prender) os assaltantes.
13. O submarino estava .... (submergir).
14. O governo tem .... (pagar) em dia a seus funcionários.
15. As crianças foram .... (salvar) na hora precisa.

54

Colocação de pronomes pessoais oblíquos átonos

1 CONCEITO

Os pronomes pessoais oblíquos átonos (*me, te, se, lhe, lhes, o, a, os, as, nos, vos*) não são formas livres, devendo ser colocados antes, no meio ou depois do verbo.

A gramática normativa, relativamente à colocação do pronome átono, sempre desconsiderou o modo próprio de falar dos brasileiros. Apoiando-se na fala dos portugueses, que é muito diferente da nossa, provocou, até passado recente, muitas discussões. Monteiro Lobato, sarcasticamente, trata da questão no conto "O colocador de pronomes".[1]

O pronome átono, em tese, pode ocupar três posições em relação ao verbo:

- PRÓCLISE = pronome antes do verbo:

    Eu te amo.

- MESÓCLISE = pronome no meio do verbo:

    Amar-te-ei.

- ÊNCLISE = pronome depois do verbo:

    Amo-te.

Esse sistema de três possibilidades de colocação pronominal é reduzido em nossa fala cotidiana à próclise, inclusive no início de frases, como faz Oswald de Andrade (1988, p. 38) no poema "Pronominais":

> Dê-me um cigarro
> Diz a gramática
> Do professor e do aluno
> E do mulato sabido
> Mas o bom negro e o bom branco

---

[1] LOBATO, Monteiro. O colocador de pronomes. Disponível em: http://www.passeiweb.com/estudos/livros/o_colocador_de_pronomes_conto. Acesso em: 8 dez. 2017.

Da Nação Brasileira
Dizem todos os dias
Deixa disso camarada
Me dá um cigarro

A próclise, hoje, é comum entre os brasileiros, tanto na fala como na escrita, o que não quer dizer que não se encontre o uso da mesóclise ou da ênclise na escrita nem que elas não possam ser usadas. Em situações mais monitoradas e formais, ambas não só podem como devem aparecer.

2 PRÓCLISE

Usa-se a próclise, quando há:

1. Palavras de sentido negativo:

    Não me esqueças.
    Jamais te enganei.

2. Pronomes relativos:

    Ouve, com atenção, *quem te* fala.
    O ator *que me* chamou a atenção foi aquele.

3. Pronomes indefinidos:

    Tudo me faz crer em você.
    Alguém te telefonou.

4. Pronomes demonstrativos:

    Isto me incomoda.
    Aquilo lhe diz respeito.

5. O numeral *ambos*:

    Ambos se encontraram.
    Ambos o enfrentaram.

6. Conjunções subordinativas (mesmo elípticas):

    Quando me chamaram, era tarde.
    Peço a V. Alteza *me* dispense (= *que me* dispense).

7. Advérbios não seguidos de vírgula:

    Aqui me sinto bem.
    Agora a vejo melhor.

8. Gerúndio precedido da preposição *em* (forma de expressão cada dia mais rara entre nós):

    Em se tratando de você...
    Em se anunciando o organizador do empreendimento, ofereceu-nos um convite.

9. Infinitivo pessoal regido de preposição:

Por se considerarem honestos, sentiram-se injustiçados.
Ao se verem flagrados, ficaram com vergonha.

10. Frases optativas com o sujeito anteposto ao verbo:

Deus te proteja.
Bons ventos a tragam.

11. Frases exclamativas iniciadas por expressão exclamativa:

– *Como te* exibes!
– *Quanto te olhas* no espelho, criatura!

12. Frases interrogativas iniciadas por um vocábulo interrogativo:

– *Quem te* falou?
– *Qual lhe* interessa?

3 MESÓCLISE

A mesóclise, que aparece apenas em situações formais, é utilizada, raramente, no nosso cotidiano, já que deixa a fala um tanto artificial.[2]

Usa-se a mesóclise quando o verbo está no futuro do presente ou no futuro do pretérito e:

a) a próclise não é requerida pela regra gramatical;
b) *não* há sujeito expresso, anteposto ao verbo (facultativa).

Amar-te-ei para sempre.
Procurar-te-ia a vida toda.

MAS:
Palavra negativa
↑
Não se aplaudirão desavenças.
          (mesóclise seria imprópria)
A viagem te animará.
          ou
A viagem animar-*te-á*.
↓
          (mesóclise facultativa)
Suj. expresso anteposto ao verbo

---

[2] A propósito, sugerimos ao leitor a leitura de "Cartas pras icamiabas", capítulo de *Macunaíma*, de Mário de Andrade, em que o autor ironiza o português dos parnasianos.

4 ÊNCLISE

Usa-se a ênclise quando o verbo está:

1. No imperativo afirmativo:

    Levanta-te depressa!
    Mexam-se, jovens!

2. No infinitivo impessoal:

    Esperá-lo não custa.
    Aguardar-te sempre é bom.

3. No gerúndio:

    Vendo-nos, surpreendeu-se.
    Conhecendo-nos melhor, desfez-se a primeira impressão.

4. Em orações que vêm após uma vírgula:

    Em se dizendo coordenador do festival, *ofereceu-nos* dois ingressos.

5. Iniciando frase:

    Falei-lhe.
    Mostrei-lhe a blusa.

---

1. O futuro do presente, o futuro do pretérito e o particípio não aceitam a ênclise.
2. Nas orações principais, coordenadas ou absolutas, a próclise ou a ênclise são facultativas:

    Eu me arrependo.

    Eu arrependo-me.

3. Com os infinitivos impessoais, precedidos de preposição ou locução prepositiva, a próclise ou a ênclise são facultativas:

    Tudo fez *para* agradar-*lhe*.

    Tudo fez *para lhe* agradar.

    NOTA

    A ênclise, porém, é usada, quase exclusivamente, com os pronomes *o, a, os, as* e as preposições *a* e *por* quando regem infinitivo impessoal:

    Conquistá-*la* foi o seu maior trunfo.

    Continuou *a* esperá-*lo*.

    Tudo fez *por* consegui-*lo*.

Outros exemplos de colocação enclítica dos pronomes oblíquos:

a) Geralmente, o acréscimo do pronome oblíquo ao verbo não implica nenhuma transformação nesse verbo:

solicitamos	+ te	= solicitamos-te
agradar	+ vos	= agradar-vos
tomar	+ lhe	= tomar-lhe

b) Quando, porém, o pronome oblíquo é *o, a, os, as,* devemos considerar o seguinte:

- Formas verbais terminadas por R, S ou Z: eliminam-se essas letras, acrescentando-se "l" antes do pronome oblíquo. Exemplos:

enviar	+ o	= enviá-lo
observamos	+ o	= observamo-lo
fiz	+ o	= fi-lo
repões	+ o	= repõe-lo

> Essa regra é válida também para os verbos "partidos" (futuro do presente e futuro do pretérito):
>
> observarei + o = observá-lo-ei
>
> observaria + o = observá-lo-ia
>
> Em relação aos pronomes *o* (*lo*), *a* (*la*), *os* (*los*) ou *as* (*las*), também tem ocorrido a disseminação do uso do pronome *ele* (*ela, eles, elas*) como objeto direto. Os gramáticos normativos ainda recusam esse uso.

- Formas verbais terminadas por ditongo nasal (com *M* ou til): acrescenta-se *n* antes do pronome oblíquo (essa também é uma forma que está se extinguindo entre nós, brasileiros, que, por optarmos pela próclise, quase não temos esse fato linguístico):

levam	+ o	= levam-no
dão	+ o	= dão-no
repõe	+ o	= repõe-no

- *Casos do tipo "subscrevemo-nos":* por uma questão de eufonia, corta-se o *s* final das formas verbais que se assemelham aos seguintes casos (1ª pessoa do plural):

subscrevemos	+ nos	= subscrevemo-nos
firmamos	+ nos	= firmamo-nos
conservemos	+ nos	= conservemo-nos

- Com o pronome *lhe* não ocorre *modificação*:

solicitamos	+ lhes	= solicitamos-lhes

5 PRONOME OBLÍQUO NAS LOCUÇÕES VERBAIS

As locuções verbais têm, como segundo termo, um infinitivo impessoal, um gerúndio ou um particípio. Observação: o particípio não admite ênclise. Exemplos:

Ele *vai casar* na próxima semana.
Ela *está estudando* Sociologia.
Temos *saído* frequentemente.

Temos então:

	INFINITIVO	GERÚNDIO	PARTICÍPIO
PRÓCLISE	Ao culpado se deve aplicar a pena.	Ao culpado se vem aplicando a pena.	Ao culpado se tem aplicado a pena.
MESÓCLISE	Ao culpado dever-se-á aplicar a pena. Observação: no exemplo "Ao culpado deve-se aplicar a pena", não há mesóclise: apenas o pronome *se* ficou no meio dos dois verbos.	Ao culpado vem-se aplicando a pena.	Ao culpado tem-se aplicado a pena.
ÊNCLISE	Ao culpado deve aplicar-se a pena.	Ao culpado vem aplicando-se a pena.	

1. A próclise, motivada por advérbios, pronomes, conjunções etc., deixa de ser obrigatória nas locuções verbais:

    Não devo dar-lhe mais explicações.

    Escuta, com paciência, quem vem-te falar.

    Quando veio avisar-me, era tarde.

2. Gramaticalmente, não se começa uma frase com pronome oblíquo, sobretudo na língua escrita. Estilisticamente, porém, tal emprego se justifica e é comum nos escritores modernos.

3. Na língua falada, no Brasil, a próclise é amplamente usada. Tal uso não é comum em Portugal:

    Me estenda a mão. (Brasil)

    Estenda-me a mão. (Portugal)

EXERCÍCIOS

1. Testes de escolha simples:
   1. Assinale a frase que apresenta colocação pronominal de acordo com a gramática normativa:
      a) Nunca apresenta-se corretamente.
      b) Sempre lembrar-se-á de ti.
      c) As flores que me foram entregues são lindas.
      d) Alguém falou-me das belezas da Bahia.
      e) Me chamou a atenção a elegância da jovem.
   2. Assinale a frase que apresenta colocação pronominal de acordo com a gramática normativa:
      a) Isto abalou-me profundamente.
      b) Embora falassem-me, não acreditei.
      c) Deus acompanhe-te!
      d) Em se dizendo ouvinte do programa, telefonou à emissora.
      e) Darei-te o remédio de hora em hora.
   3. Assinale a frase em que o pronome não está posto conforme a regra gramatical:
      a) Aquilo incomoda-a.
      b) O lugar para onde nos mudamos é aprazível.
      c) É importante que nos venha visitar.
      d) Arruma-te de uma vez!
      e) Contei-lhe o caso.
   4. Assinale a frase em que o pronome não está posto conforme a regra gramatical:
      a) Não me explicou nem me falou.
      b) Quem te acompanhará nesta viagem?
      c) Ambos se olharam, permanecendo em silêncio.
      d) Se me devolverem o livro, farei a pesquisa.
      e) Fi-lo porque qui-lo.

2. Complete as lacunas, utilizando o pronome segundo a regra da gramática normativa:
   1. Justificando, ... mostrei .... os temas que .... ir .... iam .... debater na assembleia. (lhe – se)
   2. Urge .... diga .... a todos que .... estimam .... as dificuldades que atravessa. (se – o)
   3. Por que .... abateis .... ? (vos)
   4. .... mandar .... ia .... o dinheiro na semana passada, mas não .... fez .... (me – o)
   5. Bons ventos .... levem ....! (te)
   6. Quando .... veem .... ao longe, ambos .... abanam .... (se – se)

7. .... dize .... com quem andas, e .... dir .... ei ....
quem és. (me – te)
8. Tudo .... dizia .... que sua presença .... fazia .... bem. (lhe – lhes)
9. Ele não .... compreendia ...., mas .... obedecia .... cegamente. (a – lhe)
10. Vamos .... convidar .... para uma reunião. (o)
11. Se o barulho .... perturba ...., ... diga .... sem constrangimento. (o – nos)
12. Os dias .... têm .... sido .... longos. (me)
13. Ali, ... vive .... bem. (se)
14. .... indague .... se deseja que .... ajudemos .... (lhe – o)
15. .... informamos .... de que já .... enviamos .... a encomenda. (o – lhe)

3. Sublinhe, nos parênteses, a forma que se ajusta à norma-padrão:
1. Quanto ao vaso com flores, (o põe – põe-no – põe-lo) sobre a mesa, que ninguém (te chamará – chamar-te-á) a atenção.
2. (Desejamo-lhes – Desejamos-lhes) o maior sucesso, e, ainda que (julguem-nos – os julguem) incompetentes, nada (os atrapalhará – atrapalhá-los-á).
3. Eles (têm nos procurado – têm procurado-nos) há mais de um mês, desde que (retiramo-nos – nos retiramos) da sociedade.

4. Numere a segunda coluna de acordo com a primeira.

(1) tu   ( ) restituí-lo
(2) ele   ( ) expõe-no
(3) vós   ( ) expõe-lo
(4) eles   ( ) compõem-no
                ( ) obtém-no
                ( ) contêm-no
                ( ) contém-lo
                ( ) restitui-lo

5. Complete:

Mantém + o   Subscrevemos + nos
Sacudiram + as   Dispõe + a =
Refiz + o   Solicitamos + lhes
Digo + o   Dispões + as
Quer + a   Venderemos + os
Conhecemos + o   Desdiz + o
Reconhecer + o =   Agradaria + a

6. Reescreva as frases abaixo de acordo com os modelos, elaborando você mesmo(a) a conclusão:

1. Modelo: Desculpe-me! Não vi *o amigo* passar.
            R. = Desculpe-me! Não *o* vi passar.
    a) Perdão! Não deixei *a colega* manifestar-se.
    b) Meu Deus! Senti *o coração* fraquejar.
    c) Não se preocupe: fiz *Maria* pedir desculpas à professora.
    d) Devíamos estar muito distraídas: não ouvimos *o chefe* pedir a palavra.
    e) Quer falar com a secretária? Daqui a pouco, mandarei *você* entrar.
2. Modelo: A tabela desagradou *aos consumidores*.
            R. = A tabela desagradou-*lhes*.
    a) Esta atitude custou *à empresa* uma punição.
    b) Pague *ao caixa*, por favor!
    d) Nunca perdoarei *ao teu sobrinho*.
    e) O filho quer *aos pais* com amor.
3. Modelo: *Nós as* encontraremos no cinema.
            R. = Encontrá-*las*-emos no cinema.
    a) *Tu o* buscarias por toda parte.
    b) *Eu te* comprarei um disco.
    c) *Ela nos* convidaria se pudesse.
    d) *Eles a* trariam de volta logo, logo.
    e) *Vós nos* faríeis um favor?

55
Emprego de pronomes demonstrativos

O emprego dos pronomes demonstrativos *este, esse, aquele, isto, isso, aquilo* (e as flexões possíveis para o feminino e o plural) segue, segundo a gramática normativa, o seguinte esquema:

PRONOME DEMONSTRATIVO	PESSOA	ESPAÇO	TEMPO
este esta isto	1ª (eu, nós) FALANTE *Isto* é meu.	Situação próxima AQUI *Este* bule é de prata.	Presente *Este* veraneio está ótimo.
esse essa isso	2ª (tu, vós, você) OUVINTE Tira *esse* casaco.	Situação intermediária AÍ *Isso* aí deverá ser transportado com cuidado.	Passado ou futuro próximo Há pouco tempo, estive em Canela; *nessa* ocasião, pude verificar, mais uma vez, a beleza do lugar. Depois de amanhã, Bruna chegará; *nesses* poucos dias, poderemos mostrar-lhe como ficou a reforma da casa.
aquele aquela aquilo	3ª (ele, eles) ASSUNTO *Aquele* sujeito é teimoso.	Situação distante ALI, LÁ Trouxemos *aquela* bagagem toda.	Passado remoto *Naquele* tempo, não havia os perigos que há hoje.

Os brasileiros, normalmente, não distinguem *este* de *esse*: usam um pelo outro praticamente em todas as situações. Para Mattoso Câmara (2004, p. 91) *este* e *esse* são gramaticalmente equivalentes. Bechara (2015, p. 174) entende que os pronomes demonstrativos aqui arrolados "nem sempre se usam com este rigor gramatical".

Para dirimir dúvida, o leitor, querendo expressar-se com o rigor gramatical, pode ter presente:

a) Quando o assunto tiver sido recentemente mencionado, empregam-se os pronomes *esse, essa, isso*:

> Disse-lhe que fosse embora. *Isso* o deixou triste.

b) Quando o assunto vai ser mencionado, empregam-se os pronomes *este, esta, isto*:

> Grave *este* lembrete: no verão, tome muito líquido.

c) Numa mesma oração ou período, usa-se *este* para o termo mais próximo e *aquele* para o termo mais afastado:

> Apreciava bons vinhos portugueses e iguarias francesas. Estas, pelo paladar requintado; aqueles, pelo buquê característico.

EXERCÍCIOS

Complete com o pronome demonstrativo adequado:

1. Gostamos de ler a *Folha de S. Paulo,* porque .... (este – esse) periódico possui uma das melhores equipes jornalísticas do país.
2. .... (este – esse) programa a que estamos assistindo não é tão bom como .... (este – aquele) que vimos no último domingo.
3. Aqui .... (neste – nesse) bairro, há muitas recordações da minha infância.
4. Pedro e Paulo são irmãos; .... (este – esse), porém, é bem mais simpático do que .... (esse – aquele).
5. Guarde bem .... (isto – isso) que eu vou lhe dizer: os aduladores não são os melhores amigos.
6. Estive na praia, na semana passada, e verifiquei, ... (nesta – nessa) ocasião, que as casas, devido às chuvas, estavam úmidas.

56

Pronomes de tratamento

1 CONCEITO

Pronomes de tratamento são formas de interação comunicativa utilizada para nos dirigirmos ou nos referirmos a outra pessoa. É, pois, uma expressão que tem valor de pronome tanto no tratamento familiar (*você, vocês*), como no tratamento cerimonioso (*senhor, senhora*) ou ainda para demonstrar reverência (*Vossa Excelência, Vossa Senhoria, Vossa Magnificência* etc.).

2 USOS DE PRONOMES DE TRATAMENTO

QUADRO DEMONSTRATIVO

Destinatário	Vocativo	Envelope	Tratamento	Abreviatura
Oficiais até Coronel Funcionários graduados (diretores, chefes de seção)	Prezado Senhor[1]	Il.mo Sr. Fulano de Tal ou Ao Sr. Fulano de Tal M. D. Diretor do...	Vossa Senhoria	V. S.ª
Monsenhores, Cônegos, Padres e Religiosos	Reverendíssimo(a) Senhor(a)	Reverendíssimo(a) Senhor Padre (Senhora Madre)...	Vossa Senhoria Reverendíssima ou Vossa Reverendíssima	V. S.ª Rev.ma ou V. Rev.ma
Bispos e Arcebispos	Reverendíssimo Senhor	Reverendíssimo Senhor D. .... Bispo de	Vossa Excelência Reverendíssima	V. Ex.ª Rev.ma
Cardeais	Eminentíssimo Senhor	Eminentíssimo Senhor D . ... Cardeal de ...	Vossa Eminência ou Vossa Eminência Reverendíssima	V. Em.ª ou V. Em.ª Rev.ma

---

[1] O uso de *prezado* vai se tornando raro nos gêneros administrativos. *Prezado* quer dizer *querido, estimado, amado*. Prefere-se hoje a expressão simples: Senhor Fulano de Tal; às vezes, o vocativo se reduz ao nome da pessoa e dois-pontos (algumas pessoas usam vírgula).

Pronomes de tratamento

Destinatário	Vocativo	Envelope	Tratamento	Abreviatura
Papa	Santíssimo Padre	Santíssimo Padre Papa .... Palácio do Vaticano	Vossa Santidade	V. S.
Reitores das Universidades	Magnífico Reitor	Ex.mo Sr. Fulano de Tal Magnífico Reitor da Universidade	Vossa Magnificência	V. Mag.a
Procurador-Geral da República Procurador-Geral do Estado Procuradores-Gerais dos Tribunais Embaixadores Governador de Estado e Distrito Federal Presidente e Membros das Assembléias Legislativas Secretários de Estado Membros do Congresso Nacional Presidente e Membros do: Supremo Tribunal Federal, Tribunal de Contas da União, Tribunais de Justiça, Eleitorais e Regionais do Trabalho, Tribunal Federal de Recursos, Superior Eleitoral e Superior do Trabalho Vice-Presidente da República Chefe dos Gabinetes Civil e Militar da Presidência Ministros de Estado Oficiais-Generais Consultor-Geral da República Chefias do Estado-Maior do Exército, da Marinha, da Aeronáutica e das Forças Armadas Prefeito	Excelentíssimo Senhor	Ex.mo Sr. Fulano de Tal DD.	Vossa Excelência	V. Ex.a
Juízes em geral e Auditores da Justiça Militar	Meritíssimo Senhor Juiz	Ex.mo Sr. Dr. Fulano de Tal	Vossa Excelência	V. Ex.a

Destinatário	Vocativo	Envelope	Tratamento	Abreviatura
Presidente da República	Excelentíssimo Senhor Presidente da República Federativa do Brasil	Excelentíssimo Senhor Fulano de Tal Digníssimo Presidente da	Vossa Excelência	Não se usa

Também nos envelopes, têm ocorrido mudanças: é comum apenas o uso de *Sr.* ou, simplesmente, o nome do destinatário e seu endereço.

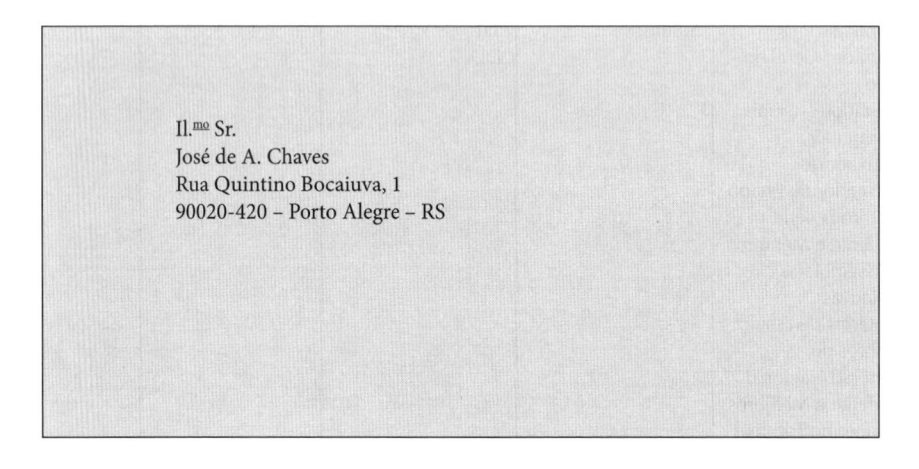

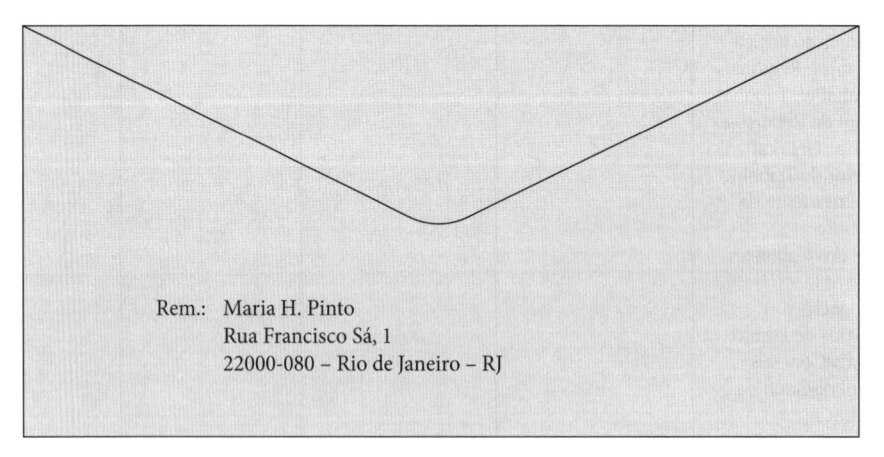

Il.mo Sr.
José de A. Chaves
Rua Quintino Bocaiuva, 1
90020-420 – Porto Alegre – RS

Rem.: Maria H. Pinto
Rua Francisco Sá, 1
22000-080 – Rio de Janeiro – RJ

3 PLURAL DE EXPRESSÕES DE TRATAMENTO

O plural das expressões de tratamento depende da própria expressão. Se a abreviatura tem o "a" como em *V. S.ª, V. Ex.ª* etc., acrescenta-se um "s" ao "a":

Vossas Excelências = V. Ex.as
Vossas Senhorias = V. S.as

Se a abreviatura não tem o "a", dobram-se as letras maiúsculas, colocando-se um ponto após a segunda letra dobrada:

V. A. = VV. AA.
V. M. = VV. MM.

> Não confundir esta última modalidade de plural com a abreviatura de Digníssimo (DD.), Santíssimo (SS.) ou Meritíssimo (MM.).

4 CONCORDÂNCIA DOS PRONOMES *TU* E *VOCÊ*

Ao uso dos pronomes *tu* e *você* correspondem os possessivos *teu, tua, seu, sua*:

Tu te referiste à *tua* prima.
Você se referiu à *sua* prima.

No português do Brasil, em nível coloquial, é comum a mistura (não contemplada pela norma-padrão) dessas formas:

Você se referiu ao *teu* emprego.

5 EXPRESSÕES DE TRATAMENTO

As expressões de tratamento concordam com:

- Verbo na 3ª pessoa: *V. Sa.* **pode** *contar com o apoio de nossa associação.*
- Pronome possessivo na 3ª pessoa – seu(s), sua(s): *V. Sa. sabe que* **sua** *conduta nos últimos acontecimentos não foi ética. Dirijo-me a V. Ex.ª para elogiar o* **seu** *discurso.*
- Pronome pessoal oblíquo na 3ª pessoa: *o(s), a(s), se, si, consigo, lhe: Tenho dito a V. Sa. que* **lhe** *falta, às vezes, reconhecimento das práticas republicanas no cuidado com a coisa pública. Sua Excelência traz* **consigo** *a responsabilidade e a competência para governar.*

Às vezes, observa-se entre nós o uso de *consigo*, referindo-se à pessoa com quem se fala: *Eu gostaria de tratar* **consigo** *a compra deste produto* (essa forma não se ajusta à gramática normativa). Para atender a ela, diz-se: Eu gostaria de tratar *com você* (com o senhor – com a senhora) etc. Observe:

Ela trouxe *consigo* as passagens
Ela falava *consigo* mesma.
MAS:

Ele quer falar com você.
Ele quer falar com a senhora.

> (e nunca *consigo*, porque assim o sentido seria: ele quer falar com ele mesmo)

Observe também:

- Quando nos dirigimos às pessoas, usamos o pronome VOSSA:

    Peço que *Vossa* Senhoria me conceda uma explicação.

- Quando falamos das pessoas, usamos o pronome SUA:

    Sua Excelência tranquilizou os repórteres, dizendo que não faltaria carne à população.

- Os adjetivos usados com pronomes de tratamento concordam com a pessoa que representam (homem ou mulher):

    V. S.ª está desconfiad*a*. (mulher)
    V. Ex.ª está equivocad*o*. (homem)

- Quando são empregadas expressões cerimoniosas como *V. Ex.ª* e *V. Em.ª*, deve-se evitar o emprego dos possessivos *seu(s)*, *sua(s)* e dos pronomes oblíquos *lhe(s)*, *o(s)* e *a(s)*. Talvez a repetição da expressão de tratamento pareça redundante; ela é necessária, porém, para efeitos de clareza:

    O Eminentíssimo Senhor Cardeal tem-se preocupado muito com a evasão dos jovens da Igreja, pelo que a atitude de S. Em.ª tem recebido o apoio de todos os católicos.

- Não se abrevia a expressão de tratamento utilizada para o Presidente da República:

    Sua Excelência o Presidente Juscelino Kubitschek de Oliveira inaugurou Brasília em 1960.

6 PREENCHIMENTO DE ENVELOPE GRANDE

Para preencher um envelope grande, veja o seguinte modelo:

```
...
Timbre
...
Excelentíssimo Senhor
...

Digníssimo Presidente da República Federativa do Brasil
Palácio da Alvorada
70000-030 – Brasília – DF
```

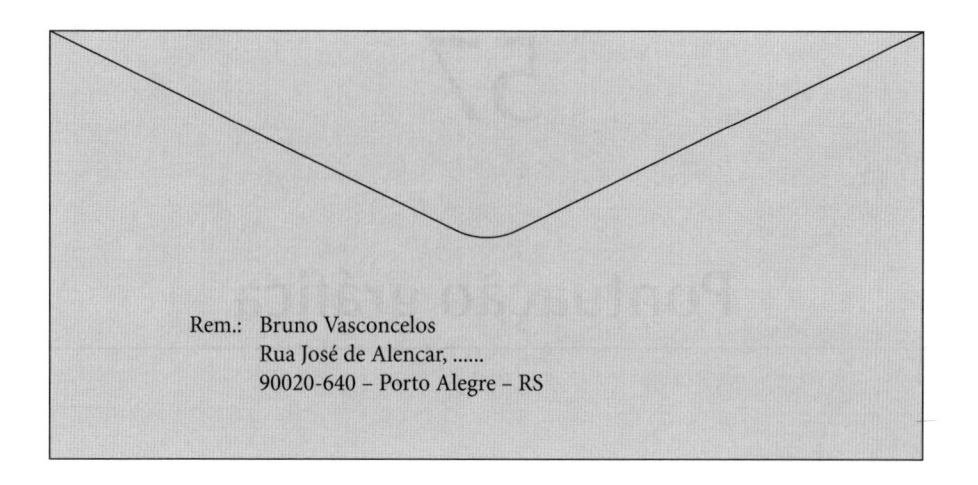

```
Rem.:  Bruno Vasconcelos
       Rua José de Alencar, ......
       90020-640 – Porto Alegre – RS
```

EXERCÍCIOS

1. Abrevie:
   1. Vossa Senhoria
   2. Vossa Excelência
   3. Vossa Reverendíssima
   4. Digníssimo
   5. Vossa Santidade
   6. Excelentíssimo

2. Dê o plural:
   1. V. S$^{\underline{a}}$
   2. V. Ex.$^{\underline{a}}$
   3. V. M.
   4. V. A.

3. Complete:
   1. Quero falar .... (com o senhor – consigo)
   2. Você trouxe .... as passagens? (com o senhor – consigo)
   3. .... Senhoria está preocupado? (Vossa – Sua – falando com o ser)
   4. .... Excelência disse, através da imprensa, que não faltaria óleo de soja ao consumidor. (Vossa – Sua – falando sobre o ser)
   5. Vossa Senhoria está .... (atrasado – atrasada – dirigindo-se a um homem)
   6. Sua Majestade ficou .... (encolerizado – encolerizada – falando-se de uma rainha)
   7. .... Senhor Fulano de Tal, Digníssimo Presidente da República Federativa do Brasil. (Exmo – Excelentíssimo)

57

Pontuação gráfica

1 INTRODUÇÃO

Pontuação é o conjunto de sinais que representam, na língua escrita, as *pausas* e a *entonação* da língua falada. Esse conjunto de sinais serve também para organizar as relações das partes do discurso.

A ausência de pontuação em um texto pode servir à criação de efeito de sentido especial. Entre os exemplos, podemos citar o poema a "Rosa de Hiroxima", de Vinicius dc Moraes, em que o único sinal de pontuação é um ponto final no último verso (Disponível em: http://www.viniciusdemoraes.com.br/pt-br/poesia/poesias-avulsas/rosa-de-hiroxima. Acesso em: 13 dez. 2017).

Iniciemos nosso estudo sobre pontuação com a leitura de uma crônica.

A VIDA ENTRE PARÊNTESES

Leitor pergunta por que uso tantos parênteses nas minhas crônicas (leitores inteligentes conseguem descobrir no texto particularidades significativas). A pergunta me fez pensar (não chega a ser um evento raro na minha existência, mas pensar entre parênteses não era algo que eu fizesse com frequência). E então me dei conta de que os sinais gráficos, mais que as letras (por muito importantes que estas sejam), veiculam emoções. Quanta emoção numa exclamação! E pode haver dúvida maior que a do ponto de interrogação? Sobre isto sempre somos reticentes... Mas temos que admitir que certos sinais, como, por exemplo, a vírgula, esta pequenina serpente que, de espaço em espaço, atravessa o caminho, sempre acidentado, de nossa frase, é uma evidência, não muito clara, decerto, mas evidência, sim, de nossa indecisão.

Já os parênteses (a discussão a respeito foi propositalmente omitida no parágrafo anterior) têm uma significação (alguns não admitirão que é uma significação, mas enfim), os parênteses, dizia eu quando os parênteses me interromperam, traduzem não apenas uma forma de escrever, mas (o que é mais importante) um modo de viver. Sim, porque se pode viver (ainda que não plenamente) entre parênteses. O garoto (ah, esses garotos) que no meio do tema se distrai pensando na sua coleguinha (aquela lindíssima) está vivendo entre parênteses. O executivo que, no meio da tarde (nessas horas que os americanos chamam de "menores" mas que para muitos são as maiores), sai para uma escapada (e deem a esta escapada a interpretação que vocês quiserem) está vivendo como? (A pergunta era para ficar soando retoricamente, mas não me furto a dar aqui a resposta: entre parênteses.)

Sim, confesso: gosto de parênteses (deve ser uma espécie de perversão). Uma vez escrevi um livro chamado (*O ciclo das águas*). O título era assim mesmo, entre parênteses (eu queria simbolizar com isto um ciclo fechado). Deu tanta confusão que, nas edições seguintes, tive de tirar os parênteses (para escapar dos parênteses, só mesmo assim, em novas edições. Lamentável é que a vida tenha uma única edição. Muitas vezes esgotada. Muitas vezes entre parênteses).

(SCLIAR, Moacyr. *Zero Hora*, Porto Alegre, 5 fev. 1992, p. 5)

2 VÍRGULA

De modo geral, a vírgula marca uma pausa de pequena duração. Entretanto é bom frisar que, nem sempre, a pausa respiratória corresponde à vírgula e, nem sempre também, a vírgula é marcada, na fala, por uma pausa respiratória. Nos exemplos abaixo, pode-se verificar isso:

a) Os excelentes bailarinos do balê Bolshoi foram recepcionados pela embaixada de seu país.
b) Aos noivos desejamos toda a felicidade possível.
c) Fizeste o almoço? Sim, senhora!

Nos exemplos *a* e *b*, não há vírgula, embora se possa até fazer uma pausa, no nível da fala, após as palavras *Bolshoi* e *noivos*.

No exemplo *c*, ao contrário, há vírgula (separando o vocativo), mas, na cadeia da fala, ela é imperceptível.

Não se separam:

a) Sujeito e predicado:

<u>O Secretário Geral da Organização das Nações Unidas</u>
Sujeito

<u>convocará uma reunião de emergência.</u>
Predicado

b) O verbo e seus complementos (objeto direto e indireto):

<u>Comunicamos</u> <u>ao prezadíssimo amigo</u> <u>que estaremos a seu inteiro dispor.</u>
Verbo   OI   OD

Emprega-se a vírgula nos seguintes casos:

a) Para separar termos da mesma função sintática:

"Eu quis ficar mais um pouco e o teu corpo e o meu tocavam *inquietudes, caminhos, noites, números, datas.*" (Carlos Nejar. *Casa dos arreios*, Nas altas torres)

A sala era *enorme, vazia, escura.*

Gostava *dos amigos, da cidade, das coisas.*

b) Para isolar aposto:

"... o Vargas gordo, *o das corridas*, estendeu a face enorme, imberbe e cor de papoula." (Eça de Queirós. *Os Maias*)

Da Vinci, *espírito enciclopédico*, foi a alma da Renascença.

c) Para isolar vocativo:

"Ao que aprecio também, *Chefe*, a distinção minha desta ocasião, de dar meu voto." (J. Guimarães Rosa. *Grande sertão: veredas*)

"Adeus, *meu cajueiro!*" (Humberto de Campos. *Memórias*)

Maria, por que não respondes?

d) Para isolar adjunto adverbial deslocado (vírgula não obrigatória, mas aconselhável):

"Diziam que, no *velho cemitério da vila inundado*, os caixões boiavam." (Dalcídio Jurandir. *Três casas e um rio*)

"Ama, *com fé e orgulho*, a terra em que nasceste." (Olavo Bilac. "A pátria")

Durante a peça teatral, não se escutou um só ruído.

Explique, *sem constrangimento*, qual o seu problema.

> Quando o adjunto adverbial é constituído de um só termo, mesmo que esteja deslocado, não há necessidade de vírgula. Porém, se se quer enfatizar a expressão, pode-se usar esse recurso de pontuação:
>
> Ali várias pessoas discutiam.
>
> Ali, várias pessoas discutiam.

e) Para separar localidade de data e nos endereços:

Porto Alegre, 29 de março de 2001.

Brasília, abril de 2000

Tomás Flores, 163

f) Para marcar supressão de verbo:

Eu fui de ônibus e ela, de avião. (= ela foi de avião)

Nós tivemos só alegrias; eles, só tristezas. (= eles tiveram só tristezas)

g) Para isolar certas expressões (exemplificativas ou de retificação), tais como: *por exemplo, além disso, isto é, a saber, aliás, digo, minto, ou melhor, ou antes, outrossim, com efeito* etc.:

Observe, *por exemplo*, o edital publicado no *Diário Oficial* de quinta-feira passada.

h) Para isolar o predicativo deslocado (vírgula não obrigatória, mas aconselhável):

A mulher, *desesperada*, correu em seu socorro.

Desesperada, a mulher correu em seu socorro.

> Se estivesse em ordem direta, o período ficaria assim:
> A mulher correu desesperada em seu socorro.

i) Para separar as conjunções coordenativas adversativas e conclusivas deslocadas:

Estou doente; não contem, *portanto*, comigo.

Durante o ano, trabalhamos muito; nas férias, *porém*, descansaremos bastante.

Tudo não passou de um mal-entendido; façamos, *pois*, as pazes.

> Quando as conjunções vêm em sua posição normal, não se coloca vírgula depois delas:
> Passamos por algumas dificuldades na infância, porém hoje desfrutamos alguma segurança.

j) Para isolar os elementos repetidos:

Verinha *pulou, pulou, pulou* neste carnaval até cansar...

k) Para separar as orações coordenadas (assindéticas, adversativas e explicativas):

Vim, *vi, venci.* (assindéticas)

Estudou, *mas não conseguiu aprovação.* (adversativa)

Estudou muito, *logo tinha de ser aprovado.* (conclusiva)

Vá de uma vez, *porque vai chover.* (explicativa)

> As conjunções *e, nem* e *ou*, normalmente, não são virguladas. A vírgula poderá, no entanto, ser usada nos seguintes casos:
>
> a) OU → se houver retificação ou alternativa:
>
> Ou tudo, ou nada.
>
> Se precisar de auxílio, ou a dor nas costas exigir massagem, telefone para a clínica X.
>
> b) E → se os sujeitos forem diferentes:
>
> "Algumas autoridades avalizam o vandalismo, e o ódio entre pobres e ricos vai aumentando" (Revista *Manchete*, 25 ago. 1990, p. 112).
> Aqui, a presença da vírgula facilita a compreensão da leitura.

l) Para separar o complemento do verbo (quando vier anteposto a esse e houver outro complemento – pleonástico):

"*Fígado*, melhor não tê-*lo*." (Luís Fernando Veríssimo. *O Popular*. Bom, Mau)
O.D.   O.D. pleonástico

O homem, fê-*lo* Deus à sua semelhança.
O.D.   O.D. pleonástico

"*Ao pobre*, não *lhe* devo. *Ao rico*, não *lhe* peço." (Rodrigues Lobo)
O.I.   O.I. pleonástico   O.I.   O.I. pleonástico

m) Para separar orações adjetivas explicativas:

A água, *que é incolor*, tem por fórmula H_2O.

O gelo, *que é frio*, conserva os alimentos.

Tu, *que a tantos ajudaste*, estás agora por todos abandonado.

Aqueles homens, *que a tudo assistiam com interesse*, ficaram perplexos.

---

1. As orações adjetivas restritivas não são separadas por vírgula:

    O aluno *que é responsável* não cria problemas.

    A água *que contém agentes químicos e agrotóxicos* não deve ser ingerida.

    O homem *que acabou de falar* representou-me na assembleia.

2. Se a oração for adjetiva e o verbo estiver no subjuntivo, ela será forçosamente restritiva:

    Estou à procura de um apartamento *que seja bem localizado*.

---

n) Para separar as *orações adverbiais deslocadas* (reduzidas ou não), com exceção da comparativa e conformativa (quando o verbo estiver elíptico):

Enquanto não arruma emprego, seu pai manda-lhe uma mesada.

Sua casa, *embora seja pequena*, é bem ventilada.

Saciada a sede, ela deitou-se para descansar.

Ao vê-la triste, compreendeu que havia errado.

Cumprimentando pela formatura, envio-te um abraço.

Ela é tão inteligente *como a irmã*. (comparativa = como a irmã é inteligente)

Ela sairá *conforme o tempo* (conformativa = conforme o tempo estiver).

As orações subordinadas substantivas (subjetiva, objetiva direta, objetiva indireta, completiva nominal, predicativa, apositiva), com exceção das apositivas, não são virguladas por se constituírem em termos essenciais (sujeito, predicativo) ou integrantes (objeto, complemento nominal etc.):

Exemplos:

<u>Urge</u> <u>que te apresses</u>.
núcleo do   sujeito
predicado

<u>Eu</u> <u>quero</u> <u>que me leves ao teatro</u>.
sujeito núcleo do   objeto direto
        predicado

3 PONTO E VÍRGULA

O ponto e vírgula tem uma duração um pouco maior que a da vírgula. Coloca-se como intermediário entre a vírgula e o ponto. Emprega-se nos seguintes casos:

a) Para separar orações coordenadas de certa extensão:

"A carta de minha irmã mais moça diz que ele caiu numa tarde de ventania, num fragor tremendo pela ribanceira; e caiu meio de lado, como se não quisesse quebrar o telhado de nossa velha casa." (Rubem Braga. *O cajueiro*)

"De repente, arma-se um temporal, que parecia vir o mundo abaixo; o vento era tão forte, que do mar, apesar da escuridão, viam-se contradançar no espaço as telhas arrancadas da cidade alta." (Manuel Antônio de Almeida. *Memórias de um sargento de milícias*)

b) Para separar partes de um período que já se encontram interiormente separadas por vírgulas:

A vida para uns é bela, é alegre, só traz felicidade; para outros, um fardo pesado a carregar.

c) Para separar orações coordenadas assindéticas de sentido contrário:

Cláudio é ótimo filho; Paulo, ao contrário, incomoda os pais.
Marta gosta muito de acampar; Lúcia, por sua vez, não aprecia esse tipo de programa.

d) Para separar orações coordenadas adversativas e conclusivas com conetivo deslocado:

O exame de Física foi bastante difícil; *o de Geografia, entretanto, foi bem melhor.*
Consegui uma folga; *aceitarei, por conseguinte, o teu convite.*

e) Para separar os diversos itens de uma lei, de uma exposição de motivos etc.:

"Art. 187. O processo será iniciado:
I – por auto de infração;
II – por petição do contribuinte interessado;
III – por notificação ou representação verbal ou escrita." (Código das Penalidades e de Processo Fiscais)

4 PONTO

O ponto assinala pausa maior.

> Quando separa períodos escritos na mesma linha, chama-se *ponto simples*.
> Quando separa períodos em linhas diferentes, chama-se *ponto parágrafo*.
> Quando termina um enunciado, chama-se *ponto final*.

Emprega-se o ponto nos seguintes casos:

a) Para encerrar períodos:

> "Lá pelas tantas, um de nós encostava a cabeça no companheiro mais próximo e fechava os olhos cansado. (1) Depois outro; depois outro.(2)
> E, quando vovó Candinha acabava a história, todos nós dormíamos uns encostados aos outros, a sonhar com os palácios do fundo do mar, com as fadas e as princesas maravilhosas." (3) (Viriato Correia. *Cazuza*)
> (1)   = ponto simples.
> (2)   = ponto parágrafo.
> (3)   = ponto final.

b) Para abreviar palavras:

> V. Exª. (Vossa Excelência)
> Dec. (Decreto)
> Nas siglas, porém, não se usa ponto: INSS, BB, CEEE.

5 PONTO DE INTERROGAÇÃO

O ponto de interrogação é uma pausa com uma melodia característica (entoação ascendente). Emprega-se nos seguintes casos:

a) Após as interrogações diretas:

> "Tibicuera, qual é o maior bem da vida?" (Érico Veríssimo. *As aventuras de Tibicuera*)
> Por que não reclamas?

> 1. Pode-se combinar o ponto de interrogação com o ponto de exclamação, quando a pergunta traduz surpresa:
>   Josefa desmanchou o noivado.
>   – O quê?!
> 2. Nas interrogações indiretas, não se usa ponto de interrogação ou entonação ascendente:
>   Não sei quem telefonou.

6   PONTO DE EXCLAMAÇÃO

O ponto de exclamação pertence mais à estilística que à gramática normativa. Ele é empregado nos seguintes casos:

a) Nas frases exclamativas:

"A enxurrada, coando pelo leito pétreo das nascentes e do curso do regato, não conseguira macular o cristal das águas!" (Tristão de Ataíde. *Afonso Arinos*)

b) Após interjeições:

"Ó Pátria amada,
Idolatrada,
Salve! Salve!" (Hino Nacional)

Emprega-se facultativamente:

a) Em frases imperativas (substituindo o ponto):

Andrada! *Arranca esse pendão dos ares!*
Colombo! *Fecha a porta dos teus mares!*" (Castro Alves. *O navio negreiro*)

b) Em frases optativas (substituindo o ponto):

– Boa viagem!
Deus te proteja!

c) Para enfatizar vocativos (substituindo a vírgula):

Andrada! Arranca esse pendão dos ares!
Colombo! Fecha a porta dos teus mares!" (Castro Alves. *O navio negreiro*)
"Terra adorada
Entre outras mil,
És tu, Brasil,
Ó Pátria amada!" (Hino Nacional)

7   DOIS-PONTOS

Os dois-pontos marcam uma suspensão de voz em uma frase ainda não terminada. Emprega-se esse sinal nos seguintes casos:

a) Antes de uma citação direta (letra maiúscula após a pontuação):

"E o pastor prosseguiu:
– Sois vós realmente os verdadeiros ouvintes do meu sermão de hoje sobre a mentira."
(João Ribeiro. *Cartas devolvidas*)

"... mas o baiano repetiu:
– Acuda, seu cadete, que o assado vai de trote!..." (J. Simões Lopes Neto. *Casos do Romualdo*)

b) Antes de uma enumeração (letra minúscula após a pontuação):

Duas coisas pretendo conseguir neste ano: um bom emprego e uma vaga no curso de inglês.

Comprou diversas mercadorias no supermercado: artigos de limpeza, gêneros alimentícios e brinquedos.

c) Antes de uma explicação (letra minúscula após a pontuação):

Já não serei tão só, nem irás tão sozinha: há de ficar comigo uma saudade tua, hás de levar contigo uma saudade minha. (Adaptado de Alceu Wamosy. *Duas almas*)

Quando eu o vi, fiquei contente: sabia que me traria boas notícias.

> Para saber se é uma *explicação*, substituem-se os dois-pontos por um "porque".

d) Antes de uma complementação (letra minúscula após a pontuação):

"O fígado só tem uma ideologia: cuidado com as imitações." (Luís Fernando Veríssimo. *O popular*. Fígado e coração)

Aquela mãe preocupa-se com uma coisa: o futuro dos filhos.

> Para saber se é uma *complementação*, faz-se a seguinte pergunta depois dos dois-pontos: Qual?

e) Antes de uma conclusão (letra minúscula após a pontuação):

O apartamento tinha poucas peças, e essas eram pequenas e escuras: uma droga!

O roteiro é lindo, a passagem e os hotéis estão baratos: não podemos perder a oportunidade!

> Para saber se é uma *conclusão*, substituem-se os dois-pontos por um "logo".

f) Nos vocativos de cartas e ofícios, empregam-se dois-pontos, embora seja comum também o uso de outras formas:

Senhor Diretor:
Senhor Diretor
Senhor Diretor,
Senhor Diretor.

8 RETICÊNCIAS

As reticências marcam hesitação ou suspensão de um pensamento. Pertencem mais à estilística que à gramática normativa. O seu emprego é variado. Eis alguns casos:

a) Em supressão de texto nas citações diretas (as reticências vêm *entre colchetes*):

"[...] Inácio avermelhou de novo e novamente saiu fora de si." (Monteiro Lobato. *Cidades mortas*)

"A cara larga do velho, toda raspada, os cabelos brancos..." (José Lins do Rego. *Fogo morto*)

b) Para indicar uma interrupção brusca da frase:

"– Não ... quar ... quaren ... quar ..." (Machado de Assis)

c) Para indicar que o término da frase deve ser imaginado pelo leitor:

"Mas um dia... me ausentaram..." (Juvenal Galeno. *Cajueiro pequenino*).

d) Para indicar ironia:

Joaquina tinha um "belo perfil": o que lhe faltava em queixo, tinha-o em nariz...

9 ASPAS

As aspas são empregadas nos seguintes casos:

a) Em citações diretas até três linhas (nesse caso, a citação permanece no mesmo parágrafo):

Diz Fernando Pessoa, em *Odes a Ricardo Reis*:

Para ser grande, sê inteiro: nada
Teu exagera ou exclui.
Sê todo em cada coisa. Põe quanto és
no mínimo que fazes.

Observação: em citações com mais de três linhas, a NBR 10520 (ABNT) estabelece que o texto transcrito não leva aspas, mas é destacado do parágrafo, com um espaço lateral à esquerda de 5 cm (ver Capítulo 36, Seção 7, deste livro).

b) Palavras ou expressões estrangeiras (outra forma de destacar expressões estrangeiras se faz com o uso do *itálico*):

O "slogan" anunciava... (Nestor de Holanda. *Gente engraçada*)
Quero uísque "on the rocks".

c) Para realçar uma expressão com ironia:

   João, com seus 90 quilos, está "fraquinho"...

d) Para destacar um termo:

   A palavra "que" pode ser analisada de diversas maneiras.

e) Para destacar gírias e expressões de variedades linguísticas estigmatizadas:

   O espetáculo de música *pop* estava uma "curtição".
   Ela estava apaixonada pelo "sordado".

---

1. Quando as aspas abrangem parte do período, o sinal de pontuação é colocado depois delas:

   Foi para o Caribe a bordo do navio "Explorer of the Seas".

2. Quando as aspas abrangem todo o período, o sinal de pontuação é colocado antes delas:

   "Nem tudo o que reluz é ouro."

3. Quando já há aspas numa citação ou numa transcrição, emprega-se a *aspa simples*:

   "Até já se falava em 'impeachment', quando aconteceu homicídio na rua principal." (Nestor de Holanda. *Gente engraçada*)

---

10 TRAVESSÃO

O travessão é empregado nos seguintes casos:

a) Para indicar, nos diálogos, mudança de interlocutor:

   — Por que você não toca? – perguntei.
   — Eu queria, mas tenho medo.
   — Medo de quê?
   — Dos bichos-feras.
   — Que bichos-feras? (José J. Veiga. *Os cavalinhos de Platiplanto*)

b) Para isolar termos ou orações intercaladas (como desempenha função análoga à dos parênteses, usa-se geralmente o travessão duplo):

   Eles eram muitos cavalos,
   — rijos, destemidos, velozes —
   entre Mariana e Serro Frio,
   Vila Rica e Rio das Mortes. (Cecília Meireles. *Romanceiro da Inconfidência*)

   "Chamei Diadorim — e era um chamado com remorso — e ele veio, se chegou." (J. Guimarães Rosa. *Grande sertão: veredas*)

> Às vezes, substituem-se dois-pontos por travessão:
>> "Era mesmo o meu quarto – a roupa da escola no prego atrás da porta, o quadro da santa na parede, os livros na estante de caixote que eu mesmo fiz, aliás precisava de pintura." (José J. Veiga. *Os cavalinhos de Platiplanto*)

11 PARÊNTESES

Os parênteses são utilizados nos seguintes casos:

a) Para intercalar uma explicação acessória:

"Presenciada, no entanto, por testemunhas idôneas, largamente falada nas ladeiras e becos escusos, a frase final repetida de boca em boca, representou, na opinião daquela gente, mais que uma simples despedida do mundo, um testemunho profético, mensagem de profundo conteúdo (como escreveria um jovem autor de nosso tempo)." (Jorge Amado. *Os velhos marinheiros*)

Beto (tinha esse apelido desde criança) não gostava de viajar.

b) Para intercalar uma manifestação emocional:

"Talvez ande longe...
E eu virei vira-mundo,
para ter um querzinho
(Ai! um querzinho de experimentar corpo)
da filha da rainha Luzia." (Raul Bopp. *Cobra Norato*)

> Nas frases parentéticas, empregam-se indiferentemente vírgula, travessão ou parênteses (ver Capítulo 3):
>> Amanhã, *cremos*, a Prefeitura liberará a verba.

12 COLCHETES

Colchetes [ ] são uma espécie de parênteses de uso mais limitado, bastante utilizados em trabalhos científicos, para indicar supressão de um texto ou comentário dentro de um texto alheio. Exemplo:

Para Câmara Jr. (2004, p. 209), a retórica é o "estudo da linguagem greco-latina, que focalizava a atividade literária conhecida como discurso em sentido estrito. [...] Tendo em vista um ensino normativo para se falar em público, também levava em consideração a mímica".

O conceito de norma, às vezes, se confunde com o de prescrição. Bechara (2015, p. 36) nos esclarece que "entende-se por norma todo uso que é normal [regular, comum] numa variedade de língua (língua funcional), isto é, todo uso que é preferencial e constante entre os falantes e escritores".

EXERCÍCIOS

1. Coloque vírgulas, quando necessário:

1. Meu marido faz aniversário em maio e eu em setembro.
2. Belo Horizonte 20 de abril de 2018.
3. Eu você todo o pessoal vamos ao churrasco.
4. Ao ilustre visitante ofereceram os congressistas uma bela recordação.
5. Meu filho saiba que numa situação dessas é necessário acima de tudo muita discrição.
6. A questão é saber quando será descoberta a cura das doenças que hoje ainda matam.
7. O arco-íris que com tantas cores pairava sobre as nossas cabeças transformou o céu nublado numa paleta de pintor.
8. Formavam uma turma alegre aqueles meninos do bairro e os professores que os acompanhavam.
9. José Bonifácio o "Patriarca da Independência" orientou a educação do jovem príncipe herdeiro.
10. Corre minha filha porque do contrário perderemos o trem.
11. Esperaremos você para o almoço domingo às doze horas em nossa casa.
12. Aquela criança se lhe permitíssemos fazer tudo o que quisesse nos deixaria loucos.
13. A filosofia de Comte afirma que o espírito humano no que se refere ao conhecimento da realidade passou por três estágios culturais.
14. A menos que não colabores conosco pretendemos resolver o problema.
15. A autora ganhou prêmios literários e versos humorísticos seus foram lidos na rádio local.
16. Pode ir que eu o aguardarei.
17. A produção agrícola acreditem é a mola mestra do progresso rural.
18. As pessoas que se inscreverem logo poderão visitar a região das Missões que conserva as ruínas das reduções jesuíticas.
19. Como tudo não passara de um mal-entendido fizeram pois as pazes.
20. No pampa onde vive o homem da campanha o cavalo além de ser utilizado como meio de transporte é também instrumento de trabalho.
21. Deitei dormi mas ainda não descansei.
22. Roberto venha cá.
23. A menina correu chorosa em direção ao pai.
24. Quando descobrimos suas intenções resolvemos por decisão da maioria cortar-lhe o crédito.
25. Dizem que naquela época as pessoas tinham mais tempo para dialogar.

26. Prometeu-nos no último encontro que embora suas atividades fossem múltiplas ele nos atenderia quando dele precisássemos.
27. Observe além disso a paisagem a salubridade do clima a alegria do povo.
28. Observa-se particularmente em certas regiões a marca da presença do imigrante.
29. Não tenho jeito para isso; não contem por conseguinte comigo.
30. Terminada a solenidade conquanto não estivessem cansados eles retiraram-se para as suas casas.
31. Enviamos ao distinto amigo votos de felicidade.
32. Quando descobrimos suas intenções resolvemos em reunião secreta afastá-lo do cargo.
33. Com muita paciência ele conversou com o velho ouviu-lhe as queixas e de acordo com as possibilidades atendeu-o em alguma coisa.
34. O diretor daquela Secretaria de Estado disse que queria que soubessem o quanto ele se empenhara para que tudo desse certo.
35. Devido à sua profissão viajou muito e com o passar do tempo foi-se habituando a conhecer os povos e a discernir seus costumes mas nunca esqueceu suas origens.
36. *Os Maias* uma das melhores obras de Eça de Queirós é um documento real-naturalista pois insere na literatura um caso de patologia social.
37. Não podendo acreditar naqueles elogios tão falsos o pianista muito contrariado retirou-se da festa.
38. Aqui no Sul desconheço alguém mais competente.
39. Sei contudo que mesmo admitida a má-fé de determinado tipo de imprensa eles sairão inteiros dessa guerra.
40. A maioria das plantas da Amazônia não se adaptaria às condições climáticas que imperam no norte da Europa.

2. Justifique a pontuação usada nos trechos seguintes:

1. – Você já reparou, Miloca, na "ganja" da Sinhazinha? (Monteiro Lobato)
2. – Pois Seu Mestre – foi falando Vitorino – os cabras não podem com o velho. (José Lins do Rego)
3. Primeiro, quando menina, esperou o pai; depois, o marido. (Érico Veríssimo)
4. A cantar, a rodar, a palmas bater, Gabriela menina. (Jorge Amado)
5. O bobo Bob perguntou imediatamente: – "Por que choras, meu rei?"
   "Choro" – explicou o rei, sem relutância – "porque acabo de descobrir, horrorizado, que sou o homem mais feio da terra". (Millôr Fernandes)
6. Afinal, não conseguindo detê-lo, o rei perguntou: – "Bobo Bob, por que você continua a chorar dessa maneira?" (Millôr Fernandes)
7. A vida desse menino me agrada pela condensação de seus elementos: em cinco anos, Edival nasce, enverga uma farda, é o mascote do Corpo de Bombeiros, tira retrato, apanha uma pneumonia e morre. (Carlos Drummond de Andrade)

3. Testes de escolha múltipla: (pontuação)

Código:
A – se I e II estiverem corretas.
B – se I e III estiverem corretas.
C – se II e III estiverem corretas.
D – se todas estiverem corretas.
E – se nenhuma estiver correta.

1. I – O editorial, é publicado às terças e aos sábados.
   II – À noitinha, irei à casa de minha avó, à beira da praia.
   III – As flores foram, então, desabrochando uma a uma.

2. I – Um dia destes, enquanto esperava pelo ônibus, em um ponto qualquer de Porto Alegre, pus-me a observar os transeuntes apressados e confusos.
   II – Aquele indivíduo chegou, ao fim da vida, cansado, irrealizado, infeliz.
   III – Esqueceu-se de dar valor ao maior de todos os bens: sua própria existência.

3. I – Aos noivos, desejamos felicidades.
   II – Castro Alves o "Poeta dos Escravos" pertenceu à escola romântica.
   III – Criatura por que não respondes?

4. I – De repente, senti um bem-estar súbito, inexplicável, uma paz interna que jamais voltei a encontrar.
   II – Deus que é onisciente a tudo assiste.
   III – De um lado, uma tecnologia surpreendente; de outro, o Homem cada vez mais pobre, mais vazio.

5. I – Urge alimentar esses espíritos inquietos com os dados necessários para que, no mais cruciante sofrimento, na mais estagnada atmosfera, ainda haja quem tenha ideias.
   II – Bem próximo a mim, algumas garotas falavam de moda, de novelas, de rapazes.
   III – Goza, o ator, de grande popularidade.

4. No trecho abaixo, faltam 15 vírgulas, um travessão simples, um travessão duplo, um sinal de parênteses, um sinal de dois-pontos e dois sinais de aspas. Tente colocá-los:

Quando o carrinho elétrico encosta no módulo de efeitos especiais é como se o visitante deixasse por alguns momentos o mundo real para entrar num filme de ficção científica. Ali a antiga expressão usada para definir o impossível só falta fazer chover perde o sentido. Fazer chover é o de menos. Quem viu as cenas dramáticas na escuridão do alto-mar estreladas por Guma personagem de uma recente novela não pode imaginar o local em que foram gravadas nas terras áridas de Jacarepaguá. Ao lado do estacionamento foi construído um tanque de trinta metros de diâmetro e três metros de profundidade cercado por um paredão forrado de verde com trinta metros de altura para os efeitos de chroma key. As tempestades que açoitam os barcos caem de duas duchas gigantes instaladas no topo. Dois rolos compressores que se movem de forma circular produzem as ondulações. No meio do tanque uma estrutura parecida com a de um touro mecânico balança os barcos como se estivessem enfrentando ondas bravas no mar.

O que eles me pedem eu faço. O problema do custo é com a produção da novela diz o chefe da equipe de cem profissionais especializados desta máquina hollywoodiana de milagres eletrônicos o Departamento de Efeitos Especiais da Globo o primeiro a funcionar no PROJAC abreviação de Projeto Jacarepaguá bem antes da inauguração oficial e o único mantido por uma emissora de TV em todo o mundo. (Adaptado da revista *Época*, 16 abr. 2001, p. 104-105.)

5. De acordo com o modelo, transforme as frases, pontuando-as e elaborando você mesmo(a) a conclusão:

1. Modelo: Não assisti ao filme *porque* a crítica não lhe foi favorável.

    R. = Não assisti ao filme: a crítica não lhe foi favorável.

    a) O público soube do cancelamento do espetáculo *porque* o fato foi publicado na imprensa.

    b) A cafeteira elétrica foi consertada *porque*, quando nós a ligamos, sentiu-se um odor de queimado.

    c) Só conseguimos marcar a consulta com um mês de antecedência *porque* a agenda do médico estava lotada.

    d) Todos os jovens deveriam praticar alguma modalidade de esporte *porque*, cuidando do corpo, eles teriam, certamente, uma saúde melhor.

    e) Maria telefonou para casa *porque* a avó estava febril.

    Observando a pontuação das questões, a que conclusão você chega?

2. Modelo: Não assisti ao filme, *logo* não posso emitir opiniões.

    R. = Não assisti ao filme: não posso emitir opiniões.

    a) Conheço a história desta orquestra desde o início, *logo* posso estabelecer parâmetros comparativos.

    b) Eles ganharam a quina da loto, *logo* podem comprar o tão sonhado apartamento.

    c) Getúlio Vargas assumiu o governo em 1930, tendo sido deposto em 1945; *logo*, em seu primeiro mandato, permaneceu durante 15 anos no poder.

    d) Pensarei com carinho no teu problema, *logo* podes ficar tranquila.

    e) Não tive tempo de ler os jornais hoje, *logo* não sei o que se passou no mundo, nas últimas 24 horas.

    Observando a pontuação das questões, a que conclusão você chega?

3. Modelo: Acertaste todas as questões *porque* estudaste bastante.

    R. = Deves ter estudado bastante: acertaste todas as questões.

    a) Tu ficaste bem bronzeada *porque* o sol estava muito forte.

    b) O pátio amanheceu molhado *porque* choveu de madrugada.

    c) O vestido que Márcia fez é lindo *porque* ela tem muito gosto.

    d) A planta desta residência prevê um excelente aproveitamento de espaço *porque* o arquiteto que a projetou é muito bom.

    e) O doente ficou logo curado *porque* o remédio que tomou foi bastante eficaz.

    Observando a pontuação das questões, a que conclusão você chega?

58

Uso da palavra porquê

1   CASOS

A palavra *porquê*, conforme sua posição e seu significado na frase, aparece escrita de quatro maneiras distintas.

| PORQUE junto e sem acento | POR QUÊ separado e com acento | POR QUE separado e sem acento | PORQUÊ junto e com acento |

2   POR QUÊ

Escrevemos *por quê* (duas palavras separadas, com acento circunflexo) quando significa *por qual motivo*. Ocorre antes de um dos seguintes sinais de pontuação: ponto, ponto e vírgula, dois-pontos ou ponto de interrogação:

> Ela está zangada, mas eu não sei *por quê*.
> Você está assim feliz *por quê*?
> Ela está sentida, mas não sabemos *por quê*: não temos condições de ajudá-la.
> Ele é rebelde, sabe-se lá *por quê*; coisas de criança mimada.

3   PORQUÊ

Neste caso, temos um substantivo. Aparece acompanhado de artigo ou pronome e pode ser pluralizado. Significa *motivo* ou *indagação*.

> Não sei o *porquê* de teu entusiasmo.
> Naquela noite, estavas procurando resposta aos teus *porquês*.
> Você se ocupou apenas dos *porquês* e não das consequências.

4   PORQUE

Escrevemos em uma só palavra, porque se trata de uma conjunção causal ou explicativa. Significa *por causa de, pois*:

>Apurem o passo, *porque* o ônibus vem vindo.
>Sou feliz *porque* me ouves.
>*Porque* era distraído, riam dele.
>O sol devia estar forte, *porque* voltaste bem bronzeada.

5   POR QUE

Usamos essa forma (duas palavras separadas e sem acento) quando vale por: *por que motivo, pelo qual, o motivo pelo qual*:

>Afinal chegou o dia *por que* tanto esperei.
>Então *por que* não falas claramente?
>Daí *por que* estamos tristes.

---

1. Se, depois das palavras *daí* e *eis*, tivermos de usar um *porquê*, ele será *sempre separado* e *sem acento*:

   Ela está bastante desorientada; *eis por que estamos preocupados.*

2. No início dos títulos, usa-se sempre *por que*.

   POR QUE ACREDITO EM LOBISOMEM (= por que motivo acredito em...)

EXERCÍCIOS

Completar com POR QUE, POR QUÊ, PORQUE, PORQUÊ:

1. .... você não trabalha?
2. Ele não estuda .... não quer.
3. Não trabalhas ....?
4. Não entendo o .... de semelhantes atitudes.
5. Gostaria de saber o motivo .... não vieste.
6. Não sei .... ele não gosta dela.
7. O caminho .... passei é íngreme.
8. Não há .... temer.
9. Eis a razão .... não gosto de tirar conclusões apressadas.
10. Nem sempre chegamos a saber o .... das coisas.
11. Não temos .... desistir.

12. .... existe a guerra?
13. Eis .... ele não vence o medo.
14. Eles não saíram ....?
15. "E .... não reparas tu no argueiro que está no olho de teu irmão?"
16. A palavra .... é empregada de diversas maneiras.
17. Sua atitude era elogiável .... sincera.
18. .... era surdo, todos se impacientavam com ele.
19. Era um cientista emérito .... muito estudioso; poucos sabiam, entretanto, o .... de sua frustração.
20. Poucos saberiam dizer de onde viera, como viera, ... viera.

59

Uso de onde, aonde e donde

1   INTRODUÇÃO

Também nesse ponto, as gramáticas normativas não acompanham os usos dos brasileiros, que não distinguem, nas suas comunicações cotidianas *onde* e *aonde,* com verbos de repouso e verbos de movimento.

Como alguns concursos ainda propõem esse tipo de questão, expomos a seguir a diferença que alguns gramáticos ainda estabelecem entre *onde, aonde,* tratando, em seguida, de *donde.*

2   ONDE

Onde é empregado em situações estáticas (verbos de repouso ou quietação):

Onde moras?
O local *onde* se situa a Praça da República é aprazível.

3   AONDE

Aonde é empregado em situações dinâmicas (com verbos de movimento):

Aonde vamos?
Aonde corres com tanta pressa?

> Usa-se *aonde* (e não *onde*) sempre que podemos empregar *para onde*; usa-se *onde* (e não *aonde*) quando não podemos aplicar *para onde*:
>
> *Para onde* te diriges? *Aonde* te diriges?
> ~~Para~~ *onde* colocaste o livro? *Onde* colocaste o livro?

4 DONDE

Donde pode indicar procedência, causa ou conclusão:

Donde vens?

E *donde* esse mau humor?

Ele passou muito bem no vestibular, *donde* se conclui que deve ter estudado bastante.

EXERCÍCIOS

Empregue *onde* ou *aonde*:

1. .... foste com tanta pressa?
2. .... comem dois, comem três.
3. .... está o livro?
4. .... mora a senhora?
5. Vê .... queres chegar.
6. O lugar .... ela reside é tranquilo.

60

Emprego do infinitivo

1 CONCEITO

O infinitivo é uma das três formas nominais dos verbos. Há dois tipos de infinitivo: o *impessoal*, que *não flexiona*, e o *pessoal* (inexistente na maioria das línguas conhecidas), que *flexiona*. Exemplos:

Viver é bom. (= infinitivo impessoal)

É interessante *leres* com atenção. (= infinitivo pessoal)

2 INFINITIVO IMPESSOAL

O infinitivo impessoal é empregado, nas seguintes situações:

a) com sujeito idêntico ao do verbo regente, formando uma locução verbal:

Não *ousaste encarar* teu ofensor.

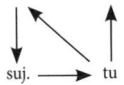

suj. ⟶ tu

Costumamos levantar cedo.

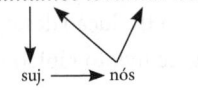

suj. ⟶ nós

Tomaram a resolução de *resistir* até o fim.

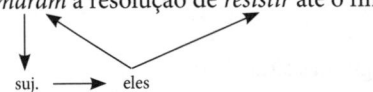

suj. ⟶ eles

b) com sentido passivo (geralmente, vem depois de um adjetivo + preposição e funciona como complemento nominal):

Esses livros são bons de *ler* (= de serem lidos).

Tais coisas não são fáceis de *perceber* (= de serem percebidas).

"Meu avô possuía bois em abundância, espalhados na capoeira, difíceis *de juntar*." (= de serem juntados) (Graciliano Ramos. *Infância*, p. 129)

c) se tiver como sujeito um pronome pessoal oblíquo átono iniciando uma oração que serve de OD a um verbo causativo ou sensitivo:

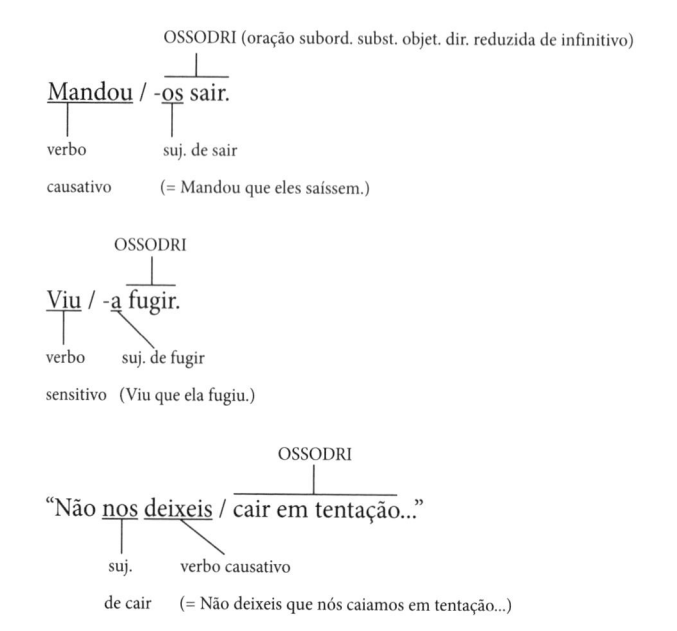

                   OSSODRI (oração subord. subst. objet. dir. reduzida de infinitivo)

Mandou / -os sair.

verbo   suj. de sair

causativo   (= Mandou que eles saíssem.)

      OSSODRI

Viu / -a fugir.

verbo   suj. de fugir

sensitivo   (Viu que ela fugiu.)

            OSSODRI

"Não nos deixeis / cair em tentação..."

     suj.   verbo causativo

    de cair   (= Não deixeis que nós caiamos em tentação...)

> Como exemplos de *causativos*, temos os verbos *mandar*, *deixar* e *fazer* e, como exemplos de *sensitivos*, os verbos *ver*, *olhar* e *sentir*.

d) se funcionar com valor imperativo:
   Direita, *volver*!
   Soldados do pelotão, atenção, *atirar*!

e) se funcionar mais como nome, constituindo-se, portanto, em sujeito da outra oração:
   Traduzir este trecho latino / é difícil para todos. (= a tradução deste trecho...)
   Emagrecer rápido / não é aconselhável. (= o emagrecimento rápido não é...)

3   INFINITIVO PESSOAL

O *infinitivo pessoal* é empregado nas seguintes situações:

a) com sujeito próprio, com o qual deverá concordar:
   Viveu muito bem / sem lhe *faltarem* amigos.

   suj. = ele   suj. = amigos

Não é possível / os anões *vencerem* os gigantes.

   suj. = oração seg.   suj. = os anões

O ministro *afirma* / não *existirem* problemas de desemprego no país.

          suj. = o ministro   suj. = problemas de desemprego

b) se vier preposicionado, sozinho, sem formar locução verbal, precedendo a oração principal:

Para *saberes*, é preciso que estudes.

   suj. = tu

Ao *verem*-no caminhar, ficaram pasmos.

   suj. = eles

4 INFINITIVO IMPESSOAL OU PESSOAL

Emprega-se, indiferentemente, o infinitivo impessoal ou o infinitivo pessoal quando:

a) houver uma oração subordinada adjetiva (reduzida de infinitivo).

Chovia. Ela chegou da rua, vestida de preto, os cabelos *a pingar* água sobre os ombros.
Chovia. Ela chegou da rua, vestida de preto, os cabelos *a pingarem* água sobre os ombros.
São problemas *a fervilhar* na minha cabeça.
São problemas *a fervilharem* na minha cabeça.

> De acordo com Rocha Lima (1973), essa construção só se faz com o infinitivo impessoal. Modernamente, porém, verifica-se que os nossos escritores utilizam, indiferentemente, os dois infinitivos:
>
> > As mulheres cochilando nos quartos, os homens a caçoar e a rir na sonolência, a se espreguiçarem do bom almoço." (Diná Silveira de Queirós. *A muralha. Apud* Luiz Carlos Lessa)
> >
> > Automóveis a roncar. (Graciliano Ramos. *Angústia*, p. 123)
> >
> > "... como soldados a passarem, em movimento, ..." (Guimarães Rosa, *Sagarana*, p. 26)

b) houver verbo *causativo* ou *sensitivo* mais infinitivo, e o sujeito deste *não for* um *pronome pessoal oblíquo átono*:

Vejo as crianças *brincar na* rua.
Vejo as crianças *brincarem* na rua.

O professor mandou os alunos *estudar*.
O professor mandou os alunos *estudarem*.
O vento fazia *sacudir* os galhos das árvores.
O vento fazia *sacudirem* os galhos das árvores.

> Com o infinitivo impessoal, a concordância é regular; com o infinitivo pessoal, a concordância é irregular, por atração ao sujeito, que está no plural.

EXERCÍCIOS

1. Sublinhe, dentro dos parênteses, as formas que obedecem à norma-padrão:

1. Faziam, num piscar de olhos, os grãos (saltar – saltarem) da espiga.
2. Nós não quisemos (voltar – voltarmos) atrás, para não se (abrir – abrirem) precedentes.
3. Ficavam horas a (vê-los – verem-nos) (fazer – fazerem) acrobacias.
4. Ela sentiu (tremer – tremerem) as pernas, quando foi chamada à ordem.
5. Naquela noite, até os astros pareciam (chorar – chorarem).
6. Naquela noite, até os astros parecia (chorar – chorarem).
7. Envelheceu sem lhe (faltar – faltarem) alegrias.
8. Estas soluções são fáceis de (dar – darem), mas difíceis de (executar – executarem).
9. Ao (perceber – perceberem) a gafe, decidiram (fugir – fugirem).
10. Comunicamos (estar – estarem) a caminho os visitantes.
11. Deixei-os (entrar – entrarem) no recinto.
12. Julgo (ser – seres) tu o responsável.
13. Estes elogios fizeram-nos ("balançar" – "balançarem")...
14. Tomaram a decisão de (persistir – persistirem) lutando.
15. Os governantes a (pregar – pregarem) o arrocho, e os pobres a (viver – viverem) cada vez pior.
16. Se algum dia (discutir – discutirem) os funcionários os seus problemas, talvez os atritos tenderão a (desaparecer – desaparecerem).
17. Ao (aplaudir – aplaudirmos) o artista, sentimos que estávamos a (praticar – praticarmos) um ato de justiça e reconhecimento.
18. Demorei alguns minutos vendo os fogos (espocar – espocarem) atrás da torre da igreja.
19. Podemos, por acaso, (confiar – confiarmos) nesse sujeito?
20. Despertei com as crianças a (chorar – chorarem) de fome.

2. Reescreva as frases abaixo de acordo com o modelo:
1. Modelo: *Quando* apitou a sirene da fábrica, os operários saíram.
   R. = *Ao apitar* a sirene da fábrica, os operários saíram.
   a) Irei contigo à festa *para que* tu não *fiques* triste.
   b) Eles não compareceram ao trabalho *porque estavam* febris.
   c) Não compareças à reunião *sem que* te *convidem*.
   d) Eu não podia olhá-la *sem que* me *risse* da confusão que fiz.
   e) *Quando tentou aterrissar*, o piloto do helicóptero observou que a hélice estava com defeito.

61

Dificuldades frequentes na língua portuguesa

1 INTRODUÇÃO

Verificaremos, neste capítulo, dúvidas que ocorrem, no dia a dia, em relação ao português brasileiro na escrita.

2 A FIM OU AFIM?

Escrevemos *afim*, quando queremos dizer *semelhante*. Exemplo:

O gosto dela era *afim* ao da turma.

Escrevemos *a fim (de)*, quando queremos indicar *finalidade*. Exemplo:

Veio *a fim de* conhecer os parentes.

Pensemos bastante, *a fim de que* respondamos certo.

Ela não está *a fim do* rapaz.

3 A PAR OU AO PAR?

A expressão *ao par* significa *sem ágio no câmbio, pelo valor nominal*. Portanto, se quisermos utilizar esse tipo de expressão, significando *ciente*, deveremos escrever *a par*. Exemplos:

As ações foram cotadas *ao par*.

Fiquei *a par* do ocorrido.

Maria não está *a par* do assunto.

4 A CERCA DE, ACERCA DE OU HÁ CERCA DE?

A cerca de significa *a uma distância*. Exemplo:

Osório fica *a cerca de* uma hora de automóvel da capital gaúcha.

Acerca de significa *sobre*. Exemplo:

Conversaram *acerca de* política.

Há cerca de significa que *faz ou existe(m) aproximadamente*. Exemplos:

Moro neste apartamento *há cerca de* oito anos.

Há cerca de doze mil vestibulandos concorrendo às vagas na universidade.

5   AO ENCONTRO DE OU DE ENCONTRO A?

Ao encontro de quer dizer *favorável a, para junto de*. Exemplos:

Isso vem *ao encontro do* desejo da turma.
Vamos *ao encontro dos* colegas.

De encontro a quer dizer *contra, chocar-se*. Exemplos:

Um carro foi *de encontro a* outro.
Esta medida desagradou aos funcionários, porque veio *de encontro às* suas aspirações.

6   HÁ OU A?

Quando nos referimos ao tempo passado, usamos *há*; quando nos referimos a um tempo futuro, usamos *a*. No caso de um tempo já decorrido, para dirimir dúvida, podemos substituir *há* por *faz*. Exemplo:

Ela saiu *há* dez minutos (= ela saiu faz dez minutos).

Usamos A quando o tempo ainda não transcorreu (noção de futuro) ou, se tiver transcorrido, não puder ser substituído por *faz*. Também se usa A (e não HÁ) quando existe referência espacial. Exemplos:

Ela voltará daqui *a* dez minutos.
Era novembro de 2000; portanto, *a* quase dois mil anos do nascimento de Cristo.
Eles moram *a* cem metros do teatro.

7   PARA EU OU PARA MIM?

Usa-se *para eu (para tu)* quando o pronome pessoal é sujeito (geralmente seguido de um infinitivo). Exemplos:

Empresta-me este livro para *eu* ler.
Este trabalho é para *tu* realizares.

Usa-se *para mim (para ti)* quando, após essa expressão, não existir verbo (ou, se o verbo estiver presente, o pronome não for o seu sujeito, como ocorre na terceira e na quarta frase dos seguintes exemplos:

> Empresta este livro *para mim*.
>
> Este trabalho é *para ti*.
>
> É difícil *para mim* entender essa gente (= entender essa gente é difícil *para mim*).
>
> É impossível *para ti* sair à noite (= sair à noite é impossível *para ti*).

> Nos dois últimos exemplos, o infinitivo inicia uma oração subordinada que serve de sujeito da oração antecedente (oração principal). (É difícil para mim / É impossível para ti). Conclui-se então que, nem sempre, o infinitivo é precedido pelo pronome *eu* (ou *tu*) e, no presente caso, o infinitivo *entender* e *sair* é impessoal, isto é, ele não tem sujeito.

8 ENTRE EU E TU OU ENTRE MIM E TI?

A gramática normativa determina que os pronomes *eu* e *tu* não devem ser regidos por preposição. Ela, portanto, não admite a construção acima. De acordo com a norma-padrão, a expressão adequada é: *Entre mim e ti*, não há problemas.

Lembre-se de que as outras *preposições essenciais* também só aceitam as formas *mim* e *ti*. Exemplos: *de mim, de ti, para mim, para ti, a mim, a ti, por mim, por ti, em mim, em ti* etc.

> 1. Com a preposição *até* (significando *perto de*), usam-se as formas oblíquas *mim, ti*:
>
>   Os gritos chegaram *até mim*.
>
> 2. Quando, porém, a palavra *até* for uma partícula de inclusão (significando *inclusive*), usam-se as formas retas *eu, tu*:
>
>   Todos foram criticados; *até tu*.
>
> 3. Com as preposições acidentais *afora, exceto, salvo, segundo, tirante* etc., empregam-se as formas retas *eu, tu*:
>
>   Afinal, todos, *exceto eu*, compareceram à reunião.
>
>   *Afora tu*, todos aqui são gaúchos.

9 POR ISSO, DE REPENTE E A PARTIR DE

São expressões que, por serem compostas por vocábulos independentes, são grafadas separadamente. *Por isso* (e não *porisso*), *de repente* (e não *derrepente*), *por isto* (e não *poristo*), *a partir de* (e não *apartir* de).

10 ENFIM OU EM FIM?

As expressões *enfim* (= finalmente) e *em fim* (= no final) não devem ser confundidas: *enfim* escreve-se junto, com N, e *em fim* constitui-se de dois termos, a preposição *em* + o substantivo *fim*. Exemplos:

> *Enfim* sós, graças a Deus!
> Estes professores estão *em fim* de carreira: sua aposentadoria está prevista para breve.

11 HAVER OU TER?

Embora o verbo *ter* seja largamente usado na fala diária, a gramática normativa ainda não o aceita quando tem o sentido de *existir* e pede que se substitua por *haver*. Na literatura e na publicidade, o uso do verbo *ter* com o sentido de *existir* é observado. Exemplos:

> "Tem uma pedra no meio do caminho." (Carlos Drummond de Andrade)
> "Tem coisas que só a Philco faz pra você!".

O verbo *haver* não faz parte do repertório linguístico das pessoas com pouca escolarização.

> Não *havia* mais pão na padaria (no uso coloquial, ouve-se, geralmente, *não tinha mais pão na padaria*).

12 ESTÁ NO HORÁRIO DE O TREM CHEGAR OU ESTÁ NO HORÁRIO DO TREM CHEGAR?

A primeira alternativa, embora prescrita pela gramática normativa, não é usual na fala e na escrita dos brasileiros. Para os gramáticos, *o trem* é o sujeito; portanto, não pode ser regido por preposição (*do trem*). Alterando-se a ordem das palavras, temos: *está no horário de chegar o trem* (e não: *está no horário do chegar trem*). Outros exemplos:

> Surgiu a ocasião *de ela* mostrar sua bondade (de mostrar ela).
> Pelo fato *de o* chefe ter ido lá, eu não me assusto (de ter ido o chefe).

13 TRABALHARAM E TRABALHARÃO

A dúvida ocorre porque, em ambas as palavras, há um ditongo nasal (*am* e *ão*).

Usa-se ão quando essa sílaba é tônica (isso só acontece no futuro do presente e com pouquíssimos verbos no presente do indicativo: *dão, estão, hão, são, vão*. Exemplo:

> Se houver oportunidade, eles *trabalharão* na fábrica.
> Eles não *estão* satisfeitos com as medidas governamentais.

Usa-se *am* quando a sílaba é átona (isso ocorre na 3ª pessoa do plural: com a primeira conjugação, no presente do indicativo; com a segunda e terceira conjugações, no presente do subjuntivo; e com as três conjugações nos pretéritos perfeito, imperfeito e mais-que-perfeito e no futuro do pretérito do indicativo). Exemplos:

> eles trabalh*am*
> que eles vend*am*
> que eles part*am*
> eles trabalhar*am*, vender*am*, partir*am*
> eles trabalha*vam*, vendi*am*, parti*am*
> eles trabalhar*iam*, vender*iam*, partir*iam*

14 RECORDASTE E RECORDAS-TE

A primeira expressão está no pretérito perfeito do indicativo e não vem acompanhada do pronome átono. Aqui, a silaba tônica é *das*. Exemplo:

> *Tu recordaste*, com muito carinho, as homenagens recebidas.

A segunda expressão está no presente do indicativo, acompanhada por um pronome átono (*te*). Aqui, a sílaba tônica é *cor*. Exemplo:

> *Recordas-te* daquelas férias maravilhosas que passamos no Rio? (= tu te recordas...).

15 RECORDARMOS E RECORDAR-NOS

No primeiro caso, a palavra não tem hífen, porque o morfema -MOS indica pessoa-número e faz parte integrante do verbo. No segundo caso, a palavra tem hífen, porque NOS é um pronome pessoal e não faz parte integrante do verbo.

Lembre-se:

> *Com M, não se separa; com N, separa-se.*

> Em textos literários antigos, encontramos a combinação MOS dos pronomes ME + OS) como objeto indireto e objeto direto, que, nos dias de hoje, tem uso muito pouco frequente:
>
>> Os talheres? Passa-*mos*, por favor!

16 DEIXASSE E DEIXA-SE

Empregamos *deixasse* quando queremos expressar o verbo no pretérito imperfeito do subjuntivo (-SSE é a marca desse tempo verbal). Aqui, a sílaba tônica é *xa(s)*. Exemplo:

Se ele nos *deixasse* em paz, seria bom.

Empregamos *deixa-se* quando o *se* é um pronome (separado com hífen), seguindo verbo no presente do indicativo. Aqui, a sílaba tônica é *dei*. Exemplo:

Fulano *deixa-se* levar pela opinião alheia.

17 SE NÃO OU SENÃO?

Emprega-se a primeira expressão quando o *se* pode ser substituído por *caso* ou *na hipótese de que*. Exemplo:

Se não chover, viajarei amanhã (= caso não chova, ou na hipótese de que não chova, viajarei amanhã).

Se não se tratar desse sentido, escreve-se essa com uma só palavra: *senão*. Exemplos:

Vá de uma vez, *senão* você chegará tarde (senão = caso contrário).
Nada havia a fazer *senão* conformar-se com a situação (senão = a não ser).
As pedras achadas pelo bandeirante não eram esmeraldas, *senão* turmalinas, puras turmalinas (senão = mas).
Não havia um *senão* naquela criatura (senão = defeito).

18 VELINHA OU VELHINHA?

Essas duas palavras de som muito parecido escrevem-se diferentemente, conforme seu significado.

Velinha é o diminutivo de *vela*. Exemplo:

Na festa, havia um bolo com quinze *velinhas*.

Velhinha é o diminutivo de *velha*. Exemplo:

A *velhinha* ficou feliz com a chegada dos netos.

19 PAMPEANO OU PAMPIANO?

Com o Novo Acordo Ortográfico da Língua Portuguesa, generalizou-se o uso do sufixo *ano*, ligado à palavra primitiva através da vogal de ligação I (e não E). Assim:

pampiano = pampa + i + ano
camoniano = Camões + i + ano
saussuriano = Saussure + i + ano
acriano = Acre + i + ano

20 EU TI AMO OU EU TE AMO?

Embora se veja a primeira forma até em pichações de muros, apenas a segunda está de acordo com a gramática normativa.

Ti é um pronome pessoal oblíquo tônico que sempre vem antecedido por preposição (*a, de, por* etc.). Exemplo:

Dirigiu-se *a ti* e não a mim.

Te é um pronome pessoal oblíquo átono que se liga diretamente ao verbo. Exemplos:

Eu *te* elogiei para o diretor (te = objeto direto).

Nós *te* daremos um abraço (te = objeto indireto).

Machucaram-*te* a perna (te = tua = adjunto adnominal).

É-*te* impossível compreendê-la (te = para ti – complemento nominal de *impossível*).

21 MAIS PEQUENO OU MENOR? MAIS GRANDE OU MAIOR? MAIS BOM OU MELHOR? MAIS MAU OU PIOR?

Os adjetivos *pequeno, grande, bom* e *mau* possuem, para os comparativos de superioridade e os superlativos relativos, formas sintéticas (*menor, maior, melhor* e *pior*). Exemplos:

Luisinha é *menor* que a prima (comparativo de inferioridade).
A casa de Joana é *maior* que a minha (comparativo de superioridade).
O sorvete italiano é o *melhor* do mundo (superlativo relativo).
Esta estrada é a *pior* de todas (superlativo relativo).

As formas *analíticas* (*mais pequeno, mais grande, mais bom* e *mais mau*), porém, *são usadas quando se comparam duas qualidades do mesmo ser.* Exemplos:

Esta sala é *mais pequena* que grande.
O chefe é *mais bom* que mau.

22 MAIS BEM OU MELHOR? MAIS MAL OU PIOR?

Usa-se *mais bem* (ou *mais mal*) quando essa expressão vem antes de um particípio. Exemplos:

O aluno *mais bem* preparado também fica nervoso.
As casas *mais mal* construídas estão naquela rua.
De todas as categorias do funcionalismo público, as *mais mal remuneradas* são o magistério e a polícia.

Usa-se *melhor* (ou *pior*) junto a verbos (e depois do particípio). Exemplos:

Ninguém conhece *melhor* a saúde do doente que o próprio médico.
Ela sente-se *pior*.
Calculado *melhor* o orçamento, pôde-se ver qual seria o gasto.
De todas as categorias do funcionalismo público, as *remuneradas pior* são o magistério e a polícia.

23 ENTERTE(M) OU ENTRETÉM(ÊM)?

Os brasileiros menos escolarizados usam, geralmente, a primeira forma. A gramática normativa, porém, só contempla a segunda expressão, uma vez que o verbo é *entreter* se conjuga como o verbo *ter*. Exemplos:

A criança se *entretém* jogando dominó.
Os meninos se *entretêm* assistindo ao jogo do Flamengo.

24 HAJA VISTA OU HAJA VISTO?

A expressão *haja vista*, que significa *veja-se a propósito*, tem, como segundo elemento, a palavra *vista* (nesse caso, *invariável*). Não se usa, pois, *haja visto*. Exemplo:

O trânsito nas estradas tem estado caótico: *haja vista* o trágico acidente de ontem.

25 EM VEZ DE OU AO INVÉS DE?

A expressão *em vez de* significa *em lugar de*. Exemplo:

Em vez de Paulo, foi Pedro quem trabalhou hoje.

A expressão *ao invés de* significa *ao contrário de*. Exemplos:

Ao invés de proteger, resolveu não assumir.
Ao invés de curar, o remédio piorou a situação.

No cotidiano, os brasileiros, dificilmente, diferenciam essas expressões.

26 TODO O OU TODO?

A expressão *todo o* significa *inteiro*. Exemplos:

Todo o Brasil deu as mãos.
Toda a Europa sofreu com a guerra.

A expressão *todo* (sem o artigo) significa *qualquer*. Exemplos:

Todo mundo entrou na dança.
Toda primavera é florida.

> No plural, porém, usa-se o artigo definido. Exemplos:
>
> *Todos os* seres humanos são mortais.
> *Todas as* crianças gostam de ganhar presentes.

27 NAMORAR OU NAMORAR COM?

Não sendo transitivo indireto, o verbo *namorar*, de acordo com a norma-padrão, não aceita a preposição *com*, embora o uso de expressões como "fulano está namorando com fulana" sejam ouvidas em muitos lugares e nas novelas televisivas. Exemplo:

Maria começou a *namorar João* no mês passado.

28 COM NÓS OU CONOSCO? COM VÓS OU CONVOSCO?

Usam-se as duas formas, dependendo do caso:

Ela irá conosco
Ela irá convosco
Falarão conosco
Falarão *convosco*

Mas, por uma questão de eufonia, diz-se:

É *com nós mesmos* que querem falar.
É *com vós todos* que querem falar.
É *com nós próprios* que querem falar.
É *com vós outros* que querem falar.

29 A PRINCÍPIO OU EM PRINCÍPIO?

A expressão *a princípio* significa *no começo, inicialmente*. Exemplo:

A princípio, eles foram muito felizes.

A expressão *em princípio* significa *em tese*. Exemplo:

Em princípio, o preço solicitado parece-nos justo.

30 VI E GOSTEI DA PEÇA OU VI A PEÇA E GOSTEI DELA?

Somente a segunda construção está de acordo com a norma-padrão, uma vez que os dois verbos da frase têm predicação diferente (o primeiro é transitivo direto e o segundo transitivo indireto). Quem vê, vê *alguma coisa*. Quem gosta, gosta *de alguma coisa*. Por isso, dizemos:

Vi *a peça* e gostei *dela*.

31 EU ME PROPONHO FAZER ISTO OU EU ME PROPONHO A FAZER ISTO?

A primeira opção está de acordo com a norma-padrão, porque a regência do verbo *propor* é a seguinte: *alguém* propõe *alguma coisa a alguém*. A coisa proposta é a oração "fazer isto", e o pronome *me* é o objeto indireto (= a mim).

32 ELA SE DEU AO LUXO DE COMPRAR UMA JOIA OU ELA SE DEU O LUXO DE COMPRAR UMA JOIA?

A segunda opção está conforme a gramática normativa: a expressão *o luxo* é objeto direto e o pronome *se* é objeto indireto (= a si). Ela deu a si mesma o luxo de comprar uma joia.

EXERCÍCIOS

1. Assinale as frases que estão de acordo com a gramática normativa e ajuste as que não estão em conformidade com ela:
   1. Pelo fato do homem ter cobrado duas vezes,
      ela perdeu a confiança na loja. ( )
   2. Hoje tem teatro. ( )
   3. Voltamos a fim de cumprimentá-lo. ( )
   4. Eles não estão a par do assunto. ( )
   5. A tempo que não te vejo. ( )

6. A opinião da diretoria nos satisfez, porque veio de encontro aos nossos anseios. ( )
7. De repente, não se escutou um só ruído. ( )
8. Moro há cerca de duas quadras do colégio. ( )
9. Moro há cerca de um ano naquele bairro. ( )
10. Daqui a pouco, podemos ir ao salão. ( )
11. Entre eu e tu, não deveria haver segredos. ( )
12. Nós não podemos nos dar ao luxo de viajar. ( )
13. O professor se propõe revisar as provas. ( )
14. Assisti e apreciei o filme de ontem. ( )
15. O restaurante mais bem atendido é aquele, embora os garçons pior remunerados sejam os de lá. ( )
16. Na festa, tinha tanta gente! ( )
17. Ontem tu lembras-te Maria com saudade. ( )
18. A prefeitura deve fiscalizar melhor as coisas públicas, haja visto o ocorrido na sexta-feira passada. ( )
19. Foi-me feito um pedido: é para mim avaliar a obra. ( )
20. Todo o indivíduo gosta de ser bem tratado. ( )
21. Com nós próprios, também acontece isso. ( )
22. Se ela cantasse mais afinado, poderia fazer parte do coro. ( )
23. Estuda, se não a chance de passar no concurso é mínima. ( )
24. Algumas alfabetizadoras usavam o método da abelhinha. ( )
25. Eles vieram, em fim, de trem. ( )
26. Vê se ti comportas, menina! ( )
27. Tu te entreténs fazendo tricô, não é? ( )
28. Será que Mário está namorando com Carla? ( )
29. Paulo é mais grande que forte e seu comportamento é melhor que ruim. ( )
30. Encontrávamo-nos numa situação simplesmente kafkiana. ( )
31. A princípio, todas as questões estão corretas. ( )

Referências

ACADEMIA BRASILEIRA DE LETRAS. *Vocabulário ortográfico da língua portuguesa*. 5. ed. Rio de Janeiro: Global, 2009.

ANDRADE, Oswald de. *Oswald de Andrade*. Seleção de textos, notas, estudos biográfico, histórico e crítico por Jorge Schwartz. 2. ed. São Paulo: Nova Cultural, 1988. (Literatura Comentada)

ASSIS, Machado de. *Obra completa*. 4. ed. Rio de Janeiro: Nova Aguilar, 1979. v. 1.

ASSOCIAÇÃO BRASILEIRA DE NORMAS TÉCNICAS. NBR 6028. Informação e documentação – Resumo – Apresentação. Rio de Janeiro, 2003.

ASSOCIAÇÃO BRASILEIRA DE NORMAS TÉCNICAS. NBR 6023:2002 – Informação e documentação – Referências – Elaboração. Rio de Janeiro, 2002.

ASSOCIAÇÃO BRASILEIRA DE NORMAS TÉCNICAS. NBR 10520. Informação e documentação – Citações em documentos – Apresentação. Rio de Janeiro, 2002.

ASSOCIAÇÃO BRASILEIRA DE NORMAS TÉCNICAS. NBR 14724. Informação e documentação – Trabalhos acadêmicos – Apresentação. Rio de Janeiro, 2002.

BAGNO, Marcos. *Não é errado falar assim*: em defesa do português brasileiro. 2. ed. São Paulo: Parábola, 2010.

BAKHTIN, Mikhail. *Estética da criação verbal*. Tradução de Paulo Bezerra. 2. ed. Rio de Janeiro: Forense, 1997.

BECHARA, Evanildo. *Novo dicionário de dúvidas da língua portuguesa*. Colaboração de Shahira Mahmud. Rio de Janeiro: Nova Fronteira: Lucerna, 2016.

BECHARA, Evanildo. *Moderna gramática portuguesa*. 38. ed. Rio de Janeiro: Nova Fronteira: Lucerna, 2015.

BECHARA, Evanildo. *Moderna gramática portuguesa*. 16. ed. São Paulo: Nacional, 1970.

BELTRÃO, Odacir. *Correspondência*. 13. ed. São Paulo: Atlas, 1973.

BENVENISTE, Émile. *Problemas de linguística geral I*. Tradução de Maria da Glória e Maria Luisa Neri. 5. ed. Campinas: Pontes, 2005.

BENVENISTE, Émile. *Problemas de linguística geral II*. Tradução de Eduardo Guimarães *et al*. 2. ed. Campinas: Pontes, 2006.

BRAGA, Isaura. *O aperfeiçoamento da técnica datilográfica*. Rio de Janeiro: Fundação Getúlio Vargas, 1974.

BRASIL. Instrução Normativa nº 04, de 6 de março de 1992. *Manual de Redação da Presidência da República*. Diário Oficial [da] República Federativa do Brasil, Poder Executivo, Brasília, DF, 9 mar. 1992. p. 4-23.

CABRAL, Leonor Scliar. *Introdução à linguística*. Porto Alegre: Globo, 1973.

CÂMARA JR., Joaquim Mattoso. *Estrutura da língua portuguesa*. 45. ed. Petrópolis: Vozes, 2013,

CÂMARA JR., Joaquim Mattoso. *Dicionário de linguística e de gramática*. 25. ed. Petrópolis: Vozes, 2004.

CÂMARA JR., Joaquim Mattoso. *Manual de expressão oral e escrita*. 5. ed. Petrópolis: Vozes, 1978.

CARVALHO, José Cândido. *O coronel e o lobisomem*. 11. ed. Rio de Janeiro: José Olympio [198-].

CEGALLA, Domingos P. *Novíssima gramática da língua portuguesa*. 13. ed. São Paulo: Ed. Nacional, 1974.

CUNHA, Celso. *Gramática do português contemporâneo*. 3. ed. Belo Horizonte: Bernardo Álvares, 1972.

FARACO, Carlos Alberto; ZILLES, Ana Maria. *Para conhecer norma linguística*. São Paulo: Contexto, 2017.

FERREIRA, Aurélio Buarque de Holanda. *Dicionário Aurélio da língua portuguesa*. 5. ed. Curitiba: Positivo, 2010.

FERREIRA, Aurélio Buarque de Holanda. *Novo dicionário*. Rio de Janeiro: Nova Fronteira, 1975.

GARCIA, Othon M. *Comunicação em prosa moderna*: aprenda a escrever, aprendendo a pensar. 8. ed. Rio de Janeiro: Fundação Getulio Vargas, 1980.

HAYAKAWA, S. I. *A linguagem no pensamento e na ação*. São Paulo: Pioneira, 1963.

HOUAISS, Antônio; VILLAR, Mauro de Salles. *Dicionário Houaiss da língua portuguesa*. Rio de Janeiro: Objetiva, 2009.

HOUAISS, Antônio. *Dicionário eletrônico Houaiss da língua portuguesa*. Versão 1.0.5a. Rio de Janeiro: Objetiva, 2001-2002. CD-ROM.

HÜHNE, Leda Miranda (Org.). *Metodologia científica de textos e técnicas*. Rio de Janeiro: Agir, 1987.

KOCH, Ingedore G. Villaça. *Argumentação e linguagem*. 13. ed. São Paulo: Cortez, 2017.

KOCH, Ingedore G. Villaça. *Desvendando os segredos do texto*. 8. ed. São Paulo: Cortez, 2015.

KOCH, Ingedore G. Villaça; ELIAS, Vanda Maria. *Escrever e argumentar*. São Paulo: Contexto, 2016.

KURY, Adriano da Gama. *Gramática fundamental da língua portuguesa*. São Paulo: LISA, 1972.

LAPA, Rodrigues. *Estilística da língua portuguesa*. 6. ed. Rio de Janeiro: Acadêmica, 1970.

LESSA, Luiz Carlos. *O modernismo brasileiro e a língua portuguesa*. 2. ed. Rio de Janeiro: Grifo, 1976.

LIMA, Rocha. *Gramática normativa da língua portuguesa.* 15. ed. Rio de Janeiro: José Olympio, 1973.

LUFT, Celso Pedro. *Dicionário prático de regência verbal.* São Paulo: Ática, 1987.

LUFT, Celso Pedro. *Grande manual de ortografia Globo.* Porto Alegre: Globo, 1985.

LUFT, Celso Pedro. *O escrito científico.* 4. ed. Porto Alegre: Lima, 1974.

MACAMBIRA, José Rebouças. *A estrutura morfo-sintática do português.* 2. ed. São Paulo: Pioneira, 1974.

MACHADO, Dyonélio. *O louco do Cati.* 2. ed. São Paulo: Vertente, 1979.

MARCUSCHI, Luiz Antônio. *Produção textual, análise de gêneros e compreensão.* São Paulo: Parábola, 2011.

MESERANI, Samir C. *Criatividade* (colégio II). São Paulo: Discubra, [198-].

MIRANDA, José Fernando. *Arquitetura da redação.* Porto Alegre: PUC, 1970.

MIRANDA, José Fernando. *Os níveis de linguagem.* Porto Alegre: PUC, 1972.

MORAES, Vinicius. *Poesia completa e prosa.* 2. ed. Rio de Janeiro: Nova Aguilar, 1986.

MOREIRA, Almir; DANTAS, José Maria de Souza. *Lingua(gem). Literatura. Comunicação.* Rio de Janeiro: Francisco Alves, 1975.

MORRIS, Charles. *Signs, language and behavior.* New York, 1946.

NEY, João Luiz. *Prontuário de redação oficial.* 4. ed. DASP, 1973.

REDAÇÃO NO ENEM 2017: *Cartilha do participante.* Disponível em: http://download.inep.gov.br/educacao_basica/enem/guia_participante/2017/manual_de_redacao_do_enem_2017.pdf. Acesso em: 13 nov. 2017.

SÁ, Léa Sílvia Braga de Castro. *Anais do I Encontro Nacional de Professores de Redação e Leitura do 3º Grau.* São Paulo, 1983.

ROSA, João Guimarães. *Grande sertão*: veredas. 7. ed. Rio de Janeiro: José Olympio, 1970.

SAID ALI, M. *Gramática elementar da língua portuguesa.* 9. ed. São Paulo: Melhoramentos, [196-].

SALOMON, Délcio Vieira. *Como fazer uma monografia.* 3. ed. Belo Horizonte: Interlivros, 1973.

SALOMON, Délcio Vieira. *Como fazer uma monografia.* 13. ed. São Paulo: Martins Fontes, 2014.

SAUSSURE, Ferdinand de. *Curso de linguística geral.* 5. ed. São Paulo: Cultrix, 1973.

SCHRAMM, Wilbur. *Comunicação de massa e desenvolvimento.* Rio de Janeiro: Bloch, 1970.

SEVERINO, Antônio Joaquim. *Metodologia do trabalho científico.* São Paulo: Cortez & Moraes, 1975.

SILVA, Rebeca Peixoto da *et al. Redação técnica.* Porto Alegre: Formação, 1974.

SIMÕES, Paulo; OLIVEIRA, Édison. *Linguagem contemporânea.* Porto Alegre: Ed. Prof. Gaúcho, 1973.

WELLEK, René; WARREN, Austin. *Teoria da literatura.* 2. ed. Europa-América, 1948.

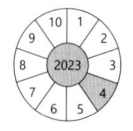